MEURTRE À RAQQA

Yannick Laude

MEURTRE À RAQQA

ROMAN

Albin Michel

« Que répondre à un homme qui vous dit qu'il aime mieux obéir à Dieu qu'aux hommes, et qui, en conséquence, est sûr de mériter le ciel en vous égorgeant ? »

Voltaire

1

L'instant me semble propice. Les enfants viennent de sortir, le Vieux somnole devant la télé. Des conditions idéales pour assouvir une envie qui me trotte dans la tête depuis ce matin. Quoi de plus naturel, après tout, pensé-je en m'approchant discrètement d'Asma pendant que, me tournant le dos, elle débarrasse la table. À peine ai-je posé mes mains sur ses hanches que je perçois nettement un soubresaut irrité. Je tente quand même un bisou sur sa nuque, histoire de l'attendrir, mais elle m'esquive et la voilà qui renverse le plateau qu'elle tient des deux mains dans un geste que je jurerais volontaire.

– Merwan ! Regarde ce que tu me fais faire ! proteste-t-elle d'une voix agacée en se dégageant. Je n'ai pas le temps pour tes bêtises.

– Mais mon cœur, tu n'as jamais le temps !

– Oh, n'exagère pas ! Je te rappelle que je dois préparer ma réunion. Et avant de pouvoir m'y coller, il me reste à ranger ce bazar et faire la vaisselle. Tu n'as qu'à aller faire une sieste, ça te calmera, me lance-t-elle avec un sourire narquois.

Je ne sais pas ce qu'elle a en ce moment, on dirait qu'elle prend plaisir à me frustrer.

– Pff, une sieste !

Comme si on pouvait encore faire la sieste à Raqqa. Dans cinq minutes l'*adhan* va retentir à la mosquée des Martyrs à trois rues d'ici, se joignant à l'appel à la prière de l'après-midi qui, de minaret en minaret, se répand à travers la ville dans une cacophonie assourdissante. Que dis-je dans cinq minutes ! Le muezzin du coin a décidé de faire du zèle en ouvrant avant tout le monde le concours de vacarme. Autant retourner au bureau, même si je sue d'avance à la perspective d'affronter la chaleur. Je quitte l'appartement en claquant assez fort la porte pour que le message soit clair.

D'humeur morose et les oreilles cassées par le muezzin surexcité, j'avais peu de chances d'entendre les rotors des trois Mil Mi-8, tout droit venus de l'aéroport militaire de Tabqa, quand ils ont surgi au-dessus du centre-ville pour larguer leurs barils de dynamite. Je n'ai repéré les hélicoptères qu'au moment où ils obliquaient vers le sud-est. J'aperçois un épais panache de fumée quelques pâtés d'immeubles plus loin. Les mosquées se sont tues une à une après les explosions, mais les sirènes accompagnées du klaxon des ambulances et des camions de pompiers ont pris le relais. Nous sommes le 7 juin 2013 à Raqqa. Les services publics fonctionnent toujours. Et je suis fier d'en faire partie.

J'en vois beaucoup qui hésitent parmi les fidèles se dirigeant vers leur lieu de culte. Certains se ravisent et retournent chez eux. Je bouscule les indécis pour pouvoir monter dans ma Peugeot 307 et filer vers le lieu de l'explosion. J'ai l'impression que c'est à quelques rues d'ici, à Amin, un quartier voisin. J'en acquiers la certitude une fois arrivé au parc d'attractions, après avoir zigzagué à toute vitesse dans la circulation moins dense à cette heure. Je reste quand même vigilant, à cause des charrettes qui encombrent la chaussée, sans compter les *trazina* surchargés et pétaradants qui slaloment au milieu des véhicules. Collègues, pompiers, ambulanciers, curieux, tous convergent vers l'entrée sud du stade devant laquelle je me gare en faisant crisser mes pneus. Le stade aurait fait une bonne cible pour l'aviation loyaliste, pour peu qu'il ait été visé. Mais c'est l'hôtel Crown Plaza dans son prolongement qui a été touché. Planté au milieu d'un square arboré, le Crown Plaza ressemble à un Crown Plaza, mis à part les traces de balles sur les murs laissées voilà trois mois par ses conquérants, une brigade de djîhadistes étrangers, qui d'ailleurs y habite toujours.

Les barils de dynamite ont dû frôler les étages supérieurs pour s'écraser à l'arrière, sur les locaux techniques de la piscine. À moins que ce ne soit le grand bungalow mitoyen qui abrite le bar et une salle des fêtes. Au premier abord, on a échappé au pire, mais je dois dire que je n'aurais pas pleuré si une bombe s'était égarée dans les chambres des djîhadistes. Un cordon s'est improvisé à l'initiative de Tareq Jaloukha, mon adjoint, pour refouler les badauds. Je retire mes lunettes de soleil et lui demande :

– *Ahlin*, Tareq. Des victimes ?

– *Hayyak Allah*, commissaire. On ne sait pas encore. J'ai envoyé des hommes fouiller les décombres avec les pompiers. À cette heure, il ne devait pas y avoir grand monde à la piscine ou au bar. À mon avis, vu la clientèle, ils se préparaient plutôt à aller à la mosquée, observe Tareq en haussant les épaules.

Je rentre dans le périmètre, en louchant du côté du bar. Pour ma part, je me serais bien enfilé un café amer. À ce moment-là s'approche un homme en armes, d'une taille impressionnante, avec une sale gueule et un œil en moins.

– Laissez-moi passer, rugit le géant borgne, un AK-47 en bandoulière et deux Tokarev à la ceinture, sous laquelle l'affreux djîhadiste tient ses pouces, tapotant avec impatience ses autres doigts sur les cuisses, masquées par un *qamis* couleur treillis.

L'individu est rendu plus patibulaire encore par le henné rougissant sa barbe abondante et sa chevelure enserrée dans un catogan dépassant de sous son turban. Une demi-douzaine de mercenaires du même acabit se tiennent derrière lui, l'air aussi peu commode.

L'énergumène dépasse Tareq de deux bonnes têtes. Moi d'une seule, alors je décide d'aller me le coltiner.

– *Salam aleykoum Ya Hajji*, c'est une opération de secours menée par la police de Raqqa. Tu penses connaître quelqu'un qui se serait trouvé là ?

Je me doutais bien qu'en l'apostrophant du nom de pèlerin, j'allais gagner des points. Bingo, contemplant de son œil torve mon costume chiffonné agrémenté d'un brassard, le gaillard se radoucit un peu. Mais en nous gratifiant d'un sermon :

– La police de Raqqa ? L'appel à la prière vient de retentir. Une vraie police islamique disperserait tous ces gens pour qu'ils aillent à la mosquée.

J'avais interdit par précaution le port de l'uniforme honni du régime dès le premier jour de la « libération » de la ville, optant pour un brassard noir signalant notre qualité. Visiblement, cette neutralité vestimentaire n'est pas une garantie d'autorité face au rouquin afghan, à l'accent *dari* à couper au couteau – c'est le cas de le dire. Alors, j'en rajoute une petite couche :

– Eh bien pèlerin, tu en parleras à Mahmoud al-Khalif. C'est mon beau-frère et c'est lui qui commande la police. Je suis le commissaire Merwan Milet. Et toi ?

– Ah oui… Ceux du Jabhat al-Nusra veulent se faire passer pour des saints, mais Allah seul jugera qui sont ses meilleurs gardiens, rétorque mon interlocuteur sur le ton de l'invocation, en faisant signe à ses sbires de se retirer.

– *Insh'Allah*, acquiescé-je, soulagé de le voir me tourner le dos, faisant s'écarter la foule apeurée par ces moudjahidine à la sinistre réputation ; sauf les gamins, bien sûr, qui leur sourient et les acclament bêtement.

« Insh'Allah », « alḥamdulillah », « subhânallah », « mash'Allah » ne sont pas des expressions usuelles dans ma bouche, mais j'avoue que c'est bien pratique en ce moment, tout comme la barbe que je me laisse pousser. L'apparence islamique n'est pas difficile à singer

et ça permet de se fondre dans l'ambiance, vu le nombre des factions fanatiques qui occupent la ville depuis mars dernier. Certes, au grand désespoir de mon grand-père, Raqqa a de tout temps été une des villes les plus pieuses de Syrie. Mais depuis quelques mois, mes compatriotes en font des tonnes dans la bigoterie. J'en ai vu devenir des vraies babouches de mosquée alors qu'ils ne sauraient même pas réciter la profession de foi de l'Islam. Ce rouquin djîhadiste peut bien s'étrangler d'indignation, sa foi de pacotille ne saurait rivaliser avec le spectacle d'un bombardement. J'en veux pour preuve l'attroupement des fidèles du quartier qui y assistent aux premières loges. Je déambule au milieu des secours quand un pompier se met à hurler, provoquant des remous dans la foule en attente.

– Là, quelqu'un !

D'autres rappliquent et l'aident à dégager un corps découvert sous un appentis attenant au bungalow. Une femme, les jambes nues sous son jilbab noir qu'un pompier pudique s'empresse de recouvrir d'une couverture, non sans que j'aperçoive un bracelet à sa cheville. Dégager le cadavre en entier s'avère délicat car, s'il n'est pas enseveli, une poutre a littéralement écrasé le haut du crâne, ensanglantant le niqab noir qui recouvrait la tête, en partie réduite en bouillie et menaçant de se détacher du tronc. Le tissu, déchiré à l'échancrure du col, retient toutefois mon attention. En m'approchant, je constate au toucher qu'il est lui aussi taché et gluant de sang. Je soulève alors le voile pour découvrir les restes du visage d'une jeune fille, la gorge tranchée. Un meurtre.

*

Je me gare à l'ombre des palmiers du parc du 7 Avril et m'engouffre dans l'hôpital al-Watani, sans espoir d'y trouver un air plus respirable. Le cadavre du Crown Plaza m'a précédé depuis deux bonnes heures. Après sa découverte, ma conscience professionnelle – « celle pour laquelle tu vas me quitter », me serine sans cesse

Asma – m'a conduit à patienter jusqu'à la fin des fouilles pour m'assurer qu'aucune autre victime n'était à déplorer. Dans la foulée, j'ai retrouvé les chaussures de la fille. Une paire d'escarpins, du genre qu'on trouve dans les belles boutiques de l'avenue de la Caserne, sur Takhana. La médecine légale a toujours été un problème à Raqqa. Les *Moukhabarat*, la sécurité intérieure elle-même, doivent se contenter des services de l'hôpital al-Watani. Mais avec la fuite de médecins alaouites vers leurs villas de Lattaquié, disséquer les morts est devenu une spécialité en voie de disparition, y compris dans ce gigantesque complexe hospitalier, en rupture de bien des choses plus urgentes. Je vais directement au sous-sol, à la morgue, où je tombe sur mon ami Youssef Marouane, un chirurgien chrétien qui, contre toute évidence, pense qu'on a encore besoin de lui à Raqqa. Je lui ai déjà suggéré plusieurs fois de partir avec sa famille sous des cieux plus paisibles. Même si, en tant que Kurde, je ne suis pas le plus crédible pour donner ce genre de conseil.

En entrant dans la pièce, je marque une pause de surprise. Sur la table de dissection, c'est une double vision d'horreur et de pornographie qui s'offre à moi. D'une part, cette tête dont tout le haut, à partir de l'arête du nez, est écrabouillé dans un mélange écœurant de cheveux gorgés de sang, d'os et de cervelle broyés, les globes oculaires éclatés au niveau des arcades sourcilières, et cette matière répugnante dégoulinant sur le reste du visage jusqu'à la plaie béante de la gorge. D'autre part, ce sang épais coagulé ruisselant sur une jolie poitrine adolescente, découverte mais retenue par un corset de dentelle blanche, qui gaine la silhouette gracile tandis qu'un string et un porte-jarretelles de la même matière attirent le regard sur le ventre, l'entrejambe et les cuisses fines et bronzées. Bijoux, bracelets et bagues ornant poignets, doigts, chevilles parachèvent cet érotisme morbide. Les escarpins à la mode n'étaient qu'un accessoire de plus à une panoplie très explicite. Mais une panoplie à laquelle il manque un élément : les bas de soie qui auraient dû être attachés au porte-jarretelles.

– Ah Merwan, enfin te voilà. Je viens seulement de m'y mettre. Depuis ton coup de fil, je n'ai pas eu une minute. On est débordés et on commence à manquer de tout. Écoute, j'ai arrêté le déshabillage après le jilbab et le niqab, s'exclame Youssef en me montrant la fille. Je les ai mis de côté si tu veux les examiner. Mais je voulais que tu voies ça. Surprenant, non ? poursuit-il avec un air entendu. Une petite coquine à son âge pour se déguiser comme ça. Surtout par les temps qui courent. Ce n'est pas une chrétienne, c'est sûr, ajoute avec conviction ce père de quatre filles.

– Elle a quel âge ? fais-je tout en prenant quelques clichés du cadavre avec mon Samsung.

Youssef examine la dentition, intacte autant que la mâchoire. Je remarque le rouge à lèvres sur la bouche bleuie par la mort.

– Je dirais quinze-seize ans, peut-être dix-sept.

– Est-ce qu'un objet aurait pu provoquer la plaie à la gorge lors de l'effondrement du bâtiment où elle se trouvait ?

Youssef, qui s'apprêtait à couper le string, jette un coup d'œil sur la blessure.

– Aucune chance. C'est un égorgement au couteau, sans aucun doute, répond-il avec assurance. À moins qu'il ait plu des lames.

Bien vu, Youssef ! Elle n'a reçu en pleine poire que cette poutre du toit du bungalow, tandis qu'un enchevêtrement de lattes avait protégé le reste du corps. S'il avait fallu mettre en doute l'hypothèse de l'assassinat, j'avoue que j'aurais été déçu. J'ai bien besoin d'une enquête classique après ces semaines à faire le juge de paix.

– C'est ce que je pensais. Elle n'est plus vierge et elle avait des rapports anaux fréquents, peut-être même pas longtemps avant sa mort, conclut triomphalement Youssef Marouane après l'examen attentif des parties crûment désignées. Si on faisait une biologie, je suis sûr qu'on trouverait du sperme dans son petit cul. Je dirais que c'est une prostituée. Tu l'as trouvée dans un hôtel d'ailleurs, remarque-t-il tout en entreprenant d'achever de dévêtir la malheureuse.

– Bon, Youssef, c'est moi la police. Toi, aide-moi à voir à quoi elle ressemble. Nettoie ce qui reste du visage, et ce qui est en dessous. On voit rien. C'est dégueulasse, ce sang, ces glaires, ce crâne écrasé. Fais quelque chose !

Youssef décroche un jet d'eau et nettoie le cadavre avec une petite moue vexée pendant que je me munis de gants en latex en scrutant sous tous ses aspects le jilbab poisseux. Dans une poche intérieure, je découvre un sachet plastique rempli de grosses liasses de billets en livres syriennes, en euros et en dollars. Le profil de la donzelle se précise. Ce fric, à quoi s'ajoute la présence de bijoux, tend à confirmer que le vol n'est pas le mobile du meurtre. À moins que l'assassin ait été surpris. Elle a pu aussi tomber sur un maniaque, ce qui expliquerait l'absence de bas. Je ne trouve rien qui puisse l'identifier, sinon une carte de membre du club sportif Nadi Rachid de 2010, numérotée 3672, et régulièrement tamponnée depuis. La détentrice n'a pas mis son nom à l'emplacement prévu, mais posséder une carte du club sportif fait probablement de ma morte une Raqqaouie. Ou une voleuse de jilbab. Je jette un œil sur Marouane, qui a bien avancé dans son travail, et me penche sur le niqab que Youssef a dégagé du crâne défoncé. Au revers, parmi un dégueulis de cheveux, de cervelle et d'os restés accrochés, je distingue un morceau de métal tordu qui se révèle être un diadème en or. Avec en son milieu une inscription que j'aurais reconnue entre toutes.

– Putain Youssef, retourne le cadavre, hurlé-je sans même m'en rendre compte.

En se redressant de surprise, mon pote reste figé tout en m'aspergeant d'eau avec son jet qu'il tient bêtement droit devant lui.

– Magne-toi, je veux voir son dos, imploré-je, indifférent à la douche froide.

Youssef se ressaisit et m'aide à soulever le corps, sans égards pour la tête qui menace de se détacher un peu plus. Je lui prends brusquement le jet pour nettoyer l'épaule gauche. Mais j'ai beau laver et frotter, pas de trace de papillon tatoué sur la peau.

*

– Assia, j'ai cru mourir ! Qu'est-ce que ton diadème foutait sur la tête d'une pute assassinée ?

– Merwan, n'emploie pas des mots comme ça quand tu parles à ta fille !

– Mais bon sang Asma, est-ce que tu te rends compte que j'ai cru que c'était elle, la morte ? Alors, je répète ma putain de question…

– Je crois que ta femme a raison, fiston. Un bon policier et un bon communiste ne parle pas comme ça à sa fille.

Manquait plus que le Vieux… Je crois que je n'avais jamais poussé aussi vite ma 307 en ville. J'ai roulé tout le temps en troisième pour arriver chez moi. Ah, si tout pouvait marcher comme les voitures françaises ! Assia était en train d'écouter de la musique quand je suis entré en trombe dans sa chambre, suivi de près par Asma et le Vieux.

– C'est ça, grincé-je en essayant de retrouver mon calme. En attendant, le policier, il va interroger son témoin et tout le monde va sortir de la salle d'interrogatoire.

Faisant fi des protestations, je pousse la chaise roulante de mon grand-père dans les jambes d'Asma pour les faire sortir. Ma fille est vautrée sur son lit, les écouteurs tombés sur ses épaules, diffusant une daube américaine nasillarde, à me regarder comme si j'étais fou.

– Assia, je répète donc ma question : Pourquoi ai-je retrouvé ce diadème sur la tête d'une prostituée assassinée ? *« Assia, le 21 avril 1997 »*, c'est bien à toi, non ?

– Mais je sais pas, papa… De quelle prostituée tu parles ?

– Comment ça, tu sais pas ?! On a retrouvé une fille égorgée au Crown. Elle portait ton diadème. Pourquoi ? Tu l'as prêté à cette fille ? Tu connais la victime ? suggéré-je en espérant qu'elle n'ait aucune amie de ce genre.

– Mais tu te fais un film, papa. Je connais pas de prostituée. Alors comme ça, tu pensais que c'était moi ? Cool. T'as une bonne image…

– Mais non, mais pas du tout, bredouillé-je, sans doute rouge de confusion et de colère mêlées. J'ai eu peur, c'est tout. En retournant le corps, j'ai vu qu'elle n'avait pas ton tatouage. Ça m'a rassuré. De toute manière, c'est pas la question, Assia ! La question c'est : pourquoi elle portait ton diadème ?

– Ah, elle est bien bonne, celle-là ! rigole-t-elle fort mal à propos. Tu m'as fait tout un cirque quand j'ai fait mon tatouage et maintenant, c'est grâce à lui que tu es rassuré. Je ne suis pas une pute et je ne suis pas morte !

En voyant son petit sourire sardonique, je dois avouer que j'ai bien failli lui en mettre une. Mais j'ai pris sur moi. La dernière fois que j'ai giflé ma fille, c'est justement pour son quinzième anniversaire, l'année dernière. Un autre monde et un autre temps. En avril 2012, on croyait encore dur comme fer que Bachar al-Assad materait la rébellion. Il était même venu tranquillement célébrer l'Aïd al-Kebir à Raqqa six mois plus tôt, sans aucune manifestation hostile. Il faut dire que le parti Baath avait arrosé les tribus avec vingt millions de livres pour garantir sa sécurité. Mais pour en revenir à Assia, cela faisait des mois qu'elle nous tannait pour avoir ce diadème qui correspondait d'ailleurs si bien au genre Barbie de ma petite princesse d'amour. Mais subitement, elle s'était mise à changer quelques semaines avant son anniversaire, les prémices d'une crise d'adolescence qui nous a claqué à la gueule le soir de la fête. Alors qu'on lui remettait le diadème en or gravé à son nom, Assia nous l'a renvoyé à la figure, arguant qu'il fallait n'avoir aucune conscience pour dépenser de l'argent à de pareilles broutilles quand le peuple souffrait sous les balles du sanguinaire Bachar. Et d'ailleurs, elle avait honte d'être la fille d'un larbin du régime comme moi qui portait l'uniforme du déshonneur taché du sang syrien. Et elle s'était mise à entonner le chant de guerre de la Brigade des Révolutionnaires de Raqqa, des branquignols que j'étais censé pourchasser. Son frère cadet, Naïm, mort de rire, avait repris le refrain dans la foulée. J'avais foutu une baffe à Assia et elle était partie dans sa chambre sans un mot, laissant le diadème dans sa boîte sur la table du salon, au milieu du repas d'anniversaire gâché. On avait tous été assez malheureux pour que je me retienne de récidiver. Après tout, j'ai de la chance. La plupart des gamines syriennes tournent voilées, la mienne est une révolutionnaire, comme son arrière-grand-père. Et une grande gueule, comme sa mère.

– Ma princesse d'amour, je suis bien content que tu ne sois pas morte. Ça nous donnera encore plein d'occasions de nous engueu… de nous disputer. Mais pour l'instant, réponds-moi, s'il te plaît. C'est important. C'est une enquête pour meurtre. La victime avait ton diadème sur la tête. Pourquoi ?

– Pourquoi ? Pourquoi ? Demande-toi plutôt comment ! Comment je fais encore pour avoir Internet sur mon iPhone !? Comment je fais pour aller en ville, au café ou faire du shopping !? Comment je fais alors que vous ne me donnez plus d'argent de poche depuis trois mois !

Voyant que sa nouvelle provocation ne suscite aucune réaction, elle déclare enfin :

– Je l'ai vendu, voilà. Et les boucles d'oreilles que grand-mère m'avait données aussi… et toute ma collection de Barbie avec les accessoires.

Assia a vendu toute sa collection de Barbie ?! Des jouets qui nous ont coûté des dizaines de milliers de livres en dix ans et des heures à écumer les centres commerciaux, jusqu'à Damas, et même Beyrouth ! Ah, elle a vraiment bien changé, ma petite princesse d'amour, c'est sûr maintenant. Je renonce à lui demander à combien elle a soldé sa jeunesse, pour me concentrer sur l'essentiel.

– Et tout ça, tu l'as vendu à qui ?

– Les Barbie, à un magasin de jouets du boulevard Hafez al-Assad et les bijoux à… un copain.

– Quel copain ?

– Papa…

– Quel copain, Assia ?

– Papa, si je te le dis, ça va faire plein d'histoires.

– Raison de plus. Quel copain ?

– Hakim.

– Hakim ? Hakim, ton cousin ?

– …

– Ton cousin est un receleur ?

– Je t'avais dit que ça ferait des histoires. Tu le dis pas à oncle Mahmoud, s'il te plaît. Hakim va me tuer.

– Mais enfin, Assia, quand vas-tu comprendre qu'il s'agit d'une affaire de meurtre ? Une gamine de ton âge !

– Mais papa, on est en guerre. Des morts, il y en a tous les jours.

*

Des morts, il y en a tous les jours, c'est vrai, et je fais mon possible pour les épargner à la vue de ma femme et de mes enfants. Mais ce n'est pas si facile avec la télé qui ne se prive jamais d'en rajouter sur la sale guerre civile qui déchire mon pays. Que ce soient les chaînes du régime ou de l'opposition, les turques, les libanaises, les jordaniennes ou celles du Golfe. Les irakiennes sont occupées avec leur propre merdier, dont elles nous accusent d'ailleurs d'être responsables. Franchement, on pourrait leur rendre la pareille. Toujours est-il qu'à Raqqa, depuis quelques mois, les morts on peut aussi les voir en vrai. Celui qui m'a le plus marqué a chuté quelques mètres devant moi, un jour pluvieux de mars, en s'écrasant dans un bruit atroce, alors que la ville tombait entre les mains des rebelles après quatre jours de bataille féroce. Il s'agissait d'un lieutenant loyaliste ayant lutté jusqu'à l'épuisement de ses munitions et que ses assaillants avaient précipité du haut de la banque centrale qu'il défendait. Puis ça avait été le tour des survivants de son escouade. Les cadavres avaient ensuite été traînés derrière les pick-up des moudjahidine qui avaient paradé en ville avant de les exposer place du Président Assad. C'est ce jour-là que la foule en délire avait renversé l'immense statue en bronze du père de Bachar.

À partir de là se sont succédé les règlements de comptes ensanglantant les rues de Raqqa, les arrestations arbitraires, les disparitions, à commencer par celles du gouverneur et du secrétaire général du parti Baath de la province. À cela s'ajoutaient les bombardements de l'armée loyaliste, pas forcément très destructeurs ou meurtriers, mais d'une irrégularité stressante. Pour faire régner l'ordre dans la ville, une milice marchande, se baptisant sans complexe le Mouvement des Gens Dignes de Confiance de Raqqa, s'était créée. Mais au fil des jours, d'attentats mafieux en enlèvements crapuleux, l'insécurité devenait telle que ceux qui n'avaient pas fui restèrent cantonnés chez eux dans l'espoir que le calme revienne. Et il est revenu, de la plus étrange manière.

Le 9 avril, un Irakien surnommé Abou Bakr al-Baghdadi al-Husseini al-Qurashi, que ses affidés appellent frère Ibrahim, faisait une allocution radiophonique : « Il est temps de proclamer aux Levantins et au monde entier que le Jabhat al-Nusra est en réalité une branche de l'État islamique d'Irak. Les deux groupes seront désormais fédérés sous l'appellation al-Dawla al-Islāmiyya li-l-Irak wa-Bilad ash-Sham. » L'État islamique en Irak et au Levant, rien que ça ! L'État islamique en Irak était un groupement djîhadiste irakien créé par al-Qaïda, mais dont le contrôle lui avait manifestement échappé au profit de cet al-Baghdadi. Fondre la Syrie dans un

État islamique avec l'Irak ! Autant dire que nous étions passés de la rébellion au djihâd, même si dans le cerveau de ces fanatiques, la guerre sainte avait commencé voilà des mois, et nous n'avions pas voulu nous l'avouer. D'ailleurs, un mois plus tard, Youssef al-Qaradawi, le Frère musulman prédicateur vedette de la chaîne qatarie al-Jazeera, que le monde sunnite entier écoute religieusement, de Doha à Paris et de Londres à Istanbul, appelait explicitement au djihâd contre Bachar, dans un sermon halluciné qui susciterait à travers le monde une vague de départs pour la Syrie.

Personne n'avait encore vu al-Baghdadi à Raqqa, mais il devait déjà avoir des partisans bien infiltrés car sa déclaration avait été relayée en direct par des haut-parleurs des bâtiments publics ainsi que ceux de plusieurs mosquées complices. Beaucoup de Raqqaouis ont choisi l'exil. En revanche ça a provoqué une joie mauvaise dans les quartiers populaires où, pour fêter l'État islamique, on a renversé la statue du grand al-Battani, un astronome et mathématicien de Raqqa du IXe siècle, agnostique notoire. Et pourtant cette déclaration du 9 avril n'était pas encore le signal de la barbarie redoutée.

Proclamer al-Dawla al-Islāmiyya, la Dawla, comme on dira bientôt par soumission, ou Daesh, par dérision, est une chose, le réaliser en est une autre. Si al-Baghdadi avait du bagout, il n'avait pas encore les moyens de son culot. Car ce n'était pas lui le chef d'al-Nusra, bien qu'il en fût l'inspirateur. Son fondateur, et toujours chef, est un de ses anciens camarades de combat au sein d'al-Qaïda en Irak, un djîhadiste bien de chez nous qui se fait appeler Abou Mohamed al-Joulani, et auquel al-Baghdadi avait mis le pied à l'étrier. Or il se trouve que le Syrien al-Joulani soupçonnait l'Irakien al-Baghdadi d'être manipulé par d'anciens cadres du régime de Saddam Hussein. Dès le lendemain de la proclamation d'al-Baghdadi, al-Joulani avait donc fait savoir par ses hommes en ville, circulant haut-parleurs hurlants, qu'il n'était pas d'accord avec la stratégie internationaliste de ce rival téméraire, lequel avait fait un mois plus tard son apparition en personne, se payant le luxe d'une parade militaire dans les rues de Raqqa pavoisées de noir.

Mais ce serait trop simple, car ni al-Joulani, ni al-Baghdadi ne pouvaient se prétendre seuls maîtres à bord. Quantité de milices constituaient alors le Front de libération de Raqqa et sans doute pas loin de quinze mille combattants casernaient en ville ou dans les environs. Une coalition hétéroclite dont l'équilibre fragile pouvait être brisé à tout moment, notamment par le biais de financements étrangers.

La riche et nombreuse diapora syrienne dans le Golfe, consécutive à la répression des Frères musulmans dans les années 80, joue un rôle majeur dans ces événements. Exilés depuis trente ans et entretenus dans la haine religieuse du régime, ces compatriotes déconnectés de la réalité syrienne ignorent les aspirations démocratiques de la jeunesse.

Il fallait aussi compter avec l'ASL, l'Armée syrienne libre, qui avait pris une part active à la conquête de la ville, revendiquant la direction du Front de libération de Raqqa. Parmi les factions de l'ASL, ceux que je connaissais le mieux étaient les brigadistes du Front kurde et les militants locaux de la Brigade des Révolutionnaires de Raqqa, dont ma fille croyait malin d'entonner l'hymne de guerre.

Alliés de circonstances à l'ASL, les djîhadistes d'al-Nusra étaient majoritairement syriens mais comptaient de nombreux étrangers, des Irakiens ayant fait leurs armes au sein d'al-Qaïda, avec al-Joulani, mais aussi des vétérans du djihâd international alléchés par le sang et les biens des infidèles. Ce sont de riches sunnites de tout le Proche et le Moyen-Orient qui entretiennent ces guerriers d'Allah pour s'acheter une place au paradis. Toutefois, le tableau des différentes bandes de barges qui avaient « libéré » ma ville ne serait pas complet si j'oubliais de mentionner le Mouvement des Hommes libres pour un Levant islamique, dont le nationalisme affiché n'empêche pas non plus la corruption par l'argent des bonnes consciences sunnites étrangères.

La confrontation idéologique entre al-Joulani et al-Baghdadi, dans un tel chaudron d'armes et de testostérone, aurait dû déboucher sur l'apocalypse. Eh ben non, bien au contraire. Une paix armée s'était alors instaurée entre les différentes factions, chacune rivalisant pour apparaître la meilleure musulmane possible aux yeux d'une population de plus en plus déroutée. Et ce miracle, on l'avait dû à trois hommes d'expérience et raqqaouis de souche : Abou Saad al-Hadrami, Haj Fadel al-Agal et Mahmoud al-Khalif, mon beau-frère. Quand mon beauf était revenu s'installer à Raqqa pour œuvrer clandestinement à l'insurrection, j'avoue l'avoir couvert, d'abord parce qu'il s'agit du frère de ma femme et d'un ami d'enfance, et ensuite parce que j'étais à cent lieues d'imaginer la portée de sa dérive sectaire.

Mahmoud n'a pas toujours été ce fanatique qu'il est devenu. Avec ses camarades, jeunes et braves soldats volontaires, sa vie avait basculé le jour où Bachar les avait envoyés jouer les agents secrets au Liban, à l'occasion d'une de ces opérations tordues que monte régulièrement le régime pour déstabiliser notre voisin. Après trois ans d'endoctrinement au sein d'un groupe salafiste palestinien que Mahmoud et ses compagnons étaient supposés infiltrer, ils revinrent au pays l'esprit rebelle en criant à la mécréance du régime. La grande vague libérale du début des années 2000 s'achevait. Alors hop, Bachar les envoya protester en prison. À Saidnaya, ils connurent tous les djîhadistes qui n'avaient pas fait leurs classes dans les camps pénitentiaires irakiens. Pourquoi avoir libéré ces militants islamistes alors qu'il n'était pas encore question de rébellion armée ? Encore un coup de billard à cinq bandes des Moukhabarat.

Quelques semaines après la déclaration d'al-Baghdadi et la contre-déclaration d'al-Joulani, l'émir de Raqqa, Abou Saad al-

Hadrami, avait eu l'idée géniale, mais audacieuse, de convier les deux parties à venir s'expliquer devant le Conseil de consultation des combattants, élargi à tous les chefs des différentes factions et brigades.

C'est aussi grâce à al-Hadrami que, par la suite, on a procédé à la rationalisation du pillage auquel se livraient depuis des semaines les différentes factions. Désormais, Raqqa est mise en coupe réglée grâce au système fiscal coranique qui fait regretter aux contribuables l'administration des impôts de la République arabe syrienne, beaucoup plus facile à frauder et à corrompre, en tout cas sans risquer d'y perdre la main, voire la tête. Un racketteur de l'ASL en a fait l'expérience, décapité pour l'exemple place de l'Horloge. En échange, les Raqqaouis, une fois passées ces longues semaines de foutoir, ont eu droit à un retour des services publics de base, tels la police, le ramassage des ordures, les pompiers, les ambulanciers et les services sociaux et hospitaliers.

On ne peut ôter à l'émir al-Hadrami qu'il s'est jusqu'ici montré soucieux de neutralité. Il a, par exemple, confié la gestion des corporations marchandes et industrielles de la ville aux diverses factions, dans un subtil équilibre et une sorte d'émulation de la vertu islamique pour l'efficacité économique. Ce sont Les Hommes libres qui ont hérité du secteur stratégique de la minoterie et de la boulangerie. Et le *khobz chaïr* croustillant que je viens de prendre en resquillant dans la queue d'une échoppe de la rue Fayçal me convaincrait presque des bienfaits de la boulange islamique.

Je suis venu à pied de l'hôpital al-Watani, où je suis repassé en sortant de chez moi pour demander un dernier service à Youssef, après cette autopsie brutalement interrompue. Je pensais que cette promenade me donnerait l'occasion de réfléchir à la manière d'annoncer à Mahmoud que son fils était un receleur impliqué dans une affaire de meurtre de prostituée mineure. Mais après vingt minutes de marche, parvenu au siège du gouvernorat dont l'entrée est filtrée par des ninjas encagoulés, j'en suis arrivé à la conclusion qu'il n'y a pas de bonne manière d'annoncer ce genre de nouvelles à un père. Et quand je rentre dans son bureau, au deuxième étage, je comprends à sa mine sombre que ça va être encore plus dur que je ne l'imaginais.

*

– Te voilà, toi ! Qu'est-ce que tu viens faire ici ? Tu tombes mal, je te préviens, me lance Mahmoud d'un ton peu amène avant de se raviser. Et puis non, autant que tu sois au courant parce que cela va vite te concerner, poursuit-il, penché sur son ordinateur.

– *Salam Aleykoum*. Quel accueil, mon frère !

Mahmoud est un des rares que j'appelle spontanément « frère » sans me forcer. Cela fait dix-huit ans que nous sommes beaux-frères et nous décernons réciproquement ce titre, relevant davantage de la proximité familiale que de la tradition islamique, du moins me concernant.

– *Aleykoum Salam*. Veuille m'excuser, mon frère, que la bénédiction d'Allah soit sur toi. Mais l'heure est grave, dit-il en m'indiquant les chaises devant lui. Après deux mois de siège, les troupes de Bachar ont repris hier al-Qusayr… Tu vois les conséquences ?

– La route d'Alep est ouverte pour l'armée loyaliste et la rébellion à Homs se retrouve isolée, fais-je en m'asseyant.

– Exact. Et du coup, tu peux être sûr que les trois quarts des combattants résidant à Raqqa vont repartir sur le front !

– Et tu trouves que c'est une mauvaise nouvelle ?

Je suis sincèrement surpris. Personnellement, la seule mauvaise nouvelle que j'y verrais, ce serait que mon assassin me file entre les pattes.

– Merwan… Si nous sommes parvenus à maintenir la paix, c'est parce qu'aucune force n'était en mesure de dominer l'autre et d'imposer sa loi à Raqqa. Mais l'ASL en tout premier lieu va quitter la ville en masse puisque Alep et Homs sont deux de ses fiefs. J'en ai été averti par leur commandement juste avant ton arrivée. Comme le Jabhat al-Nusra et les autres factions ne peuvent pas leur abandonner le terrain, ils vont sans doute aussi devoir redéployer des troupes à l'ouest du pays.

– Et alors ? Je ne comprends toujours pas où tu veux en venir.

En charge du bureau de Sécurité, Mahmoud est sans doute celui qui a pris le plus de risques pour mettre en œuvre la politique de conciliation. La première décision des autorités municipales sous tutelle de l'ASL avait été de licencier la totalité des fonctionnaires de Raqqa, autant les policiers comme moi que les enseignants comme Asma, et de suspendre le paiement des pensions des retraités de la fonction publique, comme celle du Vieux. Après les semaines terribles d'anarchie qui ont suivi la chute de la ville, Mahmoud a intégré les citoyens volontaires du Mouvement des Gens Dignes de Confiance qu'il a faits gardiens de la paix. Puis il a fallu regarnir les effectifs de la police criminelle, massivement purgés des partisans du régime, la plupart alaouites, la confession d'obédience chiite à laquelle appartient la famille al-Assad. C'est comme ça que de simple commissaire, je suis devenu commissaire divisionnaire de la zone B, c'est-à-dire, en gros, de tout l'ouest de la ville.

Autre bonne idée de Mahmoud, il a négocié en secret un accord avec des émissaires du régime de Damas, désireux de maintenir un lien avec Raqqa, pour que les fonctionnaires mis au service de l'administration rebelle continuent à être payés par le Trésor public syrien. C'est un peu grâce à lui que trois mois de salaire et de pension de la famille Milet nous attendent à Deir ez-Zor, bastion loyaliste assiégé à cent cinquante kilomètres d'ici, où il faudra bien que je me rende un de ces jours, mes économies ne me donnant encore que trois semaines de répit, tout au plus. Surtout si je veux que ma fille cesse de solder notre patrimoine pour entretenir son train de vie. À ce propos, vu l'ambiance dans ce bureau, je vois de moins en moins comment aborder le cas Hakim avec son père.

Après m'avoir considéré comme si ma dernière phrase faisait de moi un parfait imbécile, Mahmoud hausse les épaules et reprend sur le ton de la confidence, bien que nous soyons seuls dans cette grande pièce où un drapeau noir frappé de la shahâda a remplacé la photographie officielle de Bachar.

– Écoute, ce que je vais te dire là, tu dois le garder pour toi.

– Mahmoud, ne suis-je pas l'ami le plus discret que tu aies jamais eu ? fais-je sans m'appesantir sur notre longue histoire amicale et familiale commune.

– C'est vrai, mon frère. Alors, je vais t'expliquer dans quelle situation politique compliquée je me retrouve. Merwan, je sais que, comme ton père et ton grand-père, tu es un indécrottable athée. Comme tu es kurde et pas arabe, je peux te pardonner ce péché mortel. Allah seul te jugera. *Alḥamdulillah*, ne t'ai-je pas donné ma propre sœur comme épouse ? Bon, comme tu sais, c'est désormais l'Islam, bien plus que le nationalisme, qui devient le moteur de cette révolution. Beaucoup assimilent même le nationalisme au tribalisme proscrit par notre Prophète, paix, bénédiction et salut soient avec lui. Et dans ce contexte, frère Ibrahim, que tu connais sous le nom d'al-Baghdadi, a un discours qui plaît beaucoup. Son idée d'établir un État islamique englobant toutes les provinces et tribus sunnites d'Irak et de Syrie séduit de nombreux frères. Songe donc ! Détruire les frontières tracées par les occupants français et anglais, cette humiliation faite aux Arabes sunnites, pour bâtir un territoire où l'*Oumma* vivra unie selon la *sunna* du Prophète, paix, bénédiction et salut soient avec lui, sans plus subir les hérétiques alaouites et chiites, et autres hypocrites et mécréants. C'est un rêve de pureté que poursuivent nombre de nos frères du Jabhat al-Nusra, crois-moi, m'assure Mahmoud avec un regard qui en dit long sur l'enthousiasme que suscite chez lui cette fantasmagorie. Mais le cheick al-Joulani n'en a pas assez conscience, ajoute-t-il avec regret. Pourtant, l'influence de frère Ibrahim va croissant au sein du mouvement, et j'ai peur qu'une terrible discorde n'affaiblisse la communauté des croyants et ne vienne nous diviser, conclut-il, l'air accablé.

Pendant qu'il me parle, j'observe mon vieux copain de classe que les épreuves ont endurci. Le « gros Mahmoud » au grand cœur que j'avais défendu sur les bancs de l'école Jawad Ansor, alors qu'il était la tête de Turc de la cour de récréation, a bien fondu. Et sa bouille toute ronde aux yeux vifs et rieurs est devenue un visage anguleux au regard sec. À vrai dire, en m'érigeant son défenseur attitré, je voulais surtout complaire à Asma, que la mixité, autorisée en primaire en République arabe, m'avait permis de connaître dès le plus jeune âge. Avec sa bouche en cœur, ses yeux en amande et ses cheveux d'ébène, j'en étais déjà amoureux à huit ans. Elle n'en avait que cinq. Et si Mahmoud est resté mon meilleur ami tout au long du secondaire au lycée Haroun al-Rachid, la présence d'Asma lors des révisions le soir chez lui comptait pour beaucoup. Bon, c'est sûr aussi qu'on aimait beaucoup les Milet chez les al-Khalif, et que ses parents m'ont toujours bien accueilli. Hussein al-Khalif, le père de Mahmoud, aussi gonflé de son nom que les pastèques qui avaient fait la fortune familiale, avait été gagné par la fièvre immobilière qui s'était emparée des Raqqaouis dans les années 70 et 80, alors que le régime prétendait faire de la ville la « perle de l'Euphrate », la vitrine du socialisme arabe baathiste.

Assez vite, le père al-Khalif découvrit que les pastèques et l'immobilier font deux et qu'un commerçant sunnite enrichi des Ghoul ne faisait pas le poids face à des investisseurs alaouites damascènes. Sans l'intervention de mon grand-père, personnalité de premier plan de la ville à l'époque, les al-Khalif auraient été ruinés. Ils rentrèrent finalement dans leurs sous et l'affaire fut menée discrètement afin de préserver leur honneur. Cependant, cet épisode participa beaucoup au ressentiment que Mahmoud développa à l'encontre des alaouites. Entre parenthèses, dommage que le Vieux ait perdu de son entregent une décennie plus tard et n'ait pas pu faire sortir de prison son propre fils, c'est-à-dire mon père, avant qu'il n'y meure de diphtérie.

Eh oui, Mahmoud, on a tous nos épreuves. Et franchement venir expliquer à un Kurde que les Arabes ont été mal traités après le démantèlement de l'Empire ottoman, c'est gravement se foutre de ma gueule ! Comme de dire que tu m'as donné ta sœur, alors que c'est ton père qui avait dû céder à mon insistance, et à celle d'Asma, reconnaissant de la bonne fortune que les Milet lui avaient sauvé. Je sais bien que, comme toi, il aurait certainement préféré la marier à un marchand sunnite de la médina. Et pendant que je soliloque dans ma tête, Mahmoud continue de parler, inconscient de mes récriminations.

– Le problème, ce sont les combattants étrangers. Eux sont beaucoup moins sensibles à l'avenir de la Syrie. Ils sont venus faire le djihâd et l'aventure de conquête que leur propose al-Baghdadi les accroche énormément. Tout ça parce qu'il ne demande aucune recommandation aux étrangers. Tout le contraire d'al-Joulani qui leur impose de montrer patte blanche alors que ces jeunes gens débarquent pourtant pleins de combativité et d'amour pour Allah. Si bien que le succès du recrutement chez al-Bagdhadi est phénoménal. Les premiers à affluer à Raqqa, Saoudiens, Jordaniens, Maghrébins, Tchétchènes, Européens ne jurent plus que par lui. Je viens d'écrire un rapport de synthèse des informations de mes différents contacts à l'intention d'Abou Saad al-Hadrami. C'est lui l'émir, et c'est à lui de décider s'il faut alerter le cheick al-Jalouni.

Mahmoud se lève de son fauteuil et va baisser les stores des fenêtres sur lesquelles le soleil déclinant commence à darder. Il est vêtu d'un treillis noir recouvert d'un qamis de la même couleur, serré à la taille par une ceinture portant revolver et couteau. Il reprend son exposé tandis que je me fais la réflexion que sa silhouette est devenue aussi maigre que ses traits sont ascétiques.

– Bref, ce que je voulais te dire, c'est que frère Ibrahim, al-Bagdhadi si tu préfères, pourrait bientôt être le maître de la ville. Et moi, que dois-je faire ? Al-Hadrami se sent une obligation de fidélité envers al-Jalouni et veut maintenir à Raqqa le Jabhat al-Nusra canal historique. Saura-t-il résister à al-Baghdadi ? Il est rusé mais il ne fait pas le poids, je le crains. Déjà frère Ali a fait sa *bayah* sans attendre. Qu'en penses-tu Merwan ? Dois-je moi aussi quitter al-Nusra et prêter allégeance à frère Ibrahim ?

Frère Ali, autrement dit Abou Luqman al-Sury, chef du Service des eaux, de l'énergie et des transports au sein du Conseil de consultation des combattants. Le ralliement à al-Baghdadi de cet opportuniste n'a rien de surprenant. Ex-Moukhabarat, il avait rallié al-Qaïda en Irak au cours de la décennie précédente, une filière qu'il connaissait bien puisqu'il œuvrait à l'alimenter en djihadistes, introduits clandestinement chez notre voisin par le régime damascène pour nuire aux Américains. Arrêté lors d'un de ses passages à Raqqa, il avait été libéré de Saidnaya en 2011, en même temps que mon beau-frère et ses acolytes. Tu en es là, Mahmoud ? Je songeais, en écoutant le rigoriste musulman qu'il est devenu, à la fête mémorable qu'on avait organisée à Damas pour célébrer son entrée à l'Académie militaire de Homs, en même temps que mon départ pour un cycle préparatoire d'ingénieur en France. Deux étudiants syriens pleins de promesses, l'un kurde communiste, l'autre, arabe sunnite, fiers tous les deux de leur pays et confiants dans l'avenir. Qu'est-ce qui nous est arrivé, Mahmoud ? Qu'est-ce qui est arrivé à la Syrie pendant ces vingt ans ? J'avoue que là, il me prend de court. Alors, je brode une réponse.

– Tu sais que je ne fais plus de politique depuis la mort de papa. Mais si j'ai un conseil à te donner, c'est d'être prudent, très prudent. Les gens avec qui tu gouvernes sont dangereux. À ce propos, je voudrais que tu me remplisses les papiers m'autorisant à reprendre l'entraînement au tir de précision, botté-je en touche, en même temps que j'en profite pour concrétiser une envie qui me trotte dans la tête depuis ma promotion comme divisionnaire.

– Hum… C'est l'objet de ta visite, vraiment ? s'étonne Mahmoud, le visage rembruni, contrarié apparemment que je ne lui sois d'aucun conseil plus avisé pour son problème de conflit de loyauté.

– Franchement, ça me manque.

– La nostalgie, camarade ? ironise Mahmoud.

Mon beau-frère, bien qu'il fût militaire, a toujours été jaloux de mes talents de tireur, insuffisants pour remporter la moindre distinction aux épreuves de tir des Jeux olympiques de 1996 à Atlanta, où je fus néanmoins sélectionné dans l'équipe syrienne pour la plus grande fierté de toute la famille. Notre compatriote, Ghada Shouaa, aura sauvé l'honneur national en gagnant la médaille d'or à l'heptathlon. N'empêche que jamais je n'ai renoncé à l'entraînement, avec mon vieux SVD Dragounov, un OTs-03 en bakélite que m'avait offert papa pour mes quinze ans, jusqu'à ce que mon permis de tir me soit retiré avec mon salaire par les nouvelles autorités municipales.

– J'ai passé l'âge des compétitions, mais si je veux encore vieillir et être utile à Raqqa, je crois qu'il ne vaut mieux pas que je perde la main.

– OK. Je vais m'occuper de ça, convient Mahmoud, tout en lissant sa barbe de plus en plus démesurément longue.

Cette perspective de reprendre le tir de précision, aussi réjouissante soit-elle, ne fait pas avancer mes affaires. Tant pis, j'interrogerai moi-même mon neveu sur cette histoire de diadème. Mais au fait, comme mon intuition me dit que c'est dans le milieu djîhadiste que se trouve mon assassin, pourquoi ne pas m'informer auprès de Mahmoud, qui en la matière est une mine d'informations ?

– Outre la reconduction de ma licence, je voulais te parler du bombardement du Crown Plaza en début d'après-midi. La cible aurait pu être le stade où toutes les factions s'entraînent régulièrement. Mais c'est tombé sur le Crown. Il y a une bande de djîhadistes étrangers qui y résident. Tu les connais ? Ils pourraient être la cible ?

– Ah oui, j'ai entendu parler de cette attaque, dit-il d'une voix subitement altérée, qu'il éclaircit d'un raclement de gorge avant de poursuivre. Tu as raison de t'en préoccuper car cela veut dire que la ville pullule d'espions qui indiquent des cibles. C'est pourquoi il va absolument falloir monter un service de renseignement, du genre des Moukhabarat. Pour répondre à ta question, oui, bien sûr. C'est vrai que le stade sert de camp d'entraînement, mais le Crown est le casernement des *Khorasan*, une brigade d'élite du djihâd international. Ils peuvent aussi constituer une cible de choix pour nos ennemis. Fondée par un djîhadiste saoudien en…

Je savais que je n'allais pas perdre mon temps. Mahmoud connaît tout le mouvement djîhadiste du Proche et Moyen-Orient, du Maghreb et d'Europe. Et tient à jour une fiche sur chacun de ses acteurs dans son ordinateur.

*

Il est près de 19 heures 30 quand je rentre enfin à l'appartement, après un passage au bureau pour lancer un avis de recherche aux commissariats des autres départements de police. Une jeune fille : ses parents ont dû la déclarer disparue. Je pensais être en retard pour dîner mais Asma n'est pas encore arrivée. Assia et Naïm, assis dans le canapé du salon, profitent du retour de l'électricité pour regarder la SRT, le Vieux, à côté d'eux dans son fauteuil roulant, est le premier à m'apercevoir :

– Salut fiston, comment vas-tu ?

Il sait que je n'aime pas qu'il m'appelle fiston. C'est comme ça que papa m'appelait. Mais il n'aime pas non plus que je l'appelle le Vieux.

– Bonsoir, le Vieux.

– Papa, papa, s'écrie Naïm en venant se jeter à mon cou, ce qui commence à faire lourd à dix ans.

Quant à Assia, elle fait comme si je n'étais pas là, feignant d'être captivée par la télévision, sans doute toujours à bouder à cause notre embrouille de tout à l'heure. La principale chaîne du régime diffuse justement un reportage revenant sur la prise d'al-Qusayr, où une camarilla de gradés, images fortes de blindés et d'avions à l'appui, assure que l'« assaut final » est pour bientôt. Il y a eu tellement d'« assauts finals » depuis deux ans qu'on se demande bien pourquoi on est toujours en guerre. En tout cas, l'appréhension de Mahmoud semble justifiée. L'armée loyaliste prépare une contre-offensive au centre et au nord. Raqqa est à l'est. Les troupes rebelles en garnison chez nous seront donc vraisemblablement appelées en renfort.

– Bonsoir, tout le monde !

– Maman, maman, crie Naïm en se jetant au cou de sa mère, qui l'esquive prudemment pour lui donner un baiser sur le front.

– 'Soir 'man, émet mon adolescente favorite depuis le canapé.

– Ah ! Asma, tu tombes bien, nous avons faim, commente le Vieux, qui aggrave chaque jour davantage son cas.

Avant ces évènements, on avait Rabia presque à demeure, qui s'occupait du matin au soir du Vieux, des enfants et laissait à dîner le soir avant de rentrer chez elle. Rabia était celle qui permettait à Asma de supporter mon grand-père. Mais on n'a plus les moyens de la payer et je crains que ce ne soit pour longtemps. Pour tout arranger, l'ascenseur est tombé en panne voilà deux mois, privant l'aïeul de toute autonomie, et le condamnant à toupiner dans l'appartement. Depuis six ans nous habitons chez lui. Depuis la mort de papa. J'observe Asma lever les yeux au ciel, après la remarque du Vieux, cette moue atterrée qui gonfle ses lèvres comiquement et me charme depuis les bancs de Jawad

Ansor. Sans un mot, elle enlève d'un geste agacé son hijab rouge qu'elle a noué comme un foulard, laissant quantité de mèches apparentes. Avec ses ballerines, son jean noir et son chemisier vert, ma femme, ainsi vêtue aux couleurs syriennes, a dû détonner aujourd'hui encore dans les rues de Raqqa où le jilbab et l'abaya deviennent à la mode, parfois assortis d'un niqab dans les quartiers populaires. La silhouette de ma gazelle a un peu empâté mais elle a tout ce qu'il faut là où il faut. Ses yeux en amande se sont un peu ridés, sa bouche en cœur s'est un peu plissée, ses cheveux d'ébène se sont un peu ternis, mais mon Asma reste aussi jolie à mes yeux que sur la photo posée sur la commode de notre chambre, prise lors de notre réception de mariage dans les salles somptueuses de l'hôtel Karnak. C'était le 8 septembre 1995. J'aurais aimé lui dire que c'est toujours la plus belle. J'aurais dû lui dire.

Mais ce n'est pas le tout d'être belle. Depuis le début de la révolution, peu à peu, prétextant son travail d'enseignante, ses activités militantes, l'éducation des enfants, les turpitudes réelles ou supposées du Vieux, et plein d'autres choses encore, dont mes absences professionnelles, Asma se refuse à moi. Pas tout le temps, heureusement. Mais même dans ces moments-là, elle n'est plus l'Asma sensuelle et lascive que j'ai connue et je ressors insatisfait de nos ébats. Et même ces moments-là se raréfient. Alors, au lieu de lui dire « Bonsoir ma chérie, comme tu es belle ce soir », je lance, sur le ton du flic à un prévenu :

– Je t'ai déjà dit de ne pas sortir comme ça. Surtout la nuit. Pourquoi pas un sarouel ? Tu portais souvent des sarouels avant ! Pourquoi tu ne mets plus que des pantalons, voire des robes !?

– Parce qu'avant, c'était avant, rétorque-t-elle du tac au tac. Je ne vais pas faire plaisir aux obscurantistes qui gouvernent la ville et me bâcher comme faisait mon arrière-grand-mère. En plus le soir vient à peine de tomber et on m'a ramenée en voiture, t'inquiète pas. Tu deviens salafiste toi aussi, à force de les fréquenter ? Remarque, ce n'est pas nécessaire d'être *salafi* pour être macho, il suffit d'écouter ton grand-père, conclut-elle l'échange en allant à la cuisine.

Plus tard, dans la salle à manger, alors qu'on n'avait guère à nous partager sur la table, sinon du boulghour, agrémenté d'un bouillon d'oignons et de courgettes aux épices, je choisis de continuer à gâcher la soirée :

– Je suppose que ta fille t'a expliqué pourquoi je suis revenu dans cet état de rage cet après-midi.

– Oh papa, tu vas pas remettre ça, intervient Assia.

Tandis que je m'apprête à lui demander de se taire, Asma m'interrompt :

– Oui, et je ne vois pas pourquoi tu en fais tout un plat. Notre fille m'avait demandé si elle pouvait vendre des affaires pour compenser l'argent de poche et je lui avais donné la permission.

– La permission de vendre son diadème, les bijoux de ta mère et les Barbie dont on est allés chercher des accessoires jusqu'au Toy Store de Beyrouth !

– Oh arrête, Merwan. On était en vacances avec mes parents et ce sont eux qui ont payé, me rappelle ma femme.

– Et puis même, Asma, protesté-je. Tu aurais pu m'en parler. Imagine la peur que j'ai eue quand j'ai vu cette pauvre fille assassinée avec le diadème d'Assia !

– Et alors, c'est qui finalement ? me demande-t-elle sans égards pour la frousse mêlée de honte ressentie d'avoir cru que ma fille était une pute assassinée.

Je la vois d'ailleurs baisser les yeux sur son assiette.

– On ne sait pas encore. J'ai diffusé un avis de recherche. Elle est défigurée et n'avait pas de papiers. J'ai demandé à Youssef de faire une biologie.

Pris d'un doute en voyant le regard de plus en plus fuyant d'Asma, je poursuis :

– Est-ce que notre fille t'a aussi dit que le receleur des bijoux de famille, c'est son cousin, ton neveu Hakim ?

– Mouais. Non, ça, elle me l'a dit après. Mais je n'avais pas vu ça comme du recel, plutôt un service. Qu'en a dit mon cher frère, puisque tu devais aller le voir, hein ?

– Ben oui, je suis allé voir Mahmoud, mais il n'était pas d'humeur à supporter ce genre d'histoire. Ton frère est sur les nerfs.

– Bien fait pour lui ! Qu'est-ce que c'est que cette lubie qui lui a pris de tourner djîhadiste ?! Franchement, lui qui ne supportait pas la vue d'un égorgement de mouton !! Si papa et maman voyaient ce qu'il est devenu... Déjà qu'il les a faits mourir de chagrin quand il a été envoyé à la prison de Saidnaya ! Je suis fière d'être sunnite du juste milieu, car, vois-tu, quand on dépasse les bornes, il n'y a plus de limites. Ce que ne semble pas comprendre mon cher frère.

Asma s'est toutefois gardée jusqu'ici d'avouer à Mahmoud qu'elle milite dans l'opposition laïque. Et je me garde de lui rappeler qu'il reste notre meilleur protecteur, et que ses parents sont en réalité morts d'une grippe mal soignée, même si c'est vrai que l'emprisonnement de leur fils pour haute trahison les avait ravagés.

– Assia, dis-je à ma fille qui continue de m'ignorer. Je n'en ai pas parlé à oncle Mahmoud, mais ça ne change pas que je dois voir Hakim d'urgence. Alors, s'il ne veut pas que j'aille chez lui ou que je le convoque au Bloc B, il ferait mieux de rappliquer demain ici même. Je compte sur toi pour le faire venir en fin de matinée avant le déjeuner.

– Mais papa, il va avoir la rage contre moi s'il apprend que je t'ai raconté ça !

– Oui, ben demande-lui s'il préfère subir la rage de son père !

Après quelques fruits pour dessert, la famille se disperse. Assia s'enferme dans sa chambre et Naïm va au salon pour jouer avec sa console, sous les yeux fascinés du Vieux. Je sors les poubelles tandis qu'Asma fait la vaisselle et range la cuisine. La rue est déserte et l'absence d'éclairage public décrétée par prévention antiaérienne rend le square devant l'immeuble un peu inquiétant, avec les ombres des arbres qui s'étirent au clair de lune et s'agitent mollement dans le vent chaud du Sud. Je grille une cigarette, que j'écrase au moment où une colonne de véhicules, précédés par la violente lumière d'un spot, vient pétarader dans le quartier, haut-parleurs à fond diffusant des chants religieux guerriers. Je rentre et regrette aussitôt ma cigarette devant les trois étages sans ascenseur. Comme Naïm et son arrière-grand-père sont pris par le monde gai, sonore et coloré de Super Mario, je rejoins Asma qui s'est rassise à la table de la salle à manger, avec une théière devant elle, en train de fumer une cigarette et de lire des feuillets A4 agrafés en cahier, un stylo dans l'autre main. Il n'y a qu'une tasse. Je vais en chercher une autre à la cuisine avant de revenir m'asseoir en face d'elle.

– Comment s'est passée ta réunion ? Pourquoi tu es rentrée si tard ? demandé-je d'un ton que j'espère neutre.

– Tu es jaloux, commissaire ? réplique-t-elle avec une mimique ironique.

J'ai peut-être tort, mais je n'ai jamais mis sur le compte d'une liaison avec un autre homme l'absence d'appétence sexuelle de mon épouse à mon égard.

Je croyais qu'Asma allait en rester là, m'obligeant à réfléchir à une relance, mais elle poursuit :

– Je te le dis parce que tu es mon mari et que je compte sur la police républicaine de Raqqa pour défendre nos droits. Il y a eu une réunion d'Haqquna, tout l'après-midi, chez Sefîn. On était au moins cinquante de tout Raqqa. On a décidé de faire de juillet le mois de la *capoeira* démocratique. Tous les jours du ramadan une capoeira géante dans un parc ou sur une place de la ville ! C'est génial, non ? On n'a qu'un mois pour tout organiser, afficher, diffuser le message, fixer les points de rassemblement, les dates. Voilà tout ce que j'ai à faire, me dit-elle fièrement en me montant ses feuillets A4. Il faut que les Raqqaouis envahissent par milliers les rues tout au long du mois de juillet pour que ces bigots comme Mahmoud comprennent que nous ne voulons pas quitter une dictature pour vivre sous une autre !

Sefîn ! Sefîn Hasroumi, vice-recteur de l'université al-Ittihad, et leader charismatique d'Haqquna, Notre Droit, un mouvement démocratique et laïc issu de la société civile dont sont peu ou prou issus les brigadistes révolutionnaires. À soixante-deux ans, on lui pardonne de ne pas avoir poussé l'engagement jusque-là. Personnellement, je ne lui pardonne pas de mettre des idées aussi folles dans la tête de ma femme. Des capoeiras démocratiques géantes ! Mais on rêve ! J'allume une cigarette à mon tour pour me donner le temps d'encaisser. La capoeira est à l'origine un sport de combat des esclaves sud-américains. Importée dans les camps palestiniens par des ONG brésiliennes pour distraire les enfants, la capoeira, devenue musicale, s'apparente davantage aujourd'hui à une danse rythmique qu'à un exercice guerrier. Cette mode est devenue très populaire chez les jeunes qui en tirent prétexte pour manifester publiquement leur joie de vivre, ou leur ras-le-bol, en se rassemblant pour scander, chanter et danser en musique ! Au début de la révolution, la capoeira a pris un tour plus politique. Mais aujourd'hui, non seulement je doute que beaucoup de Raqqaouis aient le courage, ou même l'envie, de manifester. Surtout, je n'ose imaginer la réaction des plus farouches salafistes, armés jusqu'aux dents, à la vue de jeunes et de moins jeunes, hommes et femmes, dans la mixité la plus totale et avec des tenues peu islamiques, rire, chanter et danser en musique dans un lieu public et en plein ramadan.

– Asma, c'est la pire idée que Sefîn vous ait mise dans la tête ! fais-je, consterné. Est-ce que vous avez conscience du nombre d'hommes en armes circulant dans la ville et qui vous considèrent comme des *koufar* bons à brûler en enfer !?

– Mais c'est bien pour ça que je t'ai dit que nous comptions sur la police de Raqqa pour nous protéger. C'est bien ton rôle, non ?! Et puis pour ta gouverne, l'idée n'a pas été lancée par Sefîn, mais par un nouveau du comité d'Haqquna, Maher al-Shibahi. Un ingénieur du service des Eaux dont on aurait bien besoin, vu les pénuries. Mais il a été mis au chômage par Mahmoud et ses sales types du soi-disant Conseil de consultation. Classé d'office partisan du régime parce que alalouite ! C'est Nadwa qui a ramené Maher à la réunion. C'est un ancien collègue de son mari.

Nadwa Qadour, la meilleure amie de ma femme, la directrice du collège Moussa Ibn Nosaïr où Asma enseigne l'anglais, toutes deux militantes de la première heure de l'Union des enseignants libres, le cœur de cible d'Haqquna. Nadwa ne m'apprécie guère, et c'est réciproque. Qu'est-ce qu'elle vient faire dans cette histoire ? Je me doute bien qu'elle n'a pas été la dernière à soutenir cette idée saugrenue de capoeira. Nadwa Qadour s'était taillé une petite réputation de résistante, peu de jours après la prise de la ville, en tenant tête à un groupe de barbus venant lui annoncer la fermeture de son établissement et sa réquisition. Engueulés par ce petit bout de femme toute ronde comme jamais leur émir ne l'avait osé, ils ont préféré affronter la colère de ce dernier et ont déguerpi de la cour de récréation avec armes et bagages. Mais quand la directrice est revenue dimanche, après le week-end, le collège Moussa Ibn Nosaïr était bel et bien occupé par des hommes en armes qui refoulaient professeurs, parents et élèves à l'entrée.

– Asma, qu'importe qui a eu l'idée, elle est mauvaise, c'est tout ! La situation en ville devient chaque jour plus dangereuse. Aujourd'hui ton frère a du pouvoir et de l'influence. Mais demain ? Et moi ? Tu crois que ma place n'est pas enviée et que si Mahmoud tombe, je ne tomberai pas avec ? Tu te comportes comme une petite-bourgeoise frustrée parce que sa révolution est en péril. Mais c'est ta vie que tu mets en péril. As-tu pensé à nous ? À tes enfants ? À ta famille ? Tu oublies que ce n'est pas la démocratie ici et la liberté d'expression ? Je n'ai aucunement les moyens de vous protéger, de te protéger face à ces bandes de fanatiques. Il faudrait que tu prennes la réalité en compte, Asma. La réalité, c'est que la révolution a échoué et que le pire est sans doute à venir. Je t'interdis de te mêler à une telle manifestation. Et je vais aller voir Hasroumi pour le dissuader d'organiser cette folie.

Je regrette mes mots au fur et à mesure que je les énonce. J'aurais tant préféré lui dire que je suis fier d'elle. Fier de son combat pour la liberté. Le même qu'aurait mené papa sans nul doute. Mais justement. Papa est mort et je ne veux pas qu'Asma meure. Seulement voilà, comment expliquer cette déchirure qui m'a rendu indifférent à tout, sinon à ma famille, désabusé de tout, sauf en ce qui concerne les miens ?

– M'interdire ?! Tu veux m'interdire d'aller manifester ? Mais pour qui tu te prends ! s'emporte Asma. Écoute-moi bien, Merwan Milet, poursuit-elle d'une voix contenue mais glacée. Que tu sois devenu un flic blasé qui n'en a rien à fiche que Raqqa s'enfonce dans l'obscurantisme et la barbarie, ça te regarde. Mais ne t'avise pas d'aller voir Sefin et de saboter notre manifestation. De toute manière, on aura les Gens Dignes de Confiance pour nous protéger. Il y a encore des citoyens à Raqqa qui n'ont pas peur de mourir pour la liberté et tu devrais savoir que tu en as épousé une. En tout cas, moi, j'en avais épousé un. Et je n'ose pas imaginer ton pauvre père s'il te voyait, insiste-t-elle cruellement. Ah, vous faites la paire avec Mahmoud ! Sur ce, moi, je vais me coucher.

Asma ne m'a pas expressément interdit le lit conjugal, mais il est clair que le canapé semble plus adapté à notre situation amoureuse. Pour l'instant, il est occupé par Naïm, toujours aux manettes, sous les encouragements du Vieux. Je me ressers une tasse de thé. J'allume une cigarette du paquet d'al-Hamra qu'elle a laissé sur la table. Il est presque plein. Heureusement. La nuit va être longue.

2

Le Bloc B est dans Tashih, un quartier résidentiel et administratif construit *ex nihilo* dans les années 90 et toujours en expansion, géré par des coopératives de logement, permettant aux bourses moyennes et modestes d'acquérir un appartement dans des immeubles moches, mais bien desservis en transports et en services publics. Du moins, selon les critères syriens. Le commissariat central de police de la zone B fait ainsi partie de ces services publics aimés de mes compatriotes. En tout cas, du régime. C'est du reste là que j'ai débuté. J'ai passé toute ma jeunesse et une large partie de ma vie d'homme marié dans Tashih, mais plus à l'est, vers Amin, près de l'hôpital pour enfants. Ces coopératives sont, en effet, pour l'essentiel liées à des corporations professionnelles, dont le syndicat de police. On était à l'étroit chez mon père, avec Asma et nos deux jeunes enfants, dans l'attente qu'on me vende mon propre logement. Quand enfin ma demande a été acceptée, on était un mois avant l'arrestation de papa. Il a été exproprié dans la foulée, ce qui a conduit à notre expulsion tandis que l'agrément pour mon propre appartement était suspendu. Heureusement, le Vieux a accepté de nous accueillir provisoirement dans ses deux cent quarante mètres carrés de « fonction », au cœur du quartier kurde, devenu Huriyah, où il a toujours vécu. Quand deux ans plus tard, l'administration a daigné reconsidérer ma candidature et me réattribuer un logement, on a décidé que le provisoire serait définitif. C'était vraiment le bon temps. On avait déjà Rabia pour s'occuper du Vieux qui devenait invalide. Et surtout à l'époque, nous filions le parfait amour Asma et moi.

Ma voiture connaît par cœur le chemin dans ces quartiers où j'aime flâner dans ma Peugeot, pour humer l'air matinal de Raqqa et sentir l'humeur des Raqqaouis. Je n'ai pas attendu longtemps après la douche pour aller marauder, vu l'inconfort du canapé du salon où j'ai été contraint de passer la nuit. La prière de l'aube vient de s'achever et les fidèles sortent dans la tiédeur aurorale. Ils sont peu nombreux à fréquenter la mosquée à cette heure, mais quand même de plus en plus chaque matin, j'ai l'impression. La routine raqqaouie rythme mon parcours vers le Bloc B. Des files se forment aux boulangeries. Les grilles des boutiques s'ouvrent dans un fracas métallique. Les commerçants ambulants commencent à encombrer le trottoir de leurs charrettes et à héler le chaland. Seuls quelques hommes en armes viennent rappeler que ce calme est précaire. Du reste, je ne me fie jamais au calme, qui est de nature capricieuse ; je l'ai maintes fois remarqué dans ma carrière. Exemple, là, pourquoi ma fidèle 307 a tourné à droite ? Parce que j'ai entendu un cri au détour d'une rue et que je vois un gamin courir. En fait, il se rendait dans une boutique où une femme expansive hurlait au téléphone. Pourquoi ma voiture va-t-elle alors tout droit ? Parce que je devine un trafic, un peu plus loin, dans une ruelle, devant laquelle je ralentis pour reconnaître des margoulins sans histoires, vu le contexte général. Pourquoi prend-elle soudainement à gauche alors que nous sommes à deux pâtés d'immeubles du commissariat ? Parce qu'un pick-up vient de me couper la route au carrefour en klaxonnant et que je me mets dans sa roue, à bonne distance de ce danger public.

Le pick-up se gare pile devant le Bloc B sur un emplacement réservé au service, et je me mets juste derrière. Un homme et une femme s'extraient du véhicule, le conducteur reste au volant. Ils pénètrent dans le commissariat pendant que j'examine succinctement le véhicule de derrière mes lunettes de soleil. Je distingue sur la portière l'écusson prétentieux des Faucons du Levant, une brigade de l'ASL aux avant-postes de la conquête de Raqqa. Quand j'entre, le couple est dans le hall, déjà au premier rang du guichet de l'accueil. Il y a une file mais j'imagine que ce sympathique jeune homme, à la chevelure et à la barbe blondes, mitraillette à l'épaule, a demandé poliment à passer en priorité. Intrigué par cette irruption d'un homme armé dans le commissariat, et moins impressionné que le planton de service derrière le guichet, je m'approche et l'aborde.

– *Salam aleykoum, Ya Hajji.* Je suis le commissaire Milet, puis-je t'aider ?

Aussitôt, je m'incline légèrement devant la femme, couverte d'un sitar de la tête aux pieds, mais qui ne peut masquer une silhouette élancée et tout en jambes.

– *Aleykoum salam*, mon frère. Je pense que tu es celui que je devais rencontrer pour aider notre sœur. Elle réside dans la pension islamique de la très respectable Oum Adam, que la bénédiction d'Allah soit sur elle, et je lui sers de *mahram*, m'explique le jeune type, au regard idiot, avec un accent ressemblant à de l'anglais tout en ne l'étant pas, mais dans un arabe de bonne tenue. Ma sœur, nous sommes à la police comme tu le souhaitais, continue-t-il en s'adressant à la femme. Que veux-tu lui dire ?

– Mon frère, puis-je avoir l'autorisation de parler seule avec cet officier ? sollicite-t-elle de son tuteur en gardant la tête baissée. Elle a la voix basse de la soumission, mais son accent, son accent, je le reconnaîtrais entre tous.

Je vois le gars hésiter mais, tout émoustillé par ma découverte, je ne lui laisse pas le temps de réfléchir.

– Bien sûr, madame. Un entretien avec la police est confidentiel. Allons à mon bureau.

Je lui fais un signe en lui montrant l'escalier où elle me précède sans traîner, me permettant de profiter d'un gracieux déhanché en gravissant les marches. Je note qu'elle laisse sur son passage une traînée discrète de parfum fleuri.

– Je t'attends ici pour te ramener, ma sœur, indique le djîhadiste depuis le rez-de-chaussée, incapable de trancher, de savoir si oui ou non sa présence est requise par la sharia.

Je fais entrer la femme en sitar dans mon bureau qui pue le tabac froid et j'ouvre aussitôt la fenêtre sur l'air encore doux de ce début de matinée. C'est petit, mais j'ai quand même tenu à disposer d'un fauteuil confortable où je m'installe souvent pour réfléchir, ou dormir. Je le lui offre tout en tirant la chaise posée devant mon bureau pour m'asseoir face à elle.

– Alors madame, qu'est-ce qui vous amène ? dis-je, hésitant à ôter mes Ray-Ban, les conservant finalement puisque ma visiteuse ne me montre elle-même pas grand-chose de son visage.

– Voilà *Ya Sayyid*, je viens vous voir parce que mon mari a disparu, me confie-t-elle en fouillant son sac avec ses mains gantées.

Sa voix est celle d'une jeune femme, voire d'une jeune fille et ces quelques mots supplémentaires, malgré la bonne qualité de son arabe, ont suffi à confirmer ce que j'avais détecté tout à l'heure. C'est une Française. J'aurais préféré rencontrer un autre modèle que celle-là, mais cela me fait si plaisir quand même que je me lance dans la langue de Molière.

– Et comment vous appelez-vous, chère madame ? Moi, c'est Milet. Merwan Milet. Vous êtes française, n'est-ce pas ?

La femme, penchée sur son sac où elle vient de retrouver une photo, redresse brusquement la tête. Je croise alors fugitivement son regard étonné à travers l'étroite bande découpée dans le tissu au niveau des yeux. Ses yeux ! Non ! Ce n'est pas possible ?!

Mais déjà, elle retourne à l'exploration de son sac et répond en arabe d'une voix confuse :

– Non, vous faites erreur, commissaire Milet. Je comprends un peu le français mais ne le parle pas. Je m'appelle Yasmine Aït-Kacimi et je suis marocaine. Voici la photo de mon mari, dit-elle en la brandissant comme pour clore cet épisode et revenir au sujet qui l'amène.

Marocaine, tu parles ! J'ai connu des Marocains à Toulouse avec leur dialecte *darija.* L'accent de cette fille est français, j'en mettrais ma main à couper. Mais bon, par les temps qui courent, il est facile de perdre sa main. Alors, je ne cherche pas à creuser pour savoir pourquoi elle me ment. C'est bien la peine d'avoir des Françaises à Raqqa pour qu'elles ressemblent à des Saoudiennes. En 1992-1993, quand j'étudiais à Toulouse, j'en avais pourtant rencontré des Françaises musulmanes, mais jamais revêtues d'un sitar, ni même d'un jilbab.

Je décide de poursuivre l'entretien comme si de rien n'était :

– Alors, madame Aït-Kacimi. Dites-moi un peu. Que faites-vous en Syrie ? Êtes-vous venue avec votre mari ?

– Non, mon mari m'a précédée de… France. Il est franco-marocain. Il est venu faire le djihâd contre les mécréants, les idolâtres et les apostats, et vivre selon la sunna du Prophète, paix, bénédiction et salut soient avec lui.

– Bien, soupiré-je à l'écoute de ces paroles convenues. Vous voyez que vous avez quand même un rapport avec la France, retenté-je, sans davantage susciter de réaction chez mon interlocutrice qui s'obstine à ne pas me regarder. Et comment s'appelle-t-il votre mari ?

– Mohamed. Mohamed Aït-Kacimi, indique-t-elle en me montrant la photo.

Le cliché, très bien cadré de trois quarts et pris au téléobjectif, est celui d'un trentenaire barbu, tout sourire, plutôt beau gosse, assis à la terrasse d'un restaurant, la chemise blanche ouverte sous un veston noir, en train manifestement de discuter avec des personnes qu'on ne voit pas.

Je le lui prends des mains, frôlant ses gants de soie noire, regarde le cliché un instant et poursuis mon interrogatoire de routine :

– Il avait rallié une faction, je suppose, en venant ici. A-t-il rejoint des organisations comme le Jabhat al-Nusra ?

Je me dis que c'est tout à fait le type de faction dans laquelle doit militer ce genre de gars affublé de ce genre de fille.

– Je ne sais pas. Il m'a dit qu'il serait à Raqqa, alors je suis arrivée par car de Jordanie il y a une quinzaine et je me suis installée dans une pension tenue par la très respectable Oum Adam.

Je ne connais pas cette Oum Adam, déjà évoquée tout à l'heure par son tuteur. Je note dans un coin de ma tête qu'il faut que je demande des renseignements sur cette dame à mes services. En tout état de cause, son nom signifie fort présomptueusement « mère d'Adam », le premier homme, ce qui sent la *qounia* djîhadiste à plein nez avec ces pseudonymes militaro-religieux dont s'enorgueillit cette engeance*[1]. Mais j'ai entendu dire que des *madâfa*, ces grandes demeures traditionnelles qui constituent l'originalité architecturale de la vieille ville, servent de pension pour femmes d'obédience salafiste, dépourvues de mari ou de mahram. Dans la même situation, une femme normale irait à l'hôtel mais je conviens qu'en ce moment, vu la fréquentation des hôtels, je les déconseillerais aux « honnêtes » femmes. Je me rends compte que je n'ai aucune envie d'aider cette paumée française, dissimulatrice de surcroît, qui ferait mieux de s'adresser à ses petits copains djîhadistes pour retrouver son mari ou en trouver un autre. Je le lui fais sentir sans détour.

– Madame Aït-Kacimi, désolé si je suis un peu brutal, mais il y a plein de raisons pour lesquelles votre mari a pu disparaître et

* Voir le lexique des personnages en fin de volume.

qui ne concernent pas la police de Raqqa. Il a peut-être été envoyé sur le front. Il est peut-être mort au combat, ou a été exécuté. Ou encore prisonnier. Peut-être que tout simplement, il ne veut plus vous revoir… Je vous conseille plutôt de faire circuler sa photo auprès des commandements des différentes factions dont je peux vous fournir la liste des adresses. Je suis sûr que votre mahram, qui vous attend en bas, se fera un plaisir de vous conduire, assuré-je, sans vraiment dissimuler l'ironie qui colore mon propos.

Elle la percevrait mieux si elle voyait mes yeux moqueurs derrière mes Ray-Ban. Mais mon interlocutrice ne daigne toujours pas me regarder.

Je l'entends soupirer et l'observe un instant. Elle décroise les jambes, et l'amplitude du mouvement sous le sitar confirme leur longueur, que j'ai devinée dès notre rencontre dans le hall du commissariat. Une vision saugrenue surgit alors qui me fait voir cette fille en sous-vêtements érotiques comme la morte du Crown Plaza. Je secoue la tête en apercevant ses Converse et fais alors mine de me lever. Comme ce simple mouvement lui a fait clairement sentir que l'entretien s'arrêtait là, elle relève aussitôt la tête et se met à me fixer droit dans les yeux, bien décidée à me convaincre.

– Commissaire, je ne veux pas passer par ces gens pour rechercher Mohamed, dit-elle d'une voix déterminée. Je sais qu'il a épousé une autre femme ici, une Syrienne, et il niera me connaître si ses camarades lui disent que je le cherche. Je ne veux pas subir cette humiliation. J'ai entendu dire que la police de Raqqa est très efficace. Si vous le retrouvez, tout ce que je vous demande, c'est de nous mettre en contact et comme ça, nous pourrons nous expliquer. Je vous en supplie, commissaire, conclut-elle d'une voix nullement suppliante mais étrangement ferme, voire autoritaire, il faut que vous m'aidiez à retrouver Mohamed Aït-Kacimi.

Mon intérêt pour cette énigmatique visiteuse s'impose subitement. Pas seulement par le fait intrigant qu'une vraie salafiste aurait dû accepter sans barguigner d'être reléguée seconde épouse.

Car après tout, même dans cette secte, sans doute surtout, il y a des hypocrites qui ne se conforment pas à ce qu'ils prônent pour les autres. Ni par le surprenant changement de ton et d'attitude, passant de la jeune femme réservée à l'épouse outragée plaidant son bon droit. Car une femme blessée, qu'importe sa religion, est capable de bien des choses. Ni non plus parce que ma frustration sexuelle me fait bêtement fantasmer sur ce corps que je devine splendide. Un corps splendide peut être coiffé d'une tête horrible. Eh bien justement, mon intérêt pour Yasmine Aït-Kacimi redouble à cet instant parce que je viens d'entrapercevoir un atout physique qui, sans en garantir la beauté, assure le charme d'un visage. Ainsi, je n'ai pas rêvé tout à l'heure quand j'ai capté fugacement son regard au début de notre entretien. J'enlève mes lunettes pour lui montrer que nous partageons le même rare attribut. Elle écarquille de surprise ses yeux vairons en découvrant les miens, mais la pudeur ne lui fait pas baisser la tête cette fois. Au contraire, je devine au haussement des sourcils et à l'étirement des paupières qu'elle me sourit comme à une bonne blague.

– Je vous comprends, madame, affirmé-je en hochant la tête pour me donner une contenance, hésitant toujours à lui rendre service, d'autant que retrouver un djîhadiste au milieu de milliers d'autres me semble mission impossible.

Néanmoins, je suis désireux de la revoir, sans d'ailleurs vraiment savoir pourquoi, vu son profil peu engageant de djîhadette. Je m'entends dire :

– Je vais voir ce que je peux faire, mais je ne vous promets rien. Je vous remercie en tout cas pour la confiance que vous placez dans la police de Raqqa.

– *Mash'Allah !* Que la bénédiction divine vous accompagne commissaire, lâche-t-elle avec soulagement. Je vous serais très, très reconnaissante si vous pouviez le retrouver, assure-t-elle en jouant de manière peu islamique de son regard bleu-vert dardé dans le mien gris-vert.

– Heu… Je ferai mon possible, ne sais-je que répéter en agitant la photo de son mari. Vous avez un téléphone portable ? je m'enquiers, pris d'une subite inspiration en lui tendant une carte où est noté le mien.

– Parfait, j'attends de vos nouvelles, fait-elle en se levant, me contraignant à l'imiter. Non, je n'ai pas de numéro syrien et ma carte marocaine est vide. Mais vous savez où je réside et j'ai maintenant votre téléphone.

– Bon, eh bien, je vous raccompagne, dis-je, un peu déçu, en ouvrant la porte de mon bureau pour tomber nez à nez avec son tuteur, debout les bras ballants sur le palier, qui me regarde, l'air gêné.

– J'ai téléphoné à la pension où on m'a dit que je ne devais laisser nulle part la sœur seule avec un homme, bredouille l'apprenti mahram avec son drôle d'accent. Mais comme tu es la police, je suis resté devant le bureau, précise-t-il comme pour démontrer sa bonne éducation.

Quand bien même aurait-il essayé d'écouter à la porte, elle est capitonnée.

– Sois tranquille, *Ya Hajji*, je te rends sœur Yasmine aussi vertueuse que quand elle est entrée, ne puis-je m'empêcher de commenter, provoquant une expression trouble chez le jeune moudjahidine au sens de l'humour émoussé. Au revoir, madame Aït-Kacimi, ajouté-je en tendant ma main qu'elle ne saisit pas.

– *Insh'Allah*, commissaire, me répond-elle évasivement, le regard fuyant.

Je les regarde s'éloigner vers l'escalier et retourne m'asseoir à mon bureau où mes yeux tombent sur notre portrait, avec Asma, lors d'une croisière sur le Nil, pour notre lune de miel. Puis, ils se posent sur le fauteuil vide qu'occupait cette mystérieuse Yasmine il y a un instant. Enfin, je les ferme pour humer l'odeur de son parfum fleuri qui s'échappe en volutes légères vers la fenêtre ouverte. Je prends un cliché de la photo de Mohamed Aït-Kacimi avec mon Samsung et la range dans mon bureau.

*

J'ai à peine eu le temps d'allumer mon ordinateur pour lire mes mails, après la visite impromptue de cette inconnue, que je reçois un coup de fil d'Assia.

– Salut papa. J'ai fait ce que tu m'as dit, j'ai dit à Hakim de passer pour le déjeuner.

– Je t'avais dit avant le déjeuner, Assia !

– Avant ! Pendant ! Ça va jamais de toute façon, se plaint-elle à juste titre.

– C'est pas grave, ma princesse d'amour, dis-je, plein de mansuétude et satisfait de n'avoir pas eu besoin de la relancer ou de m'en occuper moi-même. Je voulais lui parler avant de déjeuner mais pas forcément déjeuner avec lui. Tant pis, on parlera après déjeuner, c'est tout. Et à ce propos, qui s'occupe du déjeuner ? Tu aides ta mère, j'espère.

– Ouais, j'allais faire les courses justement avec Shahrazad. Mais avec les cinq cents livres que tu as laissées, on ne va pas aller loin.

Ça me rassure. Je connais son amie Shahrazad. Une adolescente raisonnable et obéissante, qui porte prudemment un foulard, ainsi que son père, un voisin, patron d'une petite affaire de bâtiment, le lui ordonne.

– Je sais, ma princesse. On ne peut pas beaucoup dépenser pour l'instant. Mais je te promets que dès que je serai allé retirer nos arriérés de salaires à Deir ez-Zor, on ira tous ensemble nous régaler de *shish barak* à la Faroussia.

Si l'hippodrome a fermé, son restaurant sert toujours les meilleurs raviolis levantins de tout Raqqa.

– Mouais… On verra ce qu'en dira maman. À tout à l'heure, conclut-elle en raccrochant, contrariant mon désir d'harmonie familiale.

L'image de la djîhadette en quête de son mari volage n'a pas le temps de venir compenser ce coup de blues que le téléphone sonne à nouveau.

– *Ahlin*, Merwan.

– *Ahlin*, Youssef. Ne me dis pas que tu as déjà les résultats que je t'ai demandés hier ?

– Mais c'est qu'on a eu la baraka, Merwan. Le simple groupe sanguin m'a suffi à resserrer les recherches sur trois filles !

– Comment ça ? C'est un groupe sanguin rare ?

– B+. C'est pas le plus courant, mais ça doit quand même être celui d'un Raqqaoui sur dix. Heureusement, en faisant l'autopsie, j'ai remarqué une cicatrice chirurgicale au mollet droit. Une fracture ouverte. La cicatrice date de deux à trois ans maximum sur une jeune peau comme ça. Or, à part nous, seuls l'hôpital de médecine moderne, l'hôpital Dar al-Shifa, l'hôpital pour enfants et la clinique de la Paix pratiquent la chirurgie. J'ai donc vérifié sur nos cinq établissements quelles filles entre quinze et dix-sept ans de rhésus B+ étaient venues se faire opérer d'une fracture ouverte du tibia droit en 2009-2012. C'est comme ça que j'ai abouti à ces trois filles.

Youssef m'épate. On s'est connus pour l'opération de l'appendicite de Naïm et on a sympathisé, nos femmes également, Myriam Marouane étant enseignante dans une école chrétienne. Il s'est toujours montré fasciné par mon métier, et il est vrai que son sens de l'observation en aurait fait un bon collègue. Néanmoins, je dois tester sa thèse.

– Il ne serait pas possible qu'elle ait été opérée ailleurs ?

– C'est toujours possible, convient Youssef, d'un ton un peu agacé. En dehors de la ville déjà, si elle n'est pas d'ici. Ou bien dans un des dispensaires de Raqqa. Je sais que des médecins s'adonnent parfois à la chirurgie mais franchement, ça m'étonnerait.

C'est pas un charcutage de rebouteux ou de dilettante. Le tibia est parfaitement remis. Ça a été opéré et recousu par un pro, affirme-t-il d'une voix n'admettant pas la contradiction.

– Bon, bien écoute Youssef, c'est un super travail. Envoie-moi les fiches de ces filles par mail, s'il te plaît. C'est toi qui m'as donné la première piste dans cette affaire, compte sur moi pour te tenir au courant de l'enquête, promis.

– C'est vrai ? Je me répète, mais vraiment, qu'est-ce que j'aurais aimé être policier plutôt que chirurgien comme mon père ! Content de te rendre service, en tout cas. Et je te fais signe si les analyses donnent quelque chose.

– Oui, n'hésite pas. À très bientôt, Youssef. Bonne journée.

– Oh, je ne te cache pas que ton affaire m'a distrait de la routine. Mais j'y retourne. Bonne journée, Merwan. Bonne chance.

J'attends avec impatience son mail. Pour passer le temps, je sors d'une armoire les sacs et sachets de plastique scellés contenant les maigres pièces à conviction que j'étale sur mon bureau : environ cinq cent mille livres, pour l'essentiel en dollars et en euros, des sous-vêtements de prix et des vêtements ensanglantés, une paire d'escarpins luxueux, une pléthore de bijoux, dont le diadème d'Assia, et une carte en cours de validité du club sportif Nadi Rachid. Ce dernier indice m'a convaincu d'emblée que ma morte est raqqaouie, ce qui exclut qu'elle ait pu être opérée hors de Raqqa. Cette certitude ne suffit pas à m'ôter de la tête qu'il y a quelque chose d'évident qui m'échappe. Je consulte mon Samsung pour voir les clichés que j'avais pris dans la salle d'autopsie avant que Youssef ne la déshabille complètement. Je n'en avais pas pris d'autres, compte tenu de mon départ inopiné en cours d'examen. Quelque chose me turlupine toujours. J'entends le bruit d'un mail tombant dans ma boîte. Un rapport de commissariat. Je vois que d'autres ont répondu à mon avis de recherche depuis hier et que je n'ai pas encore eu le temps de lire. Je m'apprête à le faire quand je reçois enfin le mail de Youssef. J'allume une cigarette.

Il n'y a aucune photo, mais je ne pouvais pas m'attendre à des rapports de police. Les fiches scannées par Youssef sont déjà bien complètes, indiquant, outre le nom et l'adresse de la patiente, son âge, la date de l'hospitalisation, sa cause, le suivi de l'intervention, divers renseignements médicaux, dont le groupe sanguin, et la date de sortie. Ce sont les causes des accidents et les lieux de résidence qui retiennent mon attention et me dessillent enfin. Deux des jeunes filles sont de Tichrin et d'Andalous, des quartiers populaires de l'est et du nord de Raqqa. L'une s'est brisé la jambe en dégringolant d'une échelle en transportant des sacs dans la grange de la ferme familiale, l'autre en se prenant un coup de bâton de son père. La troisième me semble la bonne. Kenza Haddad. Née le 3 novembre 1996 à Raqqa. Blessure par chute de cheval. Résidant au cœur de Furât, le quartier chic de la ville, où une petite dévergondée pouvait cacher ses turpitudes et son goût du lucre derrière les hautes façades des *dâr*, les luxueuses villas de la corniche, sans éveiller les soupçons de parents absents ou indifférents. Voire pire. Un fait divers similaire avait hanté mes débuts d'inspecteur. Une jeune mineure prostituée d'une famille bourgeoise tuée par son père. Un crime d'honneur, plaidera cet homme bafoué devant un tribunal indulgent. En fait, l'enquête avait montré qu'il la violait depuis ses dix ans. Mais comme il s'agissait du secrétaire général adjoint du gouvernorat de la province, on étouffa le scandale.

Dans les familles bien, quoi qu'en pense Assia, on ne se tatoue pas. C'est ce point qui me torturait en fait l'esprit depuis tout à l'heure et qui me saute aux yeux en regardant sur mon smartphone pour la centième fois le corps nu et mutilé. La jeune fille ne pouvait se permettre d'attirer les regards parentaux lorsqu'elle se baignait dans la piscine familiale ou que sa mère ou ses sœurs la surprenaient dans la salle de bains. Les prostituées de Raqqa auxquelles j'ai eu affaire, activité interdite, mais en fait répandue dans des clubs interlopes ou dans des bordels plus ou moins clandestins, étaient au contraire généralement tatouées, ne serait-ce qu'au henné traditionnel. C'est ça l'élément déterminant qui me fait penser que je tiens l'identité de la morte. Ce n'est pas une Bédouine de la périphérie que son père ou son oncle aura vendue et que l'on retrouve, habillée vulgairement, à se trémousser sur une piste de danse. C'est une bourgeoise raqqaouie qui connaît la mode, fréquente les boutiques de luxe, les hôtels et les restaurants. Et se prostitue en indépendante. Kenza Haddad. 10, allée de la Caresse de la Lune. Peut-être ses parents ont-ils signalé sa disparition ? Je n'ai pas le temps de lire les mails mais ma conviction est faite. Je ferai cette visite ne serait-ce que pour vérifier mon intuition. De toute manière, c'est l'heure de ma réunion de service, et le temps que l'on passe en revue tous les états d'âme de mes hommes face à la situation ingérable où nous sommes, il sera temps que je rentre déjeuner pour avoir une petite conversation particulière avec mon neveu, Hakim.

*

Hakim a dix-neuf ans, une gueule d'ange avec de longs cils de fille. C'est un garçon doux, mou même. Du moins le croyais-je avant d'apprendre qu'il avait refourgué au marché noir le diadème de sa cousine et les boucles d'oreilles de ma belle-mère. Car, au premier abord, il ne vaut mieux pas être trop ramollo pour trouver sa place dans un milieu cannibalisé chaque jour davantage par des factions armées. Je persiste à douter en le voyant assis sur le lit d'Assia, le dos courbé comme sous le poids de l'accablement, ses longs cheveux châtain filasse tombant sur son front, sans masquer pour autant l'expression infantile de gamin pris en faute qui fige son visage de beau ténébreux. Mais je suis payé pour savoir qu'on ne peut se fier à rien, ni à personne. Et à Hakim pas plus qu'à un autre, qui m'a causé la plus grosse peur de ma vie, puisque, par sa faute, on a retrouvé une pute assassinée coiffée du diadème de ma fille. Le déjeuner a été vite expédié. Non seulement en raison de sa frugalité, mais sachant pourquoi nous avions un invité, personne n'avait envie de parler d'un autre sujet que de celui qui se profilait. La chambre d'Assia, la plus isolée de notre immense appartement, est idéale pour notre entretien. Encore qu'on aurait pu aller dans le bureau d'Asma, qui a été la propre chambre d'Akim quand on l'a accueilli entre la mort de ses grands-parents et le retour de son père de Saidnaya.

– Hakim, Assia a dû te dire que tu as de la chance. Je voulais aller parler directement de ton cas à ton père hier. Finalement, j'y ai renoncé. Je préfère qu'on parle d'homme à homme,

Je mens effrontément, et ça ne lui fait pas beaucoup d'effet :

– Pff… Toute façon, papa s'en fout de ce que je fais.

Mon neveu, que j'ai toujours vu habillé à l'occidentale, est pieds nus dans des sandales de cuir, un *salwar*, pantalon bouffant de lin beige s'arrêtant à la cheville, et un qamis blanc, une tunique de coton à la mode pakistanaise, brodé de motifs verts. J'ignore s'il est vrai que Mahmoud délaisse son fils, qui pourtant fait manifestement des efforts pour lui complaire. Une maigre barbichette à son menton boudeur vient compléter son élégance salafiste. Hakim partage avec moi d'avoir été très jeune orphelin de mère. Lui de surcroît est fils unique, la sienne étant morte en couches d'une sœur, elle-même décédée à la naissance. Je sais qu'une personnalité forgée dans ces tristes conditions peut avoir davantage de fragilités que d'autres. Mais stop, je reste fâché contre lui.

– Bon, mon neveu. On ne va pas tourner autour du pot. Tu vas me raconter toute l'histoire entre le moment où tu as reçu le diadème des mains d'Assia et le moment où il s'est retrouvé sur le crâne défoncé de cette pute !

– Mais je connais pas toute l'histoire ! Je ne sais pas pour…, proteste-t-il d'une voix traînante.

– Hakim, ça suffit. Tu me racontes ce que tu sais et je pose des questions. C'est clair ? Alors réponds. Au moment A, tu reçois la camelote de ta cousine. Quel a été le moment B ? Qu'as-tu foutu du diadème une fois que tu l'as eu entre les mains ?

– Je l'ai rangé dans l'armoire de ma chambre, avec les boucles d'oreilles, répond-il, un peu déstabilisé par ma question.

– Alors quel est le moment C ? Le moment où le diadème est sorti de ton armoire pour atterrir sur la tête de cette fille.

Cette fois, il a très bien compris où je veux en venir. Comment justifier cet achat de bijoux à sa cousine ?

– Je ne sais rien sur cette fille qui a été tuée, se décide-t-il à lâcher. Les bijoux, je les revends à un moudjahid.

– Comment ça, les bijoux ? Tu fais ça souvent ?

– Non… enfin quand j'ai besoin d'argent. Tout le monde a besoin d'argent. J'ai fait savoir que j'avais un plan pour écouler les bijoux, et voilà, quoi. L'info s'est diffusée. Tu sais, avec papa au Conseil des combattants, je suis assez populaire et on me fait confiance.

Si Mahmoud savait que son fils profite de sa réputation de vertueux salafiste pour faire le receleur !

– C'est qui, ce moudjahid à qui tu refourgues les bijoux que tu collectes ?

– Je le connais sous le nom d'Abou Hussein al-Orani.

– Un étranger ?

– Un Algérien du Front des étrangers pour le Levant.

Ah, je vois le genre. Un groupuscule de djîhadistes récemment ralliés au Mouvement des Hommes libres pour un Levant islamique.

– Comment l'as-tu connu ?

– Je l'ai rencontré en allant voir papa au siège du gouvernorat. Abou Hussein escortait son chef qui était en rendez-vous avec lui. Et voilà. On attendait tous les deux dans le couloir la fin de leur entretien.

– C'était quand ?

– Il y a deux mois environ.

– Continue.

– Eh ben, c'est tout. On a sympathisé. On s'est mieux connus après en se retrouvant en ville. À un moment, il m'a demandé si je pouvais lui trouver des bijoux. J'avais entendu une copine se plaindre qu'elle n'osait pas aller vendre ses bijoux chez les bijoutiers de la ville de peur qu'ils ne la dénoncent à ses parents. Et selon elle, plein de filles étaient dans son cas. Alors, je lui ai répondu que c'était peut-être possible de monter une filière. Ça a commencé comme ça.

– Et le diadème d'Assia, tu le lui as remis quand ?

– Il y a une semaine, place de l'Horloge, notre point de rendez-vous habituel.

– Et pourquoi il avait besoin de bijoux comme ça, cet Abou Hussein ?

– Je sais pas. Je lui ai demandé mais il répond toujours en rigolant qu'il a plein de fiancées.

– Il a quel âge ?

– Je sais pas. Un peu plus vieux que moi. Vingt-trois, vingt-quatre ans.

Cinq ans de plus que toi, mon neveu. Cinq ans, c'est beaucoup. Ça suffit pour t'entraîner et te faire définitivement tomber du mauvais côté de la barrière. Et tu es déjà bien mal engagé. Cet Abou Hussein al-Orani, Algérien d'environ vingt-trois, vingt-quatre ans, aux fiancées multiples, est apparemment un proxénète.

– Tu connais Kenza Haddad ?

– Non, me répond Hakim sans marquer la moindre hésitation, sans qu'un signe quelconque sur son visage ou une intonation ne semblent trahir un mensonge.

Je veux le croire.

– Et Abou Hussein, je peux le trouver où ?

– Oncle Merwan, tu ne peux pas me demander ça. S'il apprend que je t'ai parlé des bijoux, il sera furieux. Je ne crois pas qu'il agisse tout seul. Ça le mettrait dans la merde, je pense.

Je m'en fous bien de foutre un djîhadiste étranger dans la merde. En revanche, je ne tiens pas à entraîner Hakim avec lui.

– T'inquiète pas, le rassuré-je. Tu n'auras pas à lui en parler. Tout ce que je veux, c'est que tu prennes rendez-vous avec lui. Je vous filerai et verrai à quoi il ressemble. Après, je m'en débrouillerai et il ne saura jamais que c'est toi qui m'as conduit à lui.

Je le vois hésiter, alors je me fais plus convaincant :

– C'est une affaire de meurtre, Hakim. Cet Abou Hussein al-Orani sait des choses. Si tu préfères, j'en parle directement à ton père.

Évidemment, il ne préfère pas.

– Bon d'accord. Et quand veux-tu que je fasse ça ?

Je lui réponds que je le tiens au courant. Je veux d'abord être sûr du nom de la victime avant de chercher son meurtrier. Tandis qu'il se lève, je sors mon Samsung de ma poche :

– Ah, une dernière chose, Hakim, fais-moi un sourire.

*

Seule l'administration appelle ce quartier par son vrai nom, Furât. Ses heureux habitants le nomment Takhana, c'est-à-dire la caserne. Takhana est la zone résidentielle la plus prestigieuse de Raqqa, l'ancien enclos colonial français, construit hors les murs sous le Protectorat, et centré autour d'un aérodrome et d'une caserne aujourd'hui disparus. Le Vieux avait naturellement été invité à passer sa retraite dans ce quartier huppé développé dans les années 90, mais il n'a jamais voulu déménager d'Huriyah « pour se mélanger à la bourgeoisie affairiste ». Ici tout n'est que calme, luxe et volupté. Des rues ombragées de palmiers et décorées de parterres de fleurs vous accueillent dans un écrin de fraîcheur, à la lisière du cours languide de l'Euphrate. Les villas sont somptueuses, mais tape-à-l'œil, avec leurs imitations d'*iwans* à colonnades abbassides, de moucharabiehs masquant de leurs treillis en bois les fenêtres en fer à cheval, leur *sabil* en marbre au milieu des jardins luxuriants, dont l'eau, s'écoulant en cascade, babille à l'oreille du visiteur émerveillé que je suis. J'ai longuement et vainement sonné, avant de pousser le portail de fer forgé curieusement ouvert, et monte lentement l'escalier menant à l'habitation à l'ombre d'une pergola couverte de jasmin. Le 10, allée de la Caresse de la Lune n'est pas la plus belle maison de cette enclave privilégiée de la ville, mais je m'en contenterais bien. À commencer par la piscine, que j'aperçois parvenu aux dernières marches, dans laquelle je plongerais volontiers en ce début d'après-midi torride. Cependant, quand j'arrive à son niveau, la sueur se glace d'un coup dans mon dos : le cadavre d'une femme, vraisemblablement une domestique vu sa tenue, et égorgée à coup sûr, flotte dans une eau rougie par son propre sang. Je sors mon Glock, tous sens aux aguets.

La tonnelle se prolonge par un péristyle, sous lequel je m'engage prestement, sans prendre le risque de me mettre à découvert. La large galerie fait le tour de la maison dont elle soutient les étages par une série de piliers formant des arcs outrepassés. J'évite l'entrée principale devant moi, une majestueuse porte en cèdre sculptée d'arabesques, pour longer le mur qui suit la longueur de la piscine. Je dépasse une première fenêtre en me baissant. Elle est ouverte mais je n'entends rien de l'autre côté. Puis, toujours courbé, une deuxième, avant d'atteindre la large terrasse bordant l'extrémité du bassin, agrémentée de chaises longues et de parasols. Une baie vitrée est entrouverte qui donne sur un salon. Désert au premier abord. J'ouvre un peu la porte coulissante pour entrer et me planquer d'un bond derrière un gros canapé de cuir vert. Mon cœur bat la chamade. J'écoute une dizaine de secondes. Rien. Je range mon Glock dans son holster et me lève. Mais c'est pour le ressortir aussitôt à la vue des deux cadavres allongés sur le ventre au pied d'un escalier en marbre. Tous deux ont les mains ligotées dans le dos. La femme est venue mourir sur l'homme, égorgé comme elle, leur sang se mêlant dans une mare poisseuse. Je mets ma main sur le front d'un cadavre. Il est encore chaud. Ces personnes, des quadragénaires bien habillés, sont probablement M. et Mme Haddad. Assassinés comme leur fille. Mais pas hier. Il y a moins d'une heure.

Je monte les marches avec prudence en pointant mon Glock devant moi, sans me rendre compte que je frôle de trop près le mur décoré de cadres photographiques. L'un d'eux se décroche et vient s'écraser bruyamment à mes pieds. Je m'attarde une seconde à observer la photo. La famille ne se résume pas à Kenza et à ses parents. Confirmation sur le palier du premier étage où je discerne fugitivement les corps de trois autres enfants avant qu'un vif reflet sur le plateau en cuivre ouvragé ornant le mur en face ne m'alerte. J'ai juste le temps de reculer avant que les balles de kalachnikov ne viennent hacher menu, depuis l'étage supérieur, la moquette à l'endroit où je me tenais l'instant d'avant. Je bats en retraite et redescends les marches à toute volée, manquant de glisser dans la flaque de sang du rez-de-chaussée pour aller me cacher dans le salon derrière un pan de rideau dissimulé par une armoire en marqueterie. Des bruits de voix dans l'escalier m'indiquent qu'au moins trois assaillants paraissent hésiter à descendre. Quand, de derrière le rideau, j'entrevois enfin les jambes de l'un d'eux, j'ajuste mon tir et lui troue le mollet. Le gars hurle, déséquilibré, il dégringole les marches jusqu'à tomber de tout son long sur le couple Haddad. Je le vois, grimaçant de douleur, tenter de se protéger derrière les cadavres puis lever son AK-47, en hurlant : « Il y en a un en bas. » Mais je suis plus rapide et, à cette distance, mon calibre 9 mm lui éclate littéralement le crâne.

Une pluie de balles tirées au hasard depuis l'angle mort de l'escalier balaye alors le salon et en saccage le mobilier et la décoration. La baie vitrée vole en mille morceaux. Je réplique par trois tirs qui ricochent sur le marbre, probablement pas loin des marches où se tapissent les tireurs. Il me reste treize balles et j'ai un chargeur de rechange. On peut jouer longtemps à ce petit jeu-là. C'est sûrement ce que pensent aussi mes agresseurs, lesquels passent à la grenade. Je ne le devine qu'*in extremis* au bruit de la chute puis du roulement d'un objet métallique, m'accordant tout juste le temps de me coller à l'armoire avant qu'un souffle dévastateur ne me fasse perdre conscience après une fulgurante douleur à la cuisse.

3

Lorsque je parviens péniblement à ouvrir les yeux sur la fenêtre qui me fait face, les deux minarets entre lesquels le soleil se couche me permettent de me repérer. Je suis dans une chambre de l'hôpital al-Watani. J'aperçois dans la foulée toute ma petite famille autour de moi. Assia, son éternel casque d'iPod sur les oreilles, est calée dans un fauteuil, en train de caresser, le regard vide, les cheveux de son petit frère qui somnole sur ses genoux. Asma est assise à mes côtés, penchée sur un livre à la lumière de la lampe de chevet. Je ne vois que son front pensif, dégagé par son hijab rose. Ne manque que le Vieux, toujours victime de la panne d'ascenseur et confiné à l'appartement. Quant à moi, je constate avec plaisir n'être pas mort, même si personne ne s'est encore rendu compte de mon réveil.

– Vous êtes tous là, dis-je d'une voix qui, à mon étonnement, se révèle très faible.

Essayant de me relever, je ressens une gêne douloureuse en haut de la cuisse gauche et note que je suis sous perfusion.

– Papa, crie le premier Naïm, en sautant des genoux de sa sœur sans pour autant, et je l'en remercie silencieusement, venir s'accrocher à mon cou, comme à son habitude, mais se serrer contre ma poitrine.

– Merwan, enfin ! sourit Asma en me prenant la main avec affection.

– Oh, papa tu nous as fait peur, dit Assia, sortie de sa rêverie musicale par le brusque mouvement de son frère, et qui vient me baiser le front.

– C'est vrai que tu nous as fait peur. Qu'est-ce que tu fichais dans cette maison ? m'interroge Asma.

– L'enquête dont je vous ai parlé, c'est tout. Mais franchement, je m'attendais à tout sauf à ça, me contenté-je de répondre.

– Mahmoud va venir dès qu'il te saura réveillé. C'est lui qui m'a prévenue. Il a passé une partie de l'après-midi ici pendant ton opération. Il avait l'air très contrarié et très surpris aussi que tu te sois trouvé à Takhana pendant cette attaque.

– Une opération ? Quelle opération ?

– Six centimètres de ferronnerie ! s'exclame alors une voix. Un morceau entier de charnière logé sous la fesse ! Heureusement que tu l'as pris de côté. De face, t'étais eunuque ! On t'injecte un sédatif sous perfusion, sinon tu hurlerais de douleur au moindre mouvement.

Youssef Marouane vient de faire son entrée, dans une blouse blanche fatiguée, escortée de deux infirmières voilées dont l'une s'éclipse sitôt après m'avoir vu. Si je m'étais retrouvé eunuque, au moins mes problèmes de couple auraient été réglés.

– C'est pas bien grave, aucun os n'a été fracturé, ajoute mon ami chirurgien. La radio montre une légère fêlure en haut du fémur, qui a arrêté la pièce métallique, mais rien de plus. Attends-toi toutefois à être immobilisé un moment, ponctue-t-il sa mauvaise nouvelle d'un gentil sourire.

– Combien de temps ? je demande, inquiet.

– Au moins dix jours et après rééducation pendant quinze jours à trois semaines, si tu ne veux pas boiter le reste de ta vie.

Ignorant ma mine contrite, Youssef poursuit, provoquant des hochements de tête approbateurs de ma femme et de ma fille.

– Alors, raconte, qu'est-ce qui t'est arrivé ?

J'ai encore l'esprit embrumé, mais je me souviens parfaitement du déroulement des évènements, le seul mystère étant que je m'en sois tiré vivant alors que j'étais à la merci des tueurs des Haddad.

– C'est un peu à cause de toi, Youssef, je tente vaillamment de plaisanter. Parmi les trois filles pouvant être la victime du Crown Plaza, le profil de l'une d'elles me paraissait correspondre à celui d'une call-girl. Il y avait son adresse sur la fiche médicale, j'ai pensé aller rendre visite à ses parents. Quand je suis arrivé chez eux, ils étaient morts, ainsi que ses frères et sœurs et on s'est mis à me tirer dessus. J'ai répliqué. On m'a envoyé une grenade. Et là, le trou noir.

– Incroyable ! s'exclame Youssef. Mais qu'est-ce que représentait cette fille pour qu'on annihile ainsi toute sa famille et qu'on tente de tuer un flic ?

– Félicitations, chirurgien ! C'est précisément la question que se pose le policier que je suis, j'approuve dans une grimace en essayant de me redresser un peu dans mon lit avec l'aide empressée d'Asma et d'Assia. Effectivement, cette fille représentait, à un titre ou à un autre, une menace pour quelqu'un, peut-être une menace suffisamment forte pour qu'à sa suite on supprime toute sa famille. Et c'est maintenant que la piste est chaude que tu m'annonces que je suis invalide pour un mois !?

– Eh ! C'est quand même pas de ma faute si tu joues les shérifs sans attendre la cavalerie. Et elle s'appelait comment cette fille ?

– Merwan ! Quel plaisir de te revoir vivant ! Je suis venu dès que j'ai su que tu étais réveillé, nous interrompt une voix faussement enjouée.

La cavalerie vient d'arriver en la personne de Mahmoud al-Khalif, mon beau-frère. Il a apparemment des yeux et des oreilles partout. D'ailleurs, l'infirmière qui s'était esquivée tout à l'heure revient en même temps que lui, tandis que deux ninjas de deux mètres chacun encadrent l'entrée de ma chambre. Mahmoud salue froidement sa sœur, qui le lui rend bien, mais dit un mot gentil à sa nièce et son neveu. Youssef n'a même pas droit à son regard.

– Ton comportement héroïque pour sauver Elias Haddad a impressionné en haut lieu, Merwan. Comment as-tu su qu'une attaque se préparait contre lui et sa famille ?

Sa remarque et sa question me semblent tellement déconnectées de toute réalité que j'en reste bouche bée. Je ferme les yeux pour feindre la faiblesse. Mais s'il est vrai que mon corps est faible, mon esprit se met enfin à fonctionner à plein régime. Je me doute bien qu'on n'habite pas un dâr de Takhana quand on est un citoyen lambda, mais qui peut être cet Elias Haddad pour que Mahmoud soit persuadé que c'est lui, la véritable cible des tueurs de sa fille ? À sa décharge, il est vrai que je n'avais pas informé mon beau-frère du meurtre de Kenza Haddad, la veille au Crown Plaza, puisque je n'avais finalement pas évoqué le rôle de son fils Hakim dans cette sombre affaire. Et me voilà soudainement piégé par ce non-dit et au bord d'entrer dans un engrenage de mensonges si je ne corrige pas immédiatement la situation. J'ouvre lentement les yeux et je devine que Mahmoud me scrute avec perplexité. J'échange un regard consterné avec Assia qui, comprenant la situation délicate dans laquelle je me retrouve, blêmit.

– Asma, veux-tu emmener les enfants dehors, s'il te plaît ? Et toi aussi, Youssef, peux-tu nous laisser ? Il faut que je parle seul à seul avec Mahmoud, dis-je d'un ton que j'espère ferme malgré mon filet de voix.

Tous sortent sans un mot, mais non sans que je note les regards interloqués de ma femme, paniqués de ma fille et frustrés de Youssef. Je me mets les idées au clair autant que possible avant d'affronter Mahmoud, le temps que tout le monde quitte la chambre et que les ninjas referment la porte.

– Mahmoud, j'ignore totalement qui est Elias Haddad, avoué-je d'emblée. Je ne suis pas venu chez lui par hasard ou sur information mais parce que sa fille Kenza a été assassinée la veille. On a retrouvé son corps sous les décombres du Crown Plaza et ce n'est pas la bombe qui l'a tuée. Elle avait été égorgée préalablement. Je ne t'en ai pas parlé car je voulais faire des vérifications avant. Et surtout, je ne pensais pas qu'il s'agirait d'une affaire à tiroirs comme ça semble être le cas. Qui est cet Elias Haddad exactement ?

La bouche de Mahmoud s'est comme figée en position ouverte, donnant une expression d'extrême surprise à son visage tandis qu'une profonde tristesse assombrit son regard. Mais il se ressaisit bien vite et écarte mon information d'un revers de main.

– Mais c'est lié ! C'est évident. Elias Haddad est une grande perte pour l'État islamique. C'est le directeur technique du Centre d'informatique et d'information numérique. Il a prêté serment à l'émir al-Baghdadi et offert ses compétences dès la proclamation de la Dawla. C'est un ingénieur de confiance et ce centre technologique moderne dont dispose Raqqa doit lui permettre de professionnaliser et d'élargir la prédication de frère Ibrahim. Le bâtiment fait d'ailleurs depuis cet après-midi l'objet d'une protection rapprochée. Le commando loyaliste venu en ville tuer Haddad et sa famille pourrait maintenant commettre des attentats.

De quel commando parle-t-il ? A-t-il des informations ? Ce que me raconte Mahmoud est assez déstabilisant pour ma propre théorie concernant l'éradication de la famille Haddad. Mais reste un fait objectif que ne semble pas vouloir accepter ou comprendre mon beau-frère, pour une raison qui m'échappe : Kenza a été tuée avant Elias Haddad. Alors quelles que soient les circonstances du meurtre du père, celles ayant présidé au meurtre de la fille sont différentes.

Je n'ai toutefois pas l'occasion de placer Mahmoud face à cette incohérence chronologique car un ninja de faction ouvre la porte de ma chambre et laisse entrer un nouveau visiteur, un homme d'une quarantaine d'années de taille moyenne, des lunettes rondes sur ses yeux myopes, une longue barbe poivre et sel non taillée, le corps un peu rondouillard enveloppé dans un burnous noir, la tête ceinte d'un turban de la même couleur. Il fait nuit désormais, et la lumière électrique est faible, mais j'ai immédiatement reconnu Abou Bakr al-Baghdadi, le proclamateur de l'État islamique. Je suis tétanisé par son apparition.

– *Salam aleykoum*, lance-t-il d'une voix étrangement suave.

– *Aleykoum salam*, répond Mahmoud avant que je fasse de même d'une voix blanche.

– Alors, mon frère, c'est toi Merwan Milet, le héros miraculé d'Allah ! Cheick Mahmoud al-Khalif m'a dit que tu es de sa famille, déclare al-Baghdadi avec un ton plein d'une chaleur qui me fait frissonner d'inquiétude.

– C'est mon beau-frère, s'enorgueillit Mahmoud, la mine réjouie de se voir qualifié du titre de cheick.

– Que s'est-il passé, mon frère ? As-tu vu tes agresseurs ? relance al-Baghdadi de sa voix douce à l'élocution lente.

Je déglutis en savourant ma chance de ne pas être interrogé sur les raisons de ma présence dans cette maudite maison. Et je raconte mon bref combat avec force détails me mettant en valeur, non sans soulever les draps pour découvrir ma cuisse blessée, avec un rictus de douleur surjouée.

– Je comprends mieux pourquoi on t'a retrouvé totalement enveloppé dans une grande tenture, sous les restes d'une armoire, commente Mahmoud. Tu as dû être pris dans ce rideau par l'explosion et ton corps immobile ainsi camouflé n'attirait pas spécialement l'attention au milieu des débris. Du coup, ils ne t'ont pas vu pour t'achever. Et après un tel boucan dans ce quartier tranquille, j'imagine qu'ils ont filé sans s'attarder, poursuit-il en donnant une explication tangible à ma survie.

– Tu n'as donc rien vu, remarque al-Baghdadi avec une légère pointe de déception. Et comment t'es-tu retrouvé là ?

L'épreuve de vérité a sonné. J'improvise, ne voulant pas m'embrouiller avec une histoire de prostituée face à al-Baghdadi.

– Je patrouillais non loin de là quand j'ai reçu un appel du central me signalant une tentative de cambriolage. J'étais armé. J'ai décidé d'agir sans tarder compte tenu de la personnalité de frère Elias, mens-je effrontément.

Al-Baghdadi me regarde quelques secondes qui durent une éternité. Mais c'est Mahmoud dont je crains la réaction. Ma déclaration est en totale contradiction avec ce que je lui ai dit tout à l'heure. Va-t-il mentionner le meurtre de Kenza Haddad ? Eh bien non, mon beau-frère ne bronche pas et je crois même discerner une once de soulagement dans son œil inquiet tandis qu'il hoche la tête.

– Par Allah le miséricordieux, voilà des policiers courageux comme l'État islamique en a besoin, reprend al-Baghdadi en écartant les mains et en levant les yeux au plafond comme pour le prendre à témoin. Le compagnon du prophète d'Allah, Qaïs ibn Saad, n'était-il pas le policier du prince, a rapporté Boukhari. Son autre compagnon, le bien-guidé calife qui lui succédera en second, Omar ibn al-Khattâb l'Équitable, n'a-t-il pas mis en place un système de milice urbaine à Médine dont la fonction était à ton instar de patrouiller afin de veiller à la sécurité des gens et d'arrêter les criminels ? En vérité, l'homme de loi est agréable à Allah qui lui accorde des gratifications dans l'accomplissement de sa mission pour le bien de l'Oumma.

Ses lunettes cerclées à verres épais donnent au regard noir d'Abou Bakr al-Baghdadi une profondeur intimidante.

– Je n'ai fait que mon devoir, ne sais-je que répondre, déconcerté par sa présence et cet échange surréaliste.

– Nous avons l'intention de doter Raqqa d'une vraie police islamique. Frère Mahmoud figure parmi ceux en charge de monter le projet. J'espère que tu y joueras un rôle important. Tu es kurde mais sunnite, m'a-t-il dit…

– Oui, tout à fait, ne sais-je là encore que répondre, en calculant le solde des nouveaux secrets et mensonges qui me lient à mon beau-frère, lequel sourit bêtement en arrière-plan.

– *Mash'Allah !* Remets-toi bien, mon frère. Nous comptons sur des hommes résolus comme toi pour traquer et éliminer ceux qui veulent nuire à l'avènement du règne de la sharia, de la loi d'Allah sur terre. Quant à ceux qui ont tué frère Elias et t'ont blessé, le châtiment sera terrible, à la hauteur de ce que méritent de pareils traîtres et apostats, avertit al-Baghdadi d'un ton dont je n'aurais pas aimé être le destinataire. *Beslama*, frère Merwan, que la bénédiction d'Allah soit sur toi.

Al-Baghdadi prend congé et nous laisse en tête à tête Mahmoud et moi. Asma et les enfants ne vont sans doute pas tarder à revenir. Aussi nous jaugeons-nous d'un regard muet pour sceller tacitement un nouvel avenant au pacte familial, intégrant cet épisode où nous avons mutuellement menti à un des hommes les plus puissants et les plus dangereux de Raqqa. Mais en mon for intérieur, je conclus un avenant à l'avenant : découvrir qui a tué Kenza Haddad. Car quoi qu'en pense Mahmoud, je suis persuadé que son assassin n'est pas parmi ceux qui m'ont envoyé à l'hôpital.

*

Les dix jours d'hospitalisation n'ont pas été de trop pour me remettre d'aplomb. Surtout dans ma tête. La visite impromptue d'al-Baghdadi dans ma chambre d'hôpital, gardée en permanence par un homme en armes, m'a, en effet, érigé en personnalité islamiste de premier plan, que les infirmières et tout le personnel ne regardent plus du même œil. Même respect boursouflé de la part de mes visiteurs, beaucoup de collègues défilant les uns après les autres à mon chevet. Et je devais sans doute au fait que mon téléphone n'ait pas survécu à l'explosion de ne pas recevoir des messages de convalescence. Ou d'insultes. Il me fallut bien quelques jours pour m'habituer l'esprit à cette nouvelle notoriété dont je déplore toujours vivement être l'objet sans cause. Si ce n'est ma barbe qui est, désormais, bien fournie.

– Je n'avais pas compris qu'en conservant ton poste à la police, tu avais prêté allégeance aux salopards qui ont envahi la ville, me reprocha ainsi durement Youssef, au lendemain de la venue du chef djîhadiste.

– Oh Youssef, fais pas chier ! Déjà, si j'étais l'un d'eux, tu ne me parlerais pas comme ça impunément, rétorquai-je, agacé. Je n'ai prêté allégeance à personne mais seulement signé un papier à mon beau-frère, lequel, crois-moi, n'a aucune prise sur moi. Je n'y peux rien si ce dingue d'al-Baghdadi est venu prendre de mes nouvelles. D'ailleurs, ce n'est pas ce qu'il est vraiment venu faire. Il voulait savoir qui avait tué ce Haddad, apparemment un homme à eux très important. Sauf qu'on sait toi et moi que sa fille a été tuée la veille. Ça, je n'en ai pas parlé à al-Baghdadi, mais j'ai toujours bien l'intention d'élucider ce meurtre.

Youssef mettra néanmoins quelques jours à admettre que je ne lui dissimulais pas une reconversion à l'obédience la plus rétrograde de l'islam sunnite. Il s'excusera et je lui pardonnerai volontiers. Je peux comprendre sa méfiance. Mon ami chirurgien est de plus en plus souvent confronté à l'ostracisme du personnel hospitalier qui n'avait pourtant jamais manifesté jusqu'à présent, dans toute sa vie professionnelle, d'hostilité à l'encontre des collègues chrétiens.

Le plus pénible est toutefois d'entendre ma propre femme, sur un mode humoristique douteux, me faire le même reproche la matinée où une ambulance me ramène enfin chez moi.

– Eh bien, c'est utile d'être copain avec al-Baghdadi. On te ramène en ambulance alors qu'on en manque après chaque bombardement de l'aviation de Bachar, grince Asma d'un ton ambigu, à peine suis-je rentré, en boitillant sur une paire de cannes, après trois étages gravis avec l'aide d'un infirmier.

Pendant mon hospitalisation, les bombardements ont effectivement repris presque chaque soir, frappant les quartiers périphériques. Asma est passée me voir tous les jours, mais chaque jour un peu moins longtemps que la veille, au prétexte de réunions avec les activistes d'Haqquna.

– Tu pouvais aussi venir me chercher avec ma voiture, répliqué-je avec la même ambivalence de ton mêlant ironie et reproche, avant d'aller m'asseoir sur le canapé, près duquel le Vieux est assoupi dans son fauteuil roulant. Il va falloir s'organiser, Asma, lancé-je, tandis qu'elle fait du thé à la cuisine. Je ne peux pas monter et descendre les étages tout seul. Dehors et ici, je peux me débrouiller avec mes béquilles, ajouté-je moins fort alors qu'elle revient avec un plateau qu'elle pose sur la table basse.

– Ah, te voilà revenu, toi. Ils t'ont relâché, intervient incongrûment le Vieux qui se réveille et semble me confondre avec papa au sortir d'un rêve triste.

– C'est moi, grand-père, Merwan. Je rentre de l'hôpital. J'ai été blessé, me sens-je obligé de lui remettre en mémoire.

– Ah oui, on m'a dit, se souvient-il, gardant les yeux dans le vague.

– Me voilà bien, avec deux invalides à la maison, soupire Asma. Écoute Merwan, je vais bien sûr t'aider, mais là nous sommes en pleine préparation de notre mois de mobilisation.

– Ah oui, tes capoeiras démocratiques géantes…

– Parfaitement. Et le programme est chargé. J'ai des rencontres prévues toute la journée avec des associations et je ne rentre que ce soir. Alors aujourd'hui, ne compte pas sur moi. Assia pourra t'aider. Elle a dormi chez Shahrazad et ne devrait plus tarder. Naïm est toujours au lit. Je l'ai autorisé à regarder la télévision tard hier soir. Tu lui manques.

J'allais dire « plus qu'à toi », mais je m'abstiens. J'apprécie qu'Asma ait revêtu un sarouel pour sortir et qu'un hijab beige recouvre correctement ses cheveux.

– En revanche, il n'y a pas grand-chose à manger et surtout, il n'y a quasiment plus d'argent dans notre réserve, remarque-t-elle.

– Je sais chérie. Il faut absolument que j'aille à Der ez-Zor pour encaisser nos arriérés de salaires. Youssef m'a déconseillé de conduire, mais je n'ai pas le choix. De toute manière, c'est encore dans la position assise que je sens le moins la douleur, constaté-je, bien calé dans le canapé.

– Tu ne devais pas faire de rééducation ?

– Si, Youssef va m'envoyer un kiné chaque après-midi à partir de demain.

Je vois Asma se préparer à sortir, fourrant quantité de papiers et d'autres articles dans un grand sac.

– Sois prudente dehors. Je suis la preuve encore vivante que des gens dangereux circulent en ville, souligné-je d'une voix que je veux grave.

– Maher dit que la personne que tu protégeais était un affidé d'al-Baghdadi…

– Maher ? Qui est Maher ?

– Maher al-Shibahi. Le camarade d'Haqquna dont je t'ai déjà parlé, répond-elle avec une pointe d'agacement. Et du coup, les gens jasent.

– Laisse-les jaser.

La sonnerie retentit.

– C'est Nadwa qui passe me prendre, m'informe Asma. Nadwa ? Je descends, indique-t-elle à l'interphone. Je laisse jaser Merwan. Mais je ne te cache pas que je suis gênée que les gens pensent que mon mari fricote avec les islamistes.

– Mais je ne fricote avec personne ! Et puis merde, qu'ils pensent ce qu'ils veulent. En cas de pépin, vous serez bien contents d'avoir un policier qui fricote avec les islamistes, comme tu dis. En attendant, continue de ne pas parler de mes affaires avec tes amis. C'est mieux pour la sécurité de tout le monde.

Asma me regarde depuis l'encadrement de la porte du salon avec un sourire chagrin. Nous nous observons quelques longues secondes en silence avant qu'elle tourne les talons et que j'entende la porte claquer derrière elle.

*

Ma réputation de pistonné islamiste ne s'est pas améliorée avec la survenue inopinée, quelques jours après mon retour, d'un technicien pour la réparation de l'ascenseur. L'ouvrier était incapable de me dire pourquoi son patron lui avait enfin demandé de s'occuper de notre immeuble après des mois de réclamations. Du reste, personne ne l'espérait plus dans le contexte de pénurie où la ville s'enferre. Mais l'explication généralement admise par les voisins, c'est que Merwan Milet est du jour au lendemain devenu une personnalité d'influence dans la ville. Le kiné que m'a envoyé Youssef pour ma rééducation, un jeune binoclard timide, en a l'air en tout cas convaincu, me demandant si tout va bien à chaque mouvement qu'il me fait faire, comme s'il craignait que je ne le fouette en retour. Je ne peux toutefois m'empêcher de rire intérieurement à la pensée de tous ces gens sidérés, admiratifs ou jaloux, devant l'incroyable talent de notre famille, capable de compter aussi bien un ex-serviteur des Assad qu'un partisan néophyte des pires adversaires du régime. Pourtant, si nous avions toujours été du bon côté du manche comme chacun a l'air de le croire, il n'y aurait pas aujourd'hui un chaînon manquant entre grand-père et moi, soupiré-je en m'appuyant sur les poignées du fauteuil roulant du Vieux pour une petite marche dans le quartier. Complétant ma rééducation, je le promène ainsi quotidiennement après ces longues semaines d'isolement, qui lui ont un peu affaibli l'esprit. D'ailleurs, il demeure silencieux, répondant d'un simple hochement de tête aux quelques vieux passants que nous croisons qui le connaissent encore.

Le colonel Awat Milet, mon grand-père, n'est pas originaire de Raqqa, même s'il existe une implantation kurde historique depuis la renaissance de la ville au XIXᵉ siècle. C'est un Kurde de Diyarbakir, dans la Turquie actuelle, issu d'une famille bourgeoise mais communiste qui a contribué à l'édification du premier État kurde indépendant, l'éphémère République d'Ararat en 1927, année de sa naissance. Exilés en URSS, ses parents disparaîtront lors des grands procès de Moscou. Rendu orphelin par Staline, Awat Milet n'en demeura pas moins fidèle à la patrie des travailleurs émancipatrice des peuples. En retour, le système soviétique en fit un officier de l'Armée rouge polyglotte, lui apprenant le russe et l'arabe et le maintenant dans la connaissance du turc et du kurde. Avec les encouragements du KGB, toujours à l'affût d'agents, dans le cadre de la politique russe au Proche-Orient. Jeune marié à une *Komsomol* kurde iranienne, il fera la connaissance et sympathisera dans les années 50 avec Hafez al-Assad, envoyé en stage par l'Académie militaire syrienne sur la base de Koubinka où il était devenu instructeur. Devenu ministre de la Défense après le coup d'État baathiste de 1963, Assad, qui appartenait à l'aile prosoviétique du gouvernement, chercha à s'entourer de communistes de confiance. Moscou lui délégua son camarade de Mig, Awat Milet. C'est ainsi que mes grands-parents déménagèrent à Damas. Papa, Palan Milet, avait treize ans et ne parlait que russe. Il en conservera l'accent en arabe toute sa vie.

Devenu homme de main de la garde rapprochée d'Hafez al-Assad, grand-père en fut récompensé par la nationalité syrienne, quelques années après que trois cent mille Kurdes syriens eurent au contraire été faits apatrides. Dans la foulée du putsch qui le porta au pouvoir en 1970, Hafez nomma le colonel Milet à la direction générale de la police de Raqqa, qu'il ne quittera qu'en

1995, à soixante-huit ans. Gommer ma filiation avec ce suppôt historique du régime, mais que tout le monde avait heureusement oublié ou croyait mort, fut la première priorité de Mahmoud pour crédibiliser ma biographie officielle. Et la sienne. Pendant ces vingt-cinq ans, le Vieux aura, en effet, assuré d'une main de fer la sécurité dans une ville en pleine expansion démographique et économique. Un terrain longtemps propice à la propagande communiste, le parti communiste syrien apportant peu ou prou sans interruption depuis les années 60 son soutien au parti Baath arabe socialiste. Il est vrai que la politique publique d'Hafez al-Assad méritait encore ce qualificatif. L'ouverture en 1973 du barrage de la révolution à Tabqa, sur l'Euphrate, à une quarantaine de kilomètres en amont de Raqqa, et ses infinies perspectives d'irrigation et d'énergie souleva un immense espoir dans toute la Djézireh. Couplée à la réforme agraire et la constitution de fermes d'État, la Syrie orientale en escomptait un regain d'attractivité et d'investissements, Raqqa en premier lieu.

Cependant, la suite ne fut que désillusions. L'irrigation et l'électricité tant attendues ne se révélèrent pas à la hauteur des besoins d'une population sans cesse croissante, ne trouvant plus de travail dans les fermes d'État à la gestion catastrophique, et s'agglutinant à la périphérie de la ville dans des bidonvilles. S'ajoutèrent, dans la dernière période, la grande sécheresse de 2006-2010, qui ruina des milliers de paysans, et la crise des réfugiés irakiens de 2007, qui fit flamber le coût de la vie. C'est sur ce terreau de frustrations anciennes et de colères nouvelles, délaissé par les communistes trop liés au régime, que les Frères musulmans sèment depuis vingt ans les graines de la révolte qui explose aujourd'hui. Mais si elle est légitime, son cours n'en est pas moins dangereux, j'en suis convaincu, malgré mon nouvel état supposé de partisan islamiste. J'en suis là de mes réflexions, longeant le square pour retourner à notre immeuble, quand j'aperçois Assia, accompagnée de son frère Naïm et de son amie Shahrazad, houspillée par une femme en sitar. Je traverse la rue aussi vite que le permet mon boitillement, et encombré du fauteuil roulant de grand-père, pour rejoindre le petit groupe en grande discussion sur le trottoir d'en face.

– Ah te voilà, Merwan, me lance la femme en sitar, je disais à ta fille qu'une telle tenue dans notre honorable quartier est indécente. Et elle m'a répondu de manière fort impolie.

Je jette un œil noir à Assia que je vois prête à répliquer. Elle revient manifestement de faire des courses, à voir les sacs qu'elle porte avec sa copine. Je me demande un instant à qui appartient cette voix qui m'apostrophe et que je connais. Mais bien sûr ! Elle ne manque pas d'air celle-là, à donner des leçons de morale !

– Bien entendu, madame Benghaoui, réponds-je en reconnaissant Zina Benghaoui, la coiffeuse qui occupe le rez-de-chaussée de l'immeuble à l'angle du square. Je le lui dis tous les jours, poursuis-je en continuant d'ordonner le silence du regard à Assia. Mets un foulard, comme ta copine Shahrazad, je lui répète. Mais vous savez comment sont les enfants de nos jours, dis-je avec un grand sourire pervers à celle qui n'a jamais eu d'enfants de sa vie, à son grand désespoir. Bon, on y va, c'est l'heure de rentrer à la maison, enchaîné-je pour mettre un terme à la discussion. Bonne journée, madame Benghaoui, dis-je en saluant la grosse dondon enrobée de noir et en poussant mon grand-père mutique loin de cette femme qu'il déteste.

Zina Benghaoui n'a pas toujours été une grosse dondon couverte d'un sitar. Il y a encore quelques années, c'était une jeune femme plantureuse et accorte qui avait rapidement consolé papa de son veuvage. Elle était connue pour aimer distraire les hauts gradés du renseignement militaire. Grand-père prétend que c'est elle qui, une fois délaissée, dénonça la liaison de papa avec la maîtresse de Rami Makhlouf. Palan Milet était ce qu'on appelle un bel homme dans nos contrées. Un grand brun athlétique et moustachu, au sourire ravageur et auquel l'accent slave donnait un charme exotique certain. Il n'avait que trente et un ans, et moi dix, quand maman était morte d'un cancer foudroyant. Ils s'étaient connus l'année du déménagement de Damas à Raqqa, avec la promotion du Vieux à la direction générale de la police. Papa parlait l'arabe après sept ans passés à Damas mais grand-père espérait encore qu'il perdrait son accent russe. Maman, issue d'une famille communiste kurde de la ville, fut choisie comme son professeur particulier. Elle avait vingt-quatre ans, lui vingt, et l'amour fit le reste. À la mort de maman, qui le laissait seul avec mes sœurs aînées et moi, papa comprit assez vite qu'il avait du succès auprès des femmes, pour peu que cela lui ait échappé lorsqu'il était marié. Il se gardait bien toutefois de ramener ses conquêtes dans notre petit appartement de Tashih, mais nous savions bien, ne serait-ce qu'à ses absences pendant lesquelles les jumelles s'occupaient de moi, qu'il n'y avait pas que Zina Benghaoui à son tableau de chasse.

La vie dissolue de papa rythma toute mon adolescence et pesa sans doute inconsciemment dans mon choix de m'en tenir à mon amour d'école primaire incarné par Asma, tant j'avais soif de stabilité sentimentale. Les visites à grand-père, lui-même veuf depuis bien longtemps et jamais remarié, ni suspecté d'entretenir une maîtresse puisqu'il ne logeait aucune femme de chambre, étaient l'occasion de disputes homériques avec papa, accusé de donner mauvaise réputation à la famille et de déshonorer le parti. Qu'à cela ne tienne, papa quitta le parti et, arrivé dans la fleur de l'âge, s'émancipa totalement du Vieux en se découvrant une vocation de contestataire. C'est comme ça qu'en 2003, il participa clandestinement à la création du Parti de l'union démocratique kurde. Ce ne fut toutefois pas sa dissidence politique qui valut à Palan Milet l'emprisonnement deux ans plus tard. Je ne découvris d'ailleurs qu'au procès ses activités politiques secrètes. Comme grand-père, qui bien que mortifié, fit des pieds et des mains pour tenter de le faire libérer, campant des mois durant dans un hôtel de Damas du quartier gouvernemental. Mais à soixante-dix-huit ans, s'il avait encore la santé et la volonté, le vieux Awat Milet n'avait plus ni relais, ni contacts. Le pouvoir avait changé de main en 2000 avec la mort d'Hafez et l'arrivée de Bachar.

L'avènement de Bachar avait suscité en Syrie une considérable espérance de changement. Alors qu'on s'attendait au terrible Bassel, son frère aîné et dauphin désigné, mort prématurément dans un accident de voiture, tout le monde fut subjugué par l'avènement de ce grand dadais d'ophtalmologue, escorté de sa ravissante épouse anglaise. Même Asma, dont elle partageait le prénom, la trouvait très bien. Mais avec l'Angleterre de ses années de formation, c'est tout l'affairisme occidental que Bachar avait rapporté avec lui. Plutôt que de lutter contre la corruption qui minait les fermes d'État et les entreprises publiques, il opta pour la privatisation et la libéralisation. La vente des fermes d'État conduisit à la constitution d'immenses latifundias privées et quelques grandes familles syriennes, et pas seulement alaouites, arrondirent leur patrimoine. Quant à la corruption, elle ne fit qu'empirer. Dans les plaines agricoles de la Djézireh et en province de Raqqa, les Kurdes furent les dindons de la farce. C'est à cette époque que papa commit l'énorme erreur de séduire une chanteuse libanaise, de vingt ans sa cadette, en villégiature régulière sur les bords de l'Euphrate où elle se produisait dans les hôtels de luxe. Or elle se révéla être la maîtresse de Rami Makhlouf, un cousin maternel de Bachar, homme fort de l'économie syrienne dont il possède toujours directement ou en sous-main des pans entiers. L'apprenant, papa conçut alors sa liaison comme une sorte de vengeance du Kurde ruiné par les prévaricateurs du régime. Il s'afficha ostensiblement avec sa belle, à l'hippodrome, au Club Paradise, aux festivals de la Maison de la Culture et dans tout Raqqa. Fort jaloux, Makhlouf obtint en haut lieu que papa fût embastillé. Les activités politiques de Palan Milet vinrent sceller sa condamnation. Ce fut la mort par maladie en 2007, après à peine dix-huit mois de prison.

Je me rends compte qu'Assia me scrute, dubitative, alors que je sors de l'ascenseur avec grand-père tandis qu'elle m'attend déjà sur le palier après avoir gravi les étages par l'escalier avec Naïm et Shahrazad, les sacs de provisions à la main. L'esprit perdu dans mes souvenirs, je tarde à trouver la clef dans ma poche pour ouvrir la porte de l'appartement.

– Papa, qu'est-ce que tu fais ? Tu rêves ou quoi ?

– Excuse-moi. J'ai un peu la tête ailleurs. Je vois que vous êtes bien chargées. Maman m'a dit qu'il n'y avait presque plus d'argent, dis-je en lui ouvrant la porte.

– C'est sûr, on a presque tout dépensé, mais il y avait des arrivages d'œufs ce matin et du poulet pas trop cher. Alors, j'en ai pris plein. Avec des aubergines, des oignons, des pastèques et des figues. Tu m'avais pas dit que tu irais bientôt à Deir ez-Zor ?

– Oui. Peut-être demain. Ça fait une semaine que je traîne dans le quartier, ça me fera changer d'air.

*

Je n'ai pas revu Mahmoud depuis mon séjour à l'hôpital, et il ne m'a téléphoné qu'une fois pour prendre des nouvelles de ma convalescence. C'est manifestement aujourd'hui, 27 juin, le jour J de sa prédiction. Le début du grand départ des factions pour le front. Je ne suis pas allé à Deir ez-Zor hier finalement, mais j'ai eu bien tort. J'aurais dormi plus longtemps et ne me serais pas fait enguirlander par Asma pour ce réveil anticipé indépendant de ma volonté. L'aube n'était pas encore levée que les rues résonnaient déjà du boucan des convois militaires, des djîhadistes beuglant des chants guerriers quatre par quatre dans des véhicules équipés de Douchka russes, certains ponctuant leurs vociférations d'une rafale de mitrailleuse en l'air. Tareq, mon adjoint, qui est venu me rendre visite l'avant-veille, m'avait parlé des préparatifs qui agitaient Raqqa depuis une dizaine de jours. Des bagarres parfois mortelles ont opposé des bandes sur la répartition du matériel ou la réquisition des vivres pour l'expédition. Quand je sors de chez moi, à même pas 6 heures, je constate que les Raqqaouis restent cloîtrés chez eux et que les volets sont prudemment tirés. Une sourde inquiétude s'est emparée de la ville, où chacun s'interroge derrière ses stores baissés, sur ces soudains mouvements militaires. Et moi, je ne suis guère rassuré d'en savoir plus quand je vois transiter sous mes fenêtres une dizaine de véhicules chargés d'hommes en treillis noir bardés de munitions. Plus que jamais, je me dis qu'il faut reprendre l'entraînement. Je n'ai toujours pas reçu l'autorisation administrative de Mahmoud, mais j'ai quand même ressorti mon Dragounov, dont j'ai monté et démonté maintes fois les multiples pièces et vérifié l'antique lunette PSO-1, qui assure néanmoins une cible à six cents mètres.

Les combattants, aussi tarés soient-ils, ne semblent cependant pas menaçants. Bloquant le passage des rares passants et automobilistes, tous convergent depuis leurs campements vers les boulevards centraux pour faire route vers le nord et la route nationale 6 qui mène à Alep. Assis dans ma Peugeot 307, je les croise au moment où je prends la direction du sud-est. Franchi l'Euphrate, je constate que les ravages de la guerre ont relativement épargné les faubourgs ruraux de la rive droite. Le check-point de la route nationale 4 est délimité par un monument à la gloire du régime aux slogans badigeonnés de peinture et dont le portique enjambant la route est désormais tendu d'un grand drapeau noir frappé de la shahâda. Mes papiers estampillés du Conseil de consultation des combattants me permettent de franchir sans encombre le barrage tenu par des miliciens indifférents, et je trace au sud-est. Le voyage vers Deir ez-Zor, dès la construction de la route nationale, fut un de mes premiers. Papa, lorsqu'il nous accordait du temps entre deux bonnes amies, aimait nous emmener le vendredi, les jumelles et moi, visiter les champs pétrolifères de Tayyem, une fierté de la Djézireh. Le mouvement perpétuel des derricks sur la steppe n'en finissait pas de me fasciner durant des après-midi entiers. Découverts en 1984, ces gisements, ajoutés à d'autres dans tout l'est du pays, laissaient augurer une rente pétrolière sur laquelle nous dûmes cependant faire une croix dès les années 2000 tant les réserves se révélèrent à peine suffisantes pour avoir une énergie domestique bon marché. Avant la guerre civile, le nouvel espoir résidait dans le gaz, dont les sous-sols syriens, notamment dans sa zone maritime, sont apparemment mieux dotés. La RN4 a été une infrastructure également pleine de promesses brisées par le conflit. Je remarque toutefois qu'elle demeure globalement en bon état, encore qu'il faille éviter quelques ornières causées par des bombardements. Ce sont surtout les carcasses de voitures ou de véhicules militaires carbonisées au beau milieu de la route qui provoquent des ralentissements, malgré la maigre circulation. Coincé dans cet invraisemblable embouteillage, je n'en mène pas large quand je suis survolé par deux Mig en rase-mottes qui ne larguent heureusement aucune bombe.

Il me faut ainsi près de quatre heures pour parcourir cent quarante kilomètres. Et mon trajet n'est pas achevé. La rébellion est déployée au nord de la ville, sur l'autre rive de l'Euphrate, autour de la gare, et à l'est jusqu'à al-Baghiliyah, dans les faubourgs de Deir ez-Zor. C'est là qu'un check-point m'accueille. Je dois patienter car plusieurs voitures sont devant moi. Des fonctionnaires raqqaouis qui, à mon instar, sont venus quérir leur traitement. Beaucoup sont mandatés par plusieurs collègues qui ne peuvent se permettre de faire le déplacement. Cela a l'avantage qu'au retour, on n'est racketté qu'une fois par les assiégeants, plutôt qu'individuellement. La longue file dans le sens inverse est d'ailleurs là pour confirmer l'existence d'un péage, ce qui d'ailleurs n'exclut pas un barrage sauvage placé un peu plus loin vers Raqqa. Pour rentrer dans la ville assiégée, les rebelles ne font, en revanche, pas trop d'histoires, mais ce check-point franchi, un second nous attend à al-Tallaa, le premier quartier de Deir ez-Zor tenu par l'armée loyaliste. Nettement plus imposant avec les deux chars d'assaut encadrant la route, les mitrailleuses et les mortiers pointés sur nous derrière leurs fortifications de sacs de sable, en plus des snipers sur les toits des immeubles environnants. Le contrôle est ici beaucoup plus strict. Je vois devant moi qu'on fait ouvrir les coffres et que les conducteurs et passagers sont interrogés tandis que des soldats pointent leurs armes sur eux et que d'autres passent un miroir à bras sous les châssis pour vérifier qu'il n'y a pas d'explosifs. Mais soudain, grosse agitation. Un poids lourd s'est mis dans la file, trois voitures derrière moi. Les gardes se méfient. Des ordres fusent. On nous fait avancer avec des hurlements tandis qu'une escouade vient entourer à bonne distance le camion et qu'un officier aboie au chauffeur de descendre, le pistolet tendu à bout de bras vers la cabine. Bonne précaution. Ce ne serait pas la première fois que les djîhadistes commettraient des attentats-suicides. Je double sans attendre la voiture devant moi, dont le conducteur tarde à ranger les caisses qu'on lui a fait sortir du coffre, et reprends la nationale 4, devenue boulevard Bor Saïd à l'entrée de la ville. Fausse alerte, constaté-je, soulagé, dans mon rétroviseur en voyant le chauffeur du poids lourd descendre les mains sur la tête.

La circulation est ralentie par des blocs de béton qui obligent à slalomer lentement sur la chaussée. J'aperçois un autre check-point qui barre la route, à l'orée du centre-ville. Plus dissuasif encore car se prolongeant de part et d'autre par un mur de parpaings, précédé d'une frise de fil de fer barbelé. Sans doute prévenus que l'incident en aval avait permis à certaines voitures de passer à travers les contrôles, les soldats se montrent sourcilleux. Ma voiture est fouillée, on me pose des questions précises sur la raison de ma venue et les endroits où je compte me rendre avant de me laisser repartir. Ma première étape est le siège du gouvernorat, à deux cents mètres à peine. Je me gare sur un immense terrain vague qui le borde, en fait un parc à l'herbe jaunie par la sécheresse, faute d'arrosage. J'ai du mal à trouver une place dans l'encombrement de camions interdits de circuler en ville et autour desquels s'agglutine une foule en train de charger des marchandises dans des charrettes à bras ou des trazina. Construit en périphérie de Deir ez-Zor, le siège du gouvernorat est un beau bâtiment moderne, plaqué de marbre et orné de fresques symbolisant le baathisme triomphant. Mais l'information est à l'ancienne et il est bientôt midi quand enfin je suis sûr d'être dans la file conduisant au bon guichet. Et 13 heures passées quand je ressors avec quelques centaines de milliers de livres dans un sac de sport, y compris le paiement anticipé des salaires de juillet et août, assortis de l'augmentation substantielle que Bachar avait annoncée voilà quelques jours à la télévision. Fort de ce pactole que je mets dans le coffre, je recommence mon gymkhana entre les blocs de béton pour me diriger vers le centre-ville.

Une atmosphère insolite règne à Deir ez-Zor. Le choc est d'abord visuel, avec ces affiches de propagande et ces portraits géants de Bachar, disparus depuis longtemps à Raqqa, et leurs slogans familiers qui ornent murs et bâtiments publics : « Assad éternellement », « Nous sommes tous avec toi », ou encore ce drapeau géant, emblème du parti Baath, flottant à un carrefour et proclamant « Le Baath est notre chemin ». Le passé avait du bon dont il flotte sur la ville un parfum de nostalgie. J'entends l'appel à la prière sans que surgissent des fidèles au garde-à-vous. Je vois des adolescents disputer un match de football dans un parc et des adolescentes les applaudir, sans les remarques réprobatrices de passants enturbannés et de passantes niqabées. Je croise des hommes et femmes en groupe, marcher et rire dans la rue. Grâce à l'aéroport qui protège le ravitaillement, les commerces sont plutôt mieux achalandés qu'à Raqqa, même si les prix sont également élevés. Je me gare en double file devant une boucherie pour ne pas perdre ma voiture de vue – et mon argent dans le coffre –, et j'achète un demi-mouton. En sortant, je me laisse tenter par les olives marinées de la boutique d'à côté ainsi que par tout un lot de gâteaux à une boulangerie en face. Enfin, je constate une surprenante promotion sur la Sannine, une eau minérale libanaise dont je remplis la banquette arrière d'une quinzaine de packs de douze litres, non sans que cet effort ne relance de vives douleurs dans ma cuisse blessée. Pour me remettre, je boulotte tranquillement un *shawarma* de poulet, adossé au capot de ma 307 en observant la vie qui passe dans cette ville assiégée. Jusqu'à ce qu'un soldat vienne me dire de bouger ma voiture.

Mon étape suivante est l'académie de police où un nouveau téléphone doit m'attendre. C'est un outil de travail indispensable sur lequel j'enregistre machinalement photos et notes à toutes les phases d'une enquête. Celles de mon Samsung me manquent. Autant dire que je suis content que son successeur soit effectivement là. Un Huawei, importé de Chine par Rami Makhlouf, le cousin de Bachar, assorti d'un abonnement téléphonique à l'opérateur Syriatel, compagnie qui lui appartient également, le tout payé par le Trésor public syrien. Même en temps de guerre, l'assassin de mon père parvient à gagner de l'argent. À peine réactivé, le téléphone m'indique dix-huit messages non lus et le double environ de SMS. Je commence par ces derniers en attendant mon tour à la station-service attenante à l'académie de police, où j'ai des tarifs spéciaux. Les plus nombreux datent de début juin, juste après mon hospitalisation. Des gens qui ignoraient que je n'étais plus joignable et qui ont tous été rassurés directement ou indirectement depuis. Plusieurs SMS m'intriguent toutefois vivement. *« Pourquoi ? »* dit le plus récent, qui date quand même du 18 juin, il y a neuf jours. *« Je vous en prie, appelez-moi »*, exhorte le précédent, trois jours plus tôt tandis que la veille, c'était un : *« S'il vous plaît, ne m'oubliez pas. Avez-vous entendu mon message ? »* Le tout premier datait du 12 juin : *« Je vous ai laissé un message hier. J'espère que vous pouvez m'aider. »* Le numéro est inconnu sur ce téléphone à la mémoire encore toute fraîche, mais pas la signataire : Yasmine Aït-Kacimi !

Le plein est fait, il est 15 heures passées. Si je veux être rentré à Raqqa avant la nuit, je ne dois plus tarder. Je me retiens d'écouter les messages avant de franchir les différents check-points où je dois être concentré, particulièrement pour franchir le dernier. De fait si, côté loyaliste, sortir de Deir ez-Zor est plus facile que d'y entrer, côté rébellion, c'est une autre affaire. J'ai préparé deux mille livres dans une enveloppe, ce qui semble insuffisant au moudjahid renfrogné au contrôle, mais qui me laisse passer à contrecœur après avoir visé ma qualité sur mes papiers et reçu une bouteille de Sannine en prime. D'autres voyageurs n'ont pas cette chance. Garés sur le bas-côté, ils doivent cracher au bassinet. Je vois une femme se tordre les mains et hurler à genoux devant un grand gaillard qui fait les poches pleines de billets d'un gamin en larmes. Je n'ai pas le temps de m'attendrir. De toute manière, ce n'est pas mon secteur et ça ne servirait qu'à m'attirer des ennuis. Sitôt passé le barrage, je mets le haut-parleur et laisse dérouler les messages pendant que je conduis.

La plupart sont du même tonneau que les SMS, des gens inquiets prenant des nouvelles de ma santé. J'attends avec impatience la voix de ma visiteuse à l'accent français et aux yeux vairons. Je l'avais quasiment oubliée. Mais tout est dans le quasiment car je suis à la fois curieux et excité quand enfin vient son tour. « *Ahlin, sayyid* Milet. C'est Yasmine Aït-Kacimi à l'appareil. Je suppose que si vous aviez déjà des nouvelles de mon mari Mohamed, vous m'auriez rappelée. Mais ce n'est pas ça qui m'amène. En fait, j'ai peur pour ma sécurité dans la pension où je réside. Je ne sais pas comment l'expliquer mais j'aimerais loger ailleurs. Comme vous êtes policier et m'avez semblé très gentil peut-être pourriez-vous m'aider. J'attends de vos nouvelles tout bientôt. Au revoir. » D'abord anxieuse, la voix s'est peu à peu raffermie avant de devenir charmeuse en évoquant ma gentillesse, et même enjôleuse quant à l'au revoir final. L'appel a duré trente-huit secondes, le 11 juin 2013, à 14 heures 02. Que lui est-il arrivé entre-temps ? J'ai l'impression que ma main appuie toute seule sur la touche de rappel.

Le téléphone sonne dans le vide un bon moment sans que la messagerie ne se déclenche. Sans doute sur vibreur. Enfin, elle décroche.

– Allô ? *Sayyid* Milet ?

Elle a mon numéro en mémoire. Sa voix est surprise, voire confuse. En tout cas le timbre est bas.

– Je ne vous dérange pas, madame Aït-Kacimi ? Je vous prie de m'excuser de ne pas vous avoir rappelée plus tôt, mais j'ai perdu mon téléphone et mis du temps à m'en procurer un autre, expliqué-je sans entrer dans des détails inutiles.

– Je… enfin, oui merci. Mais j'ai réglé mon problème entre-temps, chuchote-t-elle.

– Rien de grave, alors ?

Sa réponse me surprend, vu le ton alarmiste du message et l'insistance des SMS. J'ai l'impression qu'elle bouge et se déplace ailleurs.

– Non, enfin, plus maintenant. Une femme qui résidait aussi au pensionnat et avec laquelle je me disputais sans cesse, mais elle est partie.

– Ah ! dis-je pour dire quelque chose.

– Mais c'est gentil à vous de prendre de mes nouvelles, commissaire, poursuit-elle jovialement. Toujours aucune trace de mon mari ?

– J'y travaille quand je peux.

Quand je pense que je me souviens à peine de l'endroit où j'ai rangé la photo du fugueur et que sa copie numérique a disparu avec mon Samsung, allée de la Caresse de la Lune.

– Au fait commissaire…, temporise-t-elle comme si elle n'osait passer à un sujet délicat.

– Oui ?

– Quand je vous demandais dans mon message si vous pouviez me loger ailleurs, ç'aurait été possible ?

– Bien sûr, assuré-je machinalement.

– Alors voyons-nous, suggère-t-elle. Disons demain ? Je préférerais en ville plutôt qu'au commissariat.

Elle programme plutôt qu'elle ne propose.

– Euh… oui, d'accord. Disons à midi à l'entrée principale de la mosquée al-Mansour dans la vieille ville.

– Parfait, *sayyid* Milet. À demain,

Je l'ai à peine saluée qu'elle a déjà raccroché. Il me reste une soixantaine de kilomètres pour disséquer cette conversation au cours de laquelle la prude salafiste s'est montrée beaucoup plus bavarde. Sans davantage parvenir à masquer son accent français.

4

Il est 11 heures 30 quand je me gare près de la porte nord des remparts pour aller tranquillement flâner à travers les ruelles de la médina du côté de la mosquée al-Mansour. Après toutes ces heures passées hier à rouler, j'ai bien besoin de me dégourdir les jambes. Je boitille un peu si j'accélère le pas mais les séances de kiné des jours précédents, associées aux promenades quotidiennes avec le Vieux, m'ont remis d'aplomb. Si je ressens encore une gêne, la douleur s'est estompée. Théoriquement, j'ai encore une semaine de convalescence, mais je songe à retourner plus tôt au bureau. Ce farniente commence à me peser. Et puis, c'est tout de même étonnant ce silence de Mahmoud. J'aimerais bien savoir où en est l'enquête sur le massacre de la famille Haddad à Takhana. Quant à l'assassinat de leur fille, Kenza, au Crown Plaza, dont je suppose que personne ne s'est occupé, j'ai quelques pistes. J'arrive avec un peu d'avance, mais Yasmine Aït-Kacimi m'attend déjà, assise sagement sur un banc, un gros sac sur les genoux, à l'ombre d'un bosquet de frênes et de pins qui agrémente l'entrée de l'édifice historique. À vrai dire, je ne l'aurais pas spontanément reconnue dans cette silhouette anonyme en sitar si son mahram, le jeune blondinet à l'air niais dont elle était flanquée l'autre jour au commissariat, ne l'accompagnait cette fois encore, adossé négligemment à son pick-up, stationné le long du trottoir.

Quand le Faucon du Levant m'aperçoit, il vient aussitôt à ma rencontre d'une démarche nonchalante avant que je ne puisse approcher de la jeune femme, laquelle reste assise sur son banc, ses mains gantées triturant son sac.

– *Salam aleykoum*, frère Merwan, que la bénédiction d'Allah soit sur toi, m'accueille-t-il d'une voix curieusement révérencieuse. La très respectable Oum Adam est très satisfaite que tu puisses voir sœur Yasmine. En fait, nous allions la signaler au tribunal de la sharia. Elle n'a pas un bon comportement au sein de la pension et se querelle avec d'autres sœurs. Mais nous savons qu'avec toi, elle sera remise sur le droit chemin, *insh'Allah !*

– *Aleykoum salam, Ya Hajji*, réponds-je en me félicitant que mes Ray-Ban masquent ma surprise face à cette entrée en matière inattendue. Je te remercie, frère… ?

– Abou Madhi al-Vilvordi, se présente-t-il, tout fier avec son drôle d'accent européen.

– Je te remercie, frère Abou, de ta confiance, réponds-je sans comprendre ce qui la motive. Si tu le permets, je vais faire quelques pas avec cette jeune femme et parler avec elle.

– Je dois vous accompagner, frère Merwan. Tu n'es pas agréé pour demeurer seul avec elle, m'informe-t-il d'une voix désolée.

– Cela va sans dire…

En me dirigeant vers Yasmine Aït-Kacimi, je réfléchis à toute vitesse, préoccupé par ce que je viens d'apprendre sur le sort qui lui est promis : ce n'est pas rien d'être traduit devant un tribunal islamique. Même s'il est toujours difficile de se faire une idée exacte de ce qu'on encourt. Les tribunaux islamiques, sur lesquels s'appuie dans les quartiers le Comité d'application de la sharia, ont autant d'interprétations de la loi divine que de diversité dans le recrutement des juges. Fumer une cigarette peut ainsi autant valoir une admonestation que des coups de fouet. Yasmine Aït-Kacimi se lève à mon approche, mais garde pudiquement la tête baissée.

– Bonjour, madame Aït-Kacimi. Je vous ai proposé de me retrouver ici car je pensais qu'une visite de la vieille ville vous plairait peut-être ? dis-je, l'air de rien.

– Euh, vous me prenez au dépourvu, répond-elle d'un ton contrarié. C'est vrai que depuis bientôt un mois que je suis là, comme je n'ai pas l'autorisation de sortir seule, je n'ai pas eu l'occasion de visiter Raqqa… Mais en fait, j'ai à vous parler.

– Fort bien, crié-je pour être entendu du mahram, qui nous suit à dix mètres de distance. Alors, allons visiter la mosquée al-Mansour. Ça tombe bien, moi aussi j'ai à vous parler, ajouté-je *mezzo voce.*

Quand nous pénétrons dans l'enceinte, j'écarte les bras de façon à embrasser le minaret et le péristyle de la gigantesque cour presque déserte de la mosquée en ruine, tout en proclamant :

– Al Raqqa, Héraklion, a été fondée par Alexandre le Grand ou un de ses généraux. Devenue ville séleucide, romaine, byzantine puis sassanide, sous différents noms, elle a été conquise par les Arabes en 639 mais s'est vraiment développée quand le calife al-Mansour, profitant de la situation stratégique sur l'Euphrate, en fit une ville de garnison fortifiée en 771. Il fit aussi construire cette mosquée dont les vestiges vous laissent imaginer la taille impressionnante. Madame, comme vous le remarquez, cet endroit est clos de murs et vous ne pouvez pas vous échapper, précisé-je en aparté. Si vous n'admettez pas maintenant que vous êtes française, je vous livre à cette très respectable Oum Adam. Je viens d'apprendre qu'elle a l'intention de vous faire fouetter, voire pire, exagéré-je tout bas, mais distinctement, avant de reprendre à haute voix en marchant à grandes enjambées vers le mausolée du Wadi Othman Saad al-Dine, que je remarque couvert de graffitis anti-soufis. Mais c'est surtout à partir de 796 que Raqqa prit son envol.

Sans doute désarçonnée, la demoiselle reste d'abord muette, mais la voilà qui reprend de l'aplomb et continuer à se foutre de ma gueule :

– Je ne comprends pas cette obsession concernant ma nationalité, commissaire. Et puis, que voulez-vous dire avec Oum Adam qui voudrait me fouetter ?

– C'est cette année-là, en effet, et pour une glorieuse période de treize années seulement, que le calife Haroun al-Rachid installa la capitale de l'Empire abbasside à Raqqa dont il fit la perle de l'Euphrate. Copie miniature du plan de Bagdad à l'époque, comme le montrent les remparts en forme de fer à cheval, poursuis-je à l'intention de notre suiveur. Le milicien derrière nous m'a indiqué que vous n'étiez pas en odeur de sainteté à la pension islamique, expliqué-je à mi-voix. Et moi, je pense que vous me cachez bien votre jeu depuis le début sous votre sitar. Alors, c'est à vous de voir. Raqqa, devenue seldjoukide, connut le sort de l'Empire abbasside. En 1258, à l'instar de Bagdad, la ville fut détruite par les Mongols. Le monumental palais du calife Haroun al-Rachid, qui se situait hors les murs vers le quartier de la gare aujourd'hui, a été entièrement détruit. Il fait l'objet de fouilles archéologiques… quand la situation le permet. Alors, je vous écoute, ponctué-je à voix basse.

Je me mets en scène en lui faisant face, ainsi qu'un guide attendant la question d'un touriste. Yasmine Aït-Kacimi me transperce de ses yeux vairons brillants de colère, puis se met à siffler entre ses dents, tout en regardant de biais vers son tuteur qui se cure le nez avec indifférence.

– D'accord. Je parle français, admet-elle dans cette langue. Qu'est-ce que ça change ?

– Ça change que vous m'avez menti.

– Je ne vous ai pas menti. Je cherche mon mari.

– Tout à fait, nous allons prolonger notre visite de la médina par les remparts, dis-je avant de répondre doucement mais fermement : Vous ne parlez pas français, vous êtes française. Et vous n'êtes pas une vraie salafiste, car une vraie salafiste n'aurait pas ce comportement avec le parfait inconnu que je suis, ni n'aurait fait toute une histoire de la polygamie de son mari, ni ne se serait fait remarquer au point d'irriter la gérante d'une pension pour jeunes filles musulmanes. D'ailleurs, continué-je plus fort, saviez-vous que les Raqqaouis n'appellent pas leur vieille ville médina mais *balad*, en souvenir des soldats français en garnison à Raqqa sous le Protectorat et qui aimaient se balader, comme ils disaient, dans l'ex-capitale abbasside et flâner dans le souk ?

Ma question impromptue sur la présence mandataire française en Syrie paraît la déstabiliser. Je fais monter la pression en la laissant subitement en plan pour aller voir le Faucon. Notre trio est revenu au point d'entrée du complexe historique. Elle est dans une nasse, avec nous deux devant l'unique sortie.

– *Ya Hajji*, tu as du temps ? Je veux emmener sœur Yasmine aux remparts jusqu'à la porte de Bagdad, dis-je de manière à n'être entendu que par lui.

– Pas de souci, frère Merwan. Je ne comprends pas bien ta méthode, mais un frère agréé par l'émir al-Baghdadi ne peut être que clairvoyant dans la guidance d'Allah.

Ah, voilà d'où vient sa déférence à mon endroit : il a entendu parler du déplacement du chef djîhadiste en personne dans ma chambre d'hôpital. Et je vois que Mahmoud, une fois de plus, ne s'est pas trompé en relevant la fascination qu'exerce al-Baghdadi sur les combattants étrangers.

– Frère Abou, j'inculque à cette fille perdue la glorieuse histoire du Califat. Pour la faire revenir dans le droit chemin, elle doit se sentir humble au regard des accomplissements d'Allah.

Le Faucon me considère avec une expression admirative.

Cet échange inutile, vu que je savais d'avance le Belge prêt à me suivre sans barguigner, n'avait qu'un but : secouer un peu la donzelle. Ma tactique a produit ses effets.

– Ça y est ! Vous êtes content ? Vous m'avez dénoncée ! aboie-t-elle en secouant le sac qu'elle tient à la main, le regard dévoré par l'anxiété alors que je reviens vers elle.

– Chut ! ordonné-je d'un ton sourd et sec. Je ne vous ai pas dénoncée. Mais tant mieux que vous l'ayez cru. J'ai voulu vous montrer que vous n'aviez pas d'autre choix que de me dire la vérité. Si vous n'êtes pas salafiste, croyez bien qu'avec moi, c'est plutôt un bon signe, la rassuré-je. Et vu votre réputation chez Oum Adam, le sitar ne fait pas la salafi. Alors, je veux en savoir plus, exigé-je à voix basse avant de continuer à haute voix à l'intention de frère Abou : Je crois que vous vivez dans une madâfa. Mais connaissez-vous l'histoire de la madâfa raqqaouie ? Bien que sa forme architecturale et la disposition des bâtiments s'apparentent au *riyàd* de votre pays, les racines de son implantation urbaine et sa signification sociale et religieuse sont différentes du Maroc.

– Bien sûr, me répond-elle sur le même ton en passant près de son mahram pour me suivre vers la sortie. Apprendre de nouvelles révélations sur l'histoire de l'Oumma et sur les réalisations d'Allah est un bienfait pour l'esprit, s'émerveille-t-elle avec à-propos.

– C'est qu'après la destruction de Raqqa par les Mongols, la cité est restée six cents ans à l'abandon, une ville morte ensablée, devenue un caravansérail fantomatique posé sur l'Euphrate, enchaîné-je en remarquant avec soulagement que hors les murs de la mosquée, le bruit urbain assourdit mes propos. Ce n'est qu'en 1864 que l'Empire ottoman construisit un fort, afin de sécuriser la route menant à Bagdad, et décida de sédentariser des tribus bédouines. Restez plus près de moi. S'il garde la distance, on ne sera plus obligés de simuler, intimé-je dans la foulée de mon exposé à la jeune femme.

Son tuteur, qui demeure à une dizaine de mètres derrière nous, semble m'accorder toute sa confiance et, hormis quelques gestes démonstratifs vers tel ou tel bâtiment, je n'ai plus à jouer le guide touristique, la circulation et les clameurs de la rue nous rendant inaudibles.

– Êtes-vous française ? la cuisiné-je d'emblée.

– Non. Enfin oui. Franco-marocaine, comme mon mari, soupire-t-elle.

– Pourquoi me l'avoir caché ?

– Je ne voulais pas afficher ma nationalité française. Je me suis déclarée marocaine à la pension, sous mon nom de jeune fille, Beghal. Et puis vous avez l'oreille, parce que c'est rare que ça se remarque…

– Qu'est-ce qui se passe exactement dans cette pension pour que cette Oum Adam veuille vous traduire devant des *oulémas* ?

– Vous l'avez dit. Je ne suis pas salafiste. Je fume en cachette. Je regarde des vidéos sur mon smartphone…

– Lequel ne marchait plus, m'aviez-vous dit.

– OK. Mais c'était avant que j'aie besoin de vous. Quand j'ai senti que ça allait mal tourner à la madâfa, je me suis fait chaperonner par le Belge pour aller soi-disant acheter des produits intimes, et comme il n'est pas très fute-fute, j'ai pu en profiter pour acheter une carte au bazar.

– Le Belge ? Les Belges ne parlent pas français ?

– Ils parlent aussi néerlandais. Celui-là est un Flamand d'un patelin qui s'appelle Vilvoorde, dans la périphérie de Bruxelles. D'où sa *qounia* d'al-Vilvordi.

Je jette un œil derrière nous à frère Abou Madhi, déambulant avec son air ballot et les mains dans les poches, l'AK-47 en bandoulière.

J'aurais bien d'autres questions à poser à Yasmine Aït-Kacimi sur sa vie à la madâfa. Sur Oum Adam ou sur cette « sœur » qui serait finalement partie et dont elle m'a parlé hier sur la route au retour de Deir ez-Zor, mais j'embraye sur autre chose alors que nous approchons de l'avenue du 23 Février, l'artère principale qui coupe la vieille ville d'est en ouest.

– Si vous n'êtes pas salafiste, pourquoi courez-vous après un mari venu se battre en Syrie ? Lui, il doit être salafiste, non ?

Il y a toutes les chances qu'il refuse de vous revoir, surtout s'il s'est remarié comme vous me l'avez dit…

Je sens une hésitation et l'observe attentivement.

– Il s'est remarié et je n'ai aucune envie de le ramener au bercail. Il a tourné salafiste voilà deux ans, moi pas, affirme-t-elle en me jetant un regard en coin. Nous tenons un restaurant dont il est pour moitié propriétaire. Je veux qu'il signe les papiers de divorce et de cession de sa part.

– Et vous croyez qu'il va accepter comme ça ?

– J'ai trente mille euros pour lui, confie-t-elle en désignant à sa taille ce que je suppose être une banane invisible sous son sitar. Je connais Mohamed. Tout dévot qu'il soit devenu, il ne crachera pas sur trente mille euros.

– Il est où votre restaurant ?

Je perçois une nouvelle hésitation avant qu'elle ne lâche :

– Chalon-sur-Saône.

– C'est en France, ça ? Donc, vous êtes franco-marocaine mais plutôt française ?

– Non. Je suis née au Maroc, mais c'est vrai que je parle français, me chuchote-t-elle dans cette langue. Vous ne lâchez jamais le morceau, vous !?

– C'est ce qu'on dit, triomphé-je, en ôtant mes Ray-Ban pour lui faire mon sourire le plus séducteur.

Sa réaction dépasse mes attentes. Une vive émotion écarquille les jolis yeux de mon interlocutrice que j'interprète tout d'abord comme un trouble provoqué par mon charme ravageur. Jusqu'à ce que je comprenne qu'en fait elle regarde un point par-dessus mon épaule pour m'alerter d'un danger.

– … oui exactement vous avez là devant vous l'enceinte de la ville, qui date de l'époque médiévale, avec ce magnifique parement de briques qui prend toutes les nuances d'ocre au coucher du soleil, jusqu'à devenir rouge au soleil déclinant d'automne, improvisé-je à bon escient puisque le Belge se tient dans mon dos.

– Veuille m'excuser de te déranger, frère Merwan, mais c'est bientôt l'heure de la prière du zénith, et je souhaiterais déjeuner et faire mes ablutions auparavant, déclare al-Vilvordi dans son arabe si particulier.

Nous sommes devant un restaurant. Pour ma part, si j'ai un peu soif, je n'ai vraiment pas faim. Mais c'est Yasmine Aït-Kacimi qui écarte avec habileté la proposition de nous joindre à lui.

– Merci frère Abou, mais *sayyid* Milet me rappelle à mes devoirs de musulmane, qu'Allah ait pitié de moi. Je prends conscience de mon mauvais comportement et je pense que je vais jeûner d'ici le ramadan.

La pécheresse qui jeûne dès le mois sacré d'avant le ramadan, telle une parfaite salafi ! Je crains un instant qu'elle n'en fasse trop, jusqu'à ce que je voie le regard ébahi de son mahram, nous considérant alternativement, avant de s'extasier.

– Frère Merwan, tu es très fort ! Ta parole est à la hauteur de celle de notre Prophète, paix, salut et bénédiction sur lui. Et toi, sœur Yasmine, félicitations pour tes bonnes résolutions. J'en parlerai à la très respectable Oum Adam.

– Nous t'attendons là, *Ya Hajji*, l'assuré-je en montrant l'ombre d'un des pins qui égayent l'avenue, alors qu'il pénètre dans l'échoppe pour se mêler à une courte file de clients.

– Vous êtes bien dégourdie pour une restauratrice, lancé-je en remarquant qu'elle observe al-Vilvordi qui nous tourne le dos.

– Vous m'aviez dit que vous pouviez me loger ? déclare-t-elle tout de go sans relever ma pique.

– Oui, enfin, j'avais dit ça comme ça parce que vous me sembliez en détresse, réponds-je prudemment d'un ton qui laisse clairement supposer que ce n'est pas possible.

– Et vous croyez que je ne suis plus en détresse, alors que je vis l'enfer dans une pension pour filles islamistes où, en plus, je vais devoir maintenant jeûner ?

– Mais c'est vous qui vous êtes mise dans cette situation ! protesté-je, mal à l'aise.

Je la vois de nouveau guetter son tuteur, lequel examine à travers les vitrines du comptoir de quoi il va composer son repas, sans se préoccuper de nous. Elle jette un coup d'œil à droite à gauche, puis me regarde en face de ses yeux bleu-vert en baissant d'une main le tissu qui lui masque le visage pour se découvrir jusqu'au menton. Dire qu'elle est ravissante serait mentir. Elle est sublimement belle.

– Eh bien moi, je suis une fille libre. Je me débrouillerai sans vous, me défie-t-elle en ajustant son sac sur l'épaule.

Sur ces mots, elle file à toutes jambes dans un mouvement de voile, qui laisse apparaître ses Converse et un pantalon court, avant de disparaître au carrefour suivant, à une vingtaine de mètres, remontant vers le nord. Ma stupéfaction est telle que j'en demeure comme statufié. Je jette un regard en direction d'al-Vilvordi qui reste concentré dans sa file. Ça va être à lui. Autour de moi, à part deux vieilles à l'angle de la rue, personne ne semble avoir fait attention à cette fille en sitar prenant la poudre d'escampette. « Eh bien, qu'elle se débrouille ! » me dis-je dans un premier temps. « Quelle beauté ! » me dis-je dans un second. Abou Madhi al-Vilvordi commande son repas, vais-je le prévenir ? Et puis merde ! Pour tester ma cuisse blessée, je parcours en petites foulées mesurées les quelques mètres qui me séparent du couple de vieilles, qui ont repris leur conversation. Je regarde dans la direction où est partie ma gazelle française. Et elle est là, à cent mètres, immobile, comme à m'attendre. Ce n'est pas évidemment la seule femme en sitar, mais c'est la seule qui porte un sac en bandoulière. Je cours vers elle mais alors que je suis presque à sa portée, la voilà qui se met à s'enfuir à nouveau. J'allais arrêter ce petit jeu quand j'entends loin derrière moi.

– Frère Merwan ! Frère Merwan ! Qu'est-ce qui se passe ?

Je ralentis, alors que Yasmine vient de tourner à gauche, et me tords le cou pour reconnaître le Belge qui s'est mis à courir à son tour. Voilà pourquoi elle a de nouveau décampé ! Que faire ? Le plus raisonnable aurait été de l'attendre et de poursuivre ensemble la fugueuse de la madâfa d'Oum Adam. Mais la fugueuse en question ne donne pas envie d'être raisonnable, si bien que je force l'allure tout en faisant un vague geste à Abou Madhi de me rejoindre, tout en espérant qu'il n'y parvienne pas.

Yasmine a déjà emprunté une autre rue. Je regarde à droite, à gauche. Elle a pris à gauche, revenant vers l'avenue du 23-Février. Malin comme tactique, pensé-je tout en essayant de suivre la silhouette noire qui oblique soudain dans une ruelle. Quand j'arrive à ce niveau, je remarque avec soulagement qu'al-Vilvordi n'est pas sur nos pas. Ma cuisse m'élance, après cette course improvisée.

– Yasmine ! Attendez-moi ! capitulé-je, épuisé et incapable de la rattraper, au moment où je la vois encore prendre une autre direction.

Elle ralentit, se retourne et s'immobilise en constatant que son mahram n'est plus dans les parages.

– Mais qu'est-ce qui vous a pris ? demandé-je d'une voix que je voudrais sévère, mais qui s'avère surtout essoufflée, quand enfin je parviens près d'elle.

Yasmine reprend aussi son souffle après avoir posé son gros sac à terre.

– Bon, où est-ce qu'on va maintenant ? réplique-t-elle en scrutant mes yeux au travers de mes Ray-Ban de son regard enjôleur.

Elle a raison. Maintenant que j'ai fait cette connerie de participer à la fuite d'une pensionnaire d'Oum Adam, je n'ai plus qu'à persévérer dans l'erreur.

*

– Ah chef, te voilà déjà, on ne t'attendait pas avant la semaine prochaine !

– Comment ça va ? Et cette blessure ?

– Tu sembles en pleine forme. Content de te revoir !

Ça fait toujours plaisir d'être bien accueilli, et je profite de l'instant, serre des mains, tout sourire, en arpentant le hall du Bloc B, où je remets les pieds en plein après-midi après une vingtaine de jours d'absence. Dans une autre vie, j'ai été quelqu'un de très sociable. J'étais un habitué des cafés du centre-ville et de la gare, et bien sûr des *maqsaf*, ces débits de boissons temporaires qui s'installent toute la belle saison au bord de l'Euphrate, notamment du Beit Yunani, où on pouvait se faire servir une bière, avant la guerre et quand il y avait de la place, par des étudiantes pas farouches, en short et tee-shirt, ventre nu. Je fréquentais aussi les madâfa de bien des grandes familles raqqaouies où, à la belle époque, on invitait le grand-père, le père et le fils Milet pour partager un *mansaf*, cette montagne de riz cuit dans la graisse de mouton et fourré de sa viande et d'épices, que l'on mangeait avec les doigts ou tartiné sur des *bitta rhagif*. Mais le deuil de mon père, les circonstances de sa mort, le dégoût que m'a inspiré le régime auquel notre famille était liée depuis si longtemps, m'ont peu à peu éloigné de la société raqqaouie, même si Asma se donne la peine de conserver un lien avec nos amis les plus proches et nos relations les plus nécessaires. Toutefois, s'il en est que je n'ai jamais abandonnés, ni perdus de vue, ce sont bien mes collègues. Rares sont ceux qui ne me doivent rien, un tuyau, une permanence, une filature, un coup de main quelconque, des services qui peu à peu suscitent des fidélités… Alors, je les sais sincères quand ils me donnent une claque dans le dos, me sourient, me félicitent.

– *Hayyak Allah*, patron. Quel plaisir. Je ne t'attendais pas si tôt. Et cette jambe ? Ça a l'air d'aller… tu boites, on dirait.

– *Ahlin*, Tareq. Oui, mais ça passe, dis-je en omettant de préciser que la course-poursuite de tout à l'heure n'a pas arrangé mon état. De toute façon, j'en avais marre de rester à la maison, affirmé-je, là encore sans dire que je n'ai plus guère le choix que de me remettre au travail.

Tareq Jaloukha n'est pas mon principal adjoint. Mon bras droit, c'est Yahya al-Satouf, un ami de vingt ans. Mais ce dernier, originaire de Damas, a préféré y mettre à l'abri toute sa famille, et j'attends d'une semaine à l'autre son retour. Cependant, Tareq en aurait toutes les qualités, si son état civil le permettait. Or j'ai déjà eu du mal à obtenir que Mahmoud ne le classe pas comme suppôt du régime, interdit d'emploi public. Tareq Jaloukha est, en effet, un Circassien et les Circassiens sont considérés comme proches du pouvoir. Minorité sunnite du Caucase persécutée par la Russie impériale, puis l'URSS, les Circassiens affluèrent en masse en Syrie à la fin du XIXe siècle et au début du suivant. Le quartier circassien, apparu dès 1915 aux alentours de l'actuelle place de l'Horloge. La légende urbaine dit que les Circassiens apportèrent à Raqqa la civilisation avec la fourchette et le couteau de table. Tareq voulait se réfugier en Russie, car il craignait pour lui et les siens comme tous les Circassiens de la ville dont beaucoup s'étaient d'ailleurs déjà exilés. Mais Moscou filtre les départs, se méfiant des Caucasiens musulmans, même serviteurs de Bachar, et Tareq n'avait pas de relations à Damas. Alors, il est resté à Raqqa. Et j'ai fait mon possible pour lui maintenir son emploi et son traitement de fonctionnaire de police afin qu'avec sa femme et ses trois enfants, ils ne crèvent pas de faim.

De tous, et en attendant le retour de Yahya, je sais que Tareq Jaloukha est mon plus sûr soutien. Je n'ai ainsi pas vu passer le moindre doute dans son regard franc quand je lui ai assuré, un jour qu'il me visitait à l'hôpital, ne pas être devenu salafiste malgré les rumeurs qui commençaient à se diffuser.

– Dis voir, Tareq, le pressé-je alors que nous nous engageons dans l'escalier. Est-ce que tu as trouvé des informations sur cette Oum Adam qui a une madâfa hors les murs servant de pension ?

– Oum Adam est une investisseuse avisée, me lance-t-il avec le sourire gourmand de l'informé, interrompant notre montée en se plantant sur une marche pour me parler. Elle a effectivement une madâfa de construction récente, à Salhiya, près de l'ancien cimetière. Mais aussi deux autres, moins reluisantes, dans le quartier Mansour de la médina, également des pensions pour femmes, mais à des fins qui sont moins claires à ce stade de mon enquête. À noter que ces trois madâfa, fuies par leurs propriétaires, ne lui sont pas revenues cher puisque considérées comme butin de guerre. Comment une faible femme aurait pu revendiquer un tel patrimoine immobilier sans de solides appuis ? m'interroge Tareq en clignant de l'œil. C'est qu'Oum Adam n'a pas toujours été taulière…

Et le voilà qui laisse sa phrase en suspens.

– Oh ?! Tareq ? Faut que je te tire les vers du nez ? Je ne suis pas d'humeur. J'ai plein de choses à faire et notamment aller voir cette dame, dis-je en grimpant une marche.

– T'es bien nerveux, patron, pour un retour de vacances…, s'obstine Tareq qui ne bouge pas et auquel je ne peux pas confier ici les raisons de ma nervosité. Cette dame s'appelle de son vrai nom Fatiha Mejjati, Marocaine, dite Oum Adam, dite aussi la Veuve Noire, reprend-il impassible et toujours immobile sur sa marche d'angle. Son mari, Karim Mejjati, un Franco-Marocain, chef du Groupe islamique combattant marocain, une franchise d'al-Qaïda, a été tué en Arabie saoudite il y a quelques années avec l'un de leurs fils. Depuis, elle grenouille avec succès dans les milieux djîhadistes, sans doute grâce à une fortune personnelle. Elle est venue dans les bagages du Front des étrangers dès le mois de mars, au moment de la prise de Raqqa.

Le Front des étrangers pour le Levant, des mercenaires pour la plupart maghrébins à la solde du Mouvement des Hommes libres, le groupe dont fait partie le jeune homme auquel Hakim a vendu les bijoux d'Assia.

– Tareq, t'es le meilleur, le félicité-je, avant d'aviser Houda, une des rares secrétaires que nous avons pu conserver et qui passe en contrebas, des classeurs dans les mains.

– Houda, s'il te plaît, va nous chercher deux cafés amers. Je dois me remettre dans le bain avec Tareq.

La trentenaire en hijab vert pomme lève son pouce en guise d'agrément, malgré son statut de syndicaliste.

Nous allons à mon bureau qui sent le fauve pour être resté si longtemps fermé. J'ouvre grand la fenêtre, même si à cette heure l'air est particulièrement chaud. Je m'assois dans mon fauteuil et lui sur le siège à roulettes de mon bureau.

– Alors Tareq, quoi de neuf en ville ?

– Franchement patron, ça fait peur, dit-il en faisant aller le siège d'avant en arrière. Outre les combattants dont beaucoup sont djîhadistes, la ville est maintenant sillonnée de prédicateurs de toutes sortes, qui se bagarrent parfois entre eux, mais s'accordent tous pour vouer à l'enfer tous ceux qui ne suivent pas leur obédience. La ville est envahie d'inquisiteurs de bazar qui transforment chaque carrefour en tribunal du dogme. Ils apostrophent et maudissent en pleine rue les fumeurs, les jeunes qui écoutent de la musique, même les femmes qui, bien que voilées, ne camouflent pas assez leurs cheveux à leur goût. Beaucoup de gens se plaignent, mais les collègues ne veulent pas intervenir quand ces prédicateurs sont escortés d'hommes en armes. Et c'est souvent le cas. Le problème, c'est que depuis quelques jours ces fanatiques, qui se sont déjà arrogé les mosquées soufies et alaouites de la ville, délogent maintenant les imams des mosquées sunnites pour prendre leur place.

Tareq est un habitué de la mosquée circassienne. Je m'abstiens donc de me moquer de ces imams, largement dépendants du régime, qui ont fait semblant de croire que l'afflux de fidèles des dernières semaines était dû à un regain de foi, alors qu'il ne résulte que du contrôle social exercé par les islamistes. Je n'allais pas pleurer sur leur sort, même si avec la prise de contrôle de leurs mosquées il y a tout à redouter d'une démultiplication de la parole salafiste. On frappe à la porte. C'est Houda qui apporte nos cafés.

– Je vais tâcher d'obtenir des instructions claires de Mahmoud quant à ces questions.

Tandis que j'avale une gorgée de mon breuvage, je vois Tareq faire une moue dubitative à l'évocation de mon beau-frère.

Avant de régler quelques trucs au bureau et de filer à la madâfa d'Oum Adam, je voudrais quand même faire le point sur l'affaire qui m'avait conduit à l'hôpital.

– Est-ce que l'enquête sur le meurtre de la famille Haddad a progressé ?

– Pas vraiment. Trois types ont été arrêtés et exécutés voilà une semaine. Leurs têtes sont toujours exposées place de l'Horloge. Des activistes d'Haqquna qui se sont fait prendre à brûler des drapeaux de la Dawla… et qui ont tout avoué sous la torture. De toute manière, par les temps qui courent, le drapeau noir de la Dawla étant frappé de la shahâda, brûler la profession de foi de l'Islam les condamnait déjà à mort.

– La quoi ?

– Al-Dawla al-Islāmiyya, l'État islamique, me rappelle-t-il. C'est le groupe qui, apparemment, monte en puissance ces dernières semaines.

Décidément Mahmoud a le sens politique. Il avait prédit qu'al-Baghdadi deviendrait une vedette locale et sa sinistre prophétie semble se réaliser. Je suis néanmoins consterné qu'Asma ne m'ait pas relaté cet épisode sanglant concernant Haqquna. Il faut dire qu'on ne se parle plus guère. Se pourrait-il qu'elle croie réellement que j'ai fait allégeance à ce barge ? Non, elle ne peut pas croire ça. Mais n'empêche qu'elle ne m'a rien dit. Sans doute a-t-elle voulu me dissimuler le danger que représente son engagement.

– Et le gars que j'ai tué avant d'être mis hors de combat ?

– Défiguré par ta balle en pleine tronche. Aucun papier sur lui, ni aucun signe distinctif.

– Ton avis alors sur l'affaire ?

– Mon avis, c'est que c'est plutôt un règlement de comptes entre djîhadistes. Les trois condamnés étaient des étudiants sans histoires. Je les vois mal exécuter toute une famille de sang-froid et engager une fusillade avec toi. De toute manière, ton beau-frère Mahmoud est passé pour nous dire que l'affaire Haddad est close.

– Même pour leur fille, Kenza ? m'étonné-je.

– Oui. Pour lui, c'est lié.

– Pourtant, je répète qu'elle a été tuée la veille !

– Je sais, patron, et je lui ai dit. Mais l'enquête de voisinage que j'ai menée n'a rien donné alors il m'a dit de ne pas perdre mon temps.

– Tu es retourné au Crown ?

– Oui. J'ai interrogé ces mercenaires étrangers, les Khorasan. Mais autant interroger des chaises. De toute manière, maintenant ils sont partis.

– Ils ont quitté le Crown ?

– Oui. Toute la *katiba*. Et au moins dix mille hommes ces derniers jours, à ce que l'on dit. C'est la seule bonne nouvelle pendant ton absence.

Nous échangeons encore quelques mots sur le fonctionnement du service et Tareq prend congé, non sans me laisser son dossier sur Oum Adam. En le rangeant, je tombe sur la photo de Mohamed Aït-Kacimi donnée par Yasmine, que j'enregistre sur mon nouveau Huawei. En ouvrant le courrier, je découvre l'autorisation signée de Mahmoud pour mon entraînement au tir de précision. Quoi qu'en pense mon cher beau-frère, j'ai bien l'intention de reprendre l'enquête sur l'affaire Haddad, père et fille. Je reste convaincu que les deux cas sont dissociés, et comme c'est dans la maison de l'un que j'ai failli être tué et sur la tête de l'autre que j'ai retrouvé le diadème de ma fille, j'ai deux bonnes raisons personnelles de ne pas lâcher l'affaire. J'empoigne aussi sec mon téléphone pour composer le numéro de mon neveu. Pas plus que son père, Hakim n'a daigné prendre de mes nouvelles depuis mon hospitalisation, mais je n'ai rien oublié de notre petite conversation sur ses trafics de bijoux. J'ai plus que jamais l'intention de rencontrer son « ami » algérien, pour l'heure ma seule piste pour le meurtre de Kenza. Et cela dès demain. Mon neveu ne décroche pas. Mais à l'écoute de mon message, et des menaces que j'y profère, notamment rapport à son père, je ne doute pas qu'il rappellera bientôt.

*

La pension islamique de Fatiha Mejjati, alias Oum Adam, à Salhiya se situe entre l'ancien cimetière et la mosquée ibn Zaïd Hartha. Je me gare dans une rue attenante, alors que le muezzin est en train de hurler l'adhan du haut de son minaret pour la prière de l'après-midi. Salhiya est un quartier pieux et de nombreux croyants ne pouvant se rendre à la mosquée installent leur tapis de prière sur les trottoirs et même sur la chaussée. Compte tenu du profil de mon hôtesse, je sais que ce n'est pas le moment d'aller sonner chez elle. La pension est une belle demeure des années 80, l'époque où se constituait une nouvelle bourgeoisie raqqaouie, une imitation relativement fidèle de la madâfa traditionnelle mais avec des matériaux modernes, un parement de briques sur les murs extérieurs témoignant néanmoins de la filiation architecturale. Un groupe de moudjahidine, parmi lesquels je reconnais la chevelure blonde d'al-Vilvordi, prient, agenouillés vers le sud, devant la porte à doubles vantaux en bois ouvragé. J'allais allumer une cigarette, mais j'interromps mon geste en m'avisant que, même si je n'apparais pas dans le champ de vision des fidèles en prière, j'ai néanmoins une respectabilité à tenir. Je balaye un bout de trottoir du revers de la main pour poser mes genoux et imiter les autres à distance. Au bout de quelques génuflexions qui me font regretter de ne pas avoir de turban pour éviter de me cogner le front au sol, je me contente de rester incliné en marmonnant une salat imaginaire. Je traîne un peu avant de me relever à l'issue de la prière afin qu'Abou Madhi, en se redressant, puisse me voir derrière lui, prosterné comme tout un chacun.

– Frère Merwan, mais qu'est-ce qui s'est passé ? m'interroge-t-il sitôt après m'avoir aperçu et venant vers moi, tandis que ses camarades se dispersent ou discutent en nous regardant.

– Frère Abou, nous avons été manipulés par cette fille diabolique, m'exclamé-je avec une voix pleine de colère en boitant ostensiblement, après m'être levé avec une grimace de douleur. Je suis venu dès que j'ai pu pour présenter mes excuses à la très respectable Oum Adam qui m'avait confié cette pécheresse, ajouté-je humblement.

Je crois que je tiens mon rôle pour affronter la « Veuve Noire ». En tout cas j'impressionne toujours autant al-Vilvordi qui ne semble pas tiquer une seconde. Avec son habituel sourire bêta, il me fait entrer dans la première cour de la madâfa où stationnent d'autres combattants et va sonner à une porte. Une femme en abaya et niqab vient ouvrir et Abou Hussein explique que je dois rencontrer Oum Adam. On nous conduit vers une seconde cour, un grand rectangle de verdure avec une belle fontaine en son centre, entouré d'une galerie desservant les pièces, toutes de plain-pied. Je ralentis délibérément la progression en traînant la patte, ce qui me donne le loisir de compter une trentaine de femmes intégralement bâchées de noir, certaines avec de jeunes enfants, quelques-unes affrontant le soleil autour de la fraîcheur de la fontaine, la plupart assises ou debout à l'ombre de la galerie qu'on me fait traverser. À notre passage, les femmes se taisent et font baisser la tête à leur progéniture. J'en discerne çà et là certaines, surprises dans leur occupation et dissimulant un objet dans les plis de leur abaya. On nous introduit dans un grand salon, décoré à l'oriental kitsch importé tout droit du Golfe. Une grosse femme est affalée dans un gigantesque canapé en cuir blanc, couvert de coussins, faisant le tour de trois murs, l'un couvert d'un écran plasma de dimension impressionnante, l'autre d'un portrait géant d'Oussama ben Laden et le troisième par celui d'un djîhadiste inconnu de moi. Elle s'empiffre de pistaches dont les coques s'étalent sur ses genoux voilés. Notre accompagnatrice vient lui glisser quelques mots à l'oreille, qui la font se lever, après avoir épousseté son vêtement pour en faire tomber les débris de pistache sur les tapis aux couleurs criardes couvrant le dallage. Son sitar n'en est pas moins répugnant, comme le remugle de sueur aigre qui s'en dégage.

– *Salam aleykoum*, frère Merwan. Que la bénédiction d'Allah soit sur toi.

– *Aleykoum salam*, ma sœur, dis-je sans trop savoir comment appeler cette femme négligée, d'un âge mûr à entendre sa voix, dont je n'aperçois que les petits yeux porcins à travers les doubles foyers de ses épaisses lunettes.

Oum Adam considère mon brassard noir sans cesser de mâcher. Elle semble attendre que je m'explique sur ma venue ; ce que je fais volontiers.

– Comme tu le sais, ma sœur, une de tes pensionnaires, la dénommée Yasmine… Beghal, s'est enfuie.

C'est Yasmine qui m'a impérativement recommandé de ne pas prononcer le nom d'Aït-Kacimi, mais celui de Beghal, le nom de jeune fille sous lequel elle s'est fait enregistrer. Je n'ai pas eu le temps de la cuisiner sur ce nouveau mystère, mais j'enregistre qu'Oum Adam la connaît effectivement sous cette identité.

– Frère Abou a confessé s'être détourné le temps d'aller s'acheter à manger.

– Effectivement. Déjouant la vigilance remarquable et le dévouement de son mahram, elle s'est mise à courir alors que j'en avais la garde, indiqué-je, non sans faire rougir frère Abou, ainsi déchargé de toute responsabilité. Mais je sors à peine de convalescence et elle s'est perdue dans les dédales de la médina sans que je puisse la rattraper. Ensuite, je n'ai pas retrouvé frère Abou et j'ai dû me rendre au bureau avant de venir aussitôt que j'ai pu pour te présenter mes excuses. Je suis le seul blâmable.

Oum Adam demeure toujours silencieuse, ce qui m'inquiète un peu, ne pouvant lire l'expression de son visage.

– Frère Merwan n'a pu être que surpris, vient Abou Madhi à ma rescousse. Il tentait de la raisonner pour la ramener sur le sentier d'Allah et elle semblait soumise à la parole du messager du Très-Haut, exalté soit-il. Ainsi fomentant sûrement son coup, cette hypocrite a refusé de venir avec moi acheter à déjeuner en prétextant qu'elle allait jeûner pour le reste du mois sacré. Quelle duplicité, se lamente-t-il.

Je feins que ma jambe se dérobe sous moi et demande respectueusement :

– Puis-je m'asseoir ma sœur ? Cette course a sûrement rouvert ma cicatrice et j'ai très mal, mens-je en claudiquant vers le canapé à son invite où je m'écroule lourdement.

– Frère Merwan, je suis bien aise que tu aies pu te déplacer jusqu'à moi car je serais venue demain à la première heure t'interroger sur cette évasion qui ternit le renom de ma maison, déclare enfin Oum Adam d'un ton peu amène, nullement impressionnée par ma réputation d'appartenir de la Dawla, ni par ma blessure de guerre.

Tareq a raison. Oum Adam a de solides appuis pour me parler ainsi. Et quant à moi, j'ai été bien inspiré de prendre les devants et d'éviter qu'elle ne débarque au Bloc B avec une escouade de djîhadistes, ce qui aurait attiré l'attention sur mes affaires. Je n'ai évidemment raconté à personne, pas même à Tareq, que j'avais eu des nouvelles de ma visiteuse d'il y a trois semaines, pariant qu'au commissariat tout le monde l'avait oubliée.

– Mais je me doutais que cette petite Marocaine était une dissimulatrice, poursuit Oum Adam en venant s'asseoir à deux places de moi, c'est-à-dire trop près pour échapper à son odeur, tandis qu'al-Vilvordi se tient soigneusement à l'écart. Elle prétendait que son mari allait venir la chercher, fulmine-t-elle. Mais cela fait plus d'un mois. Elle s'est chamaillée avec presque toutes mes pensionnaires et a donné un très mauvais exemple. Qu'Allah nous préserve de ces dévergondées et la fasse rôtir en enfer ! Heureusement, elle payait rubis sur l'ongle, ponctue-t-elle d'un ton démontrant manifestement l'essentiel à ses yeux.

– C'est effectivement une bien belle pension que tu tiens là, la félicité-je.

– Que des femmes mariées venues retrouver leurs maris dans un établissement conforme à la sharia. Théoriquement, le séjour n'excède pas quinze jours, sauf si elles doivent se retrouver veuves, ce qui les fait changer de statut islamique, ajoute-t-elle.

– Je me suis laissé dire, ma sœur, que tu aurais d'autres madâfa servant de pensions à Raqqa ? insinué-je, provoquant un tressaillement dans son regard.

– En effet, tu es bien informé, convient-elle d'une voix égale. Beaucoup de veuves ou de jeunes filles et femmes étrangères cherchent à se marier et les bons musulmans savent qu'ils trouveront chez Oum Adam une ou plusieurs épouses soumises à Allah.

Les prédicateurs wahhabites sévissent à Raqqa depuis les années 1920. Avec un succès relatif, sinon le plus haut taux de polygamie de Syrie. Je comprends qu'Oum Adam a l'intention d'améliorer ce score. Il est clair que Yasmine, pour autant que je puisse en juger, n'avait rien à faire dans la pension de cette fanatique. Mais justement, que puis-je juger d'elle, vu les différentes versions qu'elle m'a livrées de son identité et de l'objet de sa présence à Raqqa ?

– J'ai pu apprécier le travail de frère Abou Medhi, déclaré-je en vue d'éclaircir un point. T'es-tu attaché les services de la Brigade des Faucons du Levant ?

– Seulement ceux d'une katiba fondée par un imam véridique de Bruxelles en Belgique, répond-elle après une brève hésitation, validant une des rares informations que je tienne de Yasmine. Frère Abou est un reconverti dévoué à la cause d'Allah et très curieux d'apprendre. C'est bien pourquoi je lui confie le rôle de tuteur pour mes pensionnaires, qui n'ont ici ni père, ni frère, ni oncle.

– Et ce sont aussi les Faucons du Levant qui assurent la protection de tes autres établissements ?

– Tu es bien curieux, frère Merwan. J'exerce mes activités dans les règles islamiques, s'irrite la taulière.

– Mais qui douterait que la très respectable Oum Adam ne se conforme en tout point à la sharia ! m'exclamé-je, feignant d'être scandalisé rien qu'à cette idée. Je m'interrogeais seulement à titre professionnel. Ma sœur, comme tu le sais, j'ai la confiance du Conseil de consultation des combattants et je me demandais juste, compte tenu du nombre de femmes dont tu t'occupes si pieusement, si tu n'as pas besoin du concours de la police de Raqqa, improvisé-je, avec une voix d'une sincérité parfaite.

Oum Adam reste silencieuse tout en soulevant régulièrement le bas de son voile pour se fourrer dans la bouche une dizaine de pistaches qu'elle vient de décortiquer, me permettant d'entrevoir un cou et un menton adipeux. J'ignore à quoi elle réfléchit, ne voyant que son regard inexpressif fixé sur moi.

– Je sais qui tu es, frère Merwan, et combien tu es respecté par les moudjahidine, concède-t-elle enfin. Je ne vais pas distraire la police des lourdes tâches qu'elle a déjà pour instaurer la paix d'Allah, loué soit son nom, dans notre ville.

Je me garde bien de briser ses illusions quant à ma conception de la police, d'autant qu'après une brève pause elle finit par lâcher :

– Oui, je paye aussi la protection d'une katiba du Front des étrangers pour le Levant.

Des étrangers dont la plupart sont maghrébins, m'avait expliqué Mahmoud. Comme Abou Hussein al-Orani. Comme Oum Adam. Comme Yasmine et son mari ? Pris d'une subite inspiration, je sors mon Huawei de ma poche et lui mets sans préavis sous les yeux la photo de Mohamed Aït-Kacimi.

– Connaissez-vous cet individu ?

Aussi masqués soient-ils, ses petits yeux jusqu'alors impénétrables ne peuvent dissimuler la surprise d'Oum Adam qui s'empresse de détourner le regard pour me répondre tout en se servant du thé à la table basse devant nous, causant par ce simple mouvement un regain de puanteur.

– Non, désolé, frère Merwan. Je n'ai jamais vu cet homme.

Tu parles ! En fait, Yasmine et Oum Adam ont au moins un point commun : ce sont de fieffées menteuses.

*

Je rumine, tout au long du chemin entre la madâfa d'Oum Adam et l'appartement dans Amin où j'ai planqué la Française, à la manière dont elle s'y est prise pour m'avoir mis dans de beaux draps. Je l'ai logée chez un couple d'amis exilés. J'ai dans la boîte à gants de ma voiture une demi-douzaine de trousseaux de proches dans le même cas, qui m'ont chargé d'aller voir si tout va bien chez eux une fois de temps en temps. En l'occurrence, c'est un petit immeuble de trois étages, déserté par ses locataires, si ce n'est une vieille dame au rez-de-chaussée. En entrant dans le salon, ma colère s'estompe un instant à la vue de Yasmine, assise dans un fauteuil à feuilleter un magazine oublié en fumant une cigarette. Elle est désormais en pantalon, un pantalon court, de lin, muni de multiples poches, et porte un tee-shirt imprimé à l'effigie d'Oussama ben Laden. Des vêtements banals pour un corps qui ne l'est pas. D'abord, ces jambes interminables qu'elle déploie pour se lever et dont la forme délicate du mollet à la peau cuivrée laisse deviner le galbe parfait. Ensuite, cette taille fine, soulignée par une ceinture de corde sur laquelle est cousu un portefeuille, et rendue plus émouvante encore lorsque je la vois se pencher et cambrer son fessier pour poser le magazine sur la table basse devant elle. Puis cette poitrine altière qui me défie maintenant et bombe le front sévère du fondateur d'al-Qaïda. Enfin, ce visage si brièvement aperçu devant ce restaurant de la médina avant qu'elle ne prenne la fuite et qui me subjugue. Au regard vairon de ses yeux de biche se conjuguent une bouche pulpeuse, des pommettes hautes et un menton volontaire, dont la fossette donne une touche espiègle à sa physionomie qu'accentue encore son nez retroussé. Toutefois, même la cascade de ses cheveux noirs bouclés, le comble de mon panthéon érotique, ne parvient pas à me détourner de ma rancœur.

– *Sayyid* Milet, je croyais que j'allais passer la soirée seule et sans dîner, m'accueille-t-elle avec un sourire engageant que je vais malgré tout décevoir.

– Oui, vous allez passer la soirée seule et sans dîner, rétorqué-je en refusant la cigarette qu'elle me tend d'un paquet de Marlboro ; ce que je regrette aussitôt car ça fait une éternité que je n'ai pas fumé une américaine. Et c'est fini les *sayyid* Milet ! dis-je avec un agacement non feint. Je sors de chez Oum Adam où je découvre que vous m'avez encore menti, Yasmine Aït-Kacimi ! Si du moins, c'est bien votre nom.

Yasmine encaisse le coup. Elle blêmit et une goutte de sueur perle au-dessus de sa jolie bouche dont elle plisse les lèvres dans une expression indéfinissable.

– C'est vrai, je suis française, née en France. Mais je ne savais pas que c'était si important pour vous.

Cet aveu, que je n'attendais plus, me désarçonne sur le moment mais ne suffit pas à étancher ma curiosité.

– Ça, j'en avais déjà la conviction. Mais ce n'est pas de ça dont je parle.

– Qu'est-ce que je ne vous ai pas dit encore ? demande-t-elle d'un ton inquiet.

– Tellement de choses que je ne sais pas par quoi commencer, rétorqué-je d'une voix grognon. Déjà, madame Aït-Kacimi, vous allez me dire pourquoi vous êtes allée à la pension d'Oum Adam sous le nom de Beghal. Ou plutôt, vous allez me confirmer ce que je subodore. Vous saviez que votre mari travaillait pour ou avec Oum Adam, n'est-ce pas ? Vous saviez qu'il milite au sein du Front des étrangers pour le Levant ?

– Oui, lâche-t-elle d'une voix sourde, après avoir semblé un instant interloquée par ma question.

– Et vous vous êtes inscrite sous un faux nom en espérant pouvoir tomber sur lui à l'improviste avec votre histoire de divorce et de cession de restaurant ? Vous pensiez que, pour éviter un scandale public, il céderait plus facilement.

– Euh… oui, bredouille-t-elle. Laissez-moi tout vous expliquer, m'adjure-t-elle avant d'aller s'asseoir et de se rallumer une cigarette avec le mégot de la précédente – toujours un signe de nervosité.

Cette fois, je saisis ma chance de fumer une Marlboro et m'installe face à elle, essayant d'adopter une mine sévère alors que je suis littéralement envoûté par sa beauté.

– C'est vrai, je ne vous… je ne t'ai pas tout dit, avoue-t-elle en expirant lentement un long nuage de fumée se mêlant à la mienne comme pour sceller ce passage soudain au tutoiement. Quand j'ai connu Mohamed, j'avais dix-huit ans. Il en avait vingt-cinq. C'était le cuistot d'un restaurant marocain à Chalon-sur-Saône où je gagnais un peu d'argent le week-end. Il était beau, il était gentil, il était travailleur et sérieux et je suis tombée amoureuse. Très vite, il a parlé de s'installer, de monter son propre restaurant. Il nous fallait de l'argent. Mon père, qui tenait un petit commerce, a bien voulu nous aider. Comme moi, il était tombé sous le charme de Mohamed. Il faut dire qu'il avait eu une forte déception avec le mari de ma sœur aîné, un glandeur vivant d'aides sociales et se déguisant en salaf pour justifier sa paresse. Mohamed avait, au contraire, tout du bon musulman entreprenant. D'ailleurs, notre restaurant marocain marchait super bien et, en moins d'un an, nous nous étions fait une clientèle fidèle.

Je la laisse parler, ne voyant pas très bien où elle veut en venir, mais surtout captivé par le mouvement de sa bouche, la profondeur de son regard, le charme qui émane de toute sa personne.

– C'était quand ça, exactement ? demandé-je, histoire d'avoir l'air de conduire la discussion.

– Oh, bien c'est simple, on a ouvert La Rose des Sables en septembre 2009 en même temps qu'on s'est mariés. Tout s'est très bien passé jusqu'à l'été 2011. Là Mohamed, qui n'allait quasiment jamais à la mosquée et ne faisait pas le ramadan prétextant son métier – et j'en étais bien d'accord –, s'est mis à s'intéresser à la Syrie et à fréquenter mon beau-frère, qui ne quittait plus le restaurant comme le pique-assiette qu'il est. Je comprends qu'il ait pu embobiner ma sœur, qui a toujours été très soumise, mais je n'ai toujours pas compris comment il a pu manipuler Mohamed, que je croyais solide et heureux de notre vie à Chalon. Nous avions même parlé d'avoir un enfant. Pourtant, en novembre, Mohamed m'a annoncé que nous allions vendre le restaurant et partir au Maroc parce qu'il voulait suivre des études islamiques. J'ai évidemment refusé, mais il est quand même parti avec mon beau-frère et ma sœur. Pendant quelques mois, il s'est donné la peine de répondre à mes courriers administratifs quand j'avais besoin de sa signature. Sans lui aux cuisines, ça devenait de toute façon difficile. Je n'ai pas trouvé d'aussi bon cuisinier au prix où je pouvais le payer. Et puis d'un coup, à partir de juin 2012, l'an dernier à la même époque, plus aucune nouvelle. Je venais de fermer le restaurant, mais je ne pouvais le vendre puisqu'il en était à moitié propriétaire. Mais mon père, lui, continue à payer l'emprunt dont il était caution. Et puis voilà trois mois environ, ma sœur me contacte par Skype et me dit qu'ils sont tous les trois en Syrie pour soutenir la révolution contre Bachar. À l'époque en France, les médias n'en parlaient pas beaucoup, mais dans les quartiers, ça a tout bouleversé. C'est incroyable le nombre de mythos qui se sont crus investis de la mission divine de sauver le peuple syrien et de dégager Bachar. Moi, tout ce que je voyais, c'est que mon père payait, et que j'ai dû retourner vivre chez lui. Ils sont arrivés à Raqqa en avril. Ma sœur m'a dit que Mohamed travaillait pour cette Oum Adam. Comme tu l'as compris, j'imaginais lui tomber dessus une fois dans la pension. Malheureusement, je ne l'ai jamais vu et je ne m'attendais pas à vivre des semaines dans un tel établissement sous les ordres de cette femme sale et méchante.

– Et pourquoi tu ne t'es pas installée chez ta sœur ? Ç'aurait été plus simple pour le rencontrer, non ? l'interrogé-je sans stipuler que Mohamed et les miliciens du Front des étrangers sont affectés aux autres pensions d'Oum Adam, ce qui explique qu'elle n'ait jamais pu le croiser.

– Évidemment que ç'aurait été le plus simple, soupire-t-elle. Mais mon beau-frère a décidé de rentrer au Maroc même pas quinze jours avant que j'arrive. Ma sœur m'a recommandé à Oum Adam, et voilà. Mais quelle erreur de venir me paumer ici ! Je n'ose pas imaginer où j'en serais si je n'étais pas tombée sur quelqu'un comme toi.

– Et qu'est-ce qui te faisait penser que la police pouvait retrouver ton mari ?

– Ben, rien de précis… Mais sans vouloir être vexante, la réputation de la police syrienne, c'est qu'elle sait tout.

La police syrienne n'est pas si puissante, pas plus que ses effectifs nombreux, de plus elle est tenue à l'écart des affaires politiques. Yasmine Aït-Kacimi nous confond avec les Moukhabarat, les services pléthoriques du renseignement intérieur, reposant sur toute une série d'indicateurs officieux et d'informateurs officiels, généralement membres du parti Baath, qui pullulent dans les syndicats, les organisations professionnelles mais aussi les entreprises, les fermes, les écoles, les universités, voire la police. Vu sa proximité avec al-Assad père, le Vieux pouvait compter à son époque sur la collaboration des Moukhabarat. Mais personnellement, ils m'ont toujours plutôt mis des bâtons dans les roues pour se protéger lors des enquêtes où un des leurs est impliqué. Et c'est plus souvent qu'à leur tour. Je l'observe fixement et elle baisse les yeux, mais pas la tête, me donnant ainsi le loisir de goûter la finesse de ses traits, empreints de résignation. À part la folie du projet de départ – venir dans un pays en guerre civile faire signer un papier de divorce à un combattant –, son histoire tient la route. Et la folie de départ n'est pas si folle si, effectivement, elle et son père se retrouvent coincés avec un restaurant invendable sur les bras pour lequel ils doivent néanmoins honorer des traites. Pour le reste, la France n'a pas le monopole des sunnites se découvrant sur le tard, et sans raison apparente, une vocation de djîhadistes. Trente ans de propagande wahhabite et fériste ont fait partout dans le monde chez les musulmans la même œuvre de décérébration. Alors pourquoi pas ce Mohamed Aït-Kacimi ?

– Tu as des photos de ton restaurant ?

– Bien sûr, dit-elle en se levant pour aller vers la table du salon sur laquelle est posé le grand sac qu'elle avait ce midi, ainsi que quantité d'enveloppes et de pochettes, dont elle avait dû délester son pantalon multipoches.

Ce qui m'amène, tandis qu'elle fouille dans son sac, à considérer ses longues jambes qui lui ont permis de courir si vite, malgré son sitar et ainsi lourdement lestée. La nuit est presque tombée. Elle allume une lampe qui jette un éclat sur sa crinière de boucles noires et fait resplendir l'éclat de sa peau.

– Je vois que tu avais préparé ton départ quoi qu'il arrive lors de notre rencontre, remarqué-je.

– Qu'est-ce qui te fait dire ça ? demande-t-elle, étonnée, en sortant un Apple 5 dernier cri de son sac.

– Tu viens à un rendez-vous avec un énorme sac, contenant je suppose quelques affaires de rechange, et les poches pleines de trucs… Soit tu craignais qu'on te vole à la pension, soit tu préparais ton évasion.

– Un vrai Sherlock Holmes, approuve-t-elle en me tendant son téléphone en mode photo avant de se rasseoir.

Je déroule les clichés. Yasmine devant un établissement à la devanture façon orientale s'appelant La Rose des Sables. Je reconnais la terrasse. C'est celle où Mohamed Aït-Kacimi est assis sur la photo qu'elle m'a remise. Mais quelque chose cloche. Je glisse sur les clichés suivant. Yasmine dans l'établissement au même décor discutant avec des clients. Yasmine derrière la caisse. Yasmine devant son restaurant, mais sous un autre angle permettant de voir une rue bien française avec un clocher d'église au loin. Yasmine devant un petit pavillon avec un sexagénaire goguenard qui doit être son père. Et d'autres photos de Yasmine, notamment devant le syndicat d'initiative de Chalon-sur-Saône.

– Pas de photos de Mohamed ? Ni de Mohamed avec toi ? m'étonné-je.

– C'est un nouvel appareil. Quand j'ai changé, je n'ai rien voulu conserver de ce salopard qui m'a mise dans un pareil pétrin, grogne-t-elle avec une colère mal contenue.

J'en sais quelque chose, qu'un changement de téléphone peut faire perdre plein de souvenirs. Je compare le cliché où Aït-Kacimi apparaît à une terrasse à la photo extérieure du restaurant. C'est bien la même terrasse et les mêmes arabesques de stuc qui ornent l'établissement, mais pris au téléobjectif. Cette différence de profondeur de champ relève des détails de coloration bizarres, mais qui peuvent aussi bien s'expliquer par le fait que ma photo d'Aït-Kacimi est une copie numérique de mauvaise qualité d'une photo argentique. Et ce n'est pas tout. Le décor m'intrigue aussi, à moins que ce soit le cadrage. Je sens peser le regard implorant de Yasmine assise face à moi, les mains sagement posées sur les genoux, comme dans l'attente d'une sentence dont je serais le juge. Alors, j'abandonne mon observation photographique, non sans le sentiment de passer à côté de quelque chose.

– Tu veux que je croie ? demandé-je maladroitement en français.

– Oui, je voudrais que tu me croies. Et que tu m'aides, me supplie-t-elle dans la même langue. Tu ne vois pas que je suis perdue, ajoute-t-elle, la voix s'éraillant sur ses derniers mots et une larme perlant au coin de son œil bleu.

L'aider. Comme si j'avais que ça à faire. En même temps, maintenant que je sais qu'Aït-Kacimi est du Front des étrangers et travaille avec Oum Adam, ce ne devrait pas être trop difficile de le retrouver.

– Comment parles-tu un si bon arabe, y compris avec des tournures du Machrek ? reprends-je dans ma langue.

– Ah bon ? Je croyais que j'avais un accent français, réplique-t-elle avec davantage de lassitude que d'ironie dans la voix.

– L'un n'empêche pas l'autre et je reconnais l'accent français parce que j'ai vécu en France. Mais il y a tellement d'accents en arabe. Et de dialectes, surtout au Maghreb.

– C'est mon père qui a toujours voulu que j'apprenne l'arabe, raconte-t-elle. Il n'était pas très religieux, mais il m'a fait lire le Coran dès mon plus jeune âge. Mais c'est surtout grâce à la littérature classique, à la poésie abbasside, à la lecture de grands auteurs comme ibn Khaldoun ou al-Idrissi que j'ai appris. Et puis tu sais, en France, on regarde al-Jazeera comme partout et l'arabe du Golfe est le meilleur standard. Après, ça fait bientôt deux mois que je suis là, où je n'ai rien d'autre à faire que d'écouter mon entourage et regarder la télé. Un vrai bain linguistique, quoi, me sourit-elle en tentant une pointe d'humour, mais les yeux toujours un peu embués.

Je ne suis pas du genre à me laisser attendrir. Dans mon métier, c'est prendre trop de risques. Mais puis-je considérer Yasmine comme une plaignante ordinaire ? Si c'était le cas, elle ne serait pas là, face à moi, dans un appartement où je l'ai clandestinement planquée. En fait, si attendrissement il y a, il date de notre première rencontre quand j'ai découvert que nous partagions la même particularité physique. Et cet attendrissement s'est encore manifesté hier à Deir ez-Zor, d'où je l'ai rappelée aussitôt reçu son message de détresse. Sans parler de ce que j'ai fait ce midi en l'aidant à fuir la pension d'Oum Adam. Alors son histoire, qu'elle soit vraie ou fausse, cela n'a plus beaucoup d'importance. Ce n'est pas maintenant que je vais l'abandonner à son sort.

– Il fait nuit, je vais devoir rentrer chez moi. Remets ton sitar que l'on sorte chercher un shawarma à côté et te faire quelques achats. Je ne sais pas quand je reviendrai.

– Tu vas m'aider ? Tu me crois ? implore-t-elle en se levant.

– J'ai vraiment le choix ?

Elle ne me répond pas mais son regard vairon me renvoie l'interrogation.

*

Je rentre pile au moment où retentit l'appel pour la prière du soir depuis le minaret de la mosquée des Martyrs. J'aurais pu m'éviter ce tintamarre. De plus, mauvaise surprise, Asma a invité Nadwa Qadour et son mari, Abou, à dîner. Dîner royal d'ailleurs, et délicieusement odorant, vu le nombre de plats sur la table, à commencer par un *tabakh rohou*, un ragoût du mouton acheté la veille lors de ma petite expédition à Deir ez-Zor. Je suis toutefois de bonne humeur, comme grisé par le secret qui nous lie Yasmine et moi et, je dois bien l'admettre, gonflé du contentement d'être indispensable à une si jolie fille. J'aurais une liaison que je ne serais pas plus joyeux pour lancer à la cantonade :

– Abou ! Nadwa ! Quel plaisir de vous voir là. Ça fait si longtemps !

Abou Qadour est un homme discret et chauve, fonctionnaire à l'administration provinciale des Eaux du Bassin de l'Euphrate, qui vit dans l'ombre de sa femme, de vingt ans sa cadette. Nadwa, qui approche la quarantaine, a conservé un visage enfantin aux traits poupins, grâce à un enrobage de graisse qui en fait une petite boule montée sur ressort. Elle est plutôt réputée sympathique, mais pas avec moi. J'entends dans le salon la console de jeux, ce qui explique l'absence du Vieux et de Naïm à table, où j'aperçois même une bouteille d'Alshark ruisselante de fraîcheur.

– Ah, Merwan, quand même ! Asma me dit que tu travailles toujours autant. Est-ce bien patriotique de faire du zèle pour ces affreux au point de se faire tirer dessus ? me titille d'emblée la meilleure copine de ma femme.

– Oui chéri, te voilà enfin. Il est bientôt neuf heures et demie. J'étais inquiète. Ton kiné est venu cet après-midi comme d'habitude. Où étais-tu ?

– Oh, j'ai dû reprendre le service pour une affaire urgente, mens-je en me souvenant d'un message d'Asma s'étonnant de mon absence mais d'une voix où ne perçait cependant nulle inquiétude. Assia n'est pas là ? m'enquiers-je.

– Elle dort chez Shahrazad, me rassure sa mère.

Je me sers un verre de bière dont j'humecte aussitôt mes lèvres.

– De l'Alshark ! Ça, c'est un bon achat !

– C'est Abou qui nous l'a apporté. Il en a pris trois packs, annonce Asma.

– Oh, c'était une occasion, tempère modestement Abou. J'ai entendu dire que l'alcool allait être totalement interdit et un commerçant de nos amis liquide ses stocks. Nous savons que vous aimez ça. Nous, on est plutôt vin. Mais pour le coup, on n'en trouve déjà plus du tout. Heureusement, j'ai acheté à Lattaquié en début d'année une douzaine de bouteilles de Bargylus. On en ouvrira une quand vous viendrez dîner tous les deux à la maison.

– En fait, enchaîne son épouse, on en a déjà bu une avant-hier avec Asma et d'autres collègues pour fêter la fin de l'occupation de notre collège ! Moussa Ibn Nosaïr est enfin vidé des affreux barbus qui l'occupaient, se réjouit Nadwa sans égards pour le barbu que je suis désormais. On a bon espoir de rouvrir en septembre, n'est-ce pas Asma ?

– Oui, c'est super ! La plupart des établissements scolaires ont été évacués de leurs occupants, acquiesce ma femme.

– Et vous en êtes où de la préparation de vos capoeiras démocratiques ? interrogé-je incidemment.

Ma femme et ses invités se concertent du regard.

– Nous lancerons l'initiative comme prévu le quatrième jour du ramadan, le vendredi 12 juillet, dans quinze jours exactement, avec un grand rassemblement sur les bords de l'Euphrate après la prière du zénith. Notre fleuve est le berceau de la ville, c'est le meilleur symbole d'unité pour rassembler les Raqqaouis. Cela fait un mois que nous faisons du porte-à-porte et nous sentons une mobilisation formidable. Nous attendons des milliers de personnes.

– Il va sans dire que cette information doit être tenue secrète. Seuls les membres du comité exécutif d'Haqquna connaissent pour l'instant la date, le lieu et l'heure de notre manifestation, précise aimablement Nadwa. Nous avons mobilisé grâce aux réseaux sociaux et nous communiquerons le jour et l'endroit au dernier moment

Je note que nous n'en sommes plus à une capoeira géante par jour « comme prévu » initialement, mais à un rassemblement sur l'Euphrate au début du ramadan, où on attend des « milliers de personnes » dans une ville qui en compte plus de deux cent vingt mille, sans compter les réfugiés dans la périphérie. La « formidable mobilisation » s'est probablement heurtée au principe de réalité : Raqqa a peur.

– Je suis admiratif. Haqquna tient bon malgré les persécutions dont vos membres sont victimes, dis-je ingénument en fixant Asma, sans citer les trois étudiants dont les têtes ornent la place de l'Horloge, selon ce que m'a rapporté mon adjoint.

Ma femme ne cille pas sous mon insinuation.

– La Dawla n'a pas encore gagné, intervient Nadwa. Les gens ne supportent plus ses exactions et ses intimidations. Et c'est ce que nous allons démontrer le 12 juillet.

Il serait temps que j'aie une conversation avec Mahmoud pour savoir où en sont les rapports de force entre factions depuis les grandes manœuvres de la mi-juin. Je note que Nadwa, elle aussi, semble faire de l'État islamique la puissance dominante à Raqqa.

– À ce propos, Merwan, il faut que tu saches que le comité exécutif d'Haqquna se réunira chez nous le 12 au soir pour analyser notre journée d'action et préparer la suite du mouvement, m'informe Asma.

L'appartement du Vieux comporte un gigantesque *dîwan*, un salon tribal traditionnel de quatre-vingts mètres carrés magnifiquement meublé, une pièce fermée aux volets clos où nous ne mettons jamais les pieds et qui peut contenir une trentaine de personnes assises. Je me félicitais jusqu'à présent qu'Asma ne l'ait jamais réquisitionnée pour ses réunions militantes. Autant d'opposants chez moi risquent de ne pas passer inaperçus dans le voisinage. Et en tant que policier, je sais à quoi m'en tenir sur la discrétion d'un voisinage. Je choisis néanmoins de ne pas heurter de front ma femme devant ses amis.

– Très bonne idée, il y a de la place, c'est sûr. Mais au soir d'une pareille manifestation, surtout si elle est couronnée de succès, il faudra que les membres du comité exécutif soient prudents dans leurs déplacements. Vos ennemis risquent d'être sur vos traces…

– Nos ennemis ? Ce ne sont pas les tiens ? ironise Asma. En tout cas, ton grand-père est d'accord. Ne t'inquiète pas, reprend-elle avec un rien de mépris dans la voix. On a bien compris que tu ne pouvais pas nous protéger, tu me l'as déjà expliqué. Si on ne s'est encore jamais fait arrêter, c'est justement qu'on est très prudents pour rejoindre nos lieux de réunion. Et puis les Gens Dignes de Confiance veilleront sur nous.

– Cette milice marchande ?! Me voilà pleinement rassuré, Asma, affirmé-je, pince-sans-rire, en souriant à Abou et à Nadwa, passablement gênés par notre sourde querelle de ménage. Eh bien, puisque tout semble rouler pour la révolution syrienne, si nous entamions ce délicieux repas ? proposé-je d'un ton joyeux en espérant détendre l'atmosphère.

5

Hier soir, tout au long du repas, j'ai fait contre mauvaise fortune bon cœur, mais après le départ du couple Qadour, Asma m'a cherché une obscure querelle qui m'a une nouvelle fois conduit à coucher sur le canapé. Debout à l'aube, je récapitule dans ma tête les choses à faire aujourd'hui, devant un café et en fumant une Al-Hamra. Beaucoup vont néanmoins dépendre de ma première tâche : déterminer le rôle exact d'Abou Hussein al-Orani, l'Algérien du Front des étrangers pour le Levant qui a été le dernier en possession du diadème de ma fille. Hakim a sans doute été bien ennuyé par mon appel menaçant d'hier. La preuve, il n'a pas tardé à me rappeler pour m'annoncer avoir fixé rendez-vous à son contact djîhadiste à midi place de l'Horloge, ce qui me laisse toute la matinée. Je prends un grand sac de sport dans lequel je mets mon Dragounov, son bipied, un tapis de sol, ainsi que mon appareil photo à téléobjectif. J'ai décidé d'aller m'exercer au tir sur les bords de l'Euphrate, profitant que mon autorisation ne stipule pas de lieu d'entraînement. Heureusement, l'administration islamique est loin d'avoir atteint la perfection de la bureaucratie baathiste. D'un autre côté, je suis bien le seul à m'inquiéter du règlement dans le bazar qu'est devenu ce pays.

En chemin, je fais étape allée de la Caresse de la Lune, histoire d'aller fouiner dans la maison des Haddad. Aucun scellé n'entrave mon intrusion, ce qui ne me surprend pas, vu comment l'enquête a été bâclée. Cette fois, je sors mon Glock dès le portail franchi et monte prudemment l'escalier ombragé de jasmin. Arrivé au niveau de la villa, je jette un œil vers la piscine, devenue verdâtre faute d'entretien. La porte principale face à moi est grande ouverte, ce qui me fait redoubler de prudence. J'entre l'arme en avant, mais je suis bien vite rassuré. Si on pénètre ici comme dans un souk, c'est que les lieux ont été entièrement pillés. Meubles, décoration, tapis et même rideaux ont été dérobés, la cuisine dépouillée de son électroménager et ses placards vidés, les plinthes de marbre des couloirs arrachées. Le grand salon où s'est déroulée la fusillade est resté en l'état, y compris les flaques de sang coagulées au sol jonché de débris de l'explosion. Je grimpe les marches lentement pour aller vérifier les étages qui se révèlent vides, chambres et salles de bains ayant subi le même sort que les pièces du rez-de-chaussée. Si je devais trouver des éléments qui révéleraient un lien entre l'assassinat de Kenza et celui de ses parents, frères et sœurs, je serais bien ennuyé. L'objet de ma visite est toutefois ailleurs : récupérer des photos de la famille Haddad, peu susceptibles d'intéresser des voleurs, et dont j'avise qu'elles sont toujours là, accrochées au mur de la cage d'escalier. Par recoupement avec le profil et l'âge des autres enfants Haddad, je reconnais Kenza et sa jolie plastique dans cette fille au sourire candide en jean et tee-shirt. Je sors le cliché de son cadre pour le fourrer dans la poche de mon veston après l'avoir photographié avec mon nouveau Huawei.

J'ai d'abord pensé aller m'exercer vers le port de plaisance et en profiter pour aller me rencarder au club sportif Nadi Rachid, à présent que j'ai la photo de Kenza, titulaire de la carte de membre n° 3672, selon mes notes. Cependant, à cette heure matinale, constaté-je avec étonnement et satisfaction en roulant le long du boulevard de la Corniche, les abords du vieux pont restent le parcours préféré des joggeurs et joggeuses, même si leur nombre a beaucoup baissé. Aussi je me dirige vers les berges désertes de l'Euphrate, près du pont neuf, face à la station d'épuration. J'ai beau avoir manipulé mon OTs-03 à la maison ces dernières semaines en attendant mon permis de tir, soulever ses 3,6 kg pour le placer sur son bipied, effleurer le canon, caresser la bakélite de la crosse, frôler la gâchette me procure des picotements d'impatience. Cela fait six mois que je n'ai pas tiré en extérieur. Et avec une telle arme, aucune salle n'est assez grande pour déployer toutes ses capacités. J'ai eu la flemme cet hiver, particulièrement rigoureux, d'aller m'allonger dans la gadoue glacée. Et puis en mars, tout a basculé avec la « libération » de Raqqa et j'ai remisé mon arme. Je retrouve assez vite mes réflexes. Allongé sur mon tapis, à l'ombre des premiers piliers du pont, l'œil dans ma lunette de tir, j'ai un bel angle de vue sur la rive opposée à environ deux cents mètres. Après quelques ajustements, chaque détritus polluant le site que je vise, sursaute ou explose sous l'impact de mes balles 7,62x54R. Trop facile pour une arme, et un tireur, pouvant atteindre une cible à six cents mètres. Il faudra que je sorte de la ville pour un entraînement sérieux.

Il est déjà 11 heures 30 quand je me lasse de dégommer boîtes de conserve, canettes et autres bidons. Trop tard en cette heure de pointe raqqaouie pour faire un saut au club Nadi Rachid. Aussi je file directement vers la place de l'Horloge, en contournant dès que possible les embouteillages de la Corniche. Il est presque midi quand je me gare devant la Maison de la Culture dont les fresques à la gloire d'al-Assad père et fils et les slogans baathistes sont recouverts de graffitis rageurs. D'où je suis, j'ai une vue parfaite sur la place de l'Horloge et son obélisque surmonté de deux statues à la dorure usée figurant un ouvrier brandissant un flambeau et une paysanne offrant un épi de blé. Dommage que depuis l'inauguration du monument, en 1990, les horloges rondes flanquant les quatre coins du socle s'obstinent à indiquer chacune une heure fantaisiste, dans une allégorie surréaliste illustrant l'échec du socialisme baathiste, incapable de coordonner quatre cadrans horaires sur l'heure exacte. Nous sommes à deux pas du siège du gouvernorat et de l'entrée du souk dans la médina. La circulation peine à s'écouler autour du rond-point, ralentie par l'attroupement qui s'est agglutiné le long de l'enclos de la place et qui déborde sur la chaussée. Cette balustrade circulaire de gypse élégamment taillée sert de point de ralliement aux Raqqaouis, indifférents aux trois têtes desséchées qui pendouillent toujours, censées appartenir aux assassins de la famille Haddad. J'envoie un SMS à mon neveu lui signalant mon arrivée.

Je repère Hakim avec mon téléobjectif, assis comme convenu sur la rambarde, en aplomb sud de l'obélisque, en train vainement de me chercher du regard. Son comparse ne tarde pas, qui doit être ce grand jeune homme brun, en salwar gris et qamis noir, la tête entourée d'un keffieh vert, approchant nonchalamment à sa rencontre. J'enregistre une série de clichés d'Abou Hussein al-Orani, dont le seul signe distinctif est le khôl qui cerne ses yeux. J'ignore quel prétexte a trouvé mon neveu pour attirer jusqu'ici mon suspect mais leur conversation dure à peine dix minutes. J'avais promis à Hakim que je n'interpellerais pas al-Orani et je tiens d'autant plus parole que, ne connaissant pas l'énergumène, je ne souhaite pas que la famille puisse risquer des représailles. Je suis, en effet, le mieux placé pour savoir que mon statut de partisan de l'État islamique est usurpé. Or même si cet Algérien à la démarche chaloupée ne paye pas de mine, je dois m'en méfier. Entre Kenza, sa famille, la bonne et le tueur que j'ai abattu, il y a quand même déjà eu sept cadavres dans cette affaire et je suis persuadé de tenir mon coupable dans les milieux djîhadistes. Je sors prestement de ma 307 pour me mêler à un groupe de badauds, sans perdre de vue al-Orani qui prend la rue Fayçal. Au début, je marche à moins de dix mètres de lui, craignant qu'il ne rejoigne une voiture ou un vélo. Ma cuisse s'est à peine remise de mon sprint d'hier à la même heure. Cependant, l'individu poursuit tranquillement son petit bonhomme de chemin, et je le file à son rythme quand il bifurque dans la rue de l'Église.

Hormis mes promenades avec le Vieux dans notre quartier, cela fait un mois que je n'ai pas marché en ville. Hier, dans la médina, j'étais trop absorbé par mon jeu de rôle puis ma course-poursuite avec Yasmine pour observer et sentir Raqqa. Un mois, c'est pourtant court pour que change une physionomie urbaine. Mais pas quand on est occupé par des nuées de salafistes divers. Le drapeau noir frappé de la shahâda ne trône plus seulement sur le palais du gouvernorat ou les bâtiments publics, nombreux dans le quartier à être occupés par des instances rebelles, mais aussi aux balcons des fenêtres ou à la devanture des magasins. Quelques commerçants zélés ont même recouvert de feutre noir les images féminines sur leurs produits et ôté les cheveux de leurs mannequins. La mosquée circassienne, au croisement de la rue, a néanmoins été épargnée et je note au passage que le drapeau syrien pré-baathiste n'a pas tout à fait disparu du paysage. Ici et là des tags hostiles à la Dawla et au Jabhat al-Nusra rappellent que Raqqa résiste tant au régime de Bachar qu'à l'islamisme ambiant. Ce dernier est toutefois devenu omniprésent. Le jilbab et l'abaya l'emportent désormais chez les passantes, à l'image de ces panneaux et affiches de propagande incitant chacune à respecter la pudeur. Beaucoup tentent un compromis en se revêtant de tissus colorés et en affichant leur maquillage. Mais niqab et sitar noir prennent également des proportions considérables et bien des visages sont devenus invisibles. Je croise même un couple de djîhadistes avec bébé, dont la femme, totalement enveloppée de noir, a pendu sa kalachnikov au guidon de la poussette. J'en vois d'autres, encore assez nombreuses, la plupart accompagnées, mais pas toutes, s'afficher vêtues à l'occidentale, un hijab couvrant vaguement leurs cheveux.

Au carrefour avec le boulevard al-Mogmaa, des prédicateurs ont monté leurs étals provocateurs devant l'église des Martyrs d'où ils haranguent la foule. Un individu borgne tonitruant dirige une prière de rue d'une rare violence verbale. Ses invocations, allant de « Ô Allah ! Fais périr les mécréants, les polythéistes et les ennemis de l'Islam », « Ô Allah ! Rends orphelins leurs enfants et veuves leurs épouses » à « Ô Allah ! Disperse leurs troupes et détruis leurs édifices », en passant par « Ô Allah ! Fais tomber leurs biens et leurs fortunes comme butin entre les mains des musulmans », sont chacune ponctuée d'un *« amine »* sinistre par les fidèles réunis autour de lui. J'aimerais douter, à voir leurs yeux hypnotisés, qu'ils comprennent vraiment ce qu'ils entendent. Mais je crains qu'ils ne soient réellement dangereux. Oui, décidément, comme le redoute Tareq, si toutes les chaires des mosquées de la ville résonnent désormais de ce sermon, l'ambiance ne va pas s'améliorer à Raqqa. Les quelques chrétiens sortant ou entrant dans l'église, ainsi cernée par cette engeance hostile, le sentent bien, qui marchent d'un pas pressé. Je vois deux femmes apostrophées pour avoir laissé dépasser leurs cheveux sous leurs foulards, et l'homme qui les accompagne, abreuvé de quolibets christianophobes.

L'Algérien remonte le boulevard tel un touriste. Il s'arrête à une laiterie pour acheter un morceau de *jebneh*, complète son repas par l'achat d'une bitta rhagif dans une boulangerie et mange sa galette au fromage ainsi concoctée d'un pas tranquille, regardant les échoppes, échangeant un mot avec un djîhadiste de sa connaissance, déambulant paresseusement au gré de ses pas. On approche de la place al-Naïm, la place du Bonheur, autre symbole fort du baathisme, que les Raqqaouis appellent facétieusement place du Paradis. À le voir ainsi traîner son oisiveté, je me demande si je dois interpeller al-Orani, vu qu'il n'a manifestement rien d'un cador du Front des étrangers dont j'aurais à craindre une réaction violente. Peut-être se dirige-t-il vers son casernement et il m'intéresse également de savoir où il crèche. Je n'ai pas tranché la question quand nous débouchons place al-Naïm où se dresse le gigantesque toboggan gonflable multicolore installé par les autorités municipales tenues par l'ASL, une de leurs rares réalisations consensuelles. C'est en effet un bon dérivatif pour les familles en mal d'occuper leur marmaille quand les autotamponneuses et les manèges du parc d'attractions, à cinq cents mètres d'ici, tombent en panne, faute d'électricité. Et puis le glacier de la place du Bonheur est le meilleur de tout Raqqa. Al-Orani ne résiste d'ailleurs pas à l'appel du cornet et se place dans une file d'enfants surexcités et piaillants.

Je m'adosse contre un lampadaire et allume une cigarette en observant mon suspect. Mais vu son comportement parfaitement prévisible de client en attente, j'élargis mon champ de vision pour profiter du climat de joie populaire, devenu rare, avec ces parents souriant au spectacle de leur progéniture toute fière de se montrer en haut du toboggan avant de dévaler la pente en criant. C'est alors que je la vois. Que je les vois. Asma, en robe longue, les cheveux à peu près enveloppés dans un hijab rose, et un inconnu, en costume de lin, partageant une glace qu'ils lèchent chacun leur tour, très près l'un de l'autre, elle en train de rire, lui de lui parler, tête penchée vers elle, comme s'il allait l'embrasser. Ces mois de désintégration de notre couple me reviennent brutalement en pleine gueule, notamment ces dernières semaines où chaque jour davantage un fossé n'en finissait pas de se creuser, jusque dans le lit conjugal. Une chaleur intense me consume de l'intérieur, je suis transpercé par l'épée cruelle de la jalousie. Qui est cet homme, moustachu, banal, qui couche avec ma femme ? Et que faire ? Des photos. C'est la seule idée qui me vienne. Je les photographie avec mon téléobjectif. C'est tellement facile. Le monde existe si peu autour d'eux qu'ils ne remarquent rien. Alors que je suis à moins de cinquante mètres. J'hésite à briser leur scandaleux bonheur par une intervention intempestive. Mais l'amour-propre me retient. Et alors, Asma, tu crois quoi ?! Que je vais m'humilier devant toute la place al-Naïm ? Tout à ma colère, je regarde machinalement vers le glacier et constate avec la plus parfaite indifférence qu'al-Orani a disparu.

*

Sous le coup de l'émotion, filer chez Yasmine pour me venger d'Asma m'a semblé une évidence. Je ne sais quel mécanisme abscons s'est enclenché dans mon esprit qui m'a fait ressentir ce cocufiage subitement révélé comme un soulagement délivrant un fantasme refoulé. Pourtant, après une marche de retour somnambulesque vers ma voiture, je ne pénètre pas dans ma 307 sans qu'un flot de souvenirs m'assaillent. Asma me caressant la nuque et les cheveux tandis que nous faisions de longs trajets pour Damas ou Kobané voir mes sœurs. Asma dont j'aimais à effleurer la jambe affectueusement quand elle se lançait dans de longues diatribes politiques sur les désordres de la Syrie et du monde. Asma me taillant une pipe au clair de lune, au bord de l'Euphrate, après une soirée bien arrosée chez des amis. Le rappel de cet épisode me fait bander quand je me gare devant l'immeuble où j'ai planqué la jeune et jolie Française.

Yasmine est surprise mais semble contente de me voir, alors que je lui avais dit hier soir ne pas savoir quand je pourrais lui rendre visite. Je ne réponds pas à son salut. Je n'ôte même pas mes lunettes de soleil. Elle a le même pantalon que la veille mais porte aujourd'hui un tee-shirt sans manches qui met en valeur des bras et des épaules finement musclés. Je ne sais pas quoi dire, tout à mon idée folle d'éponger avec elle le chagrin et la colère qui m'habitent. Je la saisis par la taille et sans un mot, je la pousse sur le canapé. Elle se débat à peine, ses yeux vairons me renvoyant un regard stupéfait. Son mutisme m'encourage. Un genou sur le tapis, l'autre à moitié sur le canapé et le torse écrasant son corps, je commence à lui peloter le sein, que je sens rond et ferme dans ma paume moite. Excité comme un âne en rut, je lui embrasse le cou imprégné de son parfum fleuri. C'est alors que je sens ses abdominaux se contracter avant qu'elle ne relève le buste d'un coup en me déséquilibrant de toutes ses forces. Je bascule au sol, non sans me cogner la tête à la table basse faisant face au canapé. Pour tout arranger, je ne fais pas attention en me redressant et prends appui sur la monture de mes Ray-Ban, tombées pendant ma chute. Elles se brisent dans un léger craquement mais qui semble résonner comme un choc d'ampleur dans la pièce silencieuse. Le choc de l'infamie qui s'abat sur moi.

Yasmine reste assise et muette. Je suis prostré. Je sens son regard peser sur moi qui détourne le mien pour regarder ailleurs. Je l'entends s'allumer une cigarette.

– Tu en veux une ? me propose-t-elle finalement d'une voix neutre en me tendant une Marlboro que je ne saisis pas.

Depuis une heure et la découverte de mon statut de mari trompé, je me débats dans un état de confusion mentale qui éprouve durement mes nerfs. Comment expliquer autrement ce manque de maîtrise de soi ? À toutes les émotions qui me submergeaient déjà s'ajoute à présent un terriblement sentiment de honte. J'ai des crampes d'estomac. Il faut que je parte d'ici. Mais à peine ai-je fait trois pas vers l'entrée que mon désarroi culmine. Mes yeux se mouillent et j'éclate en sanglots bruyants et pathétiques. Je titube vers la sortie de l'appartement mais la main de Yasmine vient se poser sur la mienne alors que je tourne la poignée de la porte. Je redouble de larmes, mes épaules tressautant à chaque déchirement de ma poitrine. Yasmine tente de me reconduire au salon mais je la repousse d'un mouvement agacé du dos, pleurant tout mon saoul contre le chambranle de la porte, la tête appuyée sur mon avant-bras. Bientôt, je suis pris de hoquets incontrôlables qui décuplent mes sanglots. Un torrent de larmes a débordé de mes yeux, et de morve de mon nez, sur ma barbe trempée. Je l'essuie d'un revers de manche en reniflant avant qu'un flot suivant n'inonde mon visage ravagé, dont j'aperçois le reflet désespéré dans le miroir de l'entrée. La dernière fois que j'ai pleuré comme ça remonte à l'enterrement de papa et je ne me souviens pas d'un tel tourment.

Yasmine s'approche de moi avec un verre d'eau.

– Tiens. Bois ça, ça te fera du bien.

Bien vu, Yasmine, j'ai la bouche affreusement sèche, mais un regain de sanglots vient me surprendre. Elle patiente avec son verre que je finis par saisir pour le boire d'un trait.

– Ça va mieux ? me demande-t-elle gentiment.

Ça va mieux, mais aucun mot ne peut sortir de ma bouche où pourtant ils se bousculent.

– Tu ne veux pas parler ? Tu sais, je crois savoir ce que tu ressens après un coup pareil…

Bien que prononcée sans acrimonie, sa phrase provoque un nouvel accès de larmes.

– Allons, ça suffit maintenant, dit-elle en me poussant doucement jusqu'au canapé du salon dans un paradoxal retournement de situation.

Mais Yasmine ne se jette pas sur moi. Elle me fait asseoir, va chercher un paquet de mouchoirs dans son sac avant de venir se mettre à côté de moi et d'allumer la télé avec la télécommande. Elle me tend un mouchoir. Je lui réclame une Marlboro d'un hochement de menton en reluquant le paquet, pour éviter de rencontrer son regard. Puis, toujours sans un mot, nous visionnons le journal de la SRT. Il est question de tensions dans les villages kurdes du nord de la province de Raqqa et dans celle voisine d'Hassaké entre les Unités de protection du peuple, émanation militaire du parti de l'Union démocratique kurde, et le Jabhat al-Nusra, ainsi que du harcèlement de l'État islamique sur les positions de l'Armée syrienne libre dans la province de Lattaquié. La guerre se communautarise et se confessionnalise de plus en plus et son cours semble désormais hors de contrôle. Sauf bien sûr aux yeux du commentateur officiel qui voit dans ces divisions au sein de la rébellion la promesse de la prochaine victoire de la glorieuse armée de la République syrienne. Je n'arrête pas de me moucher mais mes yeux sont redevenus secs à la vue du malheur déferlant sur mon pays. Putain, mais quel sens a ma vie ?

– Ça va mieux ? me redemande Yasmine.

– Oui. Ça va mieux, merci, réponds-je les yeux baissés.

Elle marque une pause pendant laquelle je l'entends se rallumer une cigarette. Je vois le paquet qu'elle me met sous les yeux.

– C'est ma dernière Marlboro, profites-en ! me dit-elle alors que je viens d'écraser la précédente.

Je relève la tête et l'affronte enfin du regard tandis qu'elle allume nos cigarettes :

– Pourquoi tu agis comme ça ?

– Parce que j'ai tout de suite vu que tu n'étais pas dans ton état normal, fait-elle avec une lueur de pitié dans les yeux qui me touche et me navre en même temps. Je ne te connais pas bien, Merwan, mais je ne crois pas que tu sois un violeur et que tu m'aies logée ici pour venir me baiser entre deux enquêtes. Et puis, je sais me défendre, comme tu as pu voir.

– Oui, excuse-moi. Je ne sais pas ce qui m'a pris.

– Ça, ce n'est pas une bonne explication, Merwan. Qu'est-ce qui t'a pris au contraire ? Pourquoi as-tu déboulé blanc comme un linge ici ? Qu'est-ce qui se passe ?

Bonne question au bon moment car après avoir vidé toutes les larmes de mon corps, c'est mon sac que j'ai besoin de vider. Alors je raconte tout à cette inconnue, en commençant par la fin, la trahison d'Asma, dont elle apprend l'existence ainsi que celle de mes enfants. Je raconte le meurtre de Kenza, celui de sa famille. Je raconte la visite d'al-Baghdadi à l'hôpital et la réputation que cela m'a faite. Je raconte les factions qui se partagent la ville, les étrangers qui l'envahissent, mon beau-frère opportuniste, mon impuissance face au chaos qui règne dans mon pays, mon enquête absurde dans un monde absurde. Et elle me pose des questions, plein de questions, sur mon travail, sur Raqqa, sur les forces militaires en présence, sur les lieux de pouvoir, sur les gens de pouvoir. Sur moi un peu aussi.

– Et d'où te vient cette fascination pour la France et que tu parles français ?

– J'ai oublié beaucoup, réponds-je dans cette langue. Ça fait vingt ans je parlais plus presque français. Et tu sais, j'ai encore CD Renaud et Serge Gainsbourg.

Yasmine rit, provoquant mon premier sourire depuis des heures. Je jette un coup d'œil sur ma montre, il est pile 17 heures et ça fait plus de trois heures que je suis là, à bavarder. Je me souviens que j'ai laissé mon téléphone dans la voiture, et je m'en fiche complètement. Je suis bien avec elle. Et elle a l'air bien avec moi. Sa suggestion le laisse en tout cas supposer.

– Il y a un lecteur de CD, ici. Ce serait agréable d'écouter de la chanson française tous les deux. Mais pourquoi as-tu appris le français ?

– Les études, expliqué-je en arabe. Au départ, je voulais être ingénieur. Mon grand-père, qui est communiste, et qui parle russe comme mon père, voulait bien sûr que j'aille en Russie. Mais franchement, la Russie, à l'époque où j'étais au lycée, c'était la fin catastrophique de l'URSS et pas vraiment une destination de rêve pour un étudiant. Alors j'ai appris le français. Comme il y avait des accords académiques entre la France et la Syrie, c'était en 1992, j'ai pu aller aux Arts et Métiers à Toulouse pour suivre un cycle préparatoire en génie mécanique, en tant que boursier du CERS, le Centre de recherches et d'études scientifiques de Damas. Mais les services français se sont rendu compte que le CERS faisait former des ingénieurs chimistes pour qu'ils développent ensuite des armes de retour au pays. Bien que ce ne soit pas mon domaine, j'ai été victime collatérale d'une vague d'expulsions d'étudiants syriens en chimie. Mes études d'ingénieur ont alors pris fin et j'ai repris le flambeau familial dans la police de Raqqa. Je ne regrette rien, j'adore mon métier. Et puis, de mes courtes études, j'ai gardé un goût pour une spécialité connexe, la balistique. Je suis un excellent tireur, tu sais.

Je discerne une lueur sombre qui passe fugitivement dans les yeux de Yasmine. Peut-être n'aime-t-elle pas les armes à feu. Bon, il se fait tard, il est temps d'y aller.

– Écoute Yasmine, dis-je en me levant, il faut que je passe au bureau, on doit se demander où je suis. J'ai été très content de parler avec toi, ça m'a fait du bien.

– Moi aussi, Merwan, j'ai été contente de parler avec toi. J'espère que tu pourras revenir demain. Tu devrais te débarbouiller avant de partir, me conseille-t-elle avec un sourire espiègle qui fait retrousser son joli nez.

Dans le miroir des toilettes, je suis gêné de découvrir les sillons d'amertume qui parcourent mes joues et les saletés diverses qui garnissent ma barbe.

– Ah voilà, tu présentes mieux comme ça, s'exclame-t-elle quand je réapparais, avant de me donner deux bises, une coutume bien française qui me permet de goûter la délicatesse de ses lèvres sur ma peau.

– Yasmine, je voulais te dire…

– Ne dis rien. Il ne s'est rien passé. À demain alors ? Avec Renaud et Gainsbourg ?

– Oui. À demain. Promis. Je t'appellerai pour te dire quand.

*

Je suis dans un état second quand je monte dans ma 307. Aussitôt installé, je fouille dans un bac de la portière et tombe sur un des CD de Renaud. Mon premier mouvement est de remonter chez Yasmine. Mais la perspective de la revoir bientôt, la certitude qu'elle veuille me revoir, dissipe mon envie. Curieusement, son refus a assouvi mon désir tout en lui donnant une dimension plus intime. Car je ne rêve pas. Bien que j'aie tenté de la violer, appelons les choses par leur nom, elle m'a embrassé en partant après avoir passé l'après-midi à fumer et à parler avec moi. Je n'ai pas une grande expérience des femmes mais je veux imaginer qu'elle a repoussé mon empressement sans me rejeter pour autant… Ou alors quoi ? Non, je n'ai décidément pas d'expérience des femmes. D'ailleurs, si j'en avais une, j'aurais compris depuis longtemps que le fossé qui me sépare d'Asma avait été comblé par un autre. Cette sombre pensée balaye mon euphorie et me ramène à la réalité. J'avise mon Huawei oublié sur le siège passager après avoir envoyé un SMS à Hakim, ce matin. J'ai cinq messages vocaux, un de service de mon adjoint Tareq, un d'Asma me demandant à quelle heure je rentre… et trois de Mahmoud. Je l'appelle tout en démarrant.

– *Salam aleykoum*, mon frère, content que tu prennes enfin de mes nouvelles, grincé-je lorsqu'il décroche.

– *Aleykoum salam*, Merwan. Oui, désolé mon frère. Mais je suis débordé de travail et la situation politique à Raqqa devient très compliquée.

– Eh bien, je vais bien, merci de t'en préoccuper. J'ai même repris le travail. À ce propos, je voulais justement te parler. Tu es au gouvernorat ?

– Oui mais… Moi aussi j'ai à te parler mais pas ici, lâche-t-il. C'est possible au Bloc B ?

– Je m'y dirigeais. Mon bureau t'attend, fais-je, passablement intrigué.

Je me gare devant le Bloc B au moment où commence l'appel à la prière. Je croise Tareq Jaloukha dans le hall.

– Oh, Tareq, comment ça va ?

– Salut patron. Je croyais pas te voir aujourd'hui.

– Oui, j'ai eu une journée pénible, éludé-je. Tu peux me rendre un service ?

– C'est que là, j'allais à la mosquée pour la prière.

J'insiste, bien qu'il paraisse contrarié.

– J'en ai pour une seconde. Tu as ton téléphone sur toi ?

Mon adjoint, l'air étonné, sort son Samsung auquel je transmets la photo de Mohamed Aït-Kacimi depuis mon Huawei. L'idée m'est venue sur le chemin.

– Tu as déjà travaillé sur Oum Adam. Je cherche ce gars, l'informé-je. Il doit travailler pour une des madâfa qu'elle possède intra-muros. Je n'exclus pas qu'il soit mêlé à notre affaire, inventé-je pour justifier ma requête.

Maintenant qu'Oum Adam me connaît, je ne suis pas le mieux placé pour enquêter autour de ses diverses pensions. Avec Tareq, je sais que l'affaire sera rondement menée, et quand j'en saurai plus sur Aït-Kacimi, j'aviserai sur la manière de le convaincre de rencontrer Yasmine.

– T'as son blase ?

– Non.

Je mens, ne voulant pas trop en dire à mon adjoint.

– Tu veux que je l'arrête et te l'amène ici ? s'enquiert-il.

– Non ! Non, tu le loges, c'est tout. Histoire de savoir si je dois l'interroger. Ce n'est qu'une piste, improvisé-je.

– Compte sur moi, je m'y mets dès demain, m'assure Tareq en filant, alors que l'adhan va crescendo.

Mahmoud al-Khalif arrive peu après à mon bureau, revêtu de son treillis et qamis noir, assortis maintenant d'un turban qui achève de donner à mon beau-frère l'air austère d'un cheick salafiste. Qui a quand même séché la prière pour venir me visiter en urgence. Et en catimini. Je l'accueille avec autant d'entrain que je peux mettre dans ma voix.

– Ah, Mahmoud, te voilà !

– Salut, mon frère. Oui, merci de me recevoir ici. Je viens à titre privé, confie-t-il mystérieusement en s'asseyant sur la chaise face à moi. Il s'agit d'Hakim.

Merde alors, l'apprenti receleur s'est fait pincer ! Sous le coup de la surprise, j'en recule jusqu'au mur avec mon fauteuil à roulettes, mais je maquille ma réaction en ramassant un papier par terre pour le jeter à la corbeille afin de justifier ce mouvement soudain.

– Allons bon, dis-je d'un ton consterné, tu as un souci avec lui ?

– Je pense qu'il est sodomite, me chuchote Mahmoud en se levant à moitié pour cette confession inattendue.

– Mais qu'est-ce qui te fait penser ça ? le questionné-je, interloqué.

– D'abord sa tenue. Il change sans cesse de vêtements, met des qamis brodés, s'épile les mollets qui apparaissent sous son salwar et se taille la barbe. Ensuite, son oisiveté. Il renâcle à suivre les cours à la madrasa où j'ai eu pourtant bien du mal à l'inscrire tant son enseignement coranique est réputé. Et me coûte cher. Enfin, et c'est ce que je viens de découvrir dans sa chambre, il possède des bijoux de femme, même de la lingerie… et même des jouets sexuels, parvient-il à lâcher, le rouge aux joues.

Les madrasas pullulent à Raqqa, al-Nusra et l'État islamique offrant chacun des ponts d'or pour attirer prédicateurs wahhabites renommés et autres savants salafistes reconnus afin de redorer leurs blasons théologiques respectifs.

– Euh, ce sont des faits troublants, conviens-je en me remémorant les traits fins et les longs cils de fille de mon neveu. Mais quand même. Ton fils est beau garçon. Les apparences peuvent être trompeuses, ajouté-je en me souvenant aussi que Hakim m'avait confié ses mauvaises relations avec son père. Peut-être devrais-tu lui parler ?

– Pfff ! Jamais il ne me le dira. Et pour moi, ça signifierait que je n'ai plus de fils ! Ce serait même une menace pour ma position. Il faut que je le sache avant mes ennemis afin de pouvoir prendre les devants. Et je ne vois que toi qui pourrais enquêter pour vérifier mes soupçons.

Après Yasmine, voilà Mahmoud qui me prend pour un détective privé ! D'un autre côté, c'est un très bon prétexte pour une petite discussion avec mon neveu, maintenant que j'ai perdu la trace de son comparse, Abou Hussein al-Orani.

– Je vais voir ce que je peux faire, Mahmoud. Mais ne te fais pas du mouron comme ça. Le pire n'est jamais sûr. Qu'Allah te préserve de la honte, m'entends-je dire dans un étrange dédoublement de personnalité. Et l'air de rien, je change de sujet : Dis voir, mon adjoint m'a raconté que l'affaire Haddad était close. Moi, j'ai des doutes que ce soient des gens d'Haqquna qui aient fait le coup. C'est bien trop professionnel. Je te rappelle que j'ai eu à les affronter.

Mahmoud écarquille des yeux effarés comme si j'évoquais un fantôme. Mais bien vite il se reprend pour afficher sa froideur habituelle.

– C'est une affaire politique, Merwan. Ne cherche pas à comprendre.

– Comment ça, ne cherche pas à comprendre ?!? Si, je veux comprendre. Je suis commissaire divisionnaire en charge des affaires criminelles, et une enquête sur le massacre d'une famille entière a été bouclée pendant ces quelques semaines où je me suis retrouvé en repos forcé. Mais moi, je suis pas d'accord, je veux savoir pourquoi. Ne serait-ce que parce que j'ai failli y laisser ma peau, *alḥamdulillah !*

Mahmoud me considère avec l'air agacé que l'on réserve aux fieffés emmerdeurs. Il se balance sur la chaise, puis se lève pour parler tout en traversant la pièce de long en large.

– Elias Haddad était un excellent ingénieur, et le Centre d'informatique et d'information numérique dont il était directeur technique abrite l'institut de la Pérennité, l'appareil médiatique de l'État islamique. Cet organisme est dirigé par le principal lieutenant de l'émir al-Baghdadi en Syrie, Abou Mohamed al-Adnani, qui m'honore de me laisser l'appeler frère Taha. Je peux t'assurer que cet homme est un pur et un Véridique, selon qui ordonner le convenable et condamner le blâmable est le premier devoir du pieux musulman. Il considère comme mécréantes et apostates toutes les organisations rivales de la Dawla. Il se pose même en adversaire résolu d'al-Nusra qu'il accuse d'entretenir la discorde entre djîhadistes, en raison du refus de leur leader, al-Joulani, de se soumettre à al-Baghdadi et à l'État islamique. Or le premier terrain sur lequel se déroule leur confrontation est justement l'espace médiatique. Al-Nusra dispose, en effet, de son propre outil de propagande, la maison de production le Minaret Blanc, concurrente de l'institut de la Pérennité. Les locaux techniques du Minaret Blanc sont à Alep et désormais menacés par la contre-offensive du régime. Al Joulani voulait donc déménager ses équipes à Raqqa et était furieux qu'al-Adnani ait préempté le Centre d'informatique et d'information numérique pour installer l'institut de la Pérennité. Il était d'autant plus remonté qu'Elias Haddad avait débauché nombre de techniciens du Minaret Blanc, dont beaucoup d'étrangers expérimentés. Si bien que lorsque Haddad a été tué, al-Adnani a aussitôt soupçonné al-Joulani d'en être à l'origine. L'absence de ce dernier à Raqqa depuis des semaines alimentait cette théorie du complot. Crois-moi, on a vécu les pires moments de tension au Conseil de consultation des combattants. Cela a vraiment failli dégénérer. Il y a encore quinze jours, c'étaient les membres d'al-Nusra qui dominaient au sein du Conseil de consultation des combattants et nous avons validé la fiction d'un meurtre commandité et effectué par Haqquna. Nous avions trois suspects idéaux et leur mise à mort permettait à tout le moins de faire réfléchir les démocrates et libéraux raqqaouis. Au demeurant, il n'y a aucune preuve de ce qu'al-Nusra soit mêlé au massacre de la famille Haddad. Et si al-Baghdadi s'est montré si magnanime avec al-Joulani, c'est qu'au vu de l'état des forces militaires, il est dans une bien mauvaise posture. Seules ou presque ses katibas composées de soldats étrangers sont restées à Raqqa. Pour une raison pratique. Ce sont les moins expérimentés et on doit d'abord les envoyer quinze jours à un mois en formation. Or les places et les cadres manquent dans les centres d'entraînement, vu l'afflux. Et en attendant une place ou après leur entraînement militaire, beaucoup refusent de rejoindre leur brigade d'origine sur le front et se rallient à l'État islamique qui grossit ainsi chaque jour. Al-Baghdadi a une vraie force avec lui désormais.

Je digère cette masse d'informations qui expliquent et confirment bien des choses que j'ai malheureusement constatées ce matin de mes yeux en filant Abou Hussein al-Orani dans les rues de Raqqa. Dans toute religion, on catégorise le licite de l'illicite. C'est d'ailleurs ce qui m'éloigne de la religion, préférant juger par moi-même de ces choses-là. Faire respecter la sharia, ses codes et ses lois, relevait traditionnellement des savants théologiens et du clergé. Qui ne s'est pas fait admonester par un imam le surprenant à manger en plein ramadan ? Ce qui est déjà pénible. Mais les choses ont empiré avec le wahhabisme qui a fait en sorte que le contrôle social érige l'inquisition en obligation individuelle. Un bon musulman est sommé de sonder en permanence les reins et les cœurs de ses voisins et de veiller à leur bon comportement. Et comme cette secte saoudienne a contaminé en profondeur l'islam sunnite ces dernières décennies, à l'instar de ses concurrents Frères musulmans, eux-mêmes très prescriptifs en matière d'orthodoxie, c'est comme ça qu'on se retrouve avec des grosses dondons hypocrites comme Zina Benghaoui en inquisitrice de quartier en train de gronder ma fille en public pour non-port du voile. En revanche, la dimension stratégique du meurtre d'Elias Haddad, cette guerre d'influence médiatique entre l'institut de la Pérennité de la Dawla et le Minaret Blanc d'al-Nusra, m'avait totalement échappé.

– Sérieux ?! La tuerie de la famille Haddad pourrait être une histoire de télévision ?

– Encore une fois, on n'en sait rien et on ne veut pas le savoir, s'énerve Mahmoud. Mais ce qui est sûr, et que tu sembles sous-estimer, c'est la portée considérable de nos productions médiatiques, et cette mort risque de désorganiser la propagande de la Dawla. On nous annonce d'ailleurs pour bientôt la venue d'un frère irakien, spécialisé en la matière. Déjà l'institut de la Pérennité fait réaliser toutes sortes de reportages et de documentaires mis en ligne sur un forum djîhadiste multipartage, la Gloire de l'Islam, où nos partisans et admirateurs les repiquent pour les partager sur les réseaux sociaux occidentaux. C'est grâce à ça que tant de nos frères sunnites à travers le monde connaissent notre combat, nous rejoignent et veulent participer à l'édification de l'État islamique.

J'avais appris du Vieux cette formule de Lénine : « Les capitalistes nous vendront la corde avec laquelle nous les pendrons. » Je constate avec dépit et consternation que cent ans plus tard Google, Apple, Facebook et Twitter vendent le cimeterre avec lequel les Occidentaux seront égorgés.

– Si je comprends bien, Mahmoud, tu as fait ton choix depuis notre dernière rencontre. Tu as rallié al-Baghdadi ?

– Je ferai allégeance le 7 juillet, à la veille du ramadan lors d'une cérémonie d'hommage qu'organise la Dawla. Les invités seront triés sur le volet, et j'en suis. Il n'est plus temps de barguigner, je sens cette force monter qui va imposer les Véridiques à tous afin de retrouver l'unité de l'Oumma sur le sentier d'Allah.

– Tu fais le bon choix, l'approuvé-je, horrifié.

*

Mahmoud et ses projets d'islamiste déjanté avaient douché tout l'enthousiasme rapporté de chez Yasmine. Après son départ, j'ai sérieusement songé à passer la nuit au Bloc B plutôt que de rentrer affronter Asma. La perspective de vivre bientôt selon la sharia, à en croire mon beau-frère, m'avait foutu le bourdon et je ne me sentais pas capable d'engager une scène de ménage avec ma femme, ni de rester silencieux après sa trahison. À presque 20 heures, à part les plantons de service, je suis ainsi seul à errer comme une âme en peine au commissariat. J'en profite pour transférer numériquement les photos d'Abou Hussein al-Orani, place de l'Horloge, ainsi que celles d'Asma et de son amant sur mon Huawei. Je suis en train de passer en revue les clichés quand je reçois un SMS. *« J'espère que tu vas bien. À bientôt. Bonne nuit. Yasmine. »* Je relis deux fois et vais jusqu'à vérifier le numéro pourtant enregistré afin de m'assurer qu'il s'agit bien d'elle. Dans l'état affectif où je suis, ces simples mots de réconfort prennent un relief tout particulier. Ils me convainquent que Yasmine non seulement ne m'en veut pas, mais souhaite me revoir. C'est une façon de me dire clairement qu'elle n'éprouve aucun ressentiment à mon encontre. Ce texte court, dont j'extrapole les significations, change bien sûr mon humeur du tout au tout. Je choisis de ne pas y répondre. Je crois que c'est la méthode recommandée dans ce type de cas afin d'entretenir l'attente de la personne courtisée. En revanche, cela me donne l'élan de retourner chez moi, sans plus me désespérer de l'adultère d'Asma, mais gonflé par l'orgueil d'entretenir une relation avec une créature qui pourrait être miss Syrie. Relation platonique, certes, mais jusqu'à quand ? me mets-je à rêver, plein d'inconséquence avec moi-même.

La famille achève de dîner des restes pantagruéliques de la veille quand j'arrive. Je m'excuse de mon retard en prétextant mon travail. Comme d'habitude.

– On te connaît et on te pardonne, me dit Asma avec un sourire d'une gentillesse inaccoutumée ces derniers temps.

Sans la floraison de Yasmine qui parfume mon cœur, sans doute aurais-je ironisé sur cette marque d'affection que j'imagine surjouée. Mais je réponds au sourire par le sourire et mange de bon appétit tandis que les miens se déplacent au salon en me pressant de les rejoindre. Ce soir, la télévision d'État donne en effet *Al-Arrissala*, *Le Message*, un film de Moustapha Akkad, un Syrien exilé aux États-Unis depuis belle lurette, puis mort avec sa fille en Jordanie, il y a une dizaine d'années, dans un attentat revendiqué par al-Qaïda. Le film est de 1976 et je l'ai déjà vu au moins quatre fois. Si Asma a insisté pour le revoir, c'est pour une séance pédagogique avec Assia et Naïm au moment où ils sont confrontés à la violence que les djîhadistes prétendent puiser dans le Coran. Il s'agit d'une biographie de la vie du prophète Mohamed, qu'on ne voit jamais à l'écran, pas plus qu'au cœur des batailles, mais dont la présence charismatique est suggérée avec talent par le réalisateur. Les salafi, ses compagnons, sont avant tout soucieux de convaincre par l'exemple de leur vie vertueuse et d'épargner la vie humaine, même celle de leurs ennemis. L'Islam de La Mecque, celui de la révélation, est glorifié et magnifié par une imagerie spirituelle. L'Islam de Médine, celui de la conquête, est légitimé par les persécutions des polythéistes contre Mohamed et des scènes d'action dignes d'un péplum hollywoodien estompent le caractère prosélyte du propos. Les chrétiens sont montrés comme justes et alliés des compagnons du Prophète. Les femmes, et même les épouses de Mohamed, sont souvent drapées de tissus colorés sculptant leur corps tandis que leurs foulards laissent apparaître visage et cheveux. Et leur parole est libre. Le plus extraordinaire, c'est que dans les mêmes décors marocains, Moustapha Akkad tourna simultanément une version en anglais avec des acteurs internationaux contemporains célèbres dans des rôles de premier plan, comme l'Américain Anthony Quinn ou la Grecque Irène Papas. Des mécréants jouant les premiers musulmans de l'Hégire ?! Et pourtant, avec ses salafi doux comme des apôtres du Christ, ses chrétiens amis de l'Islam, ses femmes découvertes et indépendantes, le film reçut à l'époque l'imprimatur officiel et les encouragements de la Faculté de théologie al-Azhar du Caire, la plus haute autorité spirituelle et morale du sunnisme.

– Que s'est-il passé depuis 1976, l'année de ma naissance, pour que l'Islam en soit venu à dépeindre les compagnons du Prophète comme des fanatiques sectaires, à persécuter les chrétiens et à bâcher les femmes ? s'exclame Asma à la fin de ce long-métrage spectaculaire aux décors somptueux qui a passionné le petit Naïm jusqu'à cette heure tardive où je peux justifier d'aller me coucher. Simplement, explique-t-elle à Assia, elle aussi captivée par le film, parce que les Occidentaux ont préféré donner les clefs de notre religion aux wahhabites saoudiens, une secte rétrograde mais richissime, plutôt que de soutenir le panarabisme laïc et l'Islam tolérant et ouvert dont Raqqa l'Abbasside a été la capitale.

– Tout à fait, ma fille ! Ces wahhabites sont la plaie de l'humanité, approuve le Vieux.

Je n'engage pas le débat sur le fait que le panarabisme laïc est incarné historiquement par le parti Baath, et que le baathisme n'a pas mieux tourné que l'islamisme. Le Vieux m'aurait seriné que cet échec est la conséquence des manœuvres des pays du Golfe, dont la fortune considérable leur permet depuis trente ans de manipuler et d'endoctriner les sunnites sous les yeux aveugles ou complices des capitalistes occidentaux. Je ne peux pas vraiment lui donner tort et, préférant ne pas intervenir, je prends congé et me dirige vers le couloir tandis qu'il poursuit son antienne habituelle sous les yeux ébahis des enfants.

– Le seul Islam tolérable était l'Islam ottoman que ce cuistre inculte d'Erdogan est en train de dénaturer en se vendant aux Frères musulmans. Les Ottomans avaient inventé un cadre islamique parfait où toutes les minorités vivaient en paix et en harmonie sans subir la persécution du plus fort. D'ailleurs, les Turcs font mine de l'oublier, mais qui étaient les plus fidèles serviteurs du Calife, sinon les Kurdes des siècles durant ? Le Calife ottoman était lui source d'équilibre. Quand les Français ont conquis l'Algérie, ou quand la Russie s'est emparée des Balkans et du Caucase, le Calife a-t-il appelé au djihâd pour reprendre ses provinces perdues ? A-t-il mobilisé les masses musulmanes pour bouter l'étranger au nom de l'Islam ? A-t-il fait égorger en représailles les chrétiens présents sur son territoire ? Non, ça c'est l'œuvre des wahhabites dont les forces obscures ont été libérées par cet aventurier exalté de Lawrence d'Arabie ! Ici même dans cette ville, à peine le Protectorat instauré, les Français ont laissé venir s'installer les prédicateurs médinois. Dix ans plus tard, il n'y avait plus un juif à Raqqa. Une communauté millénaire avait dû fuir la haine que diffusent ces hyènes du désert. Et moi, je vous dis que ces Bédouins pervers et leur clique de sunnites wahhabisés étrangers nous réservent le même sort. Ne croyez pas leurs chattemites et leurs pleurnicheries victimaires, c'est de la dissimulation ! Ils camouflent leurs mauvaises intentions en invoquant l'Islam. Mais ce n'est pas l'Islam qui les intéresse, c'est diriger le monde musulman. Seul le nationalisme baathiste pouvait résister à cette secte, mais un peuple ingrat a préféré écouter la propagande occidentale et son Printemps arabe. Mais où ils sont les Occidentaux maintenant que le Printemps arabe tourne à l'hiver islamiste ? Et en plein été encore !

6

Ce sont les sirènes qui nous ont réveillés, Asma et moi, après une nuit indifférente dans le lit conjugal. Puis le bruit effroyable des bombardements qui nous a fait nous redresser en même temps d'un brusque sursaut. C'est tout près d'ici. On voit même les vitres trembler. Oubliant tout ce qui nous sépare comme pour retenir ce qui nous lie encore, Asma me prend la main et me dévisage avec angoisse. Nos yeux échangent plus que je ne voudrais. Je me dégage doucement et me précipite au balcon qui donne au levant. Dans la lueur rosissante de l'aube, je distingue nettement les panaches de fumée noire à l'est, et surtout au nord, au-dessus de Tawra, le quartier de la gare ferroviaire, voisin du nôtre. Les déflagrations succèdent aux déflagrations en même temps que les champignons provoqués par les impacts de canons paraissent tracer un chemin dans notre direction.

– Papa ! Papa !

C'est Assia qui hurle alors qu'un obus tombe à moins d'un kilomètre. Je vois des gens paniqués sortir des immeubles autour du square, criant, pleurant, maudissant Bachar, exhortant Allah à venir les secourir. Je cours vers la chambre de ma fille, suivi par Asma qui fait étape dans celle de Naïm. Assia est recroquevillée sous son bureau d'enfant.

– Papa ! Papa ! implore-t-elle en se précipitant dans mes bras, ce qui me fait un bien fou, malgré le contexte.

– Calme-toi, ma petite princesse. On va partir.

Par la fenêtre de sa chambre, orientée à l'ouest, j'aperçois le même spectacle de fer et de feu se projeter jusqu'à Andalous. De ce côté de la ville, les artilleurs sont des Soukhoï qui tournoient, presque invisibles, dans le ciel encore bleu nuit à ce point du jour, ajoutant leur rugissement au fracas des missiles. Asma entre avec Naïm, étrangement calme et qui se frotte les yeux de sommeil. Assia, toujours réfugiée dans mes bras m'interroge d'un regard anxieux, rentrant les épaules dès qu'une nouvelle explosion fait vaciller les murs.

– Habillons-nous vite, ordonné-je. On va sortir d'ici, prendre la voiture et filer vers l'Euphrate.

– Et grand-père ? demande Naïm d'une petite voix tandis que sa mère l'entraîne pour le vêtir.

– Je m'en occupe, mon grand, l'assuré-je en lâchant Assia qui se jette sans attendre sur les premiers vêtements qu'elle trouve dans sa garde-robe.

Le Vieux est déjà assis sur son lit en train de passer un pantalon. Je l'aide à enfiler une chemise et une veste.

– Tu crois que ça va tomber chez nous, fiston ? me demande Awat Milet d'une voix digne, lui qui habite ici depuis trente-trois ans.

– Je ne crois pas, grand-père, dis-je en lui laçant ses chaussures. Le régime a jusqu'à présent épargné les quartiers résidentiels et les coopératives de logement. Il s'acharne en général sur la périphérie et les zones industrielles. Mais cette fois, il vaut mieux être prudent, le pressé-je en l'aidant à se lever pour qu'il pivote dans son fauteuil roulant. Pour autant que je puisse en juger, c'est une action coordonnée de la 17e division au nord et de la base aérienne d'al-Tabqa à l'ouest. Et j'ai peur que les cibles s'élargissent, accidentellement ou non.

– Je crois que je ne le pardonnerai pas à Bachar, commente le Vieux avec tristesse.

Toute la petite famille Milet nous attend déjà dans l'entrée, lestée de sacs contenant à boire et à manger.

– Allez-y. On arrive, intimé-je.

Asma et les enfants ne se font pas prier pour dévaler l'escalier tandis que je retourne dans la chambre. Il ne m'a pas fallu cinq minutes pour me vêtir et attacher mon Glock et son étui à ma ceinture, mais quand je pousse grand-père dans l'ascenseur, le danger s'est encore rapproché et des carreaux éclatent quelque part dans l'immeuble. Les quelques instants de descente me tétanisent. Et si l'immeuble était touché ? Je resterai là, coincé avec l'aïeul, sans doute jusqu'à ce que mort s'ensuive. Parvenu enfin au rez-de-chaussée après ces interminables secondes, le Vieux ouvre la porte de l'ascenseur avec les pieds pour accélérer le mouvement, et nous retrouvons Asma, Assia et Naïm, serrés les uns contre les autres sur le trottoir, au milieu de voisins inquiets et indécis, de plus en plus nombreux à sortir de leur logement. Il ne faut pas perdre de temps.

Je suis garé en face, le long du square. J'installe le Vieux devant, le reste de la famille s'entasse derrière pendant que je vais ranger la chaise roulante dans le coffre.

– Merwan ! Merwan ! Qu'est-ce qu'il faut faire ?

C'est la plantureuse Zina Benghaoui, qui saute sur moi, affolée, tandis que je monte dans ma 307. Elle est sans son sitar mais en robe de chambre rose bonbon et les cheveux en bataille. Je la considère à travers ma vitre baissée, elle et tous ces gens qui me scrutent comme si j'étais l'oracle.

– Allez-vous réfugier au sud, sur les berges de l'Euphrate. C'est le plus sûr, crié-je en démarrant avant de partir en trombe au moment où un mortier explose à trois cents mètres, dispersant la foule hurlante et terrorisée.

Le trafic s'intensifie à vue d'œil. Dans le jour encore incertain, des phares s'allument derrière moi, des voitures quittent leur place de stationnement pour se faufiler dans les files qui commencent à se former. À l'approche de la place Naïm, je resquille les premiers encombrements en faisant jouer de ma sirène de police avant de descendre le boulevard Adnane al-Maliki à toute allure. On croise des moudjahidine armés, nombreux, à quatre sur des pick-up ou à deux sur des motos, arborant le drapeau noir et remontant vers les quartiers attaqués en klaxonnant furieusement. Une fièvre matinale s'est emparée de Raqqa. Les habitants errent sur les trottoirs, allant en tous sens, comme les voitures d'ailleurs, et vu du ciel, cela doit donner l'impression d'une fourmilière après une talonnade. Cependant, comme je le pariais, plus je m'approche de l'Euphrate, moins le danger se fait sentir. Car moi, je ne suis pas une fourmi et sais parfaitement où je vais : au port de plaisance, le havre dont j'ai besoin pour protéger les miens. À peine arrivé, je réquisitionne une barque à moteur sur laquelle on charge les sacs à provisions et le fauteuil roulant du Vieux.

– Vous allez là, en face, jusqu'à ce que ça s'arrête. Pas dans une ferme. Restez en plein champ. Au moindre problème, tu m'appelles, c'est compris ? commandé-je à Asma qui hoche la tête.

Je m'avise que depuis tout à l'heure, elle ne la ramène pas. Elle doit penser qu'en cet instant, c'est quand même utile d'avoir un mari policier.

– Et toi, papa, tu fais quoi ? pleurniche Naïm qui commence seulement à chouiner après avoir courageusement résisté à la peur.

– Je ne sais pas exactement, mon grand. Mais je suis sûr qu'il y a plein de gens qui ont besoin de moi.

C'est alors qu'un SMS de Mahmoud vient me rappeler que je ne suis pas libre de mes priorités.

*

Cela fait maintenant une heure que ce déluge de bombes meurtrit Raqqa. Je n'ose imaginer les victimes et les dégâts. Devant le chaos qui règne, je préfère me garer au petit bonheur la chance, non loin du siège du gouvernorat vers lequel je me rends d'un bon pas. La foule est immobile, lassée de tournailler en vain à chercher un abri, les yeux rivés sur la fumée qui assombrit le petit jour. Les ninjas encagoulés à l'entrée du bâtiment ont l'air plus nerveux qu'à l'accoutumée. Un des plantons a reconnu mes yeux vairons, privés de Ray-Ban, brisées la veille chez Yasmine, mais son supérieur ne se laisse amadouer qu'à la vue de ma carte de police estampillée par le Conseil de consultation des combattants. Mahmoud n'est pas dans son bureau mais dans la salle du Conseil au premier étage, m'indique un garde qui propose de m'y conduire, non sans se faire remettre mon Glock. La longue table et les chaises qui devaient initialement meubler l'endroit ont été retirées et je découvre mon beau-frère en discussion animée avec une dizaine d'individus, tous assis en cercle sur le tapis. Mahmoud me fait un signe discret de la tête en m'invitant à faire tapisserie contre le mur parmi d'autres personnes autorisées à assister à cette réunion.

J'ai à peine reconnu mon beau-frère au milieu de ses clones, avec leurs salwar noirs, leurs qamis noirs et leurs turbans noirs. À première vue, seules la longueur ou les nuances de couleur de la barbe et des cheveux permettent de les distinguer, ainsi que la corpulence. Pour passer le temps, et surtout parce que c'est pour moi une façon de mettre ce sinistre petit monde à distance, je m'amuse à leur trouver un sobriquet. À tout seigneur, tout honneur, je commence par Abou Saad al-Hadrami. Sec comme un coup de trique, se tenant le dos droit comme un I, la tête immobile et le regard lointain, l'émir de Raqqa me fait penser à un Sphinx. C'est ainsi que je l'appellerai désormais. Voyons voir, au suivant : par un contraste saisissant, son voisin, Haj Fadel al-Agal, en charge des Affaires sociales et sanitaires, ressemble à une baleine échouée sur le tapis dans une débauche de graisse. Ensuite : la silhouette élégante mais le visage fermé, Abou Luqman al-Sury, chef du Services des eaux, de l'énergie et des transports, se distingue surtout par la profondeur morbide d'un regard brutal et d'autant plus inquiétant que ses yeux aux reflets verts sont magnifiques. Il sera la Brute. Je ne me souviens plus du nom des autres, y compris des deux représentants de l'ASL, discernables à leur treillis. En revanche, je n'ai jamais vu l'un d'eux, la trentaine bien tassée, les cheveux longs dépassant de son turban et une barbe auburn, le coup d'œil acéré.

Bien que les fenêtres donnant sur la rue soient fermées, la cacophonie provoquée par l'écho des explosions, les sirènes, les klaxons et les clameurs des Raqqaouis massés alentour, contraint les édiles à élever la voix.

– Désolé, frère Fadel, mais en ce moment je ne crois pas que la priorité soit de déployer l'aide alimentaire et sanitaire dans les quartiers frappés, s'exclame la Brute à l'intention de la Baleine.

– Mais enfin, *alḥamdulillah*, comment peut-on avoir aussi peu de cœur ! s'indigne la Baleine en faisant frémir ses chairs molles. Ce qu'on nous rapporte de toute la ville est indescriptible. Il y a sans doute des centaines de blessés et je ne sais combien de morts.

– Ça suffit ! tonne l'inconnu aux cheveux longs, l'expression de son visage traduisant tout l'agacement que lui inspire cette discussion. Frère Ali est dans le vrai ! Jamais depuis la prise de Raqqa les bombardements n'ont été si intenses. C'est un tir de barrage qui prépare un assaut. Notre émir al-Baghdadi en est persuadé et nous nous en sommes entretenus avant cette réunion du Conseil. Ses ordres sont clairs. Nous devons maintenir des populations civiles en première ligne pour protéger la défense que nous sommes en train d'organiser, annonce-t-il.

Voilà qui explique ces convois de combattants remontant au nord que j'ai croisés ce matin.

Toujours est-il que cette sidérante déclaration fige un instant l'assemblée. Le Sphinx lève la main en signe d'apaisement, interrompant la Baleine, les bajoues empourprées, qui allait reprendre la parole.

– Frère Ibrahim ni ne siège, ni encore moins ne commande le Conseil de consultation des combattants, déclare le Sphinx sans ambages et sans un coup d'œil du côté du chevelu daeshien, lequel tourne pour sa part une tête furibarde vers son impudent contradicteur. Cependant, frère Taha, nous t'avons accueilli en cette enceinte de dialogue afin d'être son représentant, d'autant que nous apprécions les précieux conseils et avis de l'émir al-Baghdadi dont tu te fais le fidèle écho, poursuit-il d'une voix suave, les yeux toujours fixés droits devant lui. Si sur le plan tactique, je comprends tout à fait ton souci de garnir le front en première ligne afin de ralentir un éventuel assaut loyaliste, sur le plan stratégique, ce me semble plus délicat, et pour tout dire maladroit. Probablement les camps de réfugiés sont fortement impactés. Ce sont nos principaux soutiens, et je suis certain que nombreux sont ceux prêts au sacrifice. Mais les plus touchés restent les dizaines de milliers de Raqqaouis des quartiers populaires, sous forte influence tribale, lesquelles constituaient l'armature du régime. Inutile d'attiser leur méfiance, de provoquer une solidarité entre tribus et réfugiés, en faisant la démonstration de notre incapacité à les secourir.

– Est-on au moins sûr d'une attaque imminente ? s'enquiert la Baleine. Car sinon, vraiment, pourquoi laisser tous ces malheureux sans secours ? Enfin, sauf si cela sert notre cause, bien sûr…, s'emberlificote le djîhadiste obèse en sentant le regard noir de l'émissaire daeshien peser sur lui.

– Si frère Ibrahim en est persuadé, comme nous le rapporte frère Taha, c'est certainement qu'il a de bonnes raisons de le penser, intervient alors Mahmoud sans vergogne aucune.

Jusque-là concentré sur la lecture de son iPhone, mon beau-frère a clairement sauté sur l'occasion pour commencer son opération cirage de pompes d'al-Baghdadi, avant même sa bayah officielle prévue dans quelques jours. Confirmant mon pressentiment, Mahmoud me permet d'identifier l'homme qui veut faire des Raqqaouis des boucliers humains : frère Taha, alias Abou Mohamed al-Adnani, le principal lieutenant d'Abou Bakr al-Baghdadi et propagandiste en chef de l'État islamique. Ce dernier incline la tête vers Mahmoud qui rosit d'aise.

– Le Jabhat al-Nusra n'a plus les moyens d'instaurer son ordre, tranche al-Adnani d'une voix cassante à l'adresse du Sphinx. Combien d'hommes t'a laissés l'émir al-Jalouni avant d'aller combattre à Alep ? À peine mille ! Et la Dawla sait pouvoir compter sur au moins la moitié d'entre eux. C'est la Dawla qui défend Raqqa. C'est l'État islamique en Irak et au Levant qui commande aux Véridiques venus de toute l'Oumma combattre l'hypocrisie, l'hérésie et l'apostasie.

Mahmoud m'avait averti qu'al-Adnani était un grand inquisiteur devant l'Éternel et je reconnais que, ma foi, il mérite son titre. La violence de son discours n'a pourtant pas l'air d'impressionner le Sphinx, dont le visage demeure impavide sous l'attaque. Toute la salle retient son souffle. On n'entend plus voler une mouche. C'est alors que je prends conscience que le vacarme a changé de nature à l'extérieur, bien qu'une confuse rumeur continue de bruisser contre les vitres. Les bombardements viennent de cesser, ce que confirme bientôt l'arrêt des sirènes, notamment celles sur le toit du gouvernorat, trois étages au-dessus de nous, dont le hurlement devenait insupportable. Chacun tend l'oreille pour s'assurer que la pluie d'obus s'est enfin tarie. Des Soukhoï passent en rase-mottes pour un sinistre salut avant de rejoindre leur base, sous les huées et les applaudissements de la foule soulagée.

– *Allah akbar*, les chiens de Bachar retournent à la niche. S'il s'agissait d'un tir de barrage préparatoire à un assaut, nous serons vite fixés, commente sobrement le Sphinx après un long silence sous tension. Sinon, on appréciera que frère Fadel se soit préparé à déployer des secours, ajoute-t-il avec un sourire en coin à l'intention de la Baleine, dont le visage boursouflé s'épanouit de contentement. Qu'Allah le miséricordieux nous guide et protège les innocents.

– *Amine*, déclame chacun, y compris moi, le Grand Inquisiteur gardant un silence lourd de rancune contre l'émir de Raqqa.

– Frère Taha, si je puis me permettre, s'immisce Mahmoud d'un ton flagorneur, peut-être pouvons-nous retenir de cette discussion les risques éventuels d'émeutes. Je propose que nous mobilisions nos forces de sécurité. Mes agents des zones C et D sont débordés à ce que je peux voir sur les messages reçus depuis ce matin, informe-t-il en prenant à témoin son iPhone. Mon beau-frère ici présent, Merwan Milet, dont tu as dû entendre parler, est divisionnaire de la zone B et je propose de le nommer coordinateur pour le maintien de l'ordre dans les quartiers bombardés. Il est tout à fait qualifié pour appréhender la situation et organiser la défense civile. J'ajoute qu'il peut compter sur le respect des moudjahidine pour l'aider dans cette tâche si les troupes ennemies attaquent.

Tous les regards se braquent sur moi, nonchalamment adossé non loin de la porte. Je ne me savais pas célèbre à ce point. Mais bon, puisque cela semble être le cas, je m'avance d'un pas, mets mon poing droit sur le cœur et déclare la mine grave, tout en m'inclinant légèrement :

– *Alḥamdulillah,* c'est avec fierté et honneur que je sers Allah et le Conseil de consultation des combattants.

Qu'est-ce qu'il ne faut pas faire ou dire pour survivre dans un pays en guerre ! Au reste, je crois que je le fais très bien car j'attire l'attention du Grand Inquisiteur.

– J'ai entendu parler de toi, frère Merwan, me gratifie Abou Mohamed al-Adnani. Frère Ibrahim m'a raconté que tu as risqué ta vie pour sauver celle de la famille Haddad, qu'Allah le miséricordieux les accueille en son paradis. Tu es kurde cependant je crois, n'est-il pas ?

Je note une lueur de panique dans les yeux de Mahmoud.

– Je suis sunnite de stricte obédience et professe qu'il n'y a de dieu qu'Allah et Mohamed est son Prophète, paix, bénédiction et salut soient avec lui, proclamé-je.

Ma récitation paraît convaincre al-Adnani dont le regard inquisiteur s'adoucit un peu, en même temps que celui de mon beau-frère se détend.

– Les Kurdes ont aussi donné de glorieux guerriers, tel Ṣalāḥ ad-Dīn, le champion pour la victoire d'Allah, qui délivra al-Qods des croisés, convient-il.

Sacré Saladin qui avait pour des siècles sauvé la bonne réputation islamique des Kurdes en reconquérant Jérusalem ; et leur bonne réputation tout court en épargnant la population chrétienne et juive.

– La victoire d'Allah en ce jour serait de sauver Raqqa du désordre et si les honorables membres du Conseil le permettent, je vais dès à présent prendre les fonctions que vous m'avez fait l'honneur de me confier, dis-je pour échapper au plus vite à cet interrogatoire.

– Je t'en prie, mon frère, approuve Mahmoud, qui lui non plus ne souhaite certainement pas que ma confrontation avec le bras droit d'al-Baghdadi se prolonge. Tu as les pleins pouvoirs pour effectuer ta mission.

– Tout à fait, frère Merwan. Je confirme que nous comptons sur toi pour préserver l'État islamique de l'abysse où veulent nous plonger les ennemis d'Allah, approuve le Grand Inquisiteur.

– Que le Conseil de consultation des combattants et le digne représentant de l'émir al-Baghdadi soient assurés que je mettrai mes pas dans ceux de notre Prophète, paix, bénédiction et salut soient avec lui, pour faire régner la justice d'Allah sur Raqqa, juré-je servilement en prenant congé de l'assemblée.

En sortant, je n'en mène pas large et mon cœur bat la chamade.

*

Je récupère mon arme, m'adjoins quatre ninjas de faction en sortant du siège du gouvernorat et monte avec eux dans un pick-up équipé d'une Douchka, une mitrailleuse russe, auquel je fais prendre aussitôt la direction du nord de la ville. Je téléphone à Tareq Jaloukha pour qu'il lance un appel général à un maximum d'officiers afin qu'ils me rallient au check-point de la RN 6. Je n'ai strictement aucune idée de ce que je vais devoir faire. Mais au fur et à mesure de notre progression sur le boulevard Tal Abyad, je prends conscience du poids de mes responsabilités. Raqqa avait déjà maintes fois subi les outrages de l'aviation et de l'artillerie loyalistes, mais en une matinée les ravages ont été bien plus considérables qu'en quatre mois de bombardements perlés. Des pâtés de maisons et d'immeubles entiers ont été impactés, des gens par dizaines fouillent les décombres pour sauver des survivants. Des incendies se propagent ici et là, des habitants s'échinent en vain à les éteindre avec de dérisoires moyens. Des morts, des blessés jonchent les rues et les trottoirs, entourés de proches, pleurant de douleur ou appelant au secours. Nous croisons tout de même quelques ambulances et camions de pompiers, toutes sirènes hurlantes, essayant d'accomplir des prodiges. Devant la faculté de lettres en flammes, un convoi d'une douzaine de voitures civiles, qui cherchaient sans doute le salut dans la fuite, achève de se consumer, laissant entrevoir l'atroce spectacle des corps noircis de familles entières, prisonnières des habitacles calcinés. Une abominable odeur de chairs grillées me retourne le cœur lorsque nous franchissons le pont ferroviaire de Tichrin. Le pire est pourtant à venir.

La ligne de chemin de fer Alep-Deir ez-Zor, sabordée depuis longtemps en divers points de son parcours, marque la limite nord de Raqqa bordant tous les quartiers touchés d'ouest en est, de Dariya, à Tichrin. C'est sur cette ligne de démarcation que la rébellion a bâti sa défense au nord, ainsi que tout le long du boulevard du pont Neuf, à l'est, des confins de Dariya jusqu'au pont lui-même sur l'Euphrate. Au-delà, les faubourgs d'Andalous et de Bath, jusqu'aux extensions informelles de l'immense Tichrin, en passant par la zone industrielle et de logistique autour de la gare de Tawra, déjà réduite à quelques murs lors de précédents bombardements, offrent un spectacle de ruines et de désolation plus désespérant encore qu'en centre-ville. C'est de cet enfer qu'affluent réfugiés, paysans et autres résidant des bidonvilles et des camps de la périphérie. Ce qui laisse supposer qu'il en est de même tout au long de la voie ferrée fortifiée et sur le boulevard du pont Neuf, vers lequel devaient converger les victimes des quartiers occidentaux excentrés. Et probablement se trouvent-ils confrontés eux aussi aux mêmes barricades de sacs de sable et de blocs de béton qu'ici, hérissées de fils de fer barbelés, défendues par des mitrailleuses à intervalles réguliers, et percées par quelques rares check-points. Celui où je me trouve est un bastion avancé au-delà des voies ferrées, planté au nord de Tichrin, à un rond-point stratégique commandant l'entrée et la sortie de Raqqa par la RN 6 vers Alep. Si une offensive terrestre devait venir de 17e division, dont plusieurs compagnies sont retranchées à moins de deux kilomètres de là, dans les ruines de la raffinerie sucrière, c'est ici qu'elle se pointerait sûrement en premier. Ou un peu plus à l'est, sur la route de Manbij. Heureusement inconsciente de ce danger potentiel, la multitude qui se masse alentour revendique de franchir le barrage, refoulée par des moudjahidine leur intimant de garder la distance. Un tir dissuasif de mitraillette déchire justement le ciel au moment où nous pénétrons le périmètre.

Je perçois le sourd tumulte de cette foule inquiète et sous le choc quand j'arrive de l'autre côté du mur qu'on lui oppose. Je débarque du pick-up au milieu d'un esclandre entre deux chefs de guerre entourés de guerriers. Les protagonistes se calment en me voyant approcher, tandis qu'aussitôt tous les regards se tournent vers cet homme habillé en civil, porteur d'un Glock, avec un brassard noir entourant son bras droit.

– *Salam aleykoum*, mes frères. Je suis Merwan Milet, commissaire divisionnaire chargé par le Conseil de consultation des combattants de veiller à parer à tout désordre public. J'ai pleine autorité à déployer des moyens policiers face aux fauteurs de troubles, y compris en zone de combat.

J'avais préparé ma présentation officielle afin de la rendre la plus impressionnante possible. Et c'est donc sans surprise que je vois ces militaires se contracter un instant quand ils entendent dire qu'un policier aurait autorité sur eux. D'autant que surgissent au même moment quatre voitures et un fourgon, remplis d'officiers gradés, Tareq à leur tête, qui sortent de leurs véhicules en roulant des mécaniques. Les miliciens des deux camps s'attroupent autour de nous.

– *Aleykoum salam*, frère Merwan. Tu tombes à pic ! Je suis Khalid al-Ghabi, missionné par l'émir al-Baghdadi. Ces hommes ne veulent pas appliquer les ordres de la Dawla et laisser le check-point à ma katiba, m'apostrophe le djîhadiste d'une trentaine d'années au nez crochu comme un bec d'aigle.

Manifestement, il a entendu parler de moi.

La fonction de ce nez crochu, à coup sûr originaire d'Idlib à entendre son accent, n'est pas claire car j'aperçois derrière lui un djîhadiste portant les insignes de commandement, mais tout dans l'attitude de ce dernier laisse penser qu'il est en fait le subordonné de Nez-Crochu – décidément ce sobriquet lui sied à merveille.

– *Salam aleykoum*, commissaire. Je suis Ali Abdul Khalifa al-Othman, le commandant de l'ASL. Puis-je voir ton mandat de commandement ? s'enquiert avec l'autorité d'un officier de métier l'autre acteur de cette algarade.

– Je sors à l'instant du Conseil et nous n'avons pas perdu de temps en bureaucratie, éludé-je, tandis que mes hommes se mettent en ligne derrière moi, renforçant la curiosité des moudjahidine, dont certains quittent leur poste d'observation au check-point pour venir se greffer à la scène. Dites-moi plutôt qui commande ici, interrogé-je du ton sec d'un supérieur ne souffrant pas la contradiction.

– C'est bien le problème, frère Merwan, explique Nez-Crochu coupant la parole à l'autre. C'est la Brigade des Petits-Fils du Prophète, dont ce *shabiha* a le commandement, qui tient illégalement ce check-point, peste-t-il en me désignant Khalifa al-Othman d'un menton rageur. Or j'ai ordre de l'émir al-Baghdadi d'en prendre le contrôle.

Les Petits-Fils du Prophète ! Je ne les avais encore jamais vus de près ceux-là. C'est une des principales brigades de l'ASL, qui s'est fait connaître très tôt l'an dernier en décimant dans un attentat à Damas tout un service du renseignement militaire et son état-major. Le commandant Khalifa al-Othman, son représentant à Raqqa, est un trentenaire à la moustache épaisse et au regard dur, il porte un treillis impeccable dont l'écusson figure un double croissant stylisé, encadrant le nom de la brigade, frappé d'un fusil et d'un cimeterre entrecroisés. Un islamiste modéré, comme disent les Occidentaux, lequel, avec ses airs hautains, son uniforme brossé et ses bacchantes fournies semble tout droit sorti des albums photo du Vieux. C'est bien à un Ottoman couleur sépia auquel me fait penser l'ocre de l'uniforme et l'allure de ce si bien nommé Khalifa al-Othman.

– Nous occupons ce check-point depuis la prise de Raqqa au nom du Front de libération de Raqqa et nous n'avons aucune raison de le céder, assène-t-il. Notre casernement vient d'être quasi détruit par le bombardement. J'ai perdu au moins trente hommes. Mon bataillon ne comprendrait pas qu'on abandonne le terrain à d'autres, prévient-il d'un ton déterminé.

– Ce n'est plus le Front de libération qui commande. Raqqa est sous le contrôle de la Dawla, et tu dois obéir à la Dawla, rétorque Nez-Crochu, le nommé al-Ghabi, en baladant son index devant lui comme s'il suivait une mouche ivre.

De part et d'autre, moudjahidine en treillis ocre et djîhadistes en salwar et qamis noirs, se toisent sans aménité, tandis que mes officiers font tampon et que la foule gronde de plus en plus fort de l'autre côté du check-point. Je consulte ma montre. Cela fait une heure que le bombardement a cessé. Si attaque terrestre par l'infanterie loyaliste il doit y avoir, elle ne saurait tarder.

– Non, affirmé-je d'une voix forte en faisant mes gros yeux bicolores. C'est le Conseil de consultation des combattants qui commande et je suis ici en son nom. L'ennemi peut frapper d'un moment à un autre. Je vous intime à tous deux de fraterniser et de tenir vos positions. Je vais aller avec mes hommes parler aux gens qui sont de l'autre côté, annoncé-je d'un ton définitif qui fait son petit effet.

Les deux coqs se jaugent, me considèrent, se jaugent à nouveau et Nez-Crochu finit par me dire, l'œil noir et la voix tremblante de fureur :

– Je sais que frère Ibrahim te fait confiance, alors nous allons nous replier. Mais je ne comprends pas cet ordre. Pour moi, il était clair que nous devions récupérer ce check-point et pas seulement éloigner les *châwaya.*

– Frère Khalid, je te remercie de ta compréhension, l'assuré-je en ignorant ses récriminations. Je ferai part de tes remarques. Mais comprends que les circonstances exigent de resserrer les rangs face à l'ennemi commun, ajouté-je d'une voix sans appel.

Nez-Crochu me salue sèchement en ignorant son rival de l'ASL et la trentaine de djîhadistes qui l'escortent repart avec lui vers des transporteurs Toyota stationnés sur la route.

– Merci de ton soutien, commissaire Milet. Je n'ai pas compris qui tu es en fait… Ce daeshien a l'air de te connaître. Tu es de la Dawla ? m'interroge l'Ottoman, d'une voix à la fois soupçonneuse et méprisante qui ne me plaît pas.

– Ne me remercie pas, commandant. Mon travail commence seulement maintenant. Et si j'échoue, tu seras en première ligne pour tirer sur ces gens, dis-je en le plantant là, pour aviser la masse qui s'agglutine au pied des remparts de sable et de béton et constitue l'objet de ma présence.

Tout en marchant résolument vers la barbacane qui clôt le check-point, je fais signe à mes hommes de me suivre. L'Ottoman fait désirer un instant son feu vert mais ses miliciens nous laissent finalement passer en file indienne à travers le quinconce des plots de béton barricadant la route. Face à nous, des centaines de personnes aux visages angoissés, masquant des milliers d'autres se pressant derrière, nous observent en train d'avancer d'un air mauvais, voire hostile. Je saisis le mégaphone dont s'est muni Tareq et improvise une harangue en prenant mon espoir pour une réalité : qu'aucune troupe loyaliste ne prendra finalement bientôt ces malheureux à revers.

– *Salam aleykoum.* Mon nom est Merwan Milet. Je suis officier de police du gouvernorat de Raqqa, me présenté-je du ton le plus paternel possible. Les autorités s'inquiètent beaucoup de votre sort, soyez-en sûr, mens-je en feignant la sollicitude. À l'intérieur de la ville les dégâts aussi sont considérables. Nous nous inquiétons tous pour nos proches, poursuis-je en pensant à Asma et aux enfants ; mais aussi à Yasmine. Des secours s'organisent qui ne vont pas tarder à venir, continué-je à mentir avec autorité. Je vous demande de garder votre calme.

– Mais quand ? lance une voix geignarde.

– Nous avons besoin d'eau ! dit une autre, larmoyante.

– Il me faut de l'aide pour dégager les gravats et chercher mes enfants sous ma maison écroulée, se lamente un troisième.

– Il y a partout des pillards qui menacent nos familles, s'alarme un quatrième.

Le concert des plaintes enfle tandis que j'avance à la rencontre des plaignants, mais les gens s'écartent à notre approche, non sans continuer à rouspéter. Je sens mes hommes nerveux et leur ordonne de ne pas sortir leurs armes. À trois cents mètres de là, j'avise un bâtiment intact, dispensaire ou pharmacie, à en juger par le croissant et caducée verts qui ornent son fronton. Je m'y dirige, provoquant, avec les officiers qui marchent en arc de cercle derrière moi, un mouvement de reflux prudent à notre passage. J'entre, laissant mes hommes en faction à l'extérieur, et constate que les doléances concernant le pillage sont justifiées car des voleurs s'enfuient à mon apparition, les bras chargés de cartons. Les rayonnages de la pharmacie sont désormais quasiment vides, mais en un éclair, je projette l'usage administratif que je vais pouvoir faire des trois longs comptoirs flanquant le rez-de-chaussée, ainsi que des deux pièces de l'étage, dont l'une est meublée d'un bureau et de quelques chaises.

– Tareq, trouve-moi des chaises dans les décombres alentour. Nous allons nous installer là, dis-je en ressortant.

La pharmacie est maintenant comme assiégée, encore que le cordon de police maintienne la foule à distance respectueuse. Je contemple cette masse, faite essentiellement d'hommes, qui peut exploser à tout instant. Je redonne du mégaphone, debout sur un escabeau en bois que j'ai tiré de l'intérieur.

– C'est d'ici que je vais coordonner les secours. Je veux que les chefs de tribus et les notables de quartiers viennent à ma rencontre et exposent leurs besoins.

Des clameurs de mécontentement font écho à ma déclaration. « Tu les connais, nos besoins, traître ! » « Du bavardage alors que ma mère est emmurée vivante ! » « Qu'Allah te maudisse de nous abandonner ! » « Et nous, les réfugiés, qu'est-ce qu'on devient ? » Le ton des critiques ne cesse de monter mais aucun débordement à ce stade, mes hommes faisant face sans trembler. Je tente le tout pour le tout.

– Mais taisez-vous ! N'avez-vous donc pas honte de pleurnicher ! Qu'Allah vous foudroie à l'instant si vous n'arrêtez pas, menacé-je en tonnant dans le haut-parleur, ce qui ne calme pas tout le monde, mais met néanmoins une sourdine aux diatribes tandis que je reprends d'une voix tout aussi furieuse : Est-ce ma faute, est-ce la faute des autorités de Raqqa si cette catastrophe s'est abattue sur vous ce matin ? Est-ce ma faute, est-ce la faute des autorités de Raqqa si vous êtes là, en colère et prêts à nous lyncher ? Lyncher des policiers venus vous écouter et vous aider !

Le chahut persiste, mais les premiers rangs des manifestants ne crient plus désormais et se contentent de marmonner. J'entends même des « chut » engageant les éléments les plus perturbateurs à me laisser parler.

– Non, c'est Bachar qui a détruit vos maisons et tue vos familles. C'est Bachar qui s'acharne sur le peuple depuis deux ans. C'est Bachar qui refuse que Raqqa soit libre, *insh'Allah !* C'est Bachar votre bourreau, ce n'est pas moi ! Moi, je suis venu vers vous pour votre sauvegarde, affirmé-je, frémissant au souvenir de la Dawla qui tout à l'heure voulait en faire de la chair à canon. Je suis venu accompagné des meilleurs éléments de la police de Raqqa pour coordonner les secours dont vous avez besoin. Alors que préférez-vous ? Crier et vous défouler sur moi ou m'aider à organiser les secours dont vous avez besoin ? *Alḥamdulillah !* N'y a-t-il pas des hommes ici pour se comporter en hommes ?! achevé-je mon discours en fixant droit dans les yeux un groupe d'adolescents tapageurs, qui baissent les leurs dans la foulée et se tiennent cois, comme des gamins pris en faute.

Charger Bachar, au niveau d'impopularité où est tombé notre dictateur national, reste un argument choc pour ces populations raqqaouies ou réfugiées, frustrées par la tournure que prend la guerre civile, mais dont tous se souviennent de la cause : un régime injuste, autoritaire et corrompu. Ensuite, chacun décline sa haine de Bachar en fonction de son histoire. Me concernant, c'est la mort de papa à Saidnaya. Pour la plupart des contestataires devant moi, outre déjà un lourd passif, le ressentiment est tout frais du jour. Face à une telle multitude, difficile de parler de silence pour accueillir mon exhortation, mais, tout de même, le fond sonore s'est nettement atténué. J'ai sûrement frappé juste en appelant aux consciences et à la discipline. Nonobstant l'œil d'Allah qui scrute les cœurs naturellement. Je ne distingue plus face à moi que des visages réfléchis, des hochements de tête et même les réfractaires discutent désormais sans plus d'alacrité. En tout cas, j'ai réussi à détourner l'attention du check-point. Les sinistrés se concentrent maintenant sur la pharmacie et c'est autour de ce bâtiment que commencent à se regrouper les gens. Après s'être rapproché de la porte, un vieux en *thoab* et *keffieh* semble hésiter devant les policiers. Je donne ordre de le laisser passer et descends de l'escabeau pour aller à sa rencontre.

– Qui es-tu ? demandé-je à travers le mégaphone.

L'irruption de ce premier volontaire attise la curiosité et suspend les conversations. Dès qu'il se trouve à ma portée, je lui mets le haut-parleur devant la bouche pour qu'il se présente.

– Je suis Mohamed ben Nasser al-Bayahhttrah al-Bath, cheick de la tribu des Bayahhttrah de Bath, et nous avons terriblement besoin d'aide.

– Tu frappes à la bonne porte, mon frère, l'encouragé-je tout fort en usant à fond du haut-parleur pour prendre les derniers indécis à témoin. Viens, nous allons entrer pour discuter de la situation de ta tribu. Et vous autres, lancé-je à la volée, envoyez-moi aussi vos délégués et retournez dans vos quartiers en attendant les secours.

*

Bien sûr, un assaut de l'armée loyaliste aurait pu faire un carnage. Bien sûr, l'humeur de la foule aurait pu changer et tourner à l'émeute. Bien sûr, un impondérable aurait pu survenir qui aurait gâché la délicate alchimie créée entre moi et ces pauvres gens en attente de paroles d'espoir, de réconfort et de mobilisation. Disons-le tout net, j'ai eu de la chance. Une chance de cocu, ai-je failli dire à Asma en lui téléphonant beaucoup plus tard dans la matinée pour lui enjoindre de rentrer à la maison, sans m'appesantir sur mes exploits. « Une chance de cocu », ai-je plaisanté avec Yasmine, en me vantant, au contraire, de mon succès d'avoir évité ce qui aurait pu tourner en tuerie. Mais ce jour-là, je n'ai guère eu le temps de voir l'une et pas du tout l'autre. Pas plus que les jours suivants d'ailleurs, où je me suis contenté d'une brève visite chez ma protégée, même si elle n'avait pas besoin de moi pour revêtir son sitar et descendre elle-même s'acheter à manger. Sauf que quatre jours après ce grand bombardement, les commerces n'étant plus approvisionnés normalement, je n'ai pas pu m'empêcher de rapporter du pain frais à Yasmine, et suis reparti tout joyeux de chez elle, émoustillé par une bise sur le front.

C'est moi, en fait, qui porte la responsabilité de cette pénurie provisoire dans les magasins et les boulangeries de centre-ville. Car c'est sur mon insistance que le Conseil de consultation des combattants s'est résolu à réquisitionner un maximum de denrées et de nourriture pour alimenter les quartiers dévastés. Là encore, j'ai eu de la chance, celle de profiter des circonstances politiques qui ont suivi les évènements. Il est, en effet, apparu que, pour fixer les populations traumatisées de ces quartiers, il fallait négocier avec les chefs de tribus, jusqu'à présent négligés, bien qu'ils constituent un soutien historique aux Assad, et donc une menace. Convoqué devant le Conseil réuni au grand complet au soir de cette journée de tensions, j'ai exposé ma méthode pour calmer les esprits, insistant sur le fait qu'étant kurde, j'ai pu plus facilement gagner la confiance de coteries jalouses les unes des autres et qui auraient difficilement accepté que le représentant syrien de l'une d'entre elles s'érige en juge de paix pour toutes. Bien malgré moi, c'est sans doute mon récit qui allait conduire quelques jours plus tard à la création d'une nouvelle administration au sein du Conseil. Le bureau de Liaison avec les tribus, à la tête duquel la Brute sera d'ailleurs récusée au profit d'un Irakien, car j'apprendrai à cette occasion que Luqman al-Sury est affilié à la puissante tribu locale des al-Ajeel.

Quoi qu'il en soit, ce soir-là, j'ai convaincu les représentants de toutes les factions que le calme retrouvé dans la journée, grâce à une série ininterrompue et épuisante de consultations et de palabres, était précaire. Ils se sont laissés d'autant mieux convaincre que des incidents violents avaient éclaté à d'autres points de passage et que des échauffourées continuaient à l'heure où nous parlions. La dernière chose qu'ils voulaient était une insurrection dans les bidonvilles de la périphérie. Aussi le lendemain, alors que l'aube pointait à peine, j'entrais dans Bath dévasté sous les applaudissements d'une population qui n'y croyait plus, à la tête d'un convoi de camions chargés de vivres, de citernes d'eau et d'un dispensaire ambulant avec ses médecins, tandis que d'autres allaient desservir Tichrin, Andalous, ainsi que les banlieues occidentales raqqaouies également durement touchées. Des bulldozers arriveraient plus tard, accompagnés de centaines de volontaires, des adolescents enrôlés par la Dawla pour quelques billets et qui serviraient à rehausser son prestige.

Les travaux de déblaiement avaient permis d'extraire des dizaines de corps, même si quelques miracles ont égayé l'atmosphère de deuil, telle la découverte au cinquième jour d'une fratrie complète, qui avait survécu sous une masure effondrée grâce à une fuite d'eau et une corbeille de fruits. Le bilan total de ce bombardement sauvage, et inutile tactiquement puisqu'il n'a même pas été assorti d'une tentative de reprise de la ville, est de cent soixante-treize morts, dont plus de cinquante enfants, et le triple de blessés, dont beaucoup mourront, de nombreux autres étant condamnés à rester infirmes à vie. Pourtant, lorsqu'a été récapitulé ce chiffre effroyable, je ne suis pas parvenu à ressentir la moindre émotion, tant j'ai moi-même vu de cadavres et de blessés en sillonnant inlassablement le terrain. Et si mes yeux m'ont piqué parfois, c'est surtout en raison du soleil dont je ne peux plus les protéger depuis la perte de mes Ray-Ban que je n'ai pas eu le temps de remplacer. Du reste, la gestion de ce désastre humain exigeait une nouvelle phase et non de l'émotion : le recensement des orphelins et des femmes seules avec enfants qu'il fallait caser dans des familles d'accueil, la cousinade le plus souvent, mais aussi chez des Raqqaouis des quartiers sauvegardés, touchés par la détresse de ces concitoyens désemparés. Je ne parlais donc pas de cette opportunité à Asma qui aurait été capable de se porter candidate. Je veux bien rendre service à la communauté jusqu'à quinze heures par jour, mais j'ai déjà assez de problèmes dans ma vie privée pour ne pas accueillir de réfugiés chez moi.

Toutefois la situation devenait critique à Tichrin, que ses plus anciens habitants appellent toujours Roumeïlah, un village agricole irrigué par le Balikh, un petit affluent au débit capricieux qui se jette dans l'Euphrate en aval de Raqqa. Les dégâts ont pris ici une tournure plus dramatique dans la mesure où c'est une partie de l'approvisionnement à venir qui est menacée. D'abord, parce que le marché aux bestiaux et les silos à grain, déjà bien amochés par des raids précédents, ne sont désormais plus que ruines. Mais également parce que si les champs de céréales et les cultures de riz, plus près de la rivière, ont été largement épargnés, il n'en est pas de même des enclos, poulaillers et étables. Vols et rapines sur les troupeaux rescapés se multipliant, au risque que n'éclatent des règlements de comptes entre tribus, j'ai recommandé et obtenu du Conseil de consultation des combattants que l'on déplace les éleveurs qui le souhaitent et leurs familles sur les terres agricoles de l'autre rive de l'Euphrate afin de garantir l'apport de viandes fraîches et de laitages aux consommateurs raqqaouis déjà sévèrement rationnés.

C'était mon travail du jour, et je viens de l'achever. Conduire dès l'aube sur dix kilomètres plus de trois mille personnes, et quinze mille têtes de bétail, bêlant, meuglant et chiant tout au long du chemin, sans parler du caquetage assourdissant des volailles en cage sur des charrettes pour rejoindre le pont neuf et leur faire traverser l'Euphrate. Heureusement, j'étais escorté d'une centaine de mes hommes pour mener à bien l'opération, car cette présence policière m'a aidé à convaincre les ultimes récalcitrants de partager les terres convenues avec les nouveaux arrivants. Ma plus grande fierté ces derniers jours était d'ailleurs de pouvoir m'appuyer sur la police de Raqqa afin de mener mes missions, rare institution encore neutre par les temps qui courent. Et mon plus grand soulagement a été le retour de mon adjoint attitré, Yahya al-Satouf, plein d'ardeur désormais que sa famille est à l'abri à Damas. Et il n'était pas de trop pour me seconder, avec Tareq Jaloukha. Nous devions toutefois subir le renfort inutile d'une katiba de l'État islamique, dont j'ai au moins obtenu qu'ils soient tous syriens afin d'éviter des altercations entre étrangers urbains et paysans châwaya pour cause d'incompréhension culturelle.

La prière de l'après-midi vient de s'achever et j'invite mes hommes à prendre le reste de leur journée. Moi-même, je dois rentrer chez moi me faire beau car c'est ce soir que frère Ibrahim, dit Abou Bakr al-Baghdadi al-Husseini al-Qurashi, le nouveau caïd de Raqqa, donne sa grande réception pour recevoir l'hommage de ses admirateurs. Il va sans dire que mon action depuis une semaine m'a valu une invitation.

7

Étalant fastueusement à l'angle de l'avenue Rachid al-Haroun et du boulevard Adnane al-Maliki sa longue façade tarabiscotée de trois étages d'architecture néo-orientale, le palais du gouverneur, intégralement plaqué de calcaire blanc et de marbre, est la plus somptueuse résidence de Raqqa, qu'agrémentent des jardins, des piscines, et même une ménagerie. En parfaite harmonie avec son salafisme djîhadiste, qui reconnaît à tout guerrier d'Allah le droit au butin de guerre, Abou Bakr al-Baghdadi et sa garde rapprochée s'en sont emparés sans coup férir lors de leur entrée triomphale en ville à la mi-mai. Il en sort très rarement depuis, ou dans l'anonymat d'une voiture aux vitres teintées se rendant dans un lieu secret, forgeant ainsi au fil des semaines son image subliminale de puissance tutélaire invisible. Peu au fait de ces subtilités des techniques de communication moderne, l'émir Abou Saad al-Hadrami avait, au contraire, délaissé l'endroit, jugé trop emblématique de l'ancien régime honni, préférant pour se loger agrandir et embellir la maison familiale de Machlab, un faubourg rural dont le Sphinx est natif. Je gare sans complexe ma Peugeot 307 devant la majestueuse entrée du palais et ses arcades octogonales. À peine sorti de voiture, deux ninjas encagoulés viennent m'encadrer en me menaçant de leur kalachnikov. Quelle embrouille, surtout avec mon Glock ! Bref, je dois montrer patte blanche, noire en l'occurrence, sans échapper pour autant à devoir me garer plus loin. J'aurais dû m'en douter en voyant ce vaste parvis totalement dégagé. Al-Baghdadi est le mieux placé pour savoir qu'un malheur est vite arrivé. Une voiture piégée, par exemple.

Une réception de l'État islamique n'est pas une réception comme une autre. Je m'en rends compte à peine entré dans le hall, en costume bleu, chemise blanche ouverte et tête nue, au milieu d'hommes, uniquement des hommes, revêtus de salwar, qamis, thoab, *dishdasha* et autres *gandourah* et coiffés de turbans ou de keffieh. J'en aperçois ici et là qui ont poussé l'originalité jusqu'à mettre une cravate. Des hommes venus du Golfe en observateurs et auxquels leur fortune ouvre toutes les portes, m'explique Mahmoud que je croise au buffet, délicieux et varié du reste, mais qui manque terriblement d'alcool. Plusieurs de ces costumés encerclent ainsi en protection un sexagénaire métis débonnaire en tenue traditionnelle bédouine que mon beau-frère me présente comme le chef du renseignement saoudien. Le Qatar est moins bien représenté en raison de la récente démission forcée de son Premier ministre, Hamad ben Jassem, consécutive à une révolution de palais fin juin. Des Qataris font cependant acte de présence ainsi que des porte-serviettes koweïtiens.

– Il y a des agneaux qui tournent à la broche sur la terrasse arrière, m'informe Mahmoud qui lui-même chipote chichement un shish barak depuis cinq minutes, comme s'il avait besoin de garder la ligne ! Je sais bien qu'il n'est pas recommandé de jeûner avant le ramadan, mais là j'ai l'impression que beaucoup vont faire des réserves, grince mon ascétique beau-frère d'un ton choqué. As-tu pu vérifier mes soupçons concernant Hakim ? ajoute-t-il tout à trac.

– Non, je n'ai vraiment pas eu le temps de m'en occuper, crachouillé-je en dégustant pour ma part avec plaisir mon second ravioli levantin, tout en gardant en tête l'agneau qui rôtit dehors et m'attend. Tu es bien placé pour savoir que, ces derniers jours, je n'ai pas chômé.

Au rythme où ma vie professionnelle s'emballe dans une autre direction, l'évocation de mon neveu me fait penser fortuitement que je ne saurai peut-être jamais qui a tué Kenza Haddad et sa famille.

– C'est vrai ça, Merwan. Tu es un vrai frère pour moi ! Grâce à toi, la Dawla s'est acquis une bonne réputation auprès des habitants de Raqqa. Tu as été très utile à al-Baghdadi et crois-moi, nous entrons dans une période où il vaut mieux être de son côté. Je vais moi-même faire ma bayah ce soir et c'est avec fierté que je pourrai me dire à tous ton beau-frère.

Je n'ai pas le temps, ni même l'envie, de lui rappeler que la Dawla envisageait initialement d'utiliser des Raqqaouis comme boucliers humains, car Mahmoud me quitte déjà pour aller accoster une connaissance sûrement plus utile à sa promotion. J'en profite pour examiner les lieux. L'immense salle de réception s'élève sur toute sa hauteur jusqu'aux étages qui l'entourent de ses rambardes, desservis par une cage d'escalier monumentale de marbre rose. Des doubles portes percent les murs de part et d'autre des premières volées de marches, l'une donnant sur les communs à en juger par le va-et-vient domestique, l'autre sur une galerie illuminée s'ouvrant sur d'autres pièces du rez-de-chaussée du palais et allant vers les jardins. Je constate avec dépit que tous les objets de décoration, qui devaient être nombreux et magnifiques dans cette gigantesque salle d'apparat, ont disparu, comme en témoignent les socles vides de statues, les marques des tableaux descendus des murs, ne laissant comme seuls vestiges du *koufr* que de hautes enceintes longilignes Bang & Olufsen muettes, ainsi que d'imposants plafonniers de cristal réglés sur la lumière la plus crue. Compensant cette entorse au bon goût islamique, un étendard noir démesuré déroule la shahâda sur toute la longueur de la balustrade du deuxième étage.

Il y a bien une centaine de personnes au milieu desquelles circulent des serveurs en livrée de style turc, qui discutent par petits groupes. J'en reconnais beaucoup de vue, dont j'ai oublié le nom, sinon le Grand Inquisiteur al-Adnani, la Brute, alias Luqman al-Sury, ainsi curieusement que Fadel al-Agal. J'avais pourtant vu la Baleine quelques jours plus tôt s'opposer vigoureusement au Grand Inquisiteur, mais il faut croire qu'il s'est entre-temps rangé à la déraison daeshienne et s'apprête à faire allégeance à al-Baghdadi. Dans cet aréopage, ce sont plutôt ceux qui manquent que l'on remarque. À commencer par le Sphinx, l'émir de Raqqa, lequel, tout djîhadiste qu'il soit, marque ainsi une rupture qui n'est pas sans panache. L'absence la plus visible est toutefois d'abord vestimentaire. Aucun treillis de l'ASL parmi les invités, pas plus celui d'Abou Issa, le général de la Brigade des Révolutionnaires de Raqqa que celui d'Ali Abdul Khalifa al-Othman, l'Ottoman qui commande les Petits-Fils du Prophète, rencontré voilà quelques jours à ce check-point où j'ai gagné mes galons de pacificateur urbain. Al-Baghdadi a la fraternité militaire sélective.

Le voici d'ailleurs qui fait son apparition, interrompant les discussions particulières. Il fend en silence et le regard impassible la foule obséquieuse s'inclinant devant lui pour se diriger vers un impressionnant *nimbar* échafaudé en aplomb de l'escalier monumental. Je note que, pour ses apparitions publiques, il doit mettre des lentilles sur ses yeux myopes car ils sont dépourvus des grosses lunettes cerclées de fer que je lui avais vues lors de sa visite à l'hôpital. Il gravit lentement les marches jusqu'à la chaire, à hauteur de la longue balustrade du premier palier où se tiennent des gardes armés. Ses hôtes semblent frappés d'aphasie, figés chacun dans sa position, comme si le temps s'était arrêté pendant son ascension. Al-Baghdadi ne paye pas de mine avec sa silhouette pataude enrobée de noir qui progresse pesamment, mais il sait mesurer les effets de sa mise en scène. Quand, enfin parvenu sur le plateau, il se retourne pour considérer d'un regard extatique l'assistance à ses pieds, il ne voit que des visages soumis en attente de sa parole.

– Louange à Allah. Nous Le louons. Nous Lui demandons secours et pardon. Nous invoquons Allah pour nous protéger de nos propres maux et de nos mauvaises actions. Celui qui est guidé par Allah ne s'égare pas. Celui qui veut tromper n'aura point de guide, commence-t-il avec emphase.

L'ambiance n'était déjà pas gaie sans femmes, sans alcool et sans musique, mais je sens que je vais gravement me faire chier à l'écoute de ce discours dont l'exorde se prolonge à coups de citations du Coran. Non sans d'infinies circonlocutions préalables, il en vient tout de même à entrer dans le vif du sujet.

– Mes frères, demain nous entamons le mois sacré du ramadan. Dans une vingtaine de jours, si Dieu le veut, viendra la nuit du Destin. D'après Abou Houreira, qu'Allah soit satisfait de lui en son Paradis, le Prophète, paix, bénédiction et salut soient avec lui, a dit : « Celui qui jeûne la nuit du Destin, avec foi et en espérant la récompense, ses péchés précédents sont pardonnés et celui qui jeûne le ramadan avec foi et en espérant la récompense, ses péchés précédents sont pardonnés. Quand vient le mois de ramadan, les portes du Paradis sont ouvertes, les portes de l'Enfer sont fermées et les diables sont enchaînés. » Profitez de ce grand mois pour Lui obéir, ô serviteurs d'Allah, car la gratification est doublée. « Que ceux qui la convoitent entrent en compétition pour l'acquérir », nous enseigne la sourate 83, verset 26 et je vous exhorte tous à convoiter la gratification d'Allah. Au cours de ce mois, l'appel au djihâd est sacré. Le Prophète, paix, bénédiction et salut soient avec lui, détermine les légions, enrôle les forces armées pour combattre les ennemis d'Allah et mener la guerre sainte contre les associateurs. Ô musulmans, Allah, le Très-Haut, nous a créés pour le rendre Unique, pour l'adorer et établir Sa Religion. Allah le Miséricordieux a dit dans la sourate 51, verset 56 : « Je n'ai créé les djinns et les hommes que pour qu'ils

M'adorent. » Qu'Il soit béni et exalté ! Il nous a intimé l'ordre de combattre ses ennemis et de mener le djihâd pour réaliser cela et instaurer la Religion. Car, comme nous le rapporte al-Albâni, Mohamed le Messager d'Allah, paix, bénédiction et salut soient avec lui, disait : « La pire des choses, ce sont les innovations, toute innovation est une hérésie, toute hérésie est une déviance et toute déviance mène au feu de l'Enfer. » Aussi mes frères, demain, premier jour du ramadan, je quitterai Raqqa avec mes légions aimées d'Allah et porterai le fer et le feu contre ceux qui mécroient, les Kurdes apostats qui s'opposent aux soldats d'Allah, les hypocrites de l'ASL qui prétendent établir la démocratie des koufar occidentaux et tous les ennemis qui se dresseront sur la route de la victoire d'Allah, annonce al-Baghdadi dans un trémolo de voix terrible et halluciné.

Un bruyant « *Amine* » accueille ces paroles délirantes. Encouragé, s'il avait besoin de l'être, il se met alors à nous infliger toute sa science islamique pour démontrer, sourates et hadiths à l'appui, que lui seul marche sur le sentier d'Allah et que s'opposer à lui reviendrait à s'opposer à Allah et que donc forcément ne pas suivre son commandement reviendrait à s'opposer au commandement d'Allah. Tous tremblent, particulièrement ceux qui en ont pris pour leur grade. Je ris sous cape en avisant la mine contrite des Saoudiens, Qataris et Koweïtiens tandis qu'al-Baghdadi, dans sa diatribe contre les croisés et les juifs, inclut aussi « les monarchies corrompues et perdues aux yeux d'Allah » dans le Tâghoût qu'il se propose de détruire comme « Allah a brûlé Sodome et Gomorrhe d'un feu purificateur ».

– Après-demain, reprend-il, cela fera trois mois que j'ai proclamé l'État islamique en Irak et au Levant. J'ai annoncé que l'État islamique s'imposerait de lui-même, et nous pouvons être fiers des premiers résultats. Toutefois, Allah ne peut se satisfaire de la situation. Certes, la foi des moudjahidine s'est fortifiée qui m'ont rejoint en nombre. Mais la mécréance, la luxure et la corruption sévissent toujours à Raqqa. Les femmes affichent toujours leur impudeur, sortant à toute heure du jour le visage non couvert ou les cheveux visibles sous des voiles colorés qui offensent la vue d'Allah, l'alcool circule toujours, tout comme les cigarettes, les chrétiens ne sont toujours pas sous statut, la musique instrumentale maudite d'Allah trouble toujours la sérénité des cœurs à l'heure de la prière et, pire encore mes frères, c'est par dizaines de milliers que des égarés continuent toujours de vaquer à leurs occupations quand retentit l'adhan.

Nous sommes là typiquement dans l'appréciation du verre à moitié vide ou à moitié plein. Là où al-Baghdadi voit une cité de débauche, je déplore pour ma part le climat plombant d'une ville se wahhabisant à vue d'œil. Je sens que je ne vais pas pouvoir tenir encore longtemps à m'infliger les divagations de ce taré, d'autant plus effrayantes qu'elles sont stupides. Mais voilà qu'après une courte pause, il en remet une louche, avec toujours plus de véhémence :

– Ô gens, la Religion est à Allah, qu'il soit béni et exalté. L'objectif, pour lequel Allah nous a créés, ne peut être instauré et réalisé que par le recours à l'arbitrage de la loi d'Allah, le recours à Son jugement et à l'application des châtiments prévus par la sharia. Cela ne peut se faire que par force et autorité. Et l'État islamique est cette force et cette autorité. Car Allah a dit, dans la sourate 57, verset 25 du Saint Coran : « Nous avons effectivement envoyé Nos Messagers avec des preuves évidentes, et fait descendre avec eux le Livre et la balance, afin que les gens établissent la justice. Et Nous avons fait descendre le fer, dans lequel il y a une force redoutable, aussi bien que des utilités pour les gens, et pour qu'Allah reconnaisse qui, dans l'Invisible, défendra Sa cause et celle de Ses Messagers. Certes, Allah est Fort et Puissant. » C'est pourquoi, alors que je dois quitter Raqqa pour mener le djihâd contre les ennemis d'Allah, j'ai décidé de nommer en mon absence Abou Mohamed al-Adnani comme lieutenant général de l'État islamique. C'est un véritable guerrier d'Allah, et je ne doute pas qu'entre ses mains fermes l'Islam véridique triomphera à Raqqa comme il triomphera dans tout le Levant. Car comme Allah le Miséricordieux nous y appelle dans la sourate 8 verset 39 : « Et combattez-les jusqu'à ce qu'il ne subsiste plus d'associations, et que la Religion soit entièrement à Allah. »

Dans une parfaite synchronisation, à peine achevée la péroraison guerrière de l'allumé d'Allah, les Bang & Olufsen dispersées aux quatre coins de la pièce entonnent un chant religieux martial, repris en chœur par l'assistance, vouant à la mort et à la destruction à peu près la terre entière. Mais pour la gloire du Très-Haut. Je n'en peux plus d'entendre ces épouvantables simagrées lorsque, enfin, al-Baghdadi se décide à descendre du nimbar pour venir donner une accolade au Grand Inquisiteur, lequel a le triomphe modeste lorsque de serviles affidés viennent aussitôt le féliciter. De la logorrhée baghdadienne ont tout de même émané plusieurs informations qui vont ordonnancer le reste de la soirée. D'abord, son départ de Raqqa pour le front et son remplacement par al-Adnani. Cela me concerne au premier chef puisque dans une heure je serai convoqué par un de ses sbires pour un rendez-vous avec lui, dans une pièce à l'étage. Ensuite, l'élargissement très net des objectifs militaires et politiques du djihâd. Il ne s'agit plus de lutter seulement contre Bachar et les alaouites qui constituent l'ossature du régime. Il ne les a d'ailleurs même pas mentionnés en tant que tels, les englobant de fait dans une même détestation meurtrière du Tâghoût, ce terme visant toute personne, organisation ou institution, publique ou privée, ne relevant pas de sa stricte obédience wahhabite. Tous sont ainsi frappés par l'accusation majeure d'hérésie, le péché capital consistant à « associer » à l'adoration de l'Unique, la vénération de saints, de lieux ou d'objets cultuels spécifiques ou hétérodoxes, ce qui vise non seulement les chrétiens et les chiites, dont un célèbre mausolée est lieu de pèlerinage à Raqqa, mais aussi les Alaouites, les Druzes, les Circassiens, les Soufis, les Yézidis, voire, tant qu'à faire, les Syriens sunnites lambda. L'Islam sunnite syrien, largement majoritaire, est en effet traditionnellement hanafite, la toute première école juridique musulmane fondée sous le califat abbasside et dominante sous le califat ottoman ; de loin la plus tolérante, notamment au regard de la liberté des pratiques cultuelles locales, que condamne au contraire le wahhabisme. Les Kurdes étant maîtres en matière de particularisme sunnite, c'est sans surprise qu'al-Baghdadi les a nommés comme premières cibles de sa vindicte inquisitoriale. Ce qui me met au passage une sacrée pression communautaire. Enfin, cette soirée aura surtout vu l'autopromotion d'Abou Bakr al-Baghdadi al-Husseini al-Qurashi comme commandeur autoproclamé des croyants pour mener cette guerre totale contre tous avec la bénédiction d'Allah. Celui qui a ainsi l'air de se prendre pour le nouveau calife s'en donne l'allure, solennellement assis sur les coussins en soie d'un confortable fauteuil au design mauresque, et recevant les hommages d'une cour tout à sa dévotion. Une file informelle s'est formée, où des cadres de toutes les factions d'inspiration salafiste patientent pour venir lui faire allégeance. J'aperçois Mahmoud, qui se croit sans doute digne et concentré dans l'attente de son tour, mais qui, vraiment, a surtout l'air lâche et soumis. Je préfère sortir prendre l'air avant de m'interroger sur ma propre présence au beau milieu de cette mascarade.

*

La terrasse est presque déserte autour du méchoui où rôtissent des moutons sous la surveillance de marmitons indifférents et de ninjas encagoulés aux aguets. La douceur de l'air me fait du bien. J'ai une folle envie de fumer mais ce n'est à l'évidence pas le lieu pour s'adonner au vice. Je descends donc les marches qui mènent à la première piscine, que je contourne pour pénétrer dans un jardin touffu et odorant. Le sentier bordé de dattiers, figuiers, orangers et citronniers conduit à un belvédère en saillie au-dessus de la seconde piscine. Je me glisse dans un hallier de jasmins et allume une cigarette. Dieu que c'est bon d'inhaler du tabac quand on a les nerfs à vif. J'entends un chameau blatérer et le feulement rauque d'un lion lui répondre depuis la ménagerie dont on distingue vaguement les cages au milieu de la végétation en contrebas du bassin, à la lueur incertaine de flambeaux tremblotant au vent du Sud. Que les nuits peuvent être belles à Raqqa sous la voûte céleste éclairée par un croissant de lune et piquée d'un firmament d'étoiles scintillantes ! Soudain, mon attention est attirée par des éclats de voix et je vois surgir de la pénombre un groupe d'importuns faisant irruption sur le pavement de la piscine encombré de tables et de chaises. Les ombres du mur surplombant la scène m'empêchent de discerner les visages des personnages, mais la maigre lumière d'une torche éclaire faiblement plusieurs silhouettes en costumes et dishdasha. Je reconnais les émissaires du Golfe aperçus en début de soirée, ceux-là mêmes qu'al-Baghdadi n'a pas épargnés dans son sermon. La petite troupe vient se placer juste sous le rebord où je me trouve, puis je les entends qui tirent des sièges. La confirmation que j'ai affaire à des Bédouins hypocrites se concrétise avec le bruit caractéristique de briquets qu'on allume, bientôt suivi par l'émanation de fumée.

Les ombres restent silencieuses un instant, mais je doute que ce soit pour goûter la magie de la nuit raqqaouie. D'ailleurs, une discussion animée s'engage bientôt, à moins de trois mètres sous moi.

– Al-Baghdadi est fou ! Vous l'avez vu oser insulter les Saoud, les Thani et les Sabah, nos frères et nos cousins ! Si nous ne réagissons pas, la rébellion syrienne va prendre un tour dangereux…

– Le prince ben Jassem t'avait prévenu, Bandar, que ta créature t'échapperait. Alors maintenant, ne viens pas te plaindre.

– C'est facile d'avoir un prince effarouché avec des cheiks en sous-main qui se la jouent en douce. Et ta Fondation Alkarama, elle ne distribue que des médicaments et de l'aide alimentaire aux populations sous contrôle d'al-Qaïda en Irak, peut-être ? Al-Baghdadi a berné al-Nusra, et cet idiot d'al-Joulani n'a rien vu venir et nous a tous fait jouer avec le feu. Les Thani, comme les Saoud.

– Ça suffit mes frères, ne revenons pas sur le passé, intervient un autre. Parlons plutôt de notre affaire. Si nous la menons à bien, nos alliés de la Brigade des Petits-Fils du Prophète reprendront la main et al-Baghdadi perdra beaucoup de son prestige. Et n'insultons pas al-Joulani. Le Jabhat al-Nusra reste notre allié.

– C'est exactement ça, approuve l'un d'eux. Al-Baghdadi est une baudruche qui a eu beaucoup de chance. Si nous pouvons ruiner sa réputation, alors nous regagnerons le soutien des moudjahidine.

– Peut-être, rétorque un autre. Sauf si notre ruse est éventée et cela pourrait se retourner contre nous, notamment vis-à-vis des Occidentaux qui se décident enfin depuis quelques semaines à livrer des armes à l'ASL.

– C'est un risque. Mais il sera toujours temps de prétendre qu'il s'agissait d'une attaque de Bachar. Après tout, c'est dans son arsenal que nous avons trouvé ces bombes et les Américains goberont ce que nous leur dirons, si ça tourne mal.

– Mais ça ne va pas tourner mal car nous avons l'homme idoine pour remplir cette mission impossible, n'est-ce pas frère Hassan ?

Le dénommé frère Hassan se fait désirer, et ce faisant me sauve la vie. Au moment où il va répondre, le silence qu'il a instauré me permet d'entendre à mes pieds un sifflement typique, bien que discret. J'entrevois, horrifié, la forme d'une vipère ottomane, la tête dressée prête à frapper. D'abord tétanisé, j'hésite à m'extraire d'un bond du massif de jasmin de peur que le bruit des branchages n'attire l'attention, sans pour autant m'éviter une morsure. Reprenant prestement mes esprits, d'un geste court et précis, je jette mon mégot rougeoyant sur la tête du reptile, lequel, surpris par l'attaque, s'enfuit sans demander son reste d'une rapide ondulation. L'action n'a duré que quelques secondes mais a décuplé mon rythme cardiaque et m'a fait perdre le fil de la conversation.

– … ancien officier français, binational algérien, et ingénieur balisticien. Il a fait ses armes en Algérie dans les années 90, puis a combattu en Afghanistan, en Irak et au Sahel, où ses talents ont toujours été un atout tactique. Mais je ne vais pas brader pour rien un soldat aussi expérimenté. Le prix est toujours de trois millions de dollars. Un million pour lui, incluant le service déjà rendu, un million pour moi pour paiement des services du Front des étrangers pour le Levant, et un million pour compenser nos frères du Mouvement des Hommes libres.

– C'est honteux, frère Hassan ! Nous payons deux fois tes services, s'indigne une des voix.

– Je croyais que les Qataris avaient l'habitude des transferts à force de jouer au Mercato dans les clubs de football européens, ironise ledit Hassan, dont je déduis qu'il s'agit d'Hassan Jazra, le commandant du Front des étrangers pour le Levant, un petit groupe mercenaire parmi tant d'autres.

– Frère Hassan a raison puisque c'était ce qui était convenu. Et nous avons l'argent, tempère un contributeur. Sa part lui sera remise personnellement quand il rejoindra le cantonnement des Petits-Fils du Prophète.

– Ça me semble correct, convient Hassan après une pause. Il prendra contact dès demain. En ce qui me concerne, puis-je voir l'argent ?

– Naturellement, lui répond-on, tandis que j'entends le dépôt d'un objet sur la table et le cliquetis d'un cadenas qu'on ouvre. Un million en coupures de cent et cinq cents dollars !

– Je ne vous ferai pas l'offense de recompter.

Je reste encore quelques minutes en espérant que cette bande de margoulins répète le nom de ce spécialiste si convoité. Mais la conversation se recentre sur al-Baghdadi. Je décide de me replier, vu que c'est bientôt l'heure de mon rendez-vous avec le Grand Inquisiteur. Il y a aussi ce méchoui que je voudrais quand même goûter avant de m'y rendre. La terrasse s'est remplie, mais je parviens à me faire servir assez vite et pénètre dans le palais avec une belle tranche croustillante d'agneau posée sur un bitta rhagif à l'oignon. À l'intérieur, la cérémonie d'allégeance bat son plein. Une fois l'hommage prêté, beaucoup continuent de grouiller autour du fauteuil où s'est calé al-Baghdadi, comme des papillons de nuit autour de la lumière. Je savoure tranquillement mon plat en observant ces personnages pathétiques qui vont bientôt truster les postes-clefs de l'administration raqqaouie. Je ne vois pas Mahmoud parmi cette nouvelle élite mais le retrouve dans une luxueuse pièce du premier étage où me conduit un garde, non sans avoir remarqué que l'on filtre des gens qui montent ou descendent des étages supérieurs. Abou Mohamed al-Adnani est assis derrière un beau et large bureau d'acajou, seul témoignage, hormis ici et là quelques autres meubles de qualité et quelques tapis, du faste des lieux d'antan, dont tout objet décoratif, tableaux, photos, statuettes, bibelots, a été ôté comme dans la salle de réception et le long des murs dénudés des escaliers. L'immense bibliothèque, vide de tout livre, ajoute à l'incongruité des lieux.

– Entre, frère Merwan, et assieds-toi, me lance d'une voix neutre le djîhadiste remarquablement chevelu, tandis qu'un sbire m'introduit dans la pièce.

Mon beau-frère est affalé, la mine sombre, sur un des deux grands canapés de cuir, entouré d'une demi-douzaine d'hommes en noir. Je reconnais dans cette aimable assemblée Khalid al-Ghabi, alias Nez-Crochu, l'émissaire daeshien qui cherchait noise l'autre matin aux Petits-Fils du Prophète et que j'avais acculé à dégager avant que la situation ne dégénère. Je me singularise en allant prendre place sur une chaise tout en déclarant servilement à al-Adnani :

– C'est un honneur, frère Taha, d'être l'objet de l'attention d'un fier combattant de l'Islam à ton image.

Cette flagornerie ne paraît nullement flatter le djîhadiste qui demeure impassible derrière sa barbe. Son regard n'en est que plus inquiétant tant son œil ne cesse de me scruter comme à la recherche d'une faute. Après ce bref examen, il commence l'entretien :

– Frère Merwan, tu l'as sans doute compris en écoutant frère Ibrahim tout à l'heure, l'heure de la conquête de l'Islam a commencé. Et c'est ici, à Raqqa, que nous allons démontrer être les seuls Véridiques. Sous mon commandement, j'ai l'intention, conformément aux directives de frère Ibrahim, de faire appliquer la sharia sans plus de compromis. Cela implique de réduire ceux qui égarent les croyants hors du sentier d'Allah et de soumettre les chrétiens au paiement de l'impôt communautaire s'ils veulent demeurer à Raqqa. Pour mener à bien cette mission divine, nous avons besoin d'hommes sûrs et déterminés. Sous mon égide, tout l'appareil sécuritaire va ainsi être réorganisé afin de recentrer l'action de la police contre l'hérésie, les associateurs et les ennemis de la Dawla. J'aurais souhaité, si toutefois tu en étais digne, t'intégrer à cette nouvelle administration.

Je m'attendais à une proposition du genre, encore que formulée plus clairement qu'au conditionnel, ce qui m'évite d'hésiter.

– *Alḥamdulillah !* De quelle tâche exaltante tu me gratifies, frère Taha, assuré-je avec toute l'hypocrisie dont je suis capable. Je suis bien sûr à ta disposition pour toute mission que tu voudras bien me confier.

Tel le serpent dont j'avais évité tout à l'heure la morsure, le Grand Inquisiteur, que je pensais avoir rasséréné sous le feu de mon enthousiasme, crache alors un jet inattendu de venin.

– Si tu en étais digne, ai-je dit. Or il apparaît que tu as trahi mes ordres voilà huit jours quand tu es apparu devant moi au Conseil de consultation des combattants. Ne t'avais-je pas ordonné de préserver l'État islamique de l'abysse où veulent nous plonger les ennemis d'Allah ? Or j'apprends que tu as soutenu ces chiens impies qui osent se nommer Petits-Fils du Prophète en empêchant une katiba de la Dawla de prendre le contrôle d'un check-point ?

L'attaque est rude et je lance un regard furibard vers mon délateur, encore ce Nez-Crochu, qui me toise d'un œil sardonique tandis que Mahmoud, assis non loin de lui, semble passionné par les motifs des tapis, et que les autres m'examinent, l'air grave. Il en faut toutefois plus que ces méthodes policières, mâtinées de procès moscovites, pour me déstabiliser.

– Frère Taha, en ce jour dont tu parles, la préoccupation de tous était d'éviter que les habitants sinistrés de la périphérie ne sèment la pagaille en tentant de passer nos défenses alors qu'on attendait une attaque terrestre après une matinée de bombardements.

La voix calme et sûre, je poursuis impassiblement :

– J'ai parfaitement réussi à maintenir l'ordre au principal point de passage des quartiers nord et j'ai d'ailleurs été félicité le soir même par le Conseil de consultation des combattants qui m'a confirmé dans ma mission, laquelle ne s'est achevée qu'aujourd'hui avec le transfert de paysans de Tichrin vers la rive sud de l'Euphrate. Je ne comprends pas tes accusations.

Al-Adnani me considère avec sévérité mais comme il tarde à parler, je poursuis :

– Dans la mesure où tu rapportes des faits qui ont eu dans cette pièce un témoin, je demande qu'il précise ses accusations.

Une caricature de sourire s'éclipse instantanément de la face de Nez-Crochu quand le Grand Inquisiteur l'invite d'un geste à parler.

– J'atteste par Allah le Miséricordieux que toi et tes hommes ne m'avez pas appuyé pour prendre le contrôle du check-point de la route nationale 6 au nom de la Dawla, déclare al-Ghabi, dont le nez se recourbe redoutablement. Tu as, au contraire, contesté l'autorité suprême de l'État islamique.

– À aucun moment mon rôle n'a été d'intervenir dans un litige entre factions mais d'empêcher des civils d'interférer dans le dispositif militaire de défense en les maintenant en première ligne en cas d'attaque, objecté-je, torse bombé et regard planté droit dans celui, indéchiffrable, du Grand Inquisiteur. Je répète que j'ai parfaitement accompli ma mission. Je n'avais qu'une trentaine d'hommes avec des armes légères, et frère Khalid à peine autant de combattants alors que nous étions entourés de centaines de brigadistes. Encore une fois, quelle était l'urgence ? Savoir qui tiendrait un check-point ou dissuader la foule de tenter de le franchir et risquer de se répandre en ville en ajoutant au désordre ? Mes ordres étaient clairs et je les ai accomplis, terminé-je d'une voix ferme et le ton sec.

– Depuis ta reddition, la Brigade des Petits-Fils du Prophète a fortifié ses positions sur Tichrin, Tawra et jusqu'à Salhiya, réplique al-Adnani, sans concession. C'est une faute que d'avoir laissé un tel chancre hostile à l'Islam véridique à un point aussi stratégique.

Le pire, c'est que c'est sans vergogne et avec le plus grand sérieux qu'il me reproche de ne pas avoir anticipé le virage radical adopté ce soir par son mentor, al-Baghdadi. Je tente le tout pour le tout, avec toute la véhémence que je peux y mettre :

– Qu'Allah me foudroie à l'instant si j'ai ourdi contre ses desseins et les tiens ! Mais comment aurais-je pu deviner il y a huit jours qu'une guerre totale était déclarée aux ennemis de la Dawla. La semaine dernière encore, le Conseil de consultation des combattants comptait de nombreux adversaires de frère Ibrahim. Et mon propre beau-frère ici présent, Mahmoud al-Khalif lui-même, n'avait pas fait sa bayah.

Il était temps de mouiller Mahmoud, qui lève enfin la tête de la contemplation du sol et vient me défendre.

– Frère Merwan a voulu bien faire, je te l'ai déjà dit, frère Taha, fait-il, m'apprenant en passant que mon cas avait déjà fait l'objet d'une discussion. Je comprends que frère Khalid ait été déçu de ne pas avoir son soutien à ce check-point, mais mon beau-frère est policier. Il n'est pas militaire et s'y entend peu en politique. Seule sa fidélité à la Dawla est importante et tout le travail qu'il a abattu cette semaine montre qu'elle est pleinement acquise.

Le Grand Inquisiteur plisse ses lèvres fines en un rictus dubitatif.

– Frère Khalid est le chef de notre nouveau service de renseignement. Je devais éprouver ses accusations, semble-t-il se justifier. Mais eu égard à tes états de service, frère Merwan, je veux bien admettre que tu aies agi de bonne foi, concède-t-il finalement. Sache cependant que la poursuite de l'hérésie devient notre principal objectif. Dans les trois mois seul l'Islam véridique et la loi d'Allah devront régner sur Raqqa.

J'opine du chef machinalement en observant du coin de l'œil la mine défaite de Nez-Crochu que je n'aurais pas dû sous-estimer.

– Si tu es d'accord avec cet objectif, frère Merwan, et que tu es prêt à suivre aveuglément la guidance d'Allah, je te propose d'intégrer le bureau de Sécurité comme chef de la police criminelle, ajoute-t-il avec un simulacre de sourire.

– C'est un honneur insigne que ton offre généreuse après avoir subi ton juste courroux pour mes péchés devant le Très-Haut, me résigné-je à confesser, toute honte bue. Je tâcherai de m'en montrer digne en m'inspirant dans mon action de la sunna de notre Prophète bien-aimé, paix, bénédiction et salut soient avec lui.

Le Grand Inquisiteur interprète cette veule proclamation comme un acte d'allégeance et les apparences doivent sûrement lui donner raison.

– Frère Ibrahim, qui te fait l'honneur d'accepter ta bayah, n'en attendait pas moins de toi, m'informe-t-il avec satisfaction.

À peine ai-je le temps de digérer cette humiliation, la perspective de devoir me prosterner devant son mentor, qu'il se lance aussitôt dans la description de mon nouveau job. Outre l'*Emniyat*, le nouveau service de renseignement dont ce nez crochu de Khalid al-Ghabi a la direction, et dont le rôle sera *grosso modo* de remplacer les Moukhabarat de l'ancien régime, la Dawla mise sur la police religieuse. Il me présente ainsi mes autres collègues, deux enturbannés à son image. L'un, un tout jeune Tunisien nommé Abou Sayyaf, est chef du bureau de la Régulation, c'est-à-dire qu'il représente les préposés aux rappels à l'ordre sur l'heure des prières, le port du voile, la musique, l'alcool, la cigarette, etc. Il venait de Belgique, comme mon pote simplet, Abou Madhi, mais ce n'était pas le même profil. À vrai dire, avec sa tronche de voyou et son petit sourire de gouape, des cigarettes et de l'alcool, je le voyais plutôt en vendre. L'éclat meurtrier de son regard noir m'invite à lui attribuer comme petit nom le Bourreau, même si cette fonction reviendrait plutôt à son voisin, un Irakien quinquagénaire à la longue barbe rougie au henné, se faisant appeler Hajji Bakr al-Iraqi. C'est le chef du bureau des Châtiments, lequel assiste les tribunaux islamiques pour l'arrestation et l'interrogatoire des prévenus, et l'application des amputations, décapitations, lapidations et autres joyeusetés shariatesques. Avec sa barbe aux reflets sanguinolents, le sobriquet de Barbe-Rouge lui convient au poil. J'apprendrai plus tard que Barbe-Rouge, qualifié de « maître de l'ombre » par Mahmoud, ancien des services secrets de Saddam, est un tout proche d'al-Baghdadi qui l'a installé dans la banlieue d'Alep voilà quelques mois pour planifier l'expansion de l'État islamique. Retenu au front, al-Baghdadi faisait confiance à al-Adnani, mais le flanquer du « colonel Samir », son vieux camarade de prison américaine, était une garantie supplémentaire que Raqqa allait filer droit. Le Grand Inquisiteur ne nous cache d'ailleurs pas son intention de faire respecter fermement la sharia en intégrant la police religieuse au sein de la police municipale, dont les Gens Dignes de Confiance devront, en revanche, être purgés. En attendant, j'ai provisoirement la responsabilité de la police municipale, aux avant-postes dans la lutte contre les trafics et le marché noir.

– Les Kurdes sont notre première cible, comme l'a précisé notre émir al-Baghdadi, rappelle-t-il. Il faut lister les magasins, les mosquées et les associations kurdes, recenser les personnalités et les membres les plus en vue de la communauté, repérer les combattants des Unités de protection du peuple et les militants du parti de l'Union démocratique kurde. Frère Merwan, frère Khalid, vous allez devoir faire équipe pour cette opération jugée de la plus haute importance et qu'il faut mener dans les quinze jours. Frère Ibrahim souhaiterait que cette vague d'arrestations fasse l'objet d'un film de propagande pour démoraliser les Kurdes de la Rojava, leur bastion dans le nord et le nord-est du pays où nous envisageons une offensive.

Collaborer avec Nez-Crochu pour faire un holocauste de mes frères de sang me fait prendre cruellement conscience de l'engrenage foireux où je me suis fourré. Et je ne suis pas au bout de mes peines.

– D'après frère Khalid, poursuit al-Adnani, nous avons néanmoins aussi une opportunité de décourager l'opposition arabe laïque et ses soutiens de l'ASL dans les tout prochains jours.

– Exactement, abonde Nez-Crochu. Selon mes informations, vendredi, après la prière du zénith, les apostats d'Haqquna vont manifester au bord de l'Euphrate. Nous pourrions frapper un grand coup en arrêtant les meneurs et en dispersant les manifestants de manière assez violente pour les dissuader de recommencer à nous défier, déclare-t-il avec délectation.

À l'énoncé d'un tel projet, une bouffée de chaleur me monte aux joues et j'ai bien du mal à dissimuler mon embarras. J'essaye de réfléchir plus vite que la panique qui m'envahit à l'idée de voir Asma, sans doute accompagnée des enfants, subir la répression salafiste. Je savais que cette capoeira démocratique était une folie. Ainsi donc, Haqquna est infiltré par un espion qui informe Nez-Crochu. Je dois rapidement mettre de l'ordre dans ma tête avant que mon mutisme n'intrigue mes interlocuteurs :

– C'est une très bonne idée, frère Khalid. Haqquna représente des forces certes pacifistes, mais hostiles de la société raqqaouie. Faire échouer leur manifestation pourrait démobiliser leurs partisans. Néanmoins, puis-je faire une remarque, frère Taha, ajouté-je avec humilité en me tournant vers le Grand Inquisiteur.

– Parle, m'ordonne-t-il.

– C'est une opinion de policier. En aucun cas je ne voudrais que frère Khalid ou toi-même l'interprétiez comme une tentative de protéger Haqquna des foudres méritées de la Dawla.

J'aperçois Mahmoud qui fait des yeux ronds. Ils jetteraient des lueurs de panique, les yeux de cet imbécile, s'il savait que sa sœur fait partie de la résistance démocratique.

– Mais encore ? Parle ! s'impatiente al-Adnani.

– Voilà. Comme tu l'as souligné, l'émir al-Baghdadi ordonne que nous organisions une rafle de la communauté kurde dans les quinze jours. C'est une opération minutieuse qu'il faut préparer avec soin.

Évidemment je me garde bien de mentionner que je n'ai nullement besoin de recenser les Kurdes raqqaouis susceptibles de contrarier la Dawla, pour la bonne raison que je les connais tous. Je poursuis, sur le ton du professionnel :

– Or si nous réprimons sévèrement la manifestation de vendredi, nul doute que cela risque de donner l'alerte dans les milieux d'opposition et de nous compliquer la tâche. Il y a beaucoup de Kurdes chez Haqquna, cette manifestation pourrait au contraire nous aider dans nos repérages, continué-je dans l'espoir de les emberlificoter. De surcroît, la Brigade des Révolutionnaires de Raqqa, voire celle des Petits-Fils du Prophète, pourrait intervenir si nous réprimons trop violemment une manifestation d'Haqquna. Cela pourrait finir en insurrection et en bataille rangée sur un terrain que nous n'avons pas choisi. Un massacre de civils pourrait peut-être dissuader l'opposition de se manifester publiquement à l'avenir, mais cela plongerait tous nos ennemis dans la clandestinité, à commencer par les Kurdes.

Al-Adnani et Nez-Crochu m'observent chacun d'un œil torve que je subis sans rien montrer de mes affres intérieures. Cet instant pénible me paraît interminable.

– Frère Ibrahim compte beaucoup sur l'éradication des Kurdes de Raqqa. On ne peut se permettre un échec, et encore moins une insurrection, finit par lâcher al-Adnani. Dans ces conditions je veux bien entendre ton conseil.

– Surtout, m'empressé-je de fayoter à peu de frais, qu'une imposante présence de la police municipale pourrait déjà impressionner ces gens. Qu'en pense frère Khalid ?

Je tremble à l'idée que Nez-Crochu ait quelque chose à redire, et notamment qu'il veuille revendiquer la responsabilité des opérations. Il me dévisage d'ailleurs avec circonspection.

– Je pense ce que pense frère Taha. S'il pense qu'il faut tolérer ce rassemblement de mécréants démocrates pour ne pas alerter les Kurdes de nos intentions, c'est que c'est la bonne option, *insh'Allah.*

– Je veux que ce soit toi, frère Merwan, qui encadres cette manifestation et, au moindre débordement, j'exige une répression sans pitié. Et la dispersion une heure avant la nuit au plus tard, ordonne al-Adnani, comme s'il regrettait déjà sa permissivité.

– Naturellement, acquiescé-je avec sévérité, trop content de m'en tirer à si bon compte. Si ces koufar d'Haqquna exagèrent, ils encourront le courroux d'Allah.

Cette pénible conversation se poursuit par une autre qui ne l'est pas moins, dont il ressort que l'État islamique a l'intention de ruiner les factions rivales en utilisant l'appareil sécuritaire pour lutter contre la corruption et les trafiquants, c'est-à-dire couper les sources de revenus concurrentes pour mieux se les attribuer. Encore une tâche qui m'obligera à collaborer avec Nez-Crochu, ce qui ne m'emballe guère. Nous terminons cette conférence par une prière avant de sortir sur la grande galerie desservant les pièces de l'étage. C'est alors que nous entendons des hurlements provenant d'un étage supérieur, et qu'une toute jeune fille dénudée apparaît derrière la rambarde du troisième. Un barbu torse nu se tient derrière elle avec un fouet, tandis que d'autres sortent sur le palier dans le même appareil, la curiosité attisée par le tumulte. L'instant d'après, les gardes de faction filtrant le passage vers les étages, où j'avais noté tout à l'heure un va-et-vient, quittent leur poste précipitamment pour se porter en criant vers les lieux du désordre. Acculée par cette meute à la balustrade, la jeune fille crie soudain *« Allah, forgive me for my sin ! »*, puis se laisse tomber en arrière pour aller s'écraser quinze mètres plus bas sur le dallage dans un fracas atroce, la tête éclatant sous le choc et répandant au sol des éclats de cervelle et des jets de sang jusqu'à quelques pas du fauteuil où al-Baghdadi reçoit toujours la bayah de ses nouveaux vassaux. La consternation est palpable, qui se traduit par un silence de mort dans l'assistance. Un silence qui me permet d'entendre des cris étouffés à l'étage et des portes qui claquent sur des secrets d'alcôve. En fait, il y avait des femmes à cette réception. Des *sabiyya,* des esclaves sexuelles, sans doute offertes en récompense de l'acte de contrition consenti par les ralliés à al-Baghdadi. Des gamines de l'âge de ma fille, constaté-je, en redescendant au rez-de-chaussée, à la vue du cadavre de cette étrangère anglophone que des domestiques emportent déjà tandis que d'autres nettoient. Le cérémonial reprend autour de l'émir de la Dawla comme si rien n'était survenu. Un sentiment de honte me submerge au souvenir concomitant de Kenza Haddad, alors que me voilà chef de la police criminelle de l'État islamique, en charge de tout, sauf de poursuivre le crime. Et même plutôt de l'encourager.

Et je n'ai pas encore bu le calice jusqu'à la lie, comme disent les chrétiens. Alors que je me prépare à m'éclipser sans avoir à subir l'épreuve redoutée au prétexte de cet incident, le Grand Inquisiteur pose une main sur mon épaule tout en me tendant un papier de l'autre.

– Tiens. Apprends cette formule par cœur avant d'aller t'incliner, me recommande-t-il avec gravité.

Je le remercie platement et me place dans la file comme un mouton allant à l'abattoir en tâchant de mémoriser ces quelques mots qui vont officiellement faire de moi un moudjahid de l'État islamique : « Je prête allégeance à frère Ibrahim, lui jure soumission et obéissance, dans la vigueur et l'impulsion, dans la misère et l'abondance. Je favoriserai toujours ses préférences aux miennes, et je ne contesterai pas les ordres de ses émissaires, à moins d'être témoin d'infidélité manifeste. »

*

Il est 1 heure passée quand je rentre chez moi, mais c'est seulement pour me changer. J'ai trop sué dans cette chemise au fur et à mesure des bassesses concédées et des peurs ressenties lors de cette réception cauchemardesque. Comme tout le monde dort à la maison, j'utilise mon téléphone portable pour m'éclairer jusque dans la garde-robe de la chambre, en quête d'un jean et d'un tee-shirt. Je prends soin de ne pas réveiller Asma. Dans la pénombre à laquelle se sont adaptés mes yeux, mon attention est attirée par une flamme fugace qui scintille brièvement en contrebas, à travers le pare-brise d'une voiture en stationnement, au pied de l'immeuble. Je vais m'habiller dans la salle de bains mitoyenne, sans davantage allumer la lumière et me poste devant la fenêtre. Malgré l'absence d'éclairage public autour du square, je distingue au clair de lune deux personnes dans un 4 × 4. Vu l'heure tardive et le type de véhicule, j'ai tendance à écarter l'hypothèse d'un couple d'amoureux. Se pourrait-il que Nez-Crochu me fasse filer par ses *emniyim*, cette nouvelle police secrète à la solde de la Dawla dont il a la direction ? Sûr que ce type n'était pas le plus grand fan de ma promotion. Cherche-t-il à prouver au Grand Inquisiteur que je ne suis pas celui que je prétends être ? Il a du flair, ce Nez-Crochu, surtout avec l'entrevue que j'ai programmée, et que je tiens coûte que coûte à maintenir. Qui que soient ceux qui m'espionnent, j'ai bien l'intention d'échapper à leur surveillance, car tant qu'à être dans le camp des salauds, autant que cela serve à quelque chose.

Une fois habillé, je sors discrètement de l'appartement, tirant doucement la porte sans en faire cliqueter la serrure et descendant les marches sans déclencher la minuterie. Depuis l'angle de l'escalier, je m'avise que la voiture suspecte est garée juste en face de la sortie de l'immeuble. À l'intérieur, deux hommes de faction dans une voiture de la Dawla, reconnaissable à son drapeau noir harnaché sur la carrosserie. Me fondant dans l'obscurité, je longe le mur jusqu'aux dernières marches et gagne la sortie arrière donnant sur une cour garnie de box. J'escalade l'un d'eux en prenant appui sur une grosse poubelle et grimpe sur le toit d'un autre jusqu'au muret de l'immeuble voisin qui donne sur une autre cour. Je me retrouve bientôt dans une rue adjacente à la mienne, encore que trop près du square pour traîner dans le coin. La lune est un croissant déclinant sur son tapis d'étoiles mais la faiblesse de la lumière est un atout pour ma progression furtive dans Raqqa quasi déserte. Il y a environ deux kilomètres jusqu'au Jardin Blanc, un des plus beaux parcs de la ville vers lequel je me dirige. Je me réfugie une ou deux fois dans une encoignure au passage d'un pick-up, et évite quelques promeneurs attardés. Enfin, j'arrive chez Sefîn Hasroumi. Son logement de fonction de vice-recteur de l'université est sis dans un bel immeuble agrémenté de balcons donnant sur le parc. Il faut presque un quart d'heure avant qu'une voix mi-inquiète, mi-agacée finisse par répondre à l'interphone et que Hasroumi me laisse entrer devant mon insistance.

– Que viens-tu faire ici à cette heure, Merwan ? Il est 2 heures 30 du matin ! m'accueille le sexagénaire en robe de chambre sur le seuil de son appartement du dernier étage.

– Je sais quelle heure il est, Sefîn, rétorqué-je, alors qu'il me fait entrer et referme à clef derrière moi.

C'est un appartement d'intellectuel. De riche intellectuel. Presque aussi grand que celui du Vieux, mais semblant bien plus petit tant les pièces et les couloirs sont encombrés de rayonnages de livres, nonobstant ceux entassés par piles dans des recoins, et d'objets d'art de toutes époques et de toutes catégories, depuis une statue séleucide jusqu'aux toiles achetées à la Menasart Fair, la foire d'art contemporain de Beyrouth, en passant par des miniatures abbassides merveilleusement encadrées, ainsi qu'une collection de tapis persans moelleux et de meubles ottomans anciens qui procurent confort et volupté à ce musée privé de la culture orientale. J'aperçois une jeune femme vaguement recouverte d'une chemise d'homme, me regarder du coin d'une porte avant de disparaître sur un geste de Sefîn. Il me conduit au salon, où cette riche décoration atteint son summum avec l'exposition d'instruments de musique arabe à la facture digne d'une vente chez Sotheby's. Sous l'œil étonné de mon hôte, je tire les lourdes tentures de soie verte à cantonnière des fenêtres avant d'aller m'asseoir dans un confortable sofa de la même étoffe raffinée.

– Tu veux un café ? me propose Hasroumi en se dirigeant vers un meuble en marqueterie dissimulant un bar et une machine à expresso derrière ses belles portes de thuya incrustées de nacre formant des arabesques.

– Volontiers. Et un whisky, ajouté-je en remarquant une bouteille de Laphroaig.

– Qu'est-ce qui t'amène ? demande-t-il en tassant du café dans la machine avant de me servir un verre. J'espère que ce n'est pas pour me parler de la capoeira de vendredi ! Asma m'a dit que ça ne te plaisait pas mais dans les circonstances actuelles, il est hors de question de renoncer.

Sefîn Hasroumi est ce qu'on appelle un vieux beau, avec sa silhouette élégante, même en robe de chambre, son visage buriné aux traits taillés à la serpe, ses yeux bleu ciel et sa crinière poivre et sel. Le vice-recteur est du reste réputé être un homme à femmes, et désormais que je sais que mon épouse peut être volage, je me demande s'il a couché avec. Vu comme elle l'admire, ça ne me surprendrait plus. Et d'ailleurs, il doit connaître son amant. Mais je ne suis pas là pour ça.

– Sefîn, je sors du palais du gouverneur où j'ai été nommé chef de la police criminelle de l'État islamique par le lieutenant général de l'émir al-Baghdadi.

– Daesh ?! Tu es devenu chef de la police de Daesh ? crache-t-il, dégoûté, en manquant de lâcher le verre de Laphroaig pour finalement hésiter à me le donner. Mais alors, c'est encore pire que ce qu'Asma nous a laissé entendre ! Et tu viens ici m'arrêter, je suppose, suggère-t-il d'une voix provocante où ne transperce aucune crainte.

– Si j'étais venu t'arrêter, je ne serais pas venu seul et en catimini, répliqué-je en lui saisissant le verre de la main. Je veux bien mon café aussi.

Il me considère un instant, hausse les épaules et retourne à la machine qui vient de terminer de remplir la tasse.

– On ne va pas tourner autour du pot, Sefîn. Je sais à qui j'ai affaire et si je suis là, c'est parce que j'ai autant besoin de toi que tu vas avoir besoin de moi.

– Mais qu'est-ce que c'est que ces mystères ? m'interroge-t-il, intrigué, en venant poser la tasse sur un guéridon avant d'aller se caler dans un fauteuil club, face à moi.

La découverte des activités politiques de mon père, lors de son procès en 2005 à Damas, avait été une surprise pour la famille, biberonnée à l'universalisme marxiste, et alors que papa ne s'était jamais fait non plus remarquer auparavant par une quelconque quête identitaire. Les Kurdes furent longtemps une minorité opprimée. La nationalité syrienne avait ainsi été retirée à des centaines de milliers d'entre eux dans les premières années du régime baathiste pour complaire aux tribus arabes de la Djézireh qui visaient leurs terres. Mais la plupart conservèrent la citoyenneté syrienne et leur culture se révéla bien mieux protégée qu'en Turquie voisine. Au tout début des événements, soucieux de s'éviter trop de fronts à la fois, Bachar consentit à rendre leur nationalité à ceux qui vivaient sans papiers dans leur propre pays depuis presque soixante ans. L'an dernier, le régime laissa l'Union démocratique kurde prendre le contrôle de Kobané et d'un chapelet de villes et bourgs de la Rojava, le Kurdistan syrien. Malgré ces gages de bonne volonté, les Kurdes cherchèrent longtemps à être solidaires de la révolution. Mais la montée en puissance des djîhadistes et les coups de Jarnac de l'ASL conduisirent à la rupture. L'Union démocratique et les autres partis kurdes autrefois rivaux se sont unis au sein d'un Conseil national kurde, le CNK, lequel dispose d'un bras armé, les Unités de protection du peuple.

J'ignore le degré d'implication exact de Sefîn Hasroumi dans l'organigramme du CNK. Mais il ne pouvait qu'être de premier plan, compte tenu du profil du personnage. Riche héritier célibataire d'une dynastie historique de Raqqa, il a toujours joué sur tous les tableaux qui le faisaient valoir, de l'avocat inlassable des droits de la femme musulmane – et de son droit de coucher avec –, au défenseur attitré de la culture kurde, en passant par le médiateur de bien des conflits sociaux raqqaouis des trente dernières années, au grand soulagement des autorités, à commencer par grand-père, à l'époque, qui l'a toujours ménagé. Si Sefîn n'est que vice-recteur de l'université al-Ittihad, c'est que le rectorat revenait à un Alaouite, lequel s'est du reste exilé à Lattaquié dès le premier coup de feu tandis que Hasroumi embellissait encore sa légende en créant Haqquna, Notre Droit. Reste que ce noceur impénitent de la même génération que papa n'avait pas seulement partagé avec lui des filles et des bouteilles, mais l'avait aussi sensibilisé à la cause kurde. De son point de vue, c'était une belle prise que d'enrôler un policier de la République arabe dans l'Union démocratique kurde, mais ce bon coup coûta plus tard sa vie à mon père.

– Alors ? Qu'est-ce que tu veux me dire, s'impatiente-t-il, tandis que je déguste mon Laphroaig en fumant une cigarette.

– Alors, dans les quinze jours je vais devoir organiser une rafle dans les milieux kurdes et tu seras premier sur la liste, réponds-je du tac au tac, pas mécontent de voir blêmir cet universitaire auquel la vie a toujours souri.

– Et pourquoi tu viens me raconter ça, Merwan ?

J'aspire une bouffée de tabac et prends le temps d'expirer de longues volutes avant de me lancer.

– Sefîn, tu sais que je t'en veux beaucoup d'avoir embrigadé papa dans cette aventure qui l'a conduit à Saidnaya.

– Mais ton père était assez grand pour..., m'interrompt-il

– Ta, ta, ta, laisse-moi parler. Je t'en veux d'ailleurs aussi d'embrigader ma femme.

Hasroumi écarquille de colère ses grands yeux bleus et ouvre la bouche pour protester.

– Mais si je t'en veux à titre personnel, poursuis-je avant qu'il ne l'ouvre, j'ai le plus grand respect pour ton travail politique. Tu as sauvé l'honneur de Raqqa en organisant la résistance démocratique et beaucoup de gens se reconnaissent en toi. Mais je suis désolé de te dire que ton combat aura été vain, en tout cas à court et moyen terme. Daesh, qui a déjà marginalisé politiquement l'ASL, va passer incessamment à la vitesse supérieure en éliminant toutes les factions rivales, soit physiquement, pour ce qui concerne l'ASL et Haqquna, soit en les ruinant pour récupérer leurs troupes, concernant les autres groupes djîhadistes, à commencer par al-Nusra. Leur chef, al-Baghdadi, est un fanatique endiablé qui a l'intention d'éradiquer toute opposition à son projet d'État islamique. Daesh projetait dès vendredi un bain de sang lors de votre manifestation au bord de l'Euphrate. Eh oui, Sefîn, il y a un espion dans ton comité exécutif et ils savent tout de votre manifestation. Heureusement, j'ai acquis suffisamment de poids au sein de l'appareil sécuritaire pour que tout se passe gentiment, du moins je l'espère. Mais je ne pourrai pas toujours empêcher les projets terroristes qu'ont ces cinglés. Je t'ai parlé des Kurdes, dont ils veulent purger la ville, mais les chrétiens vont suivre, ainsi potentiellement que tout Syrien non wahhabite. Je sais, ça a l'air dingue, conviens-je tandis que Sefîn secoue la tête, mais crois-moi ces gars-là sont notre pire cauchemar, bien davantage que Bachar et ses sbires. Si je te raconte tout ça, c'est parce que je veux utiliser ma nouvelle position pour préserver autant que possible Raqqa et nos concitoyens de cette barbarie. Le hasard et la position de mon beau-frère, Mahmoud, m'ont valu de gravir rapidement les échelons dans cette organisation. Mais mon intention est de collaborer avec toi, qui es au carrefour de tous les mouvements d'opposition laïque, afin de sauver ce qui peut l'être, à commencer par toi, qui es l'incarnation même de ce que Daesh exècre.

Sans un mot, Sefîn Hasroumi se lève et va se servir un verre de raki qu'il boit cul sec. Je l'accompagne en vidant mon whisky avant de prendre ma tasse de café tiédi. Son silence s'éternise tandis qu'il me fixe mais son regard me transperce sans précisément me viser.

– Tu crois vraiment que c'est fini et que nous aurons fait tout ça pour que des théocrates incultes finissent par gouverner ce pays ? Jamais, Merwan, jamais je ne céderai, ni n'abandonnerai

Raqqa, affirme-t-il d'une voix pourtant plus désabusée que combative. Va plutôt voir Abou Issa si tu cherches à négocier une reddition.

– Sefîn, je crois que tu ne m'as pas bien compris. Je ne cherche rien à négocier pour le compte de Daesh. Je trahis Daesh, dont j'ai acquis la confiance, afin que nous collaborions dans l'intérêt commun de Raqqa et de ses communautés. Et j'ai pris des risques pour ça, figure-toi. Au sein même de la Dawla, j'ai des ennemis. La police politique daeshienne me surveille. Et surtout Sefîn, arrête de me prendre pour un con. C'est toi qui incarnes l'opposition à Raqqa. Pas cette baudruche soi-disant révolutionnaire d'Abou Issa qui a laissé sans broncher le Conseil de consultation des combattants grignoter peu à peu tous les rouages du pouvoir. Hormis sur la police municipale, il n'a plus aucun pouvoir et il laisse ses brigadistes démobilisés. De l'ASL, seuls les Petits-Fils du Prophète sont suffisamment nombreux et organisés pour contrecarrer les plans expansionnistes de Daesh. Et je ne suis pas assez intime avec son leader, que j'ai rencontré cependant, un dénommé Ali Abdul Khalifa al-Othman, pour lui faire la même offre qu'à toi.

– Les Petits-Fils du Prophète sont une création qatarie et des Frères musulmans syriens exilés, commente Hasroumi avec une moue de mépris, ce que la conversation entendue tout à l'heure par hasard, au bord de la piscine au palais du gouverneur, semble confirmer. Haqquna ne partage rien avec ces gens-là. Je ne comprends toujours pas ce que tu attends de moi.

– Ce que j'attends de toi, c'est que vendredi tu diffuses à la lettre mes instructions au sein des cadres d'Haqquna, afin que la capoeira se déroule sans anicroche. Mais surtout, je veux que nous organisions tous les deux dans les dix jours l'exfiltration de la communauté kurde. Je sais que beaucoup sont partis depuis la rupture de l'Union démocratique avec le Front de libération de

Raqqa, mais tous doivent fuir pour échapper à la souricière que je suis chargé de préparer.

– Je te l'ai déjà dit, je ne partirai pas de Raqqa, réitère l'arrogant universitaire.

– Si ce n'est toi, et on en reparlera, peux-tu songer que ce sont des femmes et des enfants dont il s'agit d'éviter l'arrestation, l'internement et sans doute pire ? répliqué-je d'un ton de reproche.

Piqué au vif de se voir rappelé à son égocentrisme, Sefîn Hasroumi hausse les sourcils, serre ses fines lèvres et me jette un regard dédaigneux. Toutefois, il consent finalement à déclarer, en se servant un nouveau verre :

– D'accord, Merwan. Alors, on fait quoi ?

8

Il est près de 5 heures quand, au terme d'une marche nocturne sans obstacles ni menace, je rentre subrepticement chez moi par le même chemin d'escalade pour constater par la fenêtre de la salle de bains que les emniyim n'ont pas relâché leur surveillance devant l'immeuble. L'appel à la prière de l'aube ne va pas tarder à retentir à la mosquée des Martyrs. Je me glisse sous la douche, heureux d'échapper au concert de muezzins qui va réveiller Raqqa. L'eau tiède et le savon d'Alep à l'eucalyptus effacent la fatigue de ma nuit blanche. Je ressens une excitation comme je n'en ai pas connu depuis mes débuts dans la police. Mon élévation au sein de l'État islamique m'a subitement révélé une vocation de résistant à laquelle je me croyais étranger après ces années d'indifférence politique. À la fois dépositaire de l'autorité de la Dawla et justicier anti-Daesh, je me sens pour la première fois depuis des mois à l'aise dans ma peau. Essoré des dernières souillures de ma réception au palais du gouverneur, j'exsude un parfum de liberté à la pensée de l'œuvre de salubrité publique dont je vais tenter d'être le héros. Cependant, ma liberté est nécessairement intime et mon œuvre forcément clandestine.

– Bonjour, chéri, tu n'es pas rentré de la nuit ou quoi ? s'enquiert Asma qui apparaît nue dans la salle de bains au moment où je sors de la douche dans le même appareil.

– Non chérie, je suis rentré tard d'une réunion où j'étais obligé d'aller et j'ai dormi sur le canapé, mens-je avec conviction.

– Oh, mon pauvre, dit-elle en venant se lover contre moi tandis que je mets une serviette autour de ma taille.

Je dois me plaquer contre le lavabo pour masquer l'érection qui se manifeste au contact de sa chair chaude, encore languide de sommeil. Ainsi accrochée à moi, Asma nous regarde dans le miroir en souriant et je lui souris en retour tout en cherchant la paire de ciseaux. J'ignore si elle tente un acte d'amour et je ne veux pas le savoir. Depuis cette affreuse matinée où nous avons dû fuir les bombardements, mon épouse a changé à mon égard. L'autre nuit, elle a même mis sa tête sur ma poitrine sur laquelle elle s'est finalement endormie, après avoir vainement joué avec mes poils, code conjugal d'invitation au sexe. Je ne peux même pas dire que c'est sa trahison qui me bloque. Depuis sa découverte, je n'ai rien fait pour la confondre, ni connaître mon rival. Bien sûr, je ne vais pas nier que Yasmine me trotte dans la tête. Mais je ne l'ai quasiment pas vue tous ces derniers jours, sinon quelques instants volés sur ma mission auprès des habitants des quartiers sinistrés. Et ce n'est pas maintenant que je me sens investi d'une mission supérieure que je vais me laisser aller avec Asma.

Sentant l'échec de sa tentative de séduction, Asma se détache enfin pour me laisser tailler ma barbe et se dirige à son tour vers la douche.

– Tu vas rentrer plus tôt ce soir ? J'aimerais bien qu'on organise le grand salon pour accueillir mes amis d'Haqquna vendredi soir, m'annonce-t-elle.

– Oui, je vais faire mon possible.

Ce soir, Asma aura appris qu'il n'est plus question de tenir cette réunion chez nous. Sefin Hasroumi a convenu que ce serait inutilement me mettre en danger que de recevoir la fine fleur d'Haqquna à mon domicile. Il a aussi admis, plus difficilement, qu'il valait mieux éviter d'une manière générale que tous les cadres d'Haqquna se réunissent chez l'un d'eux alors que Daesh renforce ses capacités d'espionnage. Je lui ai promis en retour qu'il pourrait regrouper ses gens, mais discrètement, pendant la manifestation au bord de l'Euphrate, dans les locaux du club sportif Nadi Rachid. Aller réquisitionner les lieux sera d'ailleurs une de mes tâches de la journée. Une perspective qui m'incite à visionner sur mon Huawei une série de photos que je n'avais plus consultées depuis un certain temps. Après tout, j'ai toujours une enquête pour homicide en cours et cette visite sera l'occasion de vérifications maintes fois reportées. Cela me fait penser que je n'ai même pas prévenu Asma de mon rôle d'ange gardien d'Haqquna et du coup je me taille un franc succès pendant le petit-déjeuner familial.

– Finalement chérie, c'est moi qui assurerai le service d'ordre de votre manifestation vendredi.

Je réserve à plus tard, au jour où ce sera indispensable, la révélation à ma femme de ma nomination comme chef de la police criminelle de la Dawla.

– Oh, Merwan, c'est formidable, se réjouit-elle. Tout le monde sera rassuré. Surtout qu'aux dernières nouvelles on sera très nombreux. Je suis si contente que tu veuilles bien te joindre à nous, après tout le mal que tu as dit de notre idée.

– Non Asma, je ne me joins pas à vous. Je vous protège.

– Oh mais papa, tu seras tout de même un peu de cœur avec nous, j'espère ? se désole ma fille, indiquant son intention d'accompagner sa mère.

– Oui Assia, je serai de tout cœur avec vous, affirmé-je sans mentir. Mais je compte sur vous tous pour être disciplinés et ne pas provoquer la police. La situation politique est très compliquée, mais je fais pleinement confiance à Sefîn pour se montrer responsable, éludé-je avant d'embrasser tout le monde.

J'ignore quel sera mon lieu d'affectation. En attendant, je vais à mon bureau du Bloc B. Le 4 × 4 suiveur de l'Emniyat prend le large sitôt que je suis garé devant le commissariat d'où j'appelle immédiatement mes adjoints Yahya et Tareq par téléphone. Après la journée harassante que nous avons eue hier à devoir escorter cette foule humaine et animale de l'autre côté du fleuve, ils ne s'attendaient pas à être convoqués de si bon matin. Les voilà tous les deux devant moi, l'un dans mon fauteuil de sieste, l'autre sur le siège et moi assis derrière mon bureau qui m'allume une cigarette. Bien qu'ayant ajouté à cette même journée une soirée stressante au repaire des daeshiens et une nuit grisante à les trahir, je me sens bien plus en forme qu'ils n'en donnent l'apparence par leurs bâillements. Fidèle au poste, Houda a promis de rapporter de quoi les réveiller.

– Mes amis, si je vous ai réunis au plus tôt, c'est que j'ai une chose importante à vous communiquer.

Je laisse un instant ma phrase en suspens, pour finir par lâcher :

– Je suis devenu chef de la police criminelle de Raqqa.

– Sous quelle autorité ? m'interroge aussitôt Yahya en haussant ses sourcils qui paraissent bien épais sous son crâne chauve.

La question ne m'étonne pas de la part de Yahya. Il avait intégré la police après des études de droit, comme moi par piston familial après mon expulsion de France qui avait mis un terme à mon cursus d'ingénieur. Mais Yahya, sunnite de la vieille école, ne m'a pas jugé et nous sommes devenus amis au fil de nos enquêtes. Car c'est surtout un bon policier, soucieux du détail.

– Sous l'autorité d'al-Dawla al-Islāmiyya.

– De Daesh ? hoquette, interloqué, Tareq qui, par le simple usage de cet acronyme, indique le mauvais sentiment qu'il porte à l'État islamique, ce dont je n'ai jamais douté.

– Toi, tu es devenu un chef islamiste ? s'étonne Yahya qui me sait athée.

L'exercice est difficile puisque je dois à la fois les rassurer sur mes intentions, sans dévoiler jusqu'où va mon double jeu. Je commence par jouer la corde sensible.

– Yahya, nous sommes amis depuis vingt ans. Tu me connais bien. Tu sais que je ne suis pas plus baathiste qu'islamiste, mais syrien avant tout. Tu sais que j'ai toujours mené ma carrière avec la conscience que l'ordre n'allait pas sans la justice. Tareq, tu es bien placé pour le savoir. Sans moi, tu aurais perdu ton travail, simplement parce que tu es Circassien. Je dois mes nouvelles fonctions à Mahmoud al-Khalif, mon beau-frère en charge du bureau de Sécurité au sein du Conseil de consultation des combattants. Cette instance censée être dirigée par al-Nusra est désormais à la botte de l'État islamique qui se veut seul maître à bord. J'aurais pu dire non à la demande d'al-Baghdadi, c'est sûr, affirmé-je alors que cette idée ne m'avait même pas traversé l'esprit. Mais qui aurait-il nommé alors ? J'ai cru de mon devoir d'accepter afin d'essayer autant que possible de préserver l'essentiel, argumenté-je en faisant vibrer nos valeurs communes.

Mes deux adjoints me regardent, l'air renfrogné, comme s'ils étaient en train d'admettre à contrecœur que ma nomination valait effectivement mieux que celle d'un inconnu ou d'un petit chef quelconque risquant de faire du zèle avec les barbus.

– Et concrètement, c'est quoi que tu dois faire ?

– Concrètement, on aura des choses sales à faire, mais on les fera le plus proprement possible, préviens-je, en insistant sur le « on », mais sans mentionner mon intention de saboter en sous-main notre travail de traque des ennemis de la Dawla. Notre première mission d'envergure va consister à encadrer une manifestation de Haqquna, ce vendredi, au bord de l'Euphrate.

– La Dawla a autorisé une manifestation d'Haqquna ? s'étonne Yahya.

– J'ai effectivement convaincu les autorités qu'il n'y aurait rien à gagner à réprimer dans le sang une manifestation de civils.

Je m'abstiens de préciser qu'il s'agit d'une combine destinée à mystifier le Grand Inquisiteur dans son projet de rafle dans les milieux kurdes. Une sale corvée que je choisis de ne pas mentionner non plus à ce stade. Je reprends :

– Cela étant dit, tout doit se dérouler au mieux et sans débordements car les djîhadistes saisiront le moindre prétexte pour intervenir. C'est pourquoi nous aurons besoin de tous les effectifs de la police municipale, c'est-à-dire du concours actif du Mouvement des Gens Dignes de Confiance de Raqqa. Ils sont sur la sellette. Ils doivent démontrer à cette occasion qu'ils ont à la fois le respect de la population et de l'ascendant sur elle. J'ai pour l'instant autorité sur la police municipale et je te charge de sa direction, Yahya.

Il sursaute littéralement à l'annonce de sa promotion, mais en prend acte aussitôt.

– Et qu'attends-tu de moi ? s'enquiert-il, comme au garde-à-vous.

– Que tu entres immédiatement en contact avec Abou Issa afin de coordonner notre action avec sa milice. Issa aura été averti de cette collaboration, assuré-je, fort de la promesse de Sefîn Hasroumi à ce propos.

– Et moi, je vais faire quoi ? s'émeut alors Tareq.

– Toi Tareq, je ne peux pas te donner de commandement. Dans ton propre intérêt, tu ne dois susciter aucune controverse que la jalousie sectaire ne manquerait pas de faire naître. En revanche, tu deviens désormais mon adjoint direct pour des missions de terrain et j'aurais sûrement besoin de toi avant peu, promets-je, suscitant un sourire reconnaissant.

Je prends une profonde inspiration avant d'annoncer la partie la plus désagréable de ma prise de fonction. Mais j'ai eu beau retourner les choses dans tous les sens depuis ce matin, c'est le choix à la fois le plus facile et le plus efficace dans l'ignominie.

– Messieurs, je suis dans l'obligation de licencier toutes les femmes de la police.

– Mais qui va faire le secrétariat ? s'inquiète Yahya, plus professionnel sinon moins misogyne que moi, qui suis davantage préoccupé par la fin de la livraison régulière de café.

– On verra, Yahya. Pour l'instant, appelle-moi Houda que je l'informe. Après tout, c'est une syndicaliste.

– Mais pourquoi tu veux les virer ? demande Tareq

– C'est la Dawla qui ne veut plus de mixité au travail, inventé-je avant d'éluder. Tareq, on se retrouve dans un quart d'heure dans le hall ?

Je ne suis pas fier de moi en voyant mes deux hommes quitter le bureau sans rien ajouter mais discutant de ce coup de force social. Pourtant, il faut bien que j'assume ma décision. Immanquablement, quelle que soit ma prudence dans ma trahison de Daesh, des rumeurs risquent de naître sur mon compte. Je pense que le meilleur moyen de me bâtir une légende islamiste qui me protégera des ragots est d'apparaître comme le pire con qui soit. Or, prendre l'initiative d'écarter les femmes de la police de Raqqa afin de lutter contre la mixité, source de débauche bien connue, ne peut que me garantir la reconnaissance des barbus les plus obtus. La ruse est en outre sans risque, mais pas sans honte quand je vois Houda ouvrir la porte, tout sourire sous un hijab vert pomme, avec un plateau chargé d'une cafetière et de pâtisseries orientales. J'espère que mon nouveau statut de héros saura bientôt compenser la lâche infamie que je m'apprête à commettre.

*

Le club Nadi Rachid se situe près du port de plaisance, un nom ronflant désignant un havre naturel sur l'Euphrate au pied du vieux pont al-Mansour et ne pouvant accueillir que des barques sur deux pontons de bois brinquebalants. Ce côté de la berge est un vaste espace naturel herbeux, en partie maraîcher et boisé, d'environ deux kilomètres de long sur cinq cents mètres de large. Sefîn Hasroumi m'a assuré qu'au moins dix mille personnes sont attendues pour la manifestation d'Haqquna. C'est à la fois beaucoup et peu, compte tenu de la place disponible. Aussitôt débarqués de voiture avec Tareq, nous allons estimer les endroits où installer des barrières et des cordons de sécurité. Il s'agit de confiner la foule tout en laissant assez de marge de manœuvre en cas de bousculade. Je prévois de dresser les tréteaux pour les prises de parole près de la statue de la déesse de l'eau, du moins ce qu'il en reste. Cette fantasmagorie baathiste symbolise le fleuve nourricier et est inspirée par une œuvre multimillénaire découverte à Mari, un site archéologique fameux, loin en aval de l'Euphrate, près de la frontière irakienne. Sans surprise, ce monument éminemment païen a été endommagé et enduit de noir par des vandales fanatisés.

Le club sportif est un long rectangle de béton sans caractère, sinon de mauvaises fresques à la gloire de l'Olympisme. À l'instar de ce tout premier tube d'Amr Diab que diffuse une radio grésillante, l'intérieur du bâtiment est, en revanche, un voyage dans les temps heureux avec ces murs lambrissés jusqu'à mi-hauteur recouverts de dizaines de portraits de sportifs syriens et de cartes postales anciennes. Au-dessus du comptoir en bois au plateau de zinc trône une vitrine exposant coupes et fanions tandis qu'un portrait géant d'Hafez al-Assad, retiré depuis sauf de ma mémoire, complète les lieux au charme désuet des années 80. La pièce est grande, une estrade pour orchestre barrant le mur du fond quand l'endroit sert de salle de mariage. Une porte donne à l'arrière sur la salle de sport, plus grande encore avec ses vestiaires et ses machines de musculation. Le patron fait partie du décor depuis un paquet d'années, mais je ne me souviens plus de son nom.

– Alors Ali, toujours en service, lance Tareq au quadragénaire rondouillard à la mine sympathique faisant office de barman, me rappelant que j'ai connu cet établissement avec une dizaine d'employés. Ça a l'air calme par chez toi, ajoute mon adjoint en dirigeant le regard vers les trois seuls clients, des vieux en train de jouer aux dominos en buvant du thé, assis à une table près de la grande baie vitrée ouverte sur le fleuve.

– Inspecteur Jaloukha, commissaire Milet, ça fait une éternité que je ne vous ai pas vus, nous salue le tenancier en tendant la main. Qu'est-ce que je vous sers ?

– Un café.

– Moi aussi, avec un verre d'eau minérale, s'il te plaît.

– Ah ça, commissaire, ça va pas être possible. J'ai des sodas et de la limonade. Un purificateur d'eau pour le café et le thé. Mais on a pénurie d'eau en bouteille, et même de bonbonnes pour ma fontaine, soupire-t-il en me montrant l'appareil électrique en berne. Je ne sais pas pourquoi on n'a pas été livrés ces dernières semaines.

– Tu sors parfois de ton bar ? ironisé-je. Ça t'a peut-être échappé, mais ces derniers jours ont été agités.

– Oui, c'est sûr, convient Ali en faisant nos cafés. Mais quand même, j'ai reçu la limonade. Alors, je vous sers quoi à la place ?

– Une limonade.

Le barman nous sert nos commandes en un tour de main et se verse lui-même un Coca.

– Il y a des rumeurs qui disent qu'on va interdire le Coca.

– Crois toutes les rumeurs qui t'annoncent le pire, tu ne pourras qu'être agréablement surpris, rétorqué-je en hochant la tête d'un air fataliste.

– Eh bien commissaire, vous êtes optimiste ! Remarquez, il y a de quoi se faire du mouron. La majorité de ma clientèle a fui Raqqa. Au début, j'ai cru que ça allait être compensé par ces étrangers qui se bousculaient à la salle de sport. Mais ce sont des sauvages. Ils ont cassé plusieurs machines, et pour avoir les pièces de remplacement… Et puis finalement, ils ne viennent presque plus, à part les plus acharnés de la musculation parce que, paraît-il, ils ont déjà beaucoup d'entraînement.

Apparaissent justement trois djîhadistes tout en muscles, sortant de la salle de sport, les cheveux encore mouillés par la douche, et traversant le bar en bavardant entre eux sans même faire un signe en sortant.

– Et voilà, ronchonne Ali, en plus ils ne consomment pas. Si j'avais su, je ne leur aurais pas fait une carte de membre au tarif habituel.

Sa remarque me fait penser à la photo de Kenza sur mon Huawei. Mais je dois d'abord assurer ma mission du jour.

– Dis voir Ali, tu connais Haqquna ?

– Euh… oui, souffle-t-il, l'œil inquiet.

– Eh bien, ils vont tenir une manifestation ici, au bord de l'Euphrate, vendredi. Je voudrais que tu fermes ton bar au public car je vais avoir besoin des lieux pour organiser une réunion dans l'après-midi.

– Une réunion de la police ? m'interroge Ali avec logique.

– Non, une réunion d'Haqquna, mais sous ma surveillance.

Ali me regarde en retroussant bizarrement ses lèvres épaisses en signe de perplexité.

– Et qu'est-ce que je devrai faire ?

– Rien, sinon sortir pendant la réunion. Je veillerai à ce que tout se passe bien. Je te la rendrai au plus tard vers 16 heures 30, à l'heure de la prière de l'après-midi.

– Fais pas la gueule, Ali, on te revaudra ça, intervient Tareq devant sa mine contrite.

Mon adjoint va vite en besogne, car j'ai encore un service à demander au gestionnaire du club sportif Nadi Rachid :

– Oui, Ali, on te revaudra ça. Mais j'ai encore besoin de ton attention s'il te plaît. Reconnais-tu cette fille ?

Je lui fourre la photo de Kenza Haddad sous les yeux, qu'il écarquille. Et j'insiste :

– Forcément, tu la connais. Elle a une carte de membre chez toi numérotée 3672, depuis 2010, et régulièrement tamponnée depuis.

– Euh… oui, consent-il à admettre.

– Ali, on sait que c'est une pute, alors lâche-toi, commente Tareq.

– Ah d'accord, répond-il d'une voix soulagée. Oui, la petite Kenza, bien sûr. Elle est si mignonne. Toujours habillée au dernier chic occidental. Et maligne avec ça. Mais ça fait longtemps que je ne la vois plus. Qu'est-ce qui lui arrive ?

– Elle est morte assassinée, l'informé-je.

– Oh, la pauvre.

– Elle fait le tapin ici depuis 2010 ? le cuisiné-je aussitôt, avant d'autres épanchements sur le tragique de la vie.

– Elle faisait pas vraiment le tapin, commissaire. J'aurais pas toléré. Au début, quand elle s'est inscrite avec une copine, c'était manifestement pour se faire voir et s'amuser avec les garçons. Je sais que c'est pas bien, mais mon établissement est mixte, sauf la salle de sport bien sûr. Et on n'a jamais servi d'alcool aux mineurs, même si je dois fermer les yeux sur ceux qui en apportent en cachette. Évidemment, les garçons étaient contents en sortant de boire un Coca avec elles, avec parfois un peu de whisky dedans. C'étaient tous des gens de bonne famille, je ne voyais pas le mal. Ils n'ont jamais eu de comportements déplacés. Et puis un jour, c'est vrai, je me suis rendu compte qu'elles étaient toutes les deux sous la coupe du fils Fares, le directeur général des Postes, et cadre en vue du parti Baath, précise-t-il, comme pour se dédouaner.

– C'était quand ?

– Début 2012, je dirais.

– Et comment tu as su qu'elles se prostituaient si elles cachaient si bien leur jeu ?

– Ben, c'est que ce grand con d'Hussein Fares s'en vantait avec ses copains. Elles avaient des habitués de haut vol et qui rapportaient bien apparemment, vu les liasses de billets qu'il manipulait.

– Tu as des noms ?

– Hum… Hafez al-Momani, l'imam de la mosquée ibn Zaïd Hartha, ou Mohamed Mokri, le directeur de l'hippodrome. Si je cherche, je trouverai d'autres noms, commissaire. Mais ils sont tous partis de Raqqa de toute manière, tout comme la famille Fares, remarque Ali. D'ailleurs…

– D'ailleurs quoi ?

Il hésite.

– D'ailleurs, je pense que ces derniers mois, vers la fin de l'année dernière, Kenza était en froid avec Hussein Fares. Elle venait encore ici avec sa copine mais ne s'asseyait plus avec lui et sa bande.

J'avais traité assez d'affaires de prostitution pour savoir que la rupture avec un mac est compliquée et qu'en tout état de cause, la fille n'a pas intérêt à le narguer.

– Et lui, quand elle venait, il ne disait rien ?

– Non, c'était bizarre. Quand elle n'était pas là, il la traitait de tous les noms, mais dès qu'elle arrivait, pas un mot plus haut que l'autre. Comme s'il avait peur. Une fois même elle l'a provoqué, et il a préféré partir que de répliquer.

On se regarde avec Tareq et on conclut la même chose : elle avait trouvé un autre protecteur qui terrorisait l'ancien.

– Et cette copine, elle vient encore ?

– Non, je ne l'ai pas revue non plus. Depuis la… libération de Raqqa, en fait.

– Elle s'appelle comment ?

– Nour. Nour Essid.

– Tu sais où elle crèche.

– Non… mais je sais qu'elles fréquentaient toutes les deux le collège Moussa Ibn Nosaïr.

Kenza Haddad était scolarisée au collège Moussa Ibn Nosaïr ! Et elle avait sûrement Asma comme professeur d'anglais !

– Bon ben, Ali, je crois qu'on en sait assez, dit mon adjoint devant mon silence.

– Oui, oui, merci Ali, opiné-je à mon tour. On se voit vendredi alors.

Sur le chemin du retour au commissariat, Tareq n'ose trop rien me dire, bien qu'il sache que mon épouse est enseignante à Moussa Ibn Nosaïr. Aussi roulons-nous en silence jusqu'à ce que je finisse par l'affranchir :

– Tareq, je sais ce que tu te dis. Ça fait longtemps qu'on aurait pu élargir l'enquête de voisinage, si j'avais parlé à ma femme de Kenza Haddad. OK. Je ne sais pas ce que tu racontes à la tienne, mais moi, le moins possible, pour la protéger. Et puis notre enquête, tu te dis que non seulement elle ne sert pas à grand-chose, mais qu'en plus on n'a guère eu le temps de la mener ces dernières semaines. Et je ne sais même pas si on pourra y consacrer du temps dans celles qui viennent.

– Mais patron, je ne te reproche rien, se défend Jaloukha. C'est vrai que tout le monde s'en fout de cette fille maintenant que ses parents sont morts. Et qu'on manque de temps. Tu m'avais aussi demandé de trouver un suspect dans cette affaire, un mec qui travaillerait pour Oum Adam, me rappelle-t-il. Mais pareil, pas une minute pour m'en occuper, continue-t-il en me montrant la photo enregistrée de Mohamed Aït-Kacimi sur son Samsung. On laisse tomber ?

– Non Tareq, on ne laisse rien tomber. Tu vas me trouver l'adresse de cette Nour Essid, et j'apprécierais que tu retournes fouiner du côté de chez Oum Adam.

*

Au cinquante-six, sept, huit, peu importe
De la rue X, si vous frappez à la porte

D'abord un coup, puis trois autres, on vous laisse entrer
Seul et parfois même accompagné.

Une servante, sans vous dire un mot, vous précède
Des escaliers, des couloirs sans fin se succèdent
Décorés de bronzes baroques, d'anges dorés,
D'Aphrodite et de Salomé.

S'il est libre, dites que vous voulez le quarante-quatre
C'est la chambre qu'ils appellent ici de Cléopâtre
Dont les colonnes du lit de style rococo
Sont des nègres portant des flambeaux.

Entre ces esclaves nus taillés dans l'ébène
Qui seront les témoins muets de cette scène
Tandis que là-haut un miroir nous réfléchit,
Lentement j'enlace Melody.

– J'adore cette chanson, un vrai roman. D'ailleurs j'adore *L'Histoire de Melody Nelson*. C'est sans doute son meilleur album, confesse-t-elle avec une lueur étrange de sincérité dans le regard, comme s'il s'agissait d'un aveu.

Je contemple Yasmine battre la mesure avec le pied en balançant la tête d'un mouvement cadencé, ses boucles noires zébrant par secousses son visage satisfait. Ses yeux vairons, que masque par intermittence ce va-et-vient, se plissent du même sourire mutin que ses lèvres. D'abord assise sur une chaise face à moi, elle s'est levée pour danser en ondulant des épaules au rythme envoûtant et érotique de la guitare électrique. L'oscillation lascive de ses jambes semble la partition mouvante sur laquelle est écrite la musique. Cette chanson évocatrice de Serge Gainsbourg est son choix, qui me donne de folles envies, lesquelles éveillent aussitôt à rebours tous les signaux d'alerte m'astreignant à me contenir.

Même si je ne parviens pas à comprendre, après l'épisode sans équivoque de l'autre jour, qu'elle puisse ainsi provoquer mon désir par ce déhanchement sensuel. Le morceau fini, elle arrête le lecteur de CD et se met à examiner la pile de disques de Renaud et Gainsbourg que j'ai apportés. Elle semble sur le point de choisir un autre titre, mais finalement vient s'asseoir sur le canapé à côté de moi.

– Tu as acheté ça en France ?

– J'ai quinze ans de plus que toi, lui rappelé-je. Quand j'étais en France, au début des années 90, c'était encore le règne du vinyle. Non, j'ai découvert ces artistes quand j'étudiais à Toulouse mais je me les suis procurés à Beyrouth, au fur et à mesure des années.

– C'est super en tout cas, je te remercie. Ça me fera du bien d'écouter de la musique dans ma langue. Parce que je ne te cache pas que je m'ennuie grave ici. Je sors peu. Même en sitar, je ne suis pas rassurée. Surtout quand je croise des djîhadistes qui me reprochent l'absence de tuteur. Mais il faut bien que j'aille chercher à manger… Et puis ici, faute de wifi, je dois limiter drastiquement mon accès à Internet, vu le racket sur les cartes de téléphone. Il reste la télé, et encore quand il n'y a pas de coupures d'électricité. Bref, ça me fait plaisir que tu passes. Ça faisait longtemps. Toujours pas de nouvelles de mon satané mari, je suppose ?

Yasmine est si naturelle avec moi que sa conversation serait une vraie source de décontraction, si elle ne me faisait bander. J'ai prétexté une course pour déposer Tareq Jaloukha au Bloc B, et improvisé une visite dans l'appartement où je l'ai logée. J'avais préparé ce lot de CD depuis plusieurs jours. Toute une collection chérie que je lui abandonne en pleine confiance. Je tente de lui sourire comme à une amie, mais je suis certain qu'elle lit dans mes yeux fiévreux à livre ouvert.

– Je suis désolé, Yasmine, mais effectivement, je n'ai rien à t'apprendre. Ça ne devrait plus être long maintenant.

Je lui dis ça, fort de la promesse de mon adjoint d'aller se rencarder dès que possible du côté de chez Oum Adam. Comme c'est un peu maigre, je passe vite à autre chose.

– Mais en fait, ma vie professionnelle a été sacrément bouleversée ces derniers temps. Je t'ai parlé de mon beau-frère, Mahmoud al-Khalif ?

– Oui, celui qui est en charge du bureau de Sécurité au sein de l'administration du Conseil de consultation des combattants ? récite-t-elle sans hésiter, ponctuant néanmoins sa phrase d'une fugace contrariété dans le regard.

– Exactement, quelle mémoire !

Je note en passant son air curieusement gêné, à moins que ce ne soit de la modestie. « Eh bien, figure-toi… », et me voilà reparti à raconter ma vie à cette inconnue jouant volontairement ou non de l'attrait qu'elle exerce sur moi, comme si me dévoiler entièrement pouvait compenser la mise à nue littérale que je fantasme. D'apprendre que je suis devenu chef de la police criminelle de la Dawla entraîne un flot de questions auxquelles je n'avais pas pensé moi-même. Pas un instant, elle ne semble douter de ma bonne foi. Je vais jusqu'à lui confier ma visite nocturne à Sefîn Hasroumi et mon engagement dans la résistance. Elle me laisse beaucoup parler, se montre impressionnée, même inquiète, ce qui m'emplit de sentiments mêlés. D'un côté, ma fierté est aiguisée, de l'autre, j'angoisse à l'idée des responsabilités que j'ai prises au regard de ma famille. Comme pour me faire plaindre, ou réconforter, je m'appesantis lourdement sur Asma, et sur mon sort de cocu. J'omets cependant d'évoquer la tentative amoureuse avortée du matin. Le tour de la discussion finissant peut-être par la mettre mal à l'aise, Yasmine dérive alors sur elle, me livrant des anecdotes sur sa jeunesse et sa vie à Chalon-sur-Saône, sur les conditions de son voyage jusqu'à Raqqa et de son séjour dans la madâfa d'Oum Adam, sur ces journées occupées à tuer l'ennui, les choses qu'elle vit et voit dans le quartier, ce qui nous ramène peu ou prou à parler de la prise de contrôle progressive de la ville par l'État islamique.

– J'ai soif à force de parler comme ça, finit-elle par dire. Tu veux du thé ?

– Je préférerais un verre d'eau minérale. Fraîche, si possible.

– Ah, il n'y a plus d'eau minérale, je suis désolée. En tout cas depuis un bail aux deux épiceries les plus proches. Et l'eau du robinet n'est buvable, selon moi, que bouillie. Sinon, j'ai du jus de fruits, me suggère-t-elle.

– Non, un thé m'ira très bien.

C'est la deuxième fois de la journée que j'entends parler d'une pénurie d'eau de source. Une pénurie dont m'avait préservé l'énorme stock acheté à Deir ez-Zor voilà une quinzaine de jours.

Tandis que Yasmine s'active dans la cuisine, je vais jeter un coup d'œil par la fenêtre. Je vois la vieille du rez-de-chaussée sortir les poubelles sur le trottoir où déambulent de rares passants. Ce quartier, près du jardin d'enfants, est un des plus calmes d'Amin, si ce n'est, le vendredi, la proximité de la mosquée et du complexe d'enseignement coranique al-Firdous, sous contrôle initialement du Jabhat al-Nusra et désormais de la Dawla. La circulation est maigre. J'examine ainsi les véhicules et repère un 4 × 4, porteur d'un fanion noir, stationné en contrebas de mon poste d'observation au deuxième étage. Je distingue deux hommes derrière l'inclinaison du pare-brise. Ma Peugeot est garée en face. Je prends conscience de mon imprudence. J'avais pourtant instinctivement vérifié mes arrières en quittant le club Nadi Rachid. Mais les emniyim devaient se planquer au Bloc B où ils ont dû me prendre en chasse lorsque j'ai déposé Tareq. Nez-Crochu n'a pas l'intention de me lâcher la grappe. Message reçu. Je vais avoir ses sbires à mes trousses vingt-quatre heures sur vingt-quatre.

– Et voilà, lance Yasmine d'une voix joyeuse en revenant avec un plateau chargé d'une théière, de tasses et d'un petit paquet entouré d'un ruban. J'ai un cadeau pour toi, Merwan. Et je crois que ça te fera plaisir.

Je l'attrape par le bras.

– Yasmine, viens voir.

Intriguée par ma voix inquiète, elle pose d'un geste rapide le plateau à terre et vient se placer derrière moi qui scrute la rue. Son odeur et son corps si proches anéantissent par leur puissance suggestive la barrière factice que plus d'une heure de conversation avait laborieusement bâtie. Jamais cette fille ne me laissera indifférent, et ne sera une amie avec laquelle je me contenterai de tailler la bavette. Raison de plus pour que je retrouve son mari et qu'elle se tire d'ici au plus vite.

– Regarde ce 4 × 4 en bas. C'est un véhicule de l'Emniyat, j'en suis sûr. Tu te souviens de ce Khalid al-Ghabi dont je t'ai parlé ? C'est lui qui me fait suivre.

– Je ne dois pas rester là, lance Yasmine. Tu as une autre planque ?

Je la regarde, interloqué par ses réflexes. J'en étais aussi arrivé à cette conclusion, après avoir hésité à appeler Yahya à la rescousse afin qu'il vienne avec une patrouille faire dégager ces deux gugusses. Mais ça ne ferait qu'attiser les soupçons de Nez-Crochu et m'obligerait à dévoiler l'existence de Yasmine aux collègues.

– Oui. Ailleurs dans Amin, l'informé-je. Un bel appartement moderne, près du parc des Cygnes, à trois pâtés de maisons d'ici. Le premier problème, ça va être de sortir, sans qu'ils nous remarquent. L'autre problème, c'est que les clefs sont dans ma boîte à gants.

– J'ai une solution pour sortir discrètement, assure Yasmine.

Elle m'entraîne de l'autre côté de l'appartement vers une buanderie donnant sur un balcon doté d'une grille ouvrant sur une cage d'escalier de secours en colimaçon qui accède à une ruelle à l'arrière du bâtiment.

– C'est bien. Reste le problème des clefs.

– Je pourrais me cacher dans la ruelle. Toi, tu vas chercher ta voiture et tu jettes les clefs en passant devant. Je les récupère et j'y vais à pied, explique la restauratrice, décidément à l'aise dans les situations de crise.

J'imagine assez bien la scène. Réalisable avec un minimum de chance. Reste que l'Emniyat va se demander ce que je suis venu faire ici et que l'immeuble pourrait bien être perquisitionné après mon départ.

– Il ne faut pas seulement prendre tes affaires, il faut nettoyer de fond en comble cet appartement pour faire disparaître les traces de ton séjour, recommandé-je.

Nous passons les deux heures suivantes comme un jeune couple à rendre l'appartement impeccable dans l'attente de la visite de la belle-famille. Yasmine est relativement ordonnée, ce qui facilite le travail. Reste qu'il faut traquer ses cheveux dans le lavabo, la douche ou les coussins, jeter la nourriture et autres choses qu'elle ne peut transporter, aérer pour dissiper l'odeur de tabac froid. Quand j'ai voulu qu'on nettoie chaque surface pour escamoter ses empreintes digitales, elle a protesté en disant un truc que je n'ai pas compris : « Ça va, on n'est pas dans *Les Experts Raqqa*, non plus ! » Mais elle s'est quand même mise à récurer cuisine et salle de bains à grandes eaux. En rangeant le plateau et la vaisselle de notre thé interrompu, Yasmine me tend le petit paquet qu'elle me destinait. Des Ray-Ban !

– Je ne te garantis pas qu'elles soient authentiques, mais je les ai testées et elles protègent bien du soleil.

– Oh merci… Je n'ai pas eu le temps d'en racheter et ça m'a beaucoup manqué !

J'ose lui faire une bise à la française qu'elle accepte volontiers avec un grand sourire.

Soudain retentit l'appel à la prière de l'après-midi. Quelle chance ! Depuis la fenêtre, je vois les deux emniyim sortir de leur véhicule avec un tapis de prière chacun à la main. Yasmine, qui a déjà enfilé son sitar, est justement en train de fourrer ses dernières affaires dans son grand sac et rafle au passage le paquet de CD. Nous avons un quart d'heure devant nous et j'en perds plus de cinq à descendre ses affaires et les sacs-poubelle en bas dans la ruelle. Yasmine va se dissimuler derrière une benne à ordures. Nous nous regardons dans un silence complice plein de tension. Nous sommes à trente mètres de l'angle de la rue où se trouve l'entrée de l'immeuble. Je remonte quatre à quatre l'escalier en colimaçon jusqu'à l'appartement que je ferme à double tour avant de redescendre à la même allure l'escalier principal. Je me fige un instant le long du mur dans l'entrée, l'œil aux aguets. Dehors, les deux apprentis espions sont toujours prosternés sur la chaussée. Je profite du moment pendant lequel ils inclinent le front au sol pour me ruer dehors. J'ouvre la porte de ma voiture quand ils m'aperçoivent. Je démarre et m'extrais sans peine de ma large place tandis que je les vois dans le rétroviseur replier leurs tapis à la hâte pour retourner à leur véhicule. Je tourne au coin de la rue tout en baissant la vitre côté passager et en ouvrant la boîte à gants. Un porte-clefs de couleur, assorti des adresses, distingue chacun des trousseaux de la demi-douzaine d'appartements d'amis dont j'ai la garde. Je saisis le rouge et ralentis à peine pour jeter le trousseau à l'entrée de la ruelle où Yasmine doit les réceptionner. Un couple marchant devant sur le trottoir entend le bruit métallique et se retourne quand je passe à côté d'eux en faisant vrombir la troisième vitesse. J'aperçois alors dans le rétroviseur le 4 × 4 déboucher dans la rue, mais trop tard pour avoir surpris mon petit manège. Je ralentis nettement à l'intersection suivante, contraignant mes suiveurs trop pressés à venir sagement se placer dans mon sillage. Je chausse mes Ray-Ban toutes neuves et ne les quitte plus jusqu'à ce que j'arrive au Bloc B devant lequel ils continuent leur chemin, non sans me jeter un œil noir au passage, auquel je réponds de mon plus charmant sourire en les saluant de la main.

*

La prière du zénith est toujours psalmodiée dans les mosquées bondées de Raqqa, en ce premier vendredi du ramadan, quand les gens commencent déjà à sortir de chez eux. Ils se réunissent au pied des immeubles ou à un point de rendez-vous par petits groupes, des voisins, des amis, souvent en famille. Les visages sont un peu tendus au sortir du domicile. On cherche à se reconnaître. Cela fait des semaines que beaucoup ne communiquent plus que par les réseaux sociaux où ils ont appris ce matin qu'aujourd'hui est le grand jour, avec l'Euphrate comme théâtre de leur démonstration de force. Cependant, on s'interroge. Combien sera-t-on à oser défier ces islamistes qui ont confisqué la révolution ? Inquiets, ils avancent d'abord avec hésitation, puis d'un pas plus résolu au moment où ils croisent d'autres manifestants affluant depuis d'autres quartiers. Rassérénés, ils forment des files qui se rejoignent et convergent. On fraternise aux carrefours, on se donne l'accolade sur les places, on se rassemble sur les boulevards. La plupart portent des calicots aux couleurs syriennes, des drapeaux, des pancartes et des banderoles hérissent la foule en mouvement. Le courage, aiguisé par le nombre, fait oublier à tous l'incertitude du début. Chacun est maintenant saisi d'une grisante impression de puissance. Un vent de liberté souffle sur le centre-ville, que j'ai fait fermer à la circulation. J'ai des hommes tout au long des parcours pour guider cette masse humaine, tranquille et déterminée, qui scande comme au premier jour « Uni, uni, uni, le peuple syrien est un », « Oui à la liberté », des mots d'ordre qui n'auront pas suffi à exorciser la tournure confessionnelle prise par la guerre civile mais qui, en ce jour de liesse teinté de gravité, parviennent encore à mobiliser les Raqqaouis. Les cortèges cueillent ainsi les fidèles à la sortie de la prière, dont les derniers instants ont été troublés par la rumeur de cette multitude débonnaire. Mais malgré les mises en garde et les malédictions divines qu'ils viennent d'entendre depuis les chaires occupées par des prédicateurs, pour l'essentiel désormais wahhabites, nombreux sont ceux qui regardent finalement avec sympathie le défilé, reconnaissent un parent, un collègue, un camarade perdu de vue ; et certains fidèles viennent se mêler à cette aimable cohue.

Depuis mon poste d'observation, sur le toit en terrasse du club Nadi Rachid, la vue avec les jumelles est saisissante, bien qu'en partie masquée par les frondaisons des bois environnants qui frémissent d'un souffle frais bienvenu émanant de l'Euphrate. D'est en ouest, sous un soleil de plomb, le boulevard de la Corniche est noir de monde tandis qu'au nord le boulevard Adnane al-Maliki déverse cette marée humaine à travers la ville neuve et l'avenue Sayf al-Dawla à travers la médina. Haqquna espérait dix mille personnes, j'estime le nombre au double, soit 10 % de la population. Mon pessimisme a été battu en brèche et je m'en réjouis. Raqqa est toujours debout. L'espace que nous avions prévu va se révéler insuffisant et j'ordonne par talkie-walkie qu'on élargisse le périmètre sécurisé alors que les premiers rangs commencent à se masser autour du podium échafaudé près de la statue de Mari, à l'entrée du pont al-Mansour, lequel se remplit aussi de spectateurs. Soudain, des cris de joie retentissent, et je distingue une colonne triomphante fendre l'attroupement. Ce sont les membres du comité exécutif d'Haqquna, accompagnés de diverses personnalités-clefs de la cité, qui défilent en se dirigeant vers la tribune. Un véritable triomphe est fait à notre gloire locale, Yassin al-Hajj Saleh, un écrivain communiste dissident qui avait pris pour seize ans de taule sous Hafez al-Assad. Derrière lui, je distingue Sefîn Hasroumi, grimaçant un sourire, sans doute mortifié de se voir voler la vedette. Escortés par des brigadistes le dépassant d'une tête, Abou Issa agite la main mollement, sans guère recueillir de saluts en retour. Je tombe dans la foulée sur Asma, rayonnante, tenant par la main Naïm, Assia marchant devant, en discutant avec son amie Shahrazad. Abou et Nadwa Qadour ne sont pas loin et j'aperçois aussi Youssef et Myriam Marouane. Je sursaute en reconnaissant près d'eux ce moustachu banal que j'ai surpris voilà quelques semaines en train de conter fleurette à ma femme. J'aurais dû me douter que j'allais le revoir à cette occasion. J'achève mon inspection en scrutant les toits alentour. Les plus élevés sont ceux tout proches des gigantesques halles, à l'angle de la porte de Bagdad et de la Corniche. Ils sont vides de tout sniper. J'ai pris avec moi, par précaution, mon Dragounov, dissimulé dans un sac de sport posé à mes pieds, lequel ne quitte plus désormais le coffre de ma voiture avec tout son équipement. En plus des emniyim, censés infiltrer la foule, des djîhadistes surveillent les lieux, assis dans des pick-up, le regard mauvais.

Il est 14 heures quand débutent les premiers discours. Sefîn Hasroumi doit de nouveau s'effacer devant Yassin al-Hajj Saleh, écrivain très populaire, pompeux mais efficace, vu le tonnerre d'applaudissements qu'il provoque. Cependant, l'universitaire se rattrape grâce une parole sobre et magistrale où les islamistes et le régime sont rangés dans le même camp obscurantiste et traités en complices objectifs. Une rhétorique qui fait mouche dans ce forum frustré de voir son combat pour la démocratie détourné par les nouveaux maîtres de la ville. C'est néanmoins une journaliste dont je n'ai pas capté le nom qui fait un tabac, racontant les aventures humaines qu'elle a vécues avec la rébellion depuis deux ans aux quatre coins du pays. Sa fresque d'une nation unie dans la même révolte et par les mêmes aspirations galvanise les manifestants, leur faisant momentanément oublier les fractures qui minent en réalité l'opposition à Bachar. Les chants patriotiques prennent le relais avant qu'un groupe de jeunes garçons et filles n'envahisse les tréteaux pour entamer une chorégraphie martiale et saccadée au son d'une musique assortie. Bientôt, toute l'esplanade bouge au rythme de la capoeira, dont la cadence communicative déborde jusque sur le boulevard de la Corniche et le vieux pont dans une joyeuse pagaille. Il est l'heure comme convenu de rallier Sefîn, qui m'aide à filtrer un par un les activistes autorisés à entrer au club sportif pour la réunion clandestine du comité exécutif d'Haqquna. Ma qualité et mon Glock apparent dissuadent quelques intrus d'insister, dont un fouille-merde de Nez-Crochu, j'en mettrais ma main au feu.

– Qui c'est celui-là ? demandé-je innocemment à Sefîn alors qu'il vient de laisser passer le moustachu de la place Naïm.

– Maher al-Shibahi, un ingénieur du service des Eaux au chômage qui nous aide beaucoup. C'est lui qui a eu l'idée de la capoeira afin d'attirer la jeunesse.

Maher al-Shibahi ! Mais bien sûr ! Asma ne m'avait même pas caché son nom, ni son rôle d'agitateur. Comment ai-je pu être aussi bête, quand elle m'a parlé de lui, de ne pas avoir compris que c'était son amant ?! Je ne peux m'empêcher de lui lancer un regard noir quand je la vois arriver à son tour avec sa copine Nadwa.

– Vous avez une heure, une heure et demie maximum. Après, il faudra appeler à la dispersion, rappelé-je à Hasroumi alors que nous entrons les derniers et que je fais cerner le bâtiment pour éloigner d'éventuels curieux.

Ali a bien fait les choses. Les tables sont tirées et empilées sur le côté près des baies aux stores à claire-voie baissés et une cinquantaine de chaises sont disposées en rangées face à l'estrade où l'homme de plume Yassin Saleh, qui semble très en verve, est déjà en train de parler quand il nous aperçoit.

– … jusqu'à la victoire finale. Ah, mais voilà Sefîn et ce courageux commissaire qui a si bien organisé les choses avec notre camarade, Abou Issa.

Le visage émacié de ce dernier rougit sous le compliment. Pourtant, d'après mon adjoint Yahya, en charge des contacts avec lui, la pleine coopération des Gens Dignes de Confiance n'a pas été si facile. Mais voilà que Saleh insiste lourdement :

– Commissaire Milet, permettez que je vous appelle Merwan. Venez un instant nous rejoindre avec Sefîn. Et Abou, viens aussi, ajoute-t-il en s'adressant au fondateur de la Brigade des Révolutionnaires de Raqqa assis au premier rang.

Hasroumi se fait un malin plaisir de me pousser vers l'estrade d'une pression se voulant amicale dans le dos, Issa ne se faisant, pour sa part, pas prier pour me précéder.

– Je vous demande de les applaudir, lance l'écrivain révolutionnaire, provoquant un concert d'acclamations, sans égard pour ma gêne.

Je me loue d'avoir pu cacher à la vue des espions de Nez-Crochu cette scène de connivence avec l'ennemi. Après cet instant de gloire, où je demeure les bras ballants, à sourire bêtement devant le public, je vais modestement m'asseoir au fond de la salle, près de la porte, non sans capter le regard admiratif d'Asma, ni le regard de travers de son amant assis deux rangs derrière.

– Oui, amis, camarades, frères et sœurs, cette journée est un triomphe, qui dépasse tous nos objectifs. Vingt mille ? Trente mille ? Cinquante mille ? Aujourd'hui tout Raqqa est sorti dans la rue. Des faubourgs de Yarmouk et Tichrin aux quartiers résidentiels d'Amin et de Furât en passant par les quartiers populaires d'Huriyah et Salhiya. De la ville ancienne, de la ville nouvelle, partout les Raqqaouis se sont dressés pour crier leur soif de liberté.

Comme en écho à cet exorde, la foule hurle dehors à tue-tête tandis qu'à l'intérieur retentit une salve d'applaudissements. Serfîn savoure avant de poursuivre :

– Un tel succès ne peut rester sans lendemain. Nous en avons déjà parlé, camarades. Mais nous hésitons. Comme nous hésitions à faire cette manifestation. Pourtant a-t-on le droit d'hésiter quand tout un peuple attend que nous passions à l'action ? Pourtant notre droit n'est-il pas l'action ?

– Non ! Oui ! réplique dans un chœur discordant l'assistance, répondant dans le désordre aux questions, lesquelles m'interpellent sur la nouvelle lubie d'Hasroumi.

– Oui, mon cher Abou, on en a déjà parlé, répète-t-il en s'adressant à Abou Issa. Ce n'est pas te faire injure, ni faire injure aux courageux combattants de la Brigade des Révolutionnaires de Raqqa, que de constater, pour le déplorer, que les instances municipales créées par l'ASL après la libération de la ville ont été dépouillées de leurs prérogatives par le Conseil de consultation des combattants. C'est-à-dire le Jabhat al-Nusra, autrement dit al-Qaïda ! Al-Qaïda maintenant menacé par plus fanatique encore, par al-Dawla al-Islāmiyya ! Ce sont les pires ennemis de la démocratie syrienne. Des mercenaires fanatiques stipendiés par nos faux amis du Golfe. Ne les laissons pas voler notre révolution !

Nouvel accès de fièvre militante devant cette harangue, que Serfîn calme d'une main apaisante avant d'enchaîner de sa voix de stentor :

– Ils ont tremblé aujourd'hui. Ils ont peur, terrés dans leurs tanières, tels des rats face au déferlement des citoyens libres de Raqqa. Alors, il faut les faire trembler à nouveau, et trembler encore et encore, jusqu'à ce qu'ils rendent gorge et dégagent de la scène politique.

Habitué tant des amphithéâtres que des prétoires, Sefîn Hasroumi pérore avec fougue et talent. C'est son deuxième discours improvisé en deux heures, après celui au pied de la fontaine de Mari, et si on retrouve des expressions de l'un à l'autre, il parvient encore à tenir ses auditeurs en haleine. Dehors, le vacarme devient assourdissant mais mon talkie demeure muet, ce qui indique que la situation est toujours sous contrôle.

– … oui, jusqu'à quand supportera-t-on qu'une administration illégale et illégitime insulte nos femmes et nos filles et les contraigne à se vêtir à la mode afghane ou saoudienne ? Jusqu'à quand supportera-t-on qu'une administration illégale et illégitime édicte cette fiscalité médiévale et confiscatoire qui étouffe le commerce ? Jusqu'à quand supportera-t-on qu'une administration illégale et illégitime décide de nos vies ? Je vous le dis, amis, camarades, frères et sœurs, la date de péremption de la dictature est dépassée. Place à la démocratie !

Des hourras enthousiastes saluent cette proposition qui, pourtant, me semble vague. Yassin al-Hajj Saleh se lève alors à son tour pour la préciser :

– Comme vous le savez tous, mon frère aîné, Ahmed, a été enlevé avant-hier. C'est un coup de ces salauds de Daesh pour nous faire taire, Firas et moi, assure Saleh en désignant son cadet. Dieu merci, ses geôliers nous ont permis de parler à Ahmed et il va bien. Il nous appelle à résister. Vous entendez ? Mon frère Ahmed est prisonnier et il nous appelle à la résistance ! Comme le dit Sefîn, cette dictature n'a que trop duré. Depuis quatre mois ces islamistes essayent de vider notre révolution de sa substance démocratique. Face à ce viol de nos principes et de nos valeurs, il est temps d'organiser des élections démocratiques, il est temps de balayer le Conseil de consultation des combattants et d'élire le Conseil municipal des citoyens !

Des hourras réitérés agréent cette idée que je dois être le seul à juger loufoque. Abou Qadour, le timide mari de Nadwa, se lève à son tour et achève de me convaincre que mes fonctions ne vont pas être simples dans les prochaines semaines.

– Il faut profiter de la dynamique créée aujourd'hui et battre le fer tant qu'il est chaud. Je propose que le scrutin ait lieu dans quinze jours, le jeudi 25 juillet, comme ça nous aurons tout le week-end, vendredi et samedi, pour dépouiller et installer au plus vite nos instances. Il nous faut d'ici une semaine des candidats dans tous les quartiers. Je serai moi-même candidat à Amin.

Je vois près de lui Nadwa rougir de plaisir, congratulée par Asma. Je brûle d'envie d'intervenir pour les rappeler aux réalités, mais je renonce à briser leurs rêves alors que les prises de parole se succèdent dans l'espérance et que les candidatures se multiplient dans l'allégresse. Je pousse un *ouf* de soulagement en constatant qu'Asma ne se manifeste pas pour participer à cette loterie électorale. À l'extérieur, musique et chants se sont arrêtés et un slogan à la fois familier et confus a pris le relais. Je devine à travers les stores baissés les ombres surexcitées des manifestants en liesse.

– Chef ? Chef, tu es là ? grésille alors mon talkie-walkie.

– Oui, Yahya, qu'est-ce qui se passe ?

– Tu entends ?

– Non, quoi ? J'arrive.

Grisé par le projet, aucun participant ne remarque que je quitte subrepticement la réunion, si ce n'est Maher al-Shibahi qui me surprend au moment où j'ouvre la porte en laissant pénétrer un instant le brouhaha. Une fois dehors, je ne comprends pas tout de suite ce que braillent ces milliers de voix, tant c'est incongru.

– *Haqquna Akbar ! Haqquna Akbar !* scande, en effet, la foule en délire, guidée par une bande de jeunes qui squattent le podium près duquel je retrouve Yahya après m'être difficilement frayé un chemin dans cette houle survoltée.

– J'ai reçu déjà trois appels de nos gars sur la Corniche, hurle-t-il pour couvrir le bruit. Il paraît que les djîhadistes sont furieux et exigent qu'on fasse arrêter ça.

Tu m'étonnes qu'ils sont furieux ! Ce *Haqquna Akbar*, « notre droit est le plus grand », ne peut être qu'une insulte aux oreilles de ceux qui serinent toute la journée *Allah Akbar*, « Dieu est le plus grand ». C'est alors que l'hymne national syrien retentit ! Je finis par le reconnaître dans ce remix électronique qui se met à rythmer le slogan impie, décuplant, à n'en pas douter, la sainte colère des barbus.

– Prends quelques hommes et va arrêter cette musique et vider le podium, commandé-je. Je vais chercher les organisateurs.

Je m'approche de Sefîn Hasroumi qui écoute gravement un homme expliquer l'organisation pratique de la propagande électorale. Je me penche vers l'universitaire.

– Faut que tu sortes calmer tes troupes, Sefîn, et vite fait. Ça dégénère dehors et ça va être bientôt l'heure dont nous étions convenus pour la dispersion.

– Le peuple de Raqqa a été trop longtemps privé de s'exprimer, s'immisce Yassin Saleh, assis à côté d'Hasroumi.

– Sefîn, je compte sur toi, tu sais ce qu'il en est, insisté-je, ignorant la remarque de l'écrivain agitateur et escomptant que Sefîn Hasroumi, mis dans la confidence des risques meurtriers encourus, réagisse avant que la situation ne devienne dangereuse.

L'hymne national revisité à la sauce électronique s'interrompt d'un coup, aussitôt suivi d'une clameur de protestation qui vient faire trembler les vitres. Yahya n'a pas tardé à faire ce que je lui ai demandé. Hasroumi se lève, visiblement à contrecœur, mais animé des intentions que je lui prête.

– Le commissaire Milet a raison, Yassin, dit-il à voix basse à son voisin. Nous avons fait de notre journée un succès, et il est inutile de le compromettre en donnant un prétexte à nos adversaires. Nous avons besoin de toutes nos forces pour la prochaine étape. Viens plutôt avec moi remercier nos partisans et les inviter à rentrer tranquillement chez eux.

Le départ des deux leaders déstabilise l'orateur, et les têtes se tournent vers nous dans un silence interrogateur alors que nous quittons le club.

– À ce soir, lancé-je à Asma, avant de sortir, pas mécontent de la mettre mal à l'aise vis-à-vis de Maher al-Shibahi, lequel venait de se placer près d'elle.

Tous deux baissent le regard, comme pris en faute.

9

– Félicitations, frère Merwan ! Je t'avoue que nous étions très nerveux avec cette armée de mécréants qui ont envahi les rues pour éructer leurs slogans impies !

Le bureau de Sécurité et l'ensemble des services de police sous la direction générale de Mahmoud ont déménagé du siège du gouvernorat au palais du gouverneur, privant le Conseil de consultation des combattants de sa principale prérogative et réduisant à néant le pouvoir souverain de l'émir de Raqqa, al-Hadrami, d'autant que la plupart des directions des services logistiques ont également migré dans la même logique centralisatrice. J'ai mon bureau au deuxième étage, face à celui de Nez-Crochu. Les membres du bureau sont réunis autour d'al-Adnani, nommé lieutenant général de l'État islamique en l'absence de frère Ibrahim. Le Conseil se déroule dans une immense pièce du rez-de-chaussée du palais, évidemment dépouillée de toute décoration et mobilier, à l'exception d'épais tapis sur lesquels sont assis ou agenouillés les participants. Les baies vitrées ouvrant sur la terrasse et les jardins prodigueraient un peu de gaieté à ce décor austère si ce n'était un matin d'orage. Il fait d'ailleurs terriblement sombre dans ce dîwan sans éclairage, sinon l'éclat éphémère des éclairs, qu'accompagne le craquement sinistre du tonnerre.

– Frère Mahmoud a raison. Je suis impressionné par ta gestion de la manifestation d'hier, me congratule le Grand Inquisiteur. Et je dois admettre que nous avons bien fait d'écouter tes conseils. La foule était trop nombreuse pour être réprimée sans risque d'insurrection.

– Ce refus de se plier à la sharia d'une part si importante de la population est cependant préoccupant, remarque Hajji Bakr al-Iraqi, alias Barbe-Rouge, le bien-nommé par mes soins, dont la parole semble émaner de son énorme barbe rougie au henné tant la bouche est camouflée par une monstrueuse moustache.

– D'où l'urgente nécessité d'arrêter les meneurs, approuve Nez-Crochu avec son éternel sourire narquois. J'espère que frère Merwan, qui s'est enfermé plus d'une heure avec eux, aura eu le temps de les repérer tous, ajoute-t-il d'une voix suave qui me met sur mes gardes.

Fugacement mis en lumière par un éclair, la courbe du nez d'al-Ghabi semble démesurément s'allonger. Ce rapace a vraiment des espions partout.

– Tout à fait, frère Khalid, opiné-je aussitôt pour éviter que mes collègues ne spéculent trop sur ses insinuations. Les principaux meneurs sont bien connus de la police et j'ai pu en remarquer d'autres. Je me suis néanmoins concentré sur les Kurdes en vue de l'opération de purge que nous planifions. À ce propos, j'aurais besoin de logistique pour le transport et l'internement, souligné-je pour changer de sujet, non sans noter que Nez-Crochu m'observe toujours avec son putain de sourire au coin des lèvres, rendu angoissant à la lueur blafarde d'un nouvel éclair.

– Il faudra voir ça avec frère Ali. C'est lui qui gère les transports, rappelle Mahmoud, en référence à la Brute. Quant à l'internement, c'est frère Samir qui s'en occupera, précise-t-il en désignant Barbe-Rouge, dont la qualité de chef du bureau des Châtiments n'est pas pour me rassurer sur le sort des prisonniers.

Il vient d'ailleurs confirmer mon appréhension avec un plan délirant de politique carcérale.

– J'ai déjà dit qu'il fallait cesser de faire du stade un centre d'entraînement pour le transformer en prison, intervient ce dernier. Pourquoi garder ce camp d'entraînement en pleine ville alors que tous les autres sont en périphérie ? Pour l'instant, la prison centrale est pleine et les évasions se multiplient dans les entrepôts que nous avons réquisitionnés, qui ne sont pas faits pour ça et sont difficiles à surveiller. Le stade n'a que deux entrées, faciles à garder. On peut même en murer une. Tout l'espace sous les gradins est facilement maçonnable pour y aménager des cellules. Les vestiaires et plusieurs salles peuvent servir. C'est là qu'on détient déjà les otages occidentaux. Et ce serait un formidable endroit pour les exécutions publiques. Les condamnés seraient sur place pour subir leur châtiment. Je suis sûr que cela aurait beaucoup de succès et de spectateurs. Ce serait bon pour notre propagande. Pour revenir à la question de frère Merwan, je propose justement qu'on enferme les Kurdes au stade…

– On verra pour l'internement des Kurdes ! De toute manière, on ne peut pas limiter la répression aux Kurdes, s'agace Nez-Crochu, aussi irrité par la digression de son collègue qu'elle m'épouvante. Nos ennemis sont multiples et on doit tous les abattre, poursuit-il d'un ton sec, indifférent au regard outragé que lui jette frère Samir. Par exemple, cet écrivain communiste, Yassin al-Hajj Saleh qui a péroré hier sur l'estrade ! L'arrestation de son frère aîné n'a pas suffi à le calmer puisqu'il n'a pas hésité à nous défier publiquement. Je propose qu'on arrête son cadet, Firas, ainsi que cette loque d'Abou Issa. Il est affaibli politiquement et ce n'est pas lui qui mène la danse. N'est-ce pas frère Merwan, tu peux confirmer, toi qui as vu ça de près ?

Le bougre en sait plus qu'il ne veut dire en jouant au chat et à la souris avec moi. Je suis contraint de lâcher quelque chose.

– Effectivement, et c'est bien pour ça qu'il fallait que cette manifestation ait lieu, répliqué-je. J'ai ainsi pu vérifier qu'Haqquna est totalement noyauté par le CNK, le Conseil national kurde, et son chef à Raqqa, Sefîn Hasroumi, une vieille gloire locale qui s'est fait une réputation dans l'opposition à Bachar. L'autorité d'Abou Issa se limite aux Gens Dignes de Confiance de Raqqa, c'est-à-dire les commerçants du souk. C'est Hasroumi qui tire les ficelles d'Haqquna.

Je ne suis pas fier d'avoir jeté ces deux noms en pâture, et comme pour me culpabiliser davantage, le tonnerre retentit au même moment tandis qu'une violente rafale de vent balaye bruyamment les vitres d'une eau abondante. Toutefois, l'information n'est guère secrète et Nez-Crochu m'aurait sans doute encore méchamment taquiné si je n'avais pas l'air de maîtriser mon sujet. Il n'en conserve pas moins cet air agaçant de l'affranchi.

– Je vais lancer une *fatwa* contre les Kurdes et ceux qui les protègent aujourd'hui même, déclare alors le Grand Inquisiteur, resté impassible pendant les échanges tendus entre ses lieutenants. Malheureusement l'ASL tient toujours le principal check-point vers Alep, et les Kurdes peuvent s'enfuir par là, regrette-t-il, sans que je ne sente plus poindre l'once d'un reproche à mon encontre concernant cet état de fait. On ne peut pas attendre une quinzaine de jours comme prévu. J'exige que cette rafle débute le plus vite possible afin d'éviter les fuites. Je retiens l'idée de frère Samir de les interner au stade. On avisera sur leur sort plus tard. Le stade est grand. Est-on sûrs de le remplir pour une exécution de masse ? Ne risquons-nous pas plutôt une émeute ? C'est moi qui suis en charge de la propagande de l'État islamique. Tant que nous ne tenons pas totalement la ville, nous devons être prudents. La manifestation d'hier a prouvé que nos adversaires peuvent mobiliser. C'est pourquoi il faut que nous accélérions l'arrestation des meneurs, comme le suggère à juste titre frère Khalid. Privés de leaders, les démocrates impies et les imbéciles qui les suivent ne pourront plus s'opposer de manière organisée. Arrêter Firas Saleh est une excellente idée. Cette famille démoniaque conserve trop de notoriété à Raqqa et elle doit vivre dans la crainte d'Allah. En revanche, frère Khalid, tant que les bureaux de la Régulation et des Châtiments ne seront pas en mesure de faire régner l'ordre, on a besoin de la milice marchande d'Abou Issa. Pas question de l'arrêter pour le moment. Mais je te donne toute latitude pour lui faire peur, précise al-Adnani. Quant à toi, frère Merwan, tu vas arrêter cet Hasroumi ! Je veux qu'il soit sous les verrous ce soir, m'ordonne le Grand Inquisiteur d'un ton sans appel.

Arrêter Sefîn dès ce soir ? Tandis que je cogite à grande vitesse pour chercher comment ménager une porte de sortie à l'intellectuel kurde, la conversation prend une tournure surréaliste.

– Le bureau de la Régulation ne pourra fonctionner correctement sans une brigade féminine, explique le Tunisien interlope que je surnomme le Bourreau. Trop de contrôles exigent des conseils intimes aux femmes, voire des palpations. Des policiers islamiques ne peuvent procéder ainsi, s'offusque le pudique barbu. Il faut des femmes pour s'adresser aux femmes et les réprimander.

Des policières en charge de réprimer les mauvais comportements des femmes ? C'est bien ce que vient de réclamer ce Père la Rigueur de pacotille ? Ces daeshiens sont vraiment capables de tout ! Et moi, j'ai l'air de quoi après avoir licencié tout le personnel féminin de la police criminelle ?

– Le bureau des Châtiments ne peut pas non plus se développer tant que les tribunaux islamiques n'appliqueront pas correctement la sharia. Et là, nous avons un grave problème, se lamente à son tour Barbe-Rouge. Les oulémas locaux sont trop permissifs mais ils ont la caution des prédicateurs pseudo-salafi du Jabhat al-Nusra. Les jugements des tribunaux de l'État islamique sont réfutés publiquement ! Chacun choisit ainsi sa justice et les Véridiques sont humiliés, pleurniche le chef des exécuteurs des basses œuvres de l'État islamique.

– Mes frères, tempère le Grand Inquisiteur, notre devise est « Rester et s'étendre »… Nous avons le temps devant nous. Ainsi que frère Ibrahim nous le répète souvent : l'État islamique s'imposera de lui-même. Patience et pérennité, la loi d'Allah régnera à Raqqa et sur tout le territoire du Levant. En ce moment même notre émir mène une guerre sans merci aux mécréants. Nous-mêmes nous nous apprêtons à une grande rafle dans l'opposition. Gardons notre foi intacte comme notre Prophète, paix, salut et bénédiction soient sur lui, a mûri sa vengeance à Médine avant de vaincre le Tâghoût à La Mecque. En attendant, enchaîne-t-il sans transition, une affaire urgente nous préoccupe car elle pourrait créer de l'agitation dans la population alors qu'après la manifestation d'hier, nous devons, au contraire, gagner sa confiance. Je repasse la parole à frère Mahmoud.

L'orage s'éloigne vers le nord, poussé par le vent. Les roulements de tonnerre se font plus sourds et une pluie fine ruisselle doucement sur les baies. Mahmoud incline la tête d'un air inspiré avant de commencer son exposé :

– Comme vient de le dire frère Taha, c'est une affaire préoccupante : Raqqa est en pénurie d'eau minérale. Et nous avons toute raison de penser qu'il s'agit d'un acte malveillant. Deux attaques ont eu lieu contre des convois venant de Turquie, ces dernières semaines. C'était probablement ciblé, mais nous en avons eu la certitude avant-hier quand un convoi entier de bétaillères est arrivé sans encombre d'Aïn Issa alors que cinq semi-remorques de bombonnes d'eau ont été détournées. Compte tenu de la valeur respective des chargements, cela confirme, selon moi, que c'est notre approvisionnement en eau qui est spécifiquement visé. À chaque fois, les chauffeurs ont été exécutés. On en est donc réduits aux conjectures. S'il s'agissait du régime, ils auraient bombardé. Ils ne manquent pas d'eau. Là, il s'agit de vols et donc d'une organisation criminelle. Conclusion, une enquête de plus pour vous, Merwan et frère Khalid, me précise mon beau-frère avec un sourire indéfinissable.

Cette histoire de pénurie d'eau en bouteille n'est donc pas une légende urbaine. L'eau potable est un problème récurrent en Syrie, et particulièrement à Raqqa. Un paradoxe pour cette ville fluviale mais l'eau de l'Euphrate n'est guère buvable et les installations d'assainissement, déjà de mauvaise qualité, ont été détruites par l'aviation loyaliste dès la chute de la ville. Les quelques puits d'eau de source ont été captés et pollués depuis longtemps par les paysans. L'usine Nestlé de Damas nous fournissait en Sannine et autres marques d'eau minérale jusqu'en avril dernier quand elle a été sabotée par la rébellion. Depuis, nous dépendons de la contrebande en provenance de Turquie ou du Liban.

– Je suis déjà sur le coup, intervient Nez-Crochu avec ce pédantisme horripilant qui le caractérise. L'Emniyat diffuse partout la rumeur que cette pénurie est organisée par les Kurdes afin de monter la population contre eux. Il y a deux possibilités. Soit il s'agit de créer du désordre à des fins politiques. Soit il s'agit d'agiotage afin de faire monter les prix avant que l'eau ne réapparaisse sur le marché. Dans le premier cas, ça relève de moi, dans l'autre de frère Merwan.

– Tout à fait, abondé-je aussitôt, en ravalant mon indignation face aux méthodes de désinformation mises en œuvre par al-Ghabi pour accabler les Kurdes. C'est une mission qui nécessite beaucoup d'hommes et je rends hommage à cet égard à la prescience de frère Taha de bien vouloir ménager à ce stade Abou Issa. Le Mouvement des Gens Dignes de Confiance lui obéit et ce sont les principales forces dont je dispose au sein de la police municipale pour ce type d'opérations. Il faudra simplement veiller à ce que ce surcroît de travail n'interfère pas avec les séries d'arrestations que nous programmons.

– Je crois pourtant que tu as beaucoup de temps libre, lâche soudainement Nez-Crochu d'un air entendu.

Décidément, ce fouille-merde semble bien informé sur mes escapades mais pas assez apparemment pour me mettre en accusation.

– Moi, je fais le travail moi-même. Pas par des sbires interposés, répliqué-je dans une allusion transparente à ses emniyim, incapables de me suivre.

Il m'adresse un regard noir mais reste silencieux. Je sens l'œil scrutateur d'al-Adnani aller de l'un à l'autre, sans comprendre le fond de notre affrontement à fleuret moucheté.

– Je suis bien entendu tout dévoué à la cause d'Allah et au service de la Dawla, assuré-je sans vergogne dans la foulée de cet échange viril. J'ai nommé mon adjoint, un des meilleurs policiers de Raqqa et un homme pieux, à la police municipale et nous allons organiser sans coup férir cette double traque des trafiquants et des opposants, affirmé-je d'un ton enthousiaste qui achève de rendre furieux mon ennemi.

– Mes frères, je pense que nous avons fait le tour de l'ordre du jour, déclare le Grand Inquisiteur. Je vous invite maintenant à prier le Très-Haut.

Une fois la prière achevée, chacun se redresse pour sortir. Cependant, al-Adnani me retient, suscitant stupeur et jalousie chez les autres, derrière lesquels il ferme la porte du dîwan.

– Frère Merwan, je souhaite te parler d'une affaire délicate que je ne voulais pas évoquer devant tes collègues. Tu te souviens sûrement de cette scène pénible l'autre soir, lors de la réception donnée par l'émir al-Baghdadi…

L'ensemble de cette soirée m'ayant paru pénible, j'affiche un air bête qui l'incite à préciser.

– Cette étrangère qui s'est donné la mort devant tous, sans respect ni pour la cérémonie de bayah, ni pour la parole d'Allah qui rend illicite le suicide !

Je doute que cette malheureuse adolescente ait songé à tout cela au moment de mourir, mais j'abonde dans son sens.

– C'est un scandale, frère Taha, et un grave péché.

Le Grand Inquisiteur a l'air embarrassé et fuit mon regard. Il replace une mèche rebelle sous son turban mal enroulé, avant de poursuivre :

– Frère Ibrahim est furieux de cet… incident. Beaucoup des filles présentes ce soir-là étaient étrangères. Or, il veut que les étrangères soient préservées pour servir d'épouses aux moudjahidine.

– D'accord, et alors ? demandé-je, sans comprendre où il veut en venir.

Une nouvelle mèche lui tombe sur l'œil, qu'il a contrarié. Il la repousse d'un geste agacé.

– Frère Merwan, tu dois retrouver d'où viennent ces filles. Et trouver un arrangement entre la Dawla et leur… gestionnaire.

– Et pourquoi me confier ça à moi plutôt qu'à la police religieuse ? Les questions de mariage et d'esclavage relèvent de la sharia !

– Je te remercie de tes conseils jurisprudentiels, rétorque-t-il, piqué au vif. Mais il semble se retenir, preuve qu'il a besoin de moi. Tu es issu de la police de Raqqa et tu connais mieux les rouages de la prostitution dans cette ville que les bureaux de la Régulation et des Châtiments réunis.

Pff ! Belle réputation. N'empêche qu'il me prend quand même pour un con.

– Frère Taha, je rendrais volontiers service mais… ces filles, elles ne sont pas venues toutes seules.

Je suggère la chose avec le minimum d'ironie possible dans la voix :

– Qui les a commandées ? Pourquoi ne pas demander à cette personne de s'en occuper ?

Le Grand Inquisiteur, à peine plus jeune que moi, a la mine honteuse d'un gamin pris en faute. Bien que nous soyons seuls, il regarde autour de lui avant de bafouiller tout bas :

– Parce que c'est moi et que je ne peux pas m'en occuper, compte tenu de… mes fonctions. D'ailleurs, s'il faut payer pour arranger cette affaire discrètement, je suis prêt à négocier.

Je me retiens de rire de cette confession incongrue et peine à me contenir quand, l'air de rien, je commence à le questionner le plus professionnellement du monde :

– Je comprends fort bien ce souci de discrétion, frère Taha. Mais peux-tu me dire alors qui était ton intermédiaire ?

Je jurerais qu'il est tout rouge de confusion, dans la pénombre de la pièce.

– Une fille syrienne. Une Raqqaouie. Une nommée Nour. Nour Essid.

*

À peine sorti, J'appelle Tareq, mais il est sur répondeur. Je passe à l'autre coup de fil important.

– Allô ? Sefîn ?

– Oui, c'est moi. Qu'est-ce qui me vaut l'honneur, Merwan ? Tes maîtres ont été impressionnés par la mobilisation des Raqqaouis et veulent négocier leur retrait avec Haqquna ? rigole Hasroumi avec désinvolture.

– Tu dois t'enfuir et te cacher, Sefîn, le coupé-je, sans relever l'insulte de m'avoir ramené à mon statut d'exécutant de Daesh, malgré tout ce que j'ai déjà fait pour démontrer le contraire. Le calendrier dont je t'avais parlé est bouleversé. Tu dois être arrêté avant ce soir. *Je* dois t'arrêter avant ce soir, précisé-je. Et les rafles dans les quartiers kurdes vont commencer dans la foulée.

Un silence s'instaure à l'autre bout du fil. J'avais bien dit l'autre soir au leader d'Haqquna et du CNK à Raqqa de préparer un plan d'évacuation pour la communauté kurde. Mais je doutais bien que l'universitaire ne voulait pas croire la Dawla capable d'une telle épuration. Moi-même d'ailleurs, j'espérais qu'il s'agissait d'économie de pillage, les prisonniers devant servir à exiger une rançon confiscatoire.

– C'est donc vrai, Merwan, souffle enfin Sefîn. Daesh veut abattre la révolution ?

– Eh oui, Sefîn, Daesh est une organisation djîhadiste animée d'une idéologie totalitaire, avec des partisans armés, portés par des envies de meurtre. Je ne te l'ai pas caché. Et la manifestation d'Haqquna n'a fait qu'envenimer les choses, comme c'était prévisible. Je veux que tu ailles tout de suite au check-point de la RN6 tenu par la Brigade des Petits-Fils du Prophète. Place-toi sous la protection de leur commandant, Khalifa al-Othman, et négocie avec lui l'exfiltration des Kurdes qui pourront échapper à nos coups de filet. Tu as déjà prévenu des gens de l'imminence du danger, comme je te l'avais recommandé ?

– Tu veux que je m'acoquine avec un fériste ? s'offusque-t-il.

J'avoue n'être guère satisfait de m'appuyer sur une brigade de l'ASL vassale des Frères musulmans pour sauver Sefîn Hasroumi et ma communauté des griffes de la Dawla. Mais on vit une époque aux choix restreints, voire contraints.

– Sefîn, ce n'est pas comme s'il y avait d'autres solutions, soupiré-je. L'ASL est de ton côté globalement et en tout cas contre Daesh. Sois raisonnable. Une fois à l'abri, préviens tous ceux que tu connais et qu'eux-mêmes diffusent le message et fuient vers les quartiers sous contrôle d'al-Othman. Je vais devoir entreprendre très vite les arrestations, dans deux, trois jours maximum, indiqué-je, en voyant très bien à quoi j'allais occuper la police de Raqqa pour gagner encore un peu de temps, si du moins cet universitaire imbu de sa personne voulait bien ravaler de sa superbe. Quant à toi, je dois faire une descente à ton domicile à 17 heures au plus tard.

– OK. Je te remercie. Je vais me planquer, mais je ne quitterai pas la ville avant les élections du 25.

Ouf, ses remerciements suscitent aussitôt en moi une agréable autant qu'inattendue surprise. J'en profite pour le sermonner, comme on fait avec un enfant :

– C'est une folie, cette histoire d'élections, Sefîn. Je pense que vous ne vous rendez absolument pas compte à qui vous avez affaire. Mais on ne va pas parler de ça maintenant, conclus-je, éludant ce nouveau motif d'engueulade, déjà soulagé qu'il m'écoute et ne veuille pas jouer les héros en m'obligeant à l'arrêter. Pour l'instant file et demande à tous les Kurdes que tu connais de déguerpir.

Je termine avec Sefîn au moment où je pousse la porte de l'ancien Centre culturel, à deux pas du palais du gouverneur. C'est là, dans ce bâtiment de style soviétique, que les Gens Dignes de Confiance de Raqqa se sont installés. Mon collègue Yahya al-Satouf, que j'ai officiellement nommé chef de la police municipale, a exigé et obtenu un bureau près de celui d'Abou Issa, le brigadiste en chef. Les deux hommes se tiennent justement dans le bureau de ce dernier. Issa, un moustachu court sur pattes et maigrichon, aux traits rébarbatifs mais aux yeux gentils et au sourire facile, est contre toutes les apparences un agitateur de foule et un meneur d'hommes. Épicier aisé de l'avenue toute proche du 23 Février, il en avait assez d'être racketté par des soldats désœuvrés venus de l'autre bout du pays caserner dans cette ville alors sans histoire. Un jour de l'automne 2012, horripilé par un bidasse trop gourmand, il rameuta tant et si bien vendeurs à la sauvette, boutiquiers, commerçants et chalands, qu'une émeute éclata, ponctuée par une grève du souk. Haqquna, qui vivotait jusque-là comme mouvement d'opposition intellectuelle, se montra solidaire et trouva alors sa base populaire. C'est sur ce terreau qu'est née la Brigade des Révolutionnaires de Raqqa, qui s'affilia à l'ASL et dont les combattants entrèrent en clandestinité en harcelant le régime jusqu'à la chute de la ville. Doué pour la révolution, Issa l'est beaucoup moins pour la politique. Sa première décision, une fois la ville prise, fut d'ouvrir les portes des prisons. Sa brigade se gonfla de toute la racaille que j'avais contribué à foutre au trou, si bien qu'en quelques semaines, les révolutionnaires, et l'ASL à travers eux, étaient détestés de tout Raqqa pour leurs exactions et prévarications. Abou Issa sauva la face en créant le Mouvement des Gens Dignes de Confiance pour remettre de l'ordre là où il avait lui-même créé le désordre, mais sa crédibilité et celle de ses révolutionnaires étaient bien entamées. Méprisé par les autres généraux de l'ASL, dépassé par les évènements et les querelles partisanes, Abou Issa se laissa peu à peu marginaliser. Son autorité se limite aujourd'hui à sa milice marchande des Gens Dignes de Confiance, des Raqqaouis du souk s'astreignant à des tours de garde pour la police municipale.

Avec son sourire roublard de maquignon, Abou Issa a tout pour être sympathique. Mais sa tête de bon bourgeois ne m'est jamais revenue. Sans doute mon éducation anticapitaliste. Ça tombe bien parce qu'il va falloir que je le secoue un peu.

– Merwan, on parlait justement de toi avec Yahya. Et on se demandait comment le dernier rejeton d'une vieille famille communiste kurde pouvait bien se retrouver à diriger la police d'al-Baghdadi ?

– Parce qu'il faut bien des gens qui prennent leurs responsabilités quand on voit que ceux qui sont censés les prendre préfèrent se planquer dans un bureau et s'achètent une bonne conscience en mettant des PV aux trazinas ou en aidant les mamans et leur marmaille à traverser la rue.

Je ne sais pas de quoi ils parlaient vraiment avec Yahya avant mon arrivée, mais mon adjoint a du mal à contenir un rire sous ma charge impromptue. Issa, pour sa part, se rembrunit tout en conservant son inamovible sourire.

– Toujours aussi aimable, Merwan, réplique-t-il. Pourtant, tu vois, je crois que sans moi et mes hommes, la manifestation d'hier ne se serait pas aussi bien déroulée, se targue-t-il, l'air satisfait.

– Oui, et je t'en remercie. Reste qu'on n'en serait pas là, à avoir peur de manifester dans notre propre ville alors que les représentants du régime sont tombés, si des décisions et des actes préalables avaient été pris et accomplis.

– Je suis toujours membre du Conseil de consultation des combattants, se défend-il sans conviction.

– Oui, et al-Hadrami en est toujours l'émir. N'empêche que le pouvoir est passé du siège du gouvernorat au palais du gouverneur ! Tout un symbole ! Comme moi d'ailleurs, qui suis là devant toi, investi par l'État islamique pour te commander, souligné-je, sans aménité.

Cette fois le marchand révolutionnaire a perdu son sourire. Je dirais même qu'il est blême.

– Je sais, Merwan, inutile d'être désagréable, marmonne-t-il.

– Tant mieux, Abou Issa, ça facilitera les choses. Nous allons nous concentrer dans les jours qui viennent sur deux opérations d'envergure. Par chance, elles se complètent. D'une part, nous devons découvrir un éventuel marché noir d'eau minérale. Vous avez peut-être remarqué qu'il y a pénurie d'eau minérale ?

– Bien sûr ! On ne parle que de ça dans le souk ! peste Issa. Certains vont jusqu'à Deir ez-Zor en acheter, mais ça coûte une fortune et il faut ensuite verser des pots-de-vin à chaque checkpoint.

Décidément, j'ai été bien inspiré et la famille Milet a eu de la chance sur cette anticipation de la pénurie qui doit pourtant tout au hasard. Je continue.

– Selon les informations en ma possession, les convois de ravitaillement en eau sont pillés. Il est possible que des milliers de bouteilles et bombonnes soient stockées quelque part en ville. En temps normal, les quartiers nord autour de la gare seraient les premiers suspects, mais j'ai assez patrouillé dans le secteur après le grand bombardement pour savoir qu'il ne reste pas beaucoup d'entrepôts intacts. De toute manière cette zone est sous le contrôle des Petits-Fils du Prophète et on va éviter de les titiller. Il y a des zones d'entreposage aussi tout du long du boulevard du Nouveau pont. On a déjà eu des affaires de marché noir dans le coin. C'est d'ailleurs là qu'on avait démantelé le gang de Kassim le Fou. Je veux au minimum deux cents hommes pour sillonner la zone dans tous les sens. Ce qui nous amène à la deuxième opération. Nous devons recenser et marquer les maisons des Kurdes en vue d'en arrêter le maximum dans quelques jours. Dès aujourd'hui, Yahya, je veux une souricière autour du domicile du vice-recteur de l'université, Sefîn Hasroumi, le leader d'Haqquna et sans doute du CNK à Raqqa.

– Quoi ? Tu veux qu'on arrête tous nos concitoyens kurdes ? Mais tu es malade, Merwan ! s'exclame Abou Issa dont l'indignation serait crédible s'il ne ravalait sa dernière phrase en même temps qu'il la prononce, comme s'il regrettait son audace à peine proférée ; tout le drame de sa vie politique.

– Tu veux arrêter Hasroumi avec qui tu as passé la journée d'hier à éviter les incidents ? s'émeut à son tour Yahya, livide.

Je m'attendais évidemment à des récriminations et je n'ai d'autre choix que d'assumer à ma façon.

– Que t'ai-je dit l'autre jour, Yahya ? Je ne t'ai rien caché. Je t'ai dit : on aura des choses sales à faire mais on les fera le plus proprement possible. C'est bien mon intention dans cette affaire. Si à partir de demain le repérage des maisons kurdes alarme et fait jaser, et qu'il se dit qu'il vaudrait mieux pour les Kurdes de prendre *fissa* la poudre d'escampette par le check-point de la RN6, où on les attend, eh bien… Eh bien, on en aura moins à arrêter dans les prochains jours et ça serait bien dommage pour la Dawla… C'est clair ?

Abou Issa et Yahya me considèrent tous les deux avec le même air circonspect, l'un et l'autre dubitatifs sur l'interprétation de mes propos.

– Tu veux dire que l'on doit prévenir les Kurdes de leur prochaine arrestation ? demande Issa.

– Je veux dire ce que je viens de dire, Abou. Sois sûr, en tout état de cause, que je te donnerai l'ordre d'arrêter avec ta brigade ceux qui n'auront pas compris. C'est plus clair, comme ça ?

Issa se renfrogne devant mes palinodies tandis que j'affronte son regard. Ce type est une planche pourrie, et je préfère rester avec lui dans l'ambiguïté sur mes intentions réelles.

– Tu vas vraiment arrêter Hasroumi ? persiste à douter Yahya.

– Oui, on va arrêter Hasroumi. Je compte sur toi pour qu'il n'échappe pas au piège que je veux lui tendre pour 17 heures avec tous les effectifs qu'on aura pu rameuter d'ici là.

– Dix-sept heures ? Mais si on doit l'arrêter…

Yahya laisse sa phrase en suspens et m'observe avec l'incrédulité du policier professionnel se demandant pourquoi reporter en fin d'après-midi l'arrestation à grand spectacle d'un criminel qu'on pourrait cueillir discrètement à l'heure du déjeuner. J'enlève mes Ray-Ban et quelque chose dans mon regard doit le convaincre car il finit par sourire d'un air entendu.

– Mais quoi, Yahya ?

– Mais rien, dit-il d'un ton neutre.

– Messieurs, si vous n'avez plus de questions, moi j'ai fini, annoncé-je. Le programme est chargé, comme vous le voyez. Abou, tu peux me passer un chauffeur, s'il te plaît ? C'est Asma qui m'a déposé ce matin dans le quartier, elle avait besoin de la voiture. Pour ma part, je vais aller prendre un peu de repos à la maison, lancé-je, me gardant bien, ramadan oblige, de préciser que j'ai l'intention de m'y préparer un bon déjeuner.

– Tu vas prendre ma voiture, s'empresse-t-il de me répondre, certainement content de me satisfaire après ces échanges aigres-doux. Laisse-moi prévenir mon chauffeur qu'il vienne t'attendre devant.

Nous sortons de son bureau quand mon Huawei sonne. C'est Tareq.

– Salut patron, tu me cherches ?

– Oui, Tareq, merci de me rappeler, fais-je en entamant la volée de marches. Je voulais savoir si tu avais trouvé l'adresse de la petite Nour Essid dont nous a parlé Ali l'autre jour, au club Nadi Rachid.

J'omets de préciser à mon adjoint que la coquine traficote aussi avec la crème des djîhadistes.

– Oui. Selon les registres du collège Moussa Ibn Nosaïr, elle habite au 28, rue de la Nacre dans la médina.

– Très bien. Et toi, où tu es ? J'aurais besoin de toi vers 16 heures au Bloc B pour une grosse opération en préparation.

– Ah, OK. Je serai là, m'assure Tareq. Pour l'instant, je tournicote dans Salhiya entre l'ancien cimetière et la mosquée ibn Zaïd Hartha autour de la pension d'Oum Adam. Pas très animé comme quartier, si ce n'est les patrouilles des Petits-Fils du Prophète. Le climat est assez tendu. Les milices de Daesh sont à cinq cents mètres. Les gens sont pas très causants dans le voisinage, vu l'ambiance, et personne ne reconnaît ou ne veut reconnaître le mec dont tu m'as filé le portrait. Mais je perds pas espoir… En revanche, j'ai appris un truc surprenant. Figure-toi qu'il y a plus ou moins un mois de ça, il y a eu une mort suspecte à la madâfa. Selon le cantonnier qui m'a raconté ça, et dont les services ont évacué le cadavre, Oum Adam ne voulait pas faire de vagues et a prétendu que c'était une de ses pensionnaires qui s'était suicidée. Elle a donné un généreux bakchich pour que le corps soit jeté à la fosse commune. Mais le cantonnier en question a une cousine qui travaille chez Oum Adam, et elle lui a confié qu'on avait en fait retrouvé le cadavre de la femme enroulé dans un tapis, planqué dans un local technique de la pension. Il ne savait pas la cause de la…

Boum ! Nous parvenons au rez-de-chaussée quand la double porte vitrée de l'entrée éclate en mille morceaux dans un fracas assourdissant, soufflée par l'explosion de la voiture d'Abou Issa garée juste devant. L'onde de choc me projette violemment au sol, en me recouvrant de verre brisé.

Mes oreilles sifflent horriblement, j'ai des petites entailles sanglantes aux mains et sans doute au visage. Mais mes nouvelles Ray-Ban sont toujours posées sur mon nez, mon Huawei intact à portée de main et je peux me redresser sans dommage, sinon des contusions diverses qui me laisseront des bleus. Autour de moi, c'est le chaos. Le corps calciné du chauffeur, envoyé valdinguer par la déflagration alors qu'il attendait devant la portière ouverte, achève de se consumer contre l'office d'accueil, provoquant les hurlements stridents et ininterrompus d'une femme hystérique au visage en sang. À travers l'entrée détruite et la poussière qui flotte encore dans l'air, je devine des morts sur le trottoir, et des blessés gémissants, qui rampent, hagards, pour s'éloigner de la carcasse fumante du véhicule. Des gens paniqués descendent des étages et s'agglutinent dans le hall, n'osant sortir pour affronter le carnage, et pleurnichant sans même se soucier de nous. Yahya m'aide à relever Abou Issa, complètement sonné. Merci, Nez-Crochu, sympa, il n'a pas perdu de temps, celui-là ! Heureusement qu'il s'est contenté « de faire peur » à Issa, comme le lui avait ordonné il y a quelques heures à peine le Grand Inquisiteur. Sinon, je serais en train de griller dans la voiture. Indifférent au qu'en-dira-t-on, j'allume une cigarette pour conjurer cette vision.

*

Je me fais déposer chez moi par une autre voiture de service et demande au chauffeur de m'attendre. Ce n'est qu'une escale technique destinée à me changer et à me laver des stigmates de cette mort qui m'a frôlé. Toute faim m'a quitté. Je file à la salle de bains, captant au passage dans le couloir la musique guillerette de Super Mario. Le Vieux et Naïm sont au salon. Asma n'est pas rentrée, du moins je n'ai pas vu la Peugeot 307 devant notre immeuble. En charge de la logistique du scrutin du 25 juillet, elle est censée collecter du papier pour les bulletins de vote, la voiture de Nadwa ne suffisant pas à tout trimballer, m'a-t-elle raconté pour justifier l'emprunt exceptionnel de ma 307. À moins qu'elle ne l'ait prise pour aller baiser avec Maher al-Shibahi.

Je constate avec soulagement devant le miroir que ma barbe, parsemée de micro-morceaux de verre, m'a bien protégé. C'est bien utile une barbe, en ces temps difficiles. Une fois le visage nettoyé, je dois quand même couvrir d'un petit pansement une coupure sur la joue gauche.

– Qu'est-ce que tu t'es fait, papa ? me demande Assia en me voyant sortir.

– Rien, ma chérie. Je me suis coupé en essayant de me raser. Je suis vraiment maladroit, mens-je pour lui épargner un supplément de visions d'horreur dans une ville de plus en plus cauchemardesque. Au fait, tu as vu ton cousin récemment ?

– Hakim ? Oui, avant-hier. On est allés au parc d'attractions avec des amis et on a mangé une glace, place Naïm.

– Il va bien ?

– Bof ! Toujours pareil avec oncle Mahmoud. Il n'est jamais content de lui. Pourtant, Hakim fait des efforts. Il est même obligé d'aller dans une école coranique où son père l'a inscrit. Mais Hakim, il est pas religieux comme oncle Mahmoud. Il est plus comme moi ou maman, tu vois ?

Je souris à cette remarque qui illustre si bien l'ambiguïté de l'Islam. Non, je ne suis pas bien sûr de voir et n'ose demander plus directement à ma fille si son cousin est homosexuel.

– Au moins lui, il fait des études, plaisanté-je.

– Oh arrête, papa, c'est nul comme études ! L'autre jour, Hakim m'a dit que le givré qu'il a comme prof a passé trois heures à débattre tout seul pour savoir si les djinns étaient des hommes ou des femmes. C'est dire le niveau. Pauvre Hakim.

– Oui, ben tu lui diras que je pense à lui quand tu le verras. Il comprendra.

Sur ces mystérieuses paroles, je m'esquive avant que Naïm, déboulant du salon, ne vienne se pendre à mon cou. « À ce soir, les enfants. Salut, grand-père », lancé-je en forçant la voix avant de partir en trombe.

C'est quand même sympa d'avoir une famille. Quand je pense à ce salopard de Maher al-Shibahi qui cherche à me la saboter. Et d'ailleurs, à ce propos… avant d'aller à la médina, j'ordonne à mon chauffeur de faire un saut à la direction générale des Eaux du bassin de l'Euphrate, où il aurait été ingénieur avant d'être victime des purges de la fonction publique, si je me souviens bien des bribes de biographie rapportées par Asma. S'il est surpris par la visite de la police, le préposé aux archives n'en montre rien et va chercher sans broncher le dossier administratif personnel de Maher al-Shibahi. Lequel est marié à Amena al-Ghadbane, père de deux enfants et réside au 43, rue Hunayn ibn Ishaq, c'est-à-dire à Huriyah, vers la mosquée Hamza, à six cents mètres de chez moi. C'est bien pratique pour les galipettes, fulminé-je avant de m'interroger sur la manière dont mon rival parvient à jongler avec son emploi du temps, une femme et deux gosses sur le dos. Ils ne vont quand même pas à l'hôtel ? Pour l'instant, j'ai cependant autre chose à faire que de creuser cette histoire de coucherie. J'en ai une autre à résoudre. Je me fais déposer à l'angle des avenues Sayf al-Dawla et du 23 Février et me fonds dans la foule du souk pour me rendre au domicile de Nour Essid, non sans prendre ruelles et contre-ruelles pour échapper à d'éventuels suiveurs. Le 28, rue de la Nacre est un vieil immeuble du début du siècle dernier. Le bâtiment a dû être beau mais les injures du temps ne l'ont pas épargné, comme la plupart des édifices de Raffiqa, le cœur du quartier historique à l'ombre de l'enceinte abbasside. Les appartements de ces vestiges architecturaux de la Renaissance raqqaouie peuvent encore réserver de bonnes surprises, mais l'endroit n'en trahit pas moins une nette différence de standing entre les deux amies, au regard de la somptueuse demeure moderne des Haddad à Takhana. On me répond au deuxième coup de sonnette.

– Oui, dit une voix féminine.

– Madame Essid ?

– Oui, murmure la voix.

– C'est la police, commissaire Milet

– …

– Ouvrez, s'il vous plaît. Je n'ai que quelques questions à vous poser.

– Quatrième droite, escalier C, précise la voix teintée d'inquiétude.

La clenche électrique débloque la porte et j'entre. L'immeuble est un quadrilatère aussi délabré que la façade, sinon que les balcons rouillés, enroulés de jasmin, d'akébia et de cobée, et les murs parcourus de rosiers grimpants, donnent un charme suranné à cette cour intérieure, qu'ombrage en son centre un pin d'Alep ceinturé d'un banc de pierre. La cage d'escalier en bois et sa rambarde en fer forgé sont dans le même état de vétusté que le reste du bâtiment. Après avoir grimpé les étages en faisant grincer les marches, je me retrouve face à une femme habillée à l'occidentale, un fichu vaguement noué sur la tête, qui m'attend sur le palier.

– Mon mari n'est pas là, m'accueille-t-elle d'une voix plaintive en roulant des yeux.

– Madame Essid ? Bonjour madame, dis-je en présentant ma carte. Je ne suis pas là pour votre mari. Je voudrais voir votre fille, Nour.

– Nour ? Vous voulez voir Nour ? s'étonne la mère en fronçant les sourcils. Et qu'est-ce que vous lui voulez à Nour ? C'est une enfant ! Qu'est-ce qu'elle a fait ?

– Rien madame, rien. Nour n'a rien fait. Ne vous tracassez pas. Simple enquête de routine. Est-ce qu'elle est là ?

– Oui, on vient de finir de manger. Elle est dans sa chambre.

– Allons-y, s'il vous plaît, commandé-je, l'air de rien, en la poussant chez elle avant de refermer la porte derrière nous.

L'appartement des Essid est à l'image de l'immeuble : de beaux restes mal entretenus avec ses hauts plafonds à la peinture écaillée, ses tapis et tapisseries épuisés, ses meubles d'époque fissurés et disjoints, sa décoration figée dans le temps. Seule l'absence de poussière et de toiles d'araignée et l'odeur de frais diffusée par des bouquets de fleurs montrent que la maîtresse de maison s'évertue toujours à tenir son rang. Quand je pénètre dans l'antre de Nour, je comprends tout de suite que ce train de vie n'est pas suffisant pour sa fille. Sa chambre est entièrement repeinte en rose bonbon, à l'exception du plafond d'un blanc immaculé, armoire, commode et coiffeuse, de couleurs assorties, sont de design contemporain comme son lit à baldaquin, sur lequel elle est affalée, au milieu de coussins Disney et de peluches géantes, à écouter de la musique sous un casque tout en manipulant un iPhone. Comment des parents qui tirent la langue ne peuvent pas se douter que leur gamine a une vie parallèle ? Ce n'est pas la première fois que je fais ce constat affligeant, mais là, c'est une caricature.

– Nour ! Nour ! crie sa mère alors que sa fille, tournant le dos à la porte, ne nous a pas entendus entrer.

Elle sursaute en nous apercevant et enlève son casque.

– Nour, je te présente le commissaire… euh…

– Le commissaire Milet. Merci, madame Essid. Vous pouvez me laisser seul avec votre fille, s'il vous plaît. Je n'en ai pas pour longtemps.

La maman hésite un instant sur le seuil de la porte et, tout en évitant mon regard, elle finit par s'éclipser en refermant derrière elle.

– Tu as une belle chambre, Nour. Tu as des frères et sœurs ? commencé-je la discussion en ôtant mes lunettes pour m'adresser à la jeune fille toujours allongée sur son lit.

Le sourire qu'elle me renvoie est flatteur. Ou professionnel. Nour redresse son corps menu, moulé dans un legging et un tee-shirt moulant, et s'assied devant moi au bord du lit. Elle est ravissante et me met mal à l'aise quand elle lève son visage candide d'adolescente, encore que trop maquillé, avec ces grands yeux naïfs qui me scrutent, allant jusqu'à me faire douter de ce que je sais d'elle. Et même en l'admettant, je ne sais pas par où commencer sans sembler un monstre d'indélicatesse.

– Non, je suis fille unique, me répond-elle d'une voix timide avec un sourire d'une eau plus trouble. Vous vous êtes battu ? me questionne-t-elle pleine de sollicitude dans la voix et le regard en désignant ma joue.

Je suis peut-être mauvaise langue avec cette gentille gamine. Et si c'était papa qui s'est saigné aux quatre veines pour offrir cette chambre de Barbie à sa fille unique chérie ? Il faut quand même que j'en aie le cœur net avant de me laisser charmer. Quitte à être un peu rude.

– Tu connais Kenza Haddad…

Ce n'était pas une question, plus une affirmation. Les grands yeux naïfs s'assombrissent d'un coup, et une lueur de malice se met à briller dans ses pupilles marron pailletées d'or. Un sourire triste de commande fige ses lèvres passées au rouge.

– Kenza ? Bien sûr. C'est une copine de classe. On s'est fâchées. Ça fait longtemps que je ne l'ai pas vue.

Elle accompagne ses propos d'un hochement de tête fataliste, mais son regard trahit qu'elle est sur le qui-vive. Avec son petit sourire soucieux en coin, elle me semble finalement beaucoup moins candide que comédienne.

– Kenza est morte, tu ne le savais pas ?

Nour Essid me considère d'un air désolé.

– Si, bien sûr, massacrée avec ses parents. C'est affreux. J'ai appris ça, admet-elle sans se soucier de l'incohérence de ses propos.

– Comment tu l'as appris ?

– Eh ben, par la radio ou sur les réseaux sociaux, je sais plus. Quand même, une famille entière massacrée… par des étudiants en plus ! commente-t-elle avec une mine de circonstance.

La révolution a démultiplié les médias, notamment en ligne, et tant que Damas laissera Internet disponible l'information circulera. Ou la désinformation. J'étais à l'hôpital, sans télé et sans téléphone, quand la tuerie de l'allée de la Caresse de la Lune a été communiquée au public, et vu comment l'enquête a été bâclée, je ne suis pas surpris que les faits aient été tronqués.

– Désolé de remuer cette affaire douloureuse, mais si Kenza est morte assassinée, ce n'est pas en même temps que ses parents. On a découvert le corps de ta copine égorgée la veille au Crown Plaza.

Le visage de la jeune fille se décompose d'étrange manière, ses joues sont parcourues de tressaillements nerveux irrépressibles. Ellc se lève en chancelant et va chercher un paquet d'al-Hamra sur la commode avant d'aller s'asseoir à sa coiffeuse pour fumer. Elle me tourne le dos mais je vois son expression hagarde dans le reflet du miroir. Manifestement, elle ignorait les circonstances exactes de la mort de Kenza Haddad.

– Vous êtes qui ? m'interroge-t-elle d'une voix assourdie par l'émotion.

– Le policier en charge de l'enquête sur sa mort. Alors, tu ne l'as pas vue depuis quand ?

Elle essuie d'un revers de main une larme prête à jaillir en tirant nerveusement sur sa cigarette.

– Quand dites-vous qu'elle a été tuée ?

– Dans la nuit du 6 au 7 juin.

Nour Essid contemple ses chaussures, tout en paraissant réfléchir. Ses frêles épaules sont secouées de spasmes. Elle pleure franchement en relevant la tête, son maquillage coulant sur ses traits juvéniles. Elle écrase sa cigarette et saisit un mouchoir pour s'essuyer en reniflant.

– Alors, j'ai vu Kenza le 6 juin, finit-elle par dire, la voix enrouée, en se retournant pour me faire face.

Je prends mon paquet de cigarettes et lui en tends une avant de les allumer.

– Tu es sûre de la date ? Ton témoignage est crucial.

– Non. Mais je suis sûre que la dernière fois que je l'ai vue, c'est la veille de l'assassinat de sa famille. Donc, ça doit être le 6 juin, comme vous dites. En début de soirée. Pourquoi vous venez me parler de ça si longtemps après ? s'étonne-t-elle en soufflant une longue volute de fumée.

C'est effectivement une bonne question qui me taraude moi-même. Je l'imite en aspirant longuement une bouffée. Je viens d'échapper à un attentat, je fais évader l'ennemi public numéro un de Daesh, j'ai l'Emniyat aux trousses, je suis cocu… Pourtant, je suis là, à tenter d'éclaircir le meurtre d'une mineure prostituée qui remonte à plus d'un mois. Un meurtre ignoré de la plupart des gens, lesquels s'en foutraient s'ils en entendaient parler, à l'instar de ceux qui savent, tel mon beau-frère, et dont la résolution ne me rapportera strictement aucune gloire. Peut-être même des ennuis supplémentaires.

– C'est moi qui pose les questions, éludé-je pour masquer mon désarroi professionnel. Pourquoi vous vous êtes vues ?

Nour Essid baisse les yeux chastement en déglutissant.

– Nour, je connais tes activités avec Kenza. Je ne suis pas là pour ça et ne te juge pas. Je ne dirai rien à ta mère, ne t'inquiète pas. Ce que je veux, c'est comprendre pourquoi ta copine a été assassinée pour avoir une chance de retrouver son assassin. D'accord ?

La jeune fille me jette un bref sourire avant de soupirer. Ses yeux se sont asséchés mais sa voix tremblote un peu.

– S'il vous plaît, ça serait terrible si mes parents apprenaient… ça, me conjure-t-elle, son joli minois décomposé.

– Je te le répète. Je ne dirai rien de compromettant à ta mère. Alors maintenant, parle. Pourquoi vous vous êtes vues avec Kenza ce 6 juin au soir ?

– On avait rendez-vous. Ça tombait bien parce que j'avais d'urgence besoin de bas, les miens étaient filés, explique-t-elle. Kenza voulait bien me prêter les siens parce qu'elle n'en avait plus besoin.

Les bas. Les fameux bas dont je me demandais bien pourquoi ils manquaient à la panoplie de lingerie de la petite Haddad. Je me remémore cette anomalie qui m'avait frappé lors de l'autopsie avec Youssef Marouane à la morgue de l'hôpital. Voilà qui exclut définitivement la piste du pervers, à laquelle je ne croyais pas de toute façon. Comme si, d'ailleurs, les clients de gamines prostituées n'étaient pas tous d'office des pervers. Encore que dans un marché, qui procède de quoi ? L'offre ou la demande ?

– C'était où votre rendez-vous ?

– Au Sada Net.

– Le cybercafé ?

– Oui, en général on se retrouve… on se retrouvait dans un cybercafé. C'était plus sûr pour gérer nos… rendez-vous.

– C'est pas loin du Crown. C'est là qu'elle allait après ?

Nour me regarde d'un regard désespéré avant de fondre à nouveau en larmes. Je me lève pour aller lui chercher un autre mouchoir sur sa coiffeuse. Elle se mouche bruyamment.

– Oui, elle allait au Crown Plaza, pleurniche-t-elle.

– Et qui allait-elle retrouver ?

– Son mari.

– Son mari ?!?

– Oui, son mari. C'est surprenant, je sais. En tout cas, c'est comme ça qu'elle me l'a présenté.

– Elle te l'a présenté ?

– Non ! C'est une façon de parler. Je ne l'ai jamais vu. Depuis des semaines et des semaines, elle ne me parlait que d'Akbarjon, un Tchétchène d'après elle magnifique, beau, musclé, très amoureux et qu'elle a épousé quelques jours avant sa mort. Kenza en avait assez de Raqqa. Et puis, c'était tendu avec ses parents. Elle avait envie de vivre une autre vie, disait-elle, et son Akbarjon était un moudjahid. Un guerrier très réputé qui lui avait promis de l'emmener partout vivre ses aventures.

– Et il savait qu'elle se prostituait ?

– Non ! Enfin, il l'avait connue comme ça, forcément… Mais elle lui a fait croire qu'elle avait arrêté. Il aurait pas admis. Le problème, c'est qu'on avait tellement flambé qu'elle n'avait pas beaucoup d'économies. Alors, elle a voulu travailler jusqu'au bout pour faire face aux temps difficiles, me rapporte Nour, m'expliquant pourquoi son amie avait tant d'argent liquide sur elle. Mais ce soir-là, elle venait de faire son dernier client. Ce rendez-vous, c'était pour nous dire adieu. Akbarjon voulait qu'elle le rejoigne à l'hôtel et qu'elle reste jusqu'au départ au combat. D'ailleurs, j'ai pas compris pourquoi elle avait été assassinée avec ses parents, alors qu'elle ne devait plus y retourner… Mais maintenant, je commence à piger… Lui, il ne savait pas qu'elle avait des parents. Elle lui a raconté qu'elle était orpheline et qu'elle vivait chez un oncle. Elle avait un gros sac de voyage avec elle… pour ce dernier rendez-vous au Sada Net… et… je ne savais pas qu'on se disait vraiment… adieu, hoquette Nour, entre deux sanglots.

– Tu te souviens du nom de cet Akbarjon ?

– Okouïev. Akbarjon Okouïev.

– C'était un membre des Khorasan ?

– Ah ça, je sais pas. C'était un moudjahid qui vivait avec d'autres mecs à l'hôtel.

Eh bien moi, je sais. Les moudjahidine qui résidaient au Crown Plaza à cette époque étaient des djîhadistes du Khorasan et ils ont tous foutu le camp depuis longtemps pour faire la guerre

Dieu sait où ! Cet Akbarjon Okouïev avait tout aussi bien pu apprendre que la petite Kenza continuait à faire des passes, et il l'avait zigouillée avant de décamper. Je n'en saurais jamais rien.

– C'est Akbarjon Okouïev qui l'a prise à son mac précédent, Hussein Fares, le fils du directeur général des Postes ?

L'adolescente me considère avec de grands yeux ronds stupéfaits de me voir si bien informé, ce qui a le mérite d'arrêter ses larmes.

– Non. Celui-là, c'est un autre.

– Qui ?

– Je sais pas. Kenza n'a jamais voulu me dire son nom. C'était un client qui était raide dingue d'elle. Un vieux qui payait cher mais qui était très jaloux et la voulait pour lui tout seul. Quelqu'un de puissant et d'influent, surtout depuis les… évènements. Pour Kenza, qui aime autant les hommes que l'argent, c'était impossible, bien sûr, de n'avoir que lui. En plus elle se plaignait qu'il était mauvais au lit. Au début, vers l'automne dernier, elle était bien contente de l'avoir trouvé et elle s'est servie de lui pour se débarrasser d'Hussein Fares. On ne sait pas comment, mais ce qui est sûr en tout cas, c'est qu'Hussein a cessé du jour au lendemain de nous harceler et nous évitait dès qu'il la voyait. Mais en fait, ce mec, c'était un boulet bien pire qu'Hussein. Tout ce qui intéressait Hussein, c'était l'argent qu'on lui rapportait. Celui-là, la seule chose qui l'intéressait, c'était Kenza. Et elle étouffait. Heureusement qu'il était très occupé par son travail, ce qui laissait pas mal de temps libre à Kenza, même s'il la faisait surveiller. L'avantage, c'est que ces derniers mois, il exigeait qu'elle porte le sitar et en fait ça a beaucoup aidé Kenza à continuer à faire ce qu'elle voulait. On se retrouvait au cybercafé pour se partager les clients. Elle se changeait et ressortait en se mêlant à d'autres femmes en tenue islamique pour déjouer d'éventuels espions. En fait, ça a même été une chance ce petit jeu parce qu'Akbarjon a été séduit de la voir porter un sitar ou un jilbab. Ça a été le coup de foudre ! Mais quand même, jusqu'au bout, elle a continué à voir son vieux, tellement il la terrorisait.

– Et tu ne sais pas qui c'est ?

– Non. Elle disait que c'était mieux pour moi de ne pas savoir qui c'était.

S'ouvre ainsi une autre piste. Un micheton possessif qui aurait appris le mariage de sa lolita et l'aurait assassinée ? Et il aurait aussi résidé au Crown Plaza, lieu du crime, celui-là ? Un autre Khorasan ? Impossible. Ils ont débarqué fin avril, début mai, et le vieil amant jaloux date d'avant, si j'en crois le récit de Nour. Selon elle, ce serait un ponte à Raqqa, dont le pouvoir se serait renforcé depuis la « libération ». Il serait donc peut-être toujours en ville. Et peut-être même que je le connais. Je relance l'interrogatoire :

– Et du coup, vous n'aviez plus de mac ?

– Non. Mais en fait, une fois qu'Hussein a pris peur et nous a lâchées, on s'est rendu compte qu'on pouvait travailler en indépendantes. On avait des habitués qui nous amenaient parfois de nouveaux clients. C'était mieux. Sans les commissions à verser à Hussein, on n'était plus obligées de faire de l'abattage. Mais ça n'a pas duré longtemps. Maintenant, ça a changé…

– Qu'est-ce qui a changé ?

– C'est risqué de faire l'escort en indépendante. On peut être traînée devant le tribunal islamique et condamnée à la lapidation.

– Ah oui ? Mais alors comment as-tu connu al-Adnani ?

– Qui ça ? rétorque Nour, surprise.

– Taha ?

– Ah, lui…

Je capte que le Grand Inquisiteur, prudent pour sa réputation, ne s'est pas fait connaître sous sa qounia public pour ses affaires de cœur.

– Oui, lui. Tu l'as connu comment ?

– Oh, lui, c'est un nouveau client que j'ai connu par une relation.

– Quelle relation ?

– Ça n'a pas d'importance…

– C'est moi qui décide de ce qui est important ou pas, Nour, fais-je d'une voix ferme mais sans agressivité. Qui est cette relation ?

– Ça remonte à fin mars ou début avril. On était devant une bijouterie du souk avec Kenza et alors qu'on parlait des prix, un garçon nous a abordées en nous disant qu'il pouvait avoir de meilleurs prix et un grand choix de bijoux. Il était sympa, on est allés prendre un thé, et un copain à lui nous a rejoints avec un assortiment de bijoux. Lui aussi était vraiment sympa. À partir de là, on les a vus régulièrement, ce sont eux qui nous fournissaient en bijoux, parfums, en fringues même parfois.

Évidemment son récit éveille aussitôt chez moi le souvenir des deux apprentis receleurs, mon neveu Hakim et son ami Abou Hussein al-Orani. Je n'ai pas de photo d'Hakim en mémoire dans mon Huawei, mais j'en ai une d'al-Orani que je plaque sous le nez de la donzelle, laquelle sourcille à sa vue.

– C'est lui ?

J'ai déjà la réponse, à voir sa mine aussi contrite que stupéfaite.

– Oui, c'est lui, convient-elle sans atermoyer. Comment vous savez tout ça ?

– Il s'appelle Abou Hussein al-Orani. Et son ami s'appelle Hakim, n'est-ce pas ?

Nour reste muette, soufflée par tout ce que je sais. Je ne vais pas pour autant jusqu'à lui raconter que mon neveu Hakim a revendu à sa copine Kenza le diadème de ma fille ! Quand je pense qu'Assia, Kenza et Nour ont plus ou moins le même âge… J'ignore ce qui se passait et se passe dans les familles Haddad et Essid, mais je ne dois pas être un si mauvais père pour que ma fille n'ait pas choisi une telle voie en guise de crise d'adolescence. Quant à Hakim, il s'est bien gardé de me dire qu'il connaissait

Kenza ! Je le revois encore me mentir en me regardant droit dans les yeux. Je reprends :

– Bien. Et alors, comment Abou Hussein t'a mise en rapport avec Taha ?

– Rien d'extraordinaire. Abou m'a dit que je pourrai gagner pas mal et régulièrement avec un mec qui avait de l'avenir dans les hautes sphères de Raqqa. J'allais pas dire non. En plus, il est plutôt beau, Taha. Mais le problème, c'est que c'est une brute. On ne peut pas faire l'amour sans qu'il me tape à un moment où un autre, se plaint-elle sans m'étonner, vu le profil du personnage.

– Tu es sa maîtresse depuis quand ?

– Ça remonte à quelques jours avant la mort de Kenza. Je me souviens que j'avais frimé en lui disant que moi aussi je couchais avec un mec important.

– Et Abou, il faisait le mac gratis ?

– Abou fait pas le mac. Je vous l'ai dit, avec Hakim et lui, on a beaucoup sympathisé. On leur a dit qu'on cherchait des clients sûrs et friqués, ce qui ne court plus les rues à Raqqa, et une fois, Abou a pu m'aider. C'est tout. C'était un service gratuit.

– Vous avez raconté à deux garçons rencontrés par hasard que vous étiez des… que vous cherchiez des clients ? demandé-je, interloqué.

Nour esquisse un sourire enfantin qui rend notre conversation d'autant plus décalée et sordide.

– Oui, mais c'étaient des garçons spéciaux. On pouvait avoir des discussions de filles avec eux. C'est pour ça qu'on les voyait souvent. Ils n'étaient pas embêtants avec nous. En plus, ça nous faisait des bonnes couvertures. Des filles seules, c'est mal vu, ces derniers temps.

J'ai peur de comprendre ce qu'elle m'annonce…

– Qu'est-ce qu'ils ont de spécial ?

– Eh bien… vous voyez quoi. Ils sont bons amis, très bons amis, chuchote-t-elle en secouant la tête, gênée que je ne veuille pas saisir ses sous-entendus.

Ainsi donc Mahmoud a raison. Son fils Hakim est bien homosexuel. Mon neveu, que je croyais un tombeur avec sa gueule d'ange et ses multiples fréquentations féminines, préfère les garçons ! Eh bien mon petit gars, t'as intérêt à être moins menteur avec moi la prochaine fois que je te coince, si tu veux que ça reste entre nous, pesté-je intérieurement sans croire à mes propres menaces.

– Bon, quoi qu'il en soit, pourquoi c'est toi que Taha a chargée de ramener des filles au palais du gouverneur dimanche dernier ?

– Ah… Vous savez ça aussi ?!

– C'est lui qui me l'a dit. Alors ?

– Ben alors, Taha voulait une quinzaine de filles. Et moi, je savais où on pouvait trouver des filles.

– C'est-à-dire ?

– C'est-à-dire qu'il y a deux mafâda dans Mansour où s'entassent des dizaines et des dizaines de filles, beaucoup d'anglo-pakistanaises. J'ai fait affaire avec la propriétaire des filles et j'ai eu une bonne commission au passage. Abou n'a rien voulu, mais je les ai invités avec Hakim à aller manger des shish barak à la Faroussia. C'était la première fois qu'on se retrouvait tous les trois à déjeuner depuis la mort de Kenza. C'était un peu triste, en fait. Elle me manque beaucoup.

Une commémoration dans le meilleur restaurant de la ville ne pouvait pas être tout à fait triste, songé-je à l'évocation des goûts de luxe de cette jeunesse perdue. Un mot toutefois me fait tiquer :

– Que veux-tu dire par « la » propriétaire ?

– C'est une femme qui gère ces filles. Une Marocaine qui se fait appeler Oum Adam. Elle est méchante et répugnante. Et elle pue.

Très bon portrait de la Veuve Noire, conforme à mon souvenir, y compris olfactif. C'est donc bien à ça que servent les deux autres madâfa qu'elle possède dans la médina, ainsi que me l'avait rapporté Tareq. Yasmine a eu de la chance de ne pas être tombée définitivement dans les griffes de cette sorcière.

– C'est à cause d'elle d'ailleurs si tout a changé dans le métier, commente subitement Nour en affichant une moue contrariée qui gonfle ses lèvres roses et charnues.

– Qu'est-ce que tu veux dire ?

À force d'essuyer ses larmes, la peau délicate de Nour est maintenant nettoyée de maquillage, et la beauté naturelle de son visage adolescent m'apparaît d'autant plus incongrue pour évoquer de pareils faits. Ma circonspection doit sans doute se lire à livre ouvert car elle enchaîne d'elle-même, désormais plus à l'aise avec moi après avoir pleuré tout son saoul :

– Comme je vous l'ai dit, après que le mec de Kenza nous a débarrassées d'Hussein Fares, on était tranquilles pour gérer nous-mêmes notre clientèle. Enfin, surtout moi qui gérais pour deux à cause de ce que je vous ai raconté concernant la situation de Kenza avec le vieux. Un jour, ça devait être mi-mai, parce que Kenza commençait son histoire avec Akbarjon, on a été pour un soi-disant rendez-vous avec trois hommes qui voulaient deux filles à l'hôtel Odessa. En fait, on est tombées dans un guet-apens. Cinq hommes nous attendaient et ils nous ont emmenées de force, les yeux bandés, dans une voiture. On a eu super peur. On s'est retrouvées je sais pas trop où, mais c'était chez Oum Adam. Elle nous a expliqué qu'on avait été repérées et que dorénavant il faudrait passer par elle pour tapiner, sinon ça irait mal pour nous. On risquait la lapidation ! Elle nous a sorti une fatwa de l'imam Mohamed al-Arifi, qui l'agrée seule pour organiser des mariages temporaires à Raqqa. C'était super impressionnant. Elle avait pas seulement un diplôme du cheick mais une vidéo !

Mohamed al-Arifi est un téléprédicateur saoudien multidiffusé, et totalement taré, dont il ne m'étonne pas qu'il se soit fait l'avocat de la prostitution *halal*. Je suppose qu'Oum Adam a payé pour avoir le monopole raqqaoui de ce trafic ainsi rendu licite.

– Continue.

– Eh bien, Kenza ne s'est pas laissé faire. Elle lui a bien fait comprendre qu'elle était pas n'importe qui. Alors, elle a téléphoné à son vieux en lui disant qu'elle était retenue prisonnière et elle a passé le téléphone à Oum Adam. C'est là où j'ai vraiment compris que Kenza s'était fait mettre le grappin par du lourd, parce que la Oum Adam, elle est devenue toute blanche, et quand elle a raccroché, elle a traité Kenza de tous les noms. Je crois bien qu'elle l'aurait tuée. Oui, tuée, je vous assure, tellement elle était folle furieuse !… Mais le mec de Kenza a quand même dû lui faire super peur, parce que, toute fâchée qu'elle était, elle nous a relâchées et nous a toujours foutu la paix depuis. Elle a fait comme si elle me connaissait pas quand je suis allée la voir la semaine dernière pour négocier les filles réclamées par Taha. J'ai pu y aller, grâce à Abou, qui travaille pour elle. En plus, quand j'ai dit que c'était pour le palais du gouverneur et qu'elle serait payée en dollars, elle s'est aplatie. Mais j'ai bien vu dans ses yeux qu'elle m'aurait volontiers étranglée.

J'observe l'adolescente qui raconte d'un ton parfaitement naturel sa vie dissolue que la mort de son amie n'a nullement dissuadée de poursuivre. J'espère que je ne la retrouverai pas elle aussi égorgée un de ces jours dans une ruelle ou une chambre.

– Je te remercie, Nour. J'ai appris tout ce que j'avais besoin de savoir.

Elle me regarde avec un air déçu, comme si cette longue conversation l'avait mise en veine de confidences dont je la frustre.

– Vous me tiendrez au courant si vous trouvez l'assassin de Kenza, m'implore-t-elle alors que j'ouvre la porte de sa chambre pour sortir.

– Bien sûr, Nour, promets-je machinalement. Fais attention à toi. Et commence par oublier frère Taha. Ce n'est pas une bonne fréquentation pour toi.

Je prends congé de la mère Essid en l'assurant que sa fille est une brave petite, très coopérative et qui a rendu un grand service à la police de Raqqa. En réalité, cette visite n'a fait que m'embrouiller davantage. Qui a tué Kenza Haddad ? Un mari djîhadiste jaloux ? Un mystérieux client puissant et hyper-possessif ? Une mère maquerelle cupide et rancunière ? La dernière hypothèse est la seule vérifiable à ce stade. Mais à cette heure, j'ai une affaire urgente à régler : tendre une souricière à Sefîn Hasroumi afin qu'il dorme ce soir en taule.

*

À partir de 16 heures 30, en plein adhan pour la prière de l'après-midi, plus de cent policiers commencent à se déployer entre le Jardin Blanc, le centre commercial des Sables et la petite mosquée Omar ben Abdul Aziz, formant un large cercle autour du luxueux immeuble où réside Sefîn Hasroumi. Des voitures de police bloquent les carrefours et les passants sont filtrés et même écartés aux abords du périmètre opérationnel. À part la police, seuls les agents de reconnaissance dépêchés par Nez-Crochu, postés dans leur pick-up, sont dotés d'un laissez-passer. La tension monte, des curieux affluent, la presse aussi ; là je reconnais une célébrité locale discutant avec un officier, ici des blogueurs filment les évènements avec leurs smartphones. Bientôt tout Amin sait qu'une arrestation importante se déroule dans le quartier. Les embarras de circulation finissent par intriguer alentour. Une première radio se met à évoquer un coup de filet dans les milieux kurdes. À 17 heures les interrogations vont bon train quand je rentre, Glock au poing, dans l'immeuble avec une vingtaine d'hommes et une demi-douzaine d'emniyim probablement chargés de me surveiller et de veiller à l'arrestation de Sefîn. Sans sommation, j'ordonne qu'on brise la porte de son appartement, lequel est naturellement vide. Des journalistes ont repéré son nom sur la sonnette de l'entrée. L'information se propage : la police a manqué la capture de Sefîn Hasroumi. Je refuse bien sûr de répondre à toute question. Alors, les supputations enflent, alimentées par les confidences de policiers troublés par la mission du jour. Qu'Hasroumi, leader d'Haqquna, personnalité kurde bien connue, soit dans le collimateur du pouvoir flou qui règne sur Raqqa, interpelle. Cela annonce-t-il une vague d'arrestations dans les milieux démocratiques ? Dans les milieux kurdes ? Apostrophés par des passants perplexes qu'ils refoulent, les Gens Dignes de Confiance craquent sous ces accusations et se défaussent : ils ne font qu'obéir aux ordres de la Dawla et ça ne les enchante pas.

La Dawla imprime d'ailleurs sa marque de fabrique. Aidés par des pillards et des casseurs, les emniyim entreprennent de saccager l'appartement-musée de Sefîn, à peine ai-je le dos tourné. À coups de masses et de couteaux, ils brisent et déchiquettent statues, statuettes, meubles, tableaux, rideaux et instruments de musique, jonchant l'appartement de siècles d'histoire syrienne réduite en poussière. Seuls les tapis persans et les moquettes orientales échappent à leur fureur dévastatrice. Ce qu'ils ne peuvent détruire, ils le brûlent. Les milliers de volumes de la bibliothèque d'Hasroumi sont éjectés des rayonnages et jetés dans la rue par le balcon sous les hourras d'une foule accourue aux ordres des djîhadistes qui les encadrent. Le gros de l'attroupement s'est dispersé après l'annonce de l'échec de l'arrestation. Les derniers badauds s'éloignent tandis que finissent de s'embraser livres et déchets de marqueterie précieuse, dans un grand autodafé expiatoire de la culture alter-islamique. Je contemple, dégoûté, cette racaille applaudir au désastre, certains l'alimentant en rejetant dans le brasier des livres ayant échappé au feu, des jeunes hommes pour la plupart, habillés pauvrement et le regard flambant de haine. Haqquna et Daesh ont vraiment deux bases sociales bien différentes et force est de reconnaître que les premiers ont sous-évalué l'hostilité à leur encontre des seconds, dont la détestation du régime se double d'un ressentiment social profond qu'exploite la propagande islamique. Pourtant, si tous ces abrutis savaient sur quel pied vivent ceux qui les manipulent…

– C'est bien désolant, cette bêtise aveugle, mais vois-tu Yasmine, avec tout ce barouf, j'ai atteint mon but. Maintenant tous les Kurdes de Raqqa savent qu'on a essayé d'arrêter Sefîn Hasroumi. Lui-même, là où il est, doit être en train d'alerter ses réseaux. Si tout va bien, la rafle que je vais devoir faire très bientôt sera un fiasco.

J'étais encore sur place quand j'ai reçu le SMS de Yasmine. *« Qu'est-ce qui se passe ? J'entends des sirènes et la circulation est bloquée. »* Sa nouvelle planque est à peine à un kilomètre, et je m'y suis rendu sans lunettes de soleil et sans le pansement sur la joue, qui depuis ce midi pouvait me faire repérer. J'ai complété mon look incognito en pliant ma veste dans un sac en plastique pour me promener en chemisette, à pas prudents et non sans ruser. Je n'avais pas eu de nouvelles de Yasmine depuis avant-hier. Elle m'avait envoyé un simple message disant qu'elle se sentait bien dans ses nouveaux pénates. Pas étonnant. Cet appartement qu'occupait un couple d'architectes chrétiens sans enfants est plus moderne que le précédent, et Yasmine a fait sa pièce à vivre de leur vaste chambre à coucher, équipée d'une télé, d'une table, d'un sofa et dont le balcon donne sur le parc des Cygnes. Je suis sur le sofa et elle est assise sur le lit quand je raconte l'arrestation volontairement manquée de Sefîn Hasroumi. Elle se souvient très bien de lui, de ce que je lui en ai dit en tout cas, et la discussion prend rapidement un caractère familier. J'ai tant révélé déjà à cette inconnue sur ma vie et le reste que j'ai l'impression de l'avoir toujours connue. Mais en cette douce fin d'après-midi, dans une atmosphère rafraîchie par la pluie copieuse du matin, je sens que ma conversation ne la passionne pas. Pendant que je parle et me rengorge d'avoir roulé Daesh dans le boulghour, après avoir échappé à un attentat, elle me scrute avec un sourire énigmatique dessiné au coin des lèvres et luisant dans ses yeux bleu-vert. En fait, elle ne semble pas vraiment s'intéresser à ce que je dis. Me revient alors l'anecdote rapportée par Tareq juste avant l'explosion. J'embraye avec ce nouveau sujet :

– Tu sais, c'est bizarre, j'ai appris qu'Oum Adam s'est débarrassée du corps d'une femme plus ou moins au même moment que tu t'es enfuie.

– Ça va te laisser une cicatrice, ta blessure à la joue, dit-elle sans tenir compte de ce que je viens de dire, ni paraître même l'avoir entendu. Elle se lève soudain pour venir m'observer de plus près. Baisse la tête, m'ordonne-t-elle doucement pour mieux regarder la plaie.

Les yeux au sol, je vois Yasmine pieds nus, vêtue de son pantalon de lin qui laisse apparaître le galbe parfait de son mollet hâlé. Si je les lève un peu, c'est son attrayante paire de seins que je devine par l'échancrure de son tee-shirt à la gloire d'Oussama ben Laden.

– C'est juste sur l'arête de l'arcade sourcilière, la saillie de la pommette. Ça laissera une cicatrice, c'est sûr, diagnostique-t-elle en levant mon menton d'un doigt qui vient ensuite glisser sur ma barbe vers ma bouche où il s'attarde une fugitive seconde qui dure une éternité. Je suis sûr que tu en as d'autres sur le corps, non ? demande-t-elle tout à trac avant de me tourner le dos pour aller mettre de la musique dans un déhanché fascinant.

– D'autres quoi ? réponds-je stupidement, captivé par le roulement de ses fesses.

– D'autres cicatrices, tiens ! glousse-t-elle joyeusement en sélectionnant un CD.

– Euh... Oui. Oui, j'en ai une sur le dos, une longue, un coup de sabre d'un forcené que j'ai arrêté. Et là, sur le côté, un coup de couteau, mais c'est quand j'étais jeune. J'ai eu vachement de chance, d'ailleurs. Et puis, on m'a enlevé l'appendicite aussi, crois-je à propos de préciser. Décontenancé par son comportement, j'en oublie ma cicatrice la plus récente, en haut de ma cuisse droite, souvenir de la maison maudite des Haddad.

Yasmine revient se placer juste debout devant moi, qui ne sais où me mettre tellement je me sens bête. J'entends, subjugué, les premières mesures de « Je t'aime, moi mon plus ». Quand l'orgue entame le refrain, je la vois défaire le bouton de son pantalon et abaisser la fermeture à glissière.

– Moi aussi, j'en ai une..., surprenante disons, m'apprend-elle en posant sa main sur mon épaule afin de se tenir en équilibre pour passer son pantalon par les chevilles.

La chanson commence et je ne peux m'empêcher de contempler sa minuscule culotte blanche en dentelle transparente qui seule habille désormais le bas de son corps. Elle s'approche encore et ouvre les cuisses.

– Regarde, là, dit-elle en me montrant une cicatrice d'une demi-douzaine de centimètres, à l'intérieur de sa cuisse gauche, à deux doigts de son sexe que j'entrevois, vu l'écartement des jambes et la finesse du tissu à cet endroit.

Elle a l'air totalement rasée, ce que je n'avais jamais vu. Mais je n'ai pas vu grand-chose.

– Tu t'es fait ça comment ? parviens-je à déglutir en tentant de réfréner une érection.

– Un lion, figure-toi, fabule-t-elle.

Je ne sais plus quoi penser alors qu'elle me saisit les mains pour me faire lever du sofa au fond duquel je me recroqueville depuis ses premières avances.

À peine debout, Yasmine me serre contre elle, sa poitrine contre ma poitrine, sa bouche qui touche quasiment ma bouche, ses yeux dans mes yeux. Ses bras m'enlacent et elle m'embrasse. Sa langue force le passage de mes lèvres pour s'enrouler à la mienne, avant de venir lécher avidement mes joues, mon nez, ma barbe même, puis de replonger goulûment et saisir ma langue. Je ne cherche plus à réfréner quoi que ce soit. Un désir brut me saisit. Je la pousse sur le lit où Serge Gainsbourg met en musique les préliminaires du second dépucelage qui m'attend.

Je t'aime
Oh, oui je t'aime !
Moi non plus
Oh, mon amour
Comme la vague irrésolue
Je vais, je vais et je viens
Entre tes reins
Et je me retiens
Je t'aime, je t'aime
Oh, oui je t'aime !
Moi non plus...

10

Je contemple Yasmine allongée à côté de moi, dont seule la tête émerge de la masse informe des draps qu'elle a tirés à elle toute la nuit. Sa crinière de boucles noires couvre la moitié de son visage endormi. Elle est si belle. Si jeune aussi. Si expérimentée pourtant. Bien plus que moi qui me suis laissé guider toute la soirée et une partie de la nuit par son naturel et son entrain. Certes, je suis frustré sexuellement depuis ces derniers mois, ce qui a avivé mes capacités. Mais n'empêche que Yasmine est parvenue à me faire venir à quatre reprises, dont la première dans sa bouche tant j'étais excité. J'ai l'impression qu'elle aussi a été comblée de l'usage qu'elle a fait de moi. Rien qu'à y songer, une érection irrépressible monte. Soudain, ses longs cils de biche tressaillent et je discerne une paupière qui s'ouvre sous une mèche de cheveux qu'elle écarte d'un geste las. Elle se referme aussitôt comme si le jour naissant avait brûlé sa prunelle. Il semble qu'elle se rendorme. Mais tandis que je replonge dans ma contemplation, un soupir résigné s'échappe finalement de ses lèvres qui s'entrouvrent avec regret. Ses yeux vairons me fixent un long moment, puis c'est un sourire espiègle qui se dessine sur sa bouche pulpeuse.

– Bonjour, beau mâle, me câline-t-elle en se rapprochant d'une ondulation lascive pour venir poser un baiser humide sur ma joue.

Son corps chaud contre le mien ne fait qu'accentuer mon érection qu'elle repère d'ailleurs bien vite d'une main baladeuse.

– Ah, ah ! Monsieur est encore prêt, constate-t-elle en glissant la tête sous le peu de drap que j'ai pu sauver.

Hélas, il est bientôt 7 heures et je dois interrompre son exquis va-et-vient.

– Tu es insatiable, Yasmine, protesté-je mollement tout en profitant encore un peu de ce mouvement délicieux. Il faut que j'aille au boulot. Allez, ma belle, laisse-moi, dis-je en m'extrayant à contrecœur du confort de ses lèvres pour me redresser.

Elle se colle encore à moi et m'agrippe par le ventre, les seins plaqués contre mon dos, quand je m'assieds au bord du lit.

– Oh, chéri ! Reste avec moi. Je m'ennuie tellement, se lamente-t-elle.

– Je ne peux pas, Yasmine. Je dois aller au travail.

Je me lève en lui écartant les bras de force, sans égard pour son insistance amoureuse. Elle m'a affublé de toutes sortes de noms doux depuis notre première embrassade. Je n'ai jamais su l'appeler que Yasmine, hésitant sur les « ma chérie », « mon cœur », « mon aimée », que j'ai toujours réservés à Asma. « Ma princesse » me semble encore moins indiqué, vocable par lequel je désigne ma fille Assia.

– Ne t'inquiète pas, ma petite Française d'amour, ne sachant quoi inventer d'autre, il n'y a plus un jour où je ne passerai te voir, fais-je avec sincérité en entrant dans la salle de bains.

Je l'entends marmonner sa déception et, en fermant la porte, je la vois s'enrouler dans les draps. Mon désir intact ne m'aide pas dans ma toilette. Heureusement que Yasmine n'en est pas témoin, qui continue de bouder au lit quand je sors de la salle de bains. Je m'habille hâtivement en récupérant un à un mes vêtements éparpillés au sol, avant de me pencher vers elle. Sa tête est enfouie dans les oreillers. Je m'apprête à embrasser sa chevelure lorsqu'elle se retourne brusquement et me saisit la nuque à deux mains pour m'attirer à elle.

Bref on a rebaisé, et le temps d'aller récupérer en catimini ma voiture abandonnée la veille devant chez Sefîn Hasroumi, il est 9 heures bien tassées quand je débarque au palais du gouverneur, follement amoureux et incapable de penser à autre chose qu'à nos corps enlacés. Un bonheur niais doit rayonner sur mon visage à en juger par les sourires spontanés qui répondent à mes saluts de la part des austères fonctionnaires de la Dawla. Quand je parviens au deuxième étage du palais, je croise cependant Nez-Crochu sur le palier qui vient faire office de rabat-joie.

– Tiens donc, frère Merwan, c'est à cette heure-là que tu arrives pour rendre compte de ton fiasco d'hier ? m'agresse-t-il.

– Hasroumi est un malin, il se sera méfié, m'agacé-je du ton contrarié du dormeur que l'on réveille d'un doux rêve, tout en rangeant mes Ray-Ban dans la poche de ma chemisette froissée.

– Ou il aura été prévenu….

– Que veux-tu dire par là ? répliqué-je vivement.

– Suis-moi dans mon bureau.

Je remarque que notre échange a attiré des regards curieux. J'hésite à me plier à son ordre mais je ne tiens pas non plus à un esclandre public. Son bureau jouxte le mien, et j'y pénètre avec une appréhension mêlée de colère. Qu'est-ce que cette raclure a encore contre moi ?

– Tu as de drôles de vices, frère Merwan, insinue-t-il en prenant un CD posé sur son bureau pour l'agiter sous mes yeux.

Dans un premier temps, je fais une moue dubitative. Puis je pâlis en reconnaissant l'étiquette centrale du support numérique : *L'Histoire de Melody Nelson* ! En quittant précipitamment la précédente planque, Yasmine avait oublié le CD dans le lecteur, n'emportant que la pochette. C'était bien la peine de perdre des heures en nettoyage pour cette erreur de débutant.

– C'est un péché mineur, frère Khalid, que d'écouter de la musique.

– De la musique étrangère…

– J'ai vécu un peu en France. J'aime bien me détendre parfois en écoutant du français. Ça me rappelle de bons souvenirs, me justifié-je en pariant que Nez-Crochu ignore tout de la musique satanique de Gainsbourg. Et du fait qu'il était juif.

– Mais tu aimes bien aussi te détendre en compagnie, poursuit-il fielleusement.

Mais bien sûr ! La vieille dame du rez-de-chaussée ! Je ne l'ai jamais croisée lors de mes venues, mais une vieille voit toujours tout de sa fenêtre. Et ces trois dernières semaines, elle a forcément vu Yasmine aller et venir. En sitar, Dieu merci ! Inutile de mentir. Surtout que j'ai une histoire crédible à caser.

– Bon, je suis un homme marié. Je peux disposer d'un appartement pour retrouver une maîtresse, quand même ! protesté-je énergiquement.

– Ah oui ? Et pourquoi autant de mystères ? Pourquoi l'as-tu fait disparaître ?

– Ah oui ? Et toi, pourquoi tu me fais suivre ? C'est frère Taha qui te le demande ou c'est de ta propre initiative ?

Nous nous défions furieusement du regard, mais l'affrontement inévitable est différé par l'irruption impromptue de notre patron commun, al-Adnani. Dans l'état de nerfs où je suis, j'ai failli lui demander si c'est lui qui me faisait espionner. Mais j'évite cette polémique à double tranchant, dans l'ignorance des atouts que Nez-Crochu a peut-être encore en réserve.

– Ah, frère Merwan. On m'a dit que tu étais arrivé. Rejoins-moi dans mon bureau, s'il te plaît, quand tu en auras fini avec frère Khalid, me lance le Grand Inquisiteur de son ton rogue habituel, avant d'ajouter en nous gratifiant d'une sorte de sourire : C'est bien que vous vous parliez tous les deux, les soldats d'Allah doivent être frères.

Ces paroles saugrenues énoncées, il nous plante là, mais la peur a changé de camp. Je lis dans l'œil haineux et inquiet de Nez-Crochu sa rage de ne pas avoir été également convoqué et sa crainte de ce que je pourrais dire.

– Tu vois que tu avais tort de t'inquiéter de mon retard. Frère Taha n'est pas si pressé que ça de m'entendre, ironisé-je.

– Ne fais pas tant le malin. Je ne sais pas comment un Kurde a pu si vite gravir les échelons et tromper nos émirs, mais je t'ai dans mon viseur et je ne te lâcherai plus, m'annonce-t-il d'un ton convaincu.

– Bon courage alors, fais-je d'une voix enjouée en sortant de son bureau, alors que je n'en mène pas large à la perspective d'avoir en permanence cet enfoiré au cul.

Ce moment de tension a totalement estompé le souvenir de ma nuit torride et j'ai l'impression d'être déjà au milieu de la matinée. Sans compter le stress qui va avec, provoqué par toutes ces tâches que j'ai inscrites aujourd'hui à mon agenda de policier. L'une d'elles, qui peut et doit se traiter en privé, exige d'être préparée maintenant et, debout dans le couloir, j'écris un SMS comminatoire à mon neveu Hakim pour qu'il se rende chez moi à l'heure du déjeuner avec son ami Abou Hussein al-Orani. Il me faut des clarifications après ma discussion d'hier avec Nour Essid. J'appuie sur la touche ENVOI au moment même où al-Adnani passe la tête par la porte de son bureau.

– Eh bien alors, que fais-tu ? s'impatiente-t-il.

– J'arrive, dis-je posément en entrant dans la pièce, étonné par son empressement qui n'a l'air nullement hostile.

Je profite de cette bonne disposition pour aborder de moi-même les mauvaises nouvelles.

– Je suis désolé, frère Taha, d'avoir échoué à arrêter Sefîn Hasroumi. Nous mettons tous les moyens en œuvre pour le retrouver.

– C'est très regrettable. J'espère que tu te rattraperas lors de la rafle dans les milieux kurdes. Quand l'organises-tu ?

– Incessamment. Je suis venu ce matin coordonner l'opération que nous programmons aujourd'hui et les prochains jours dans les quartiers ouest.

– Bien, bien, commente-t-il, manifestement indifférent. Et concernant l'autre affaire ? m'interroge-t-il avec anxiété, sans avoir besoin de préciser laquelle.

– J'ai identifié la filière des filles. Dès que possible j'irai admonester le bailleur peu scrupuleux de la virginité des promises d'Allah, le rassuré-je.

– C'est une urgence, frère Merwan. Frère Ibrahim, que la bénédiction d'Allah soit sur lui, m'a envoyé une missive par laquelle il souhaite que l'Institut de la Pérennité fasse un reportage, montrant les filles en bonnes servantes d'Allah et des interviews de quelques-unes d'entre elles disant leur souhait de se marier avec un moudjahid. Il me faut des vierges.

Quel film émouvant en préparation pour la propagande daeshienne ! Quelle meilleure motivation pour les moudjahidine au front que de voir ces filles en sitar ou niqab s'offrir au repos du guerrier. Quant à leur virginité, ça sera la surprise du chef.

– Bien sûr, frère Taha, je peux lui rendre visite dès cet après-midi et mettre les choses au point.

Ça m'arrange bien, du reste, d'aller un peu titiller la mère maquerelle de Salhiya. Oum Adam a sûrement des choses à me dire sur Kenza Haddad.

– C'est bien. Et concernant cette Nour Essid, je peux compter sur ta discrétion ? s'enquiert al-Adnani.

– Totale, frère Taha. Je lui ai fait peur et je pense que tu n'auras plus de ses nouvelles.

Je ne suis pas sûr que c'était vraiment ce qu'il voulait, mais il me considère néanmoins de l'air reconnaissant de celui qui vient de sentir un grand poids quitter ses épaules.

– Je te remercie, frère Merwan.

Le ton de sa voix manifeste son soulagement, même s'il a déjà repris son expression sinistre habituelle quand il me salue.

– Je te tiens au courant, que la bénédiction d'Allah soit sur toi, flagorné-je pour ma part en prenant congé.

*

Mes activités du jour m'autorisent à me laisser suivre sans souci par les espions de Nez-Crochu. Du moins jusqu'à ce que je rende visite à un moment ou un autre à Yasmine. L'envie d'elle me reprend déjà et ne va pas tarder à me tarauder. L'interrogatoire encore tout frais de Nour Essid m'inspire soudain une ruse : dans un premier temps, j'entraîne les emniyim jusqu'au souk et me gare devant l'église des Martyrs. Les deux énergumènes me filent de loin quand je m'engage à pied dans l'avenue du 23 Février. En pénétrant dans une galerie, je fais mine de surveiller mes arrières, ce qui les dissuade de me suivre et me permet de faire mon achat en toute discrétion dans le recoin d'un commerce. Je ressors un sac plastique à la main que je mets dans le coffre de ma voiture avant de prendre la route de la maison. Il est 13 heures passées, et tant ma nuit d'amour que ma matinée de travail m'ont ouvert un appétit d'ogre. Un AK-47 est posé dans l'entrée. Hakim et son copain algérien m'attendent sans doute dans le salon d'où proviennent des rires et la voix d'Assia. Le Vieux et Naïm doivent être dans la cuisine avec Asma. Nous sommes en plein ramadan, mais ma femme est la seule à le respecter. Asma ! Bon sang, la voilà justement qui vient à ma rencontre.

– Merwan, enfin ! Où étais-tu ? Où as-tu passé la nuit ? Pourquoi ne m'as-tu pas rappelée ou envoyé un SMS ? Qu'est-il arrivé à Sefîn ? Il a été arrêté ? Tu y es pour quelque chose ?

– Oh, Asma, je suis désolé ! J'ai été complètement débordé.

La réalité, c'est que j'ai complètement zappé ses messages dans une sorte d'acte manqué entérinant le naufrage de notre couple. La preuve, en ce moment même, c'est à Yasmine que je pense.

– Quant à Sefîn, ne t'inquiète pas, il a réussi à s'enfuir et ça m'étonnerait qu'on le retrouve. Il va sûrement prendre contact avec vous.

Asma prend une de ses expressions favorites qui miment si théâtralement l'indignation.

– J'espère bien, parce que nous avons le scrutin du 25 juillet à organiser. Quand même, arrêter Sefîn Hasroumi ! J'espère que tu n'y es pour rien, Merwan ?

– Mon cœur, tu sais bien que je suis entièrement dépendant de ton frère, osé-je en toute mauvaise foi et préférant ne pas rouvrir ce dossier électoral de tous les dangers.

– Oui, eh bien je n'aimerais pas qu'il déteigne sur toi, assène-t-elle, gonflant les lèvres en une moue contrariée que je connais si bien

– Mais non, ma chérie, ne t'inquiète pas, lui dis-je en posant une bise sur son front.

Hop, je change de sujet :

– Tout va bien ici ?

– Tu aurais pu me dire que tu avais invité Hakim et son ami étranger. Je n'aime pas trop les fréquentations de mon neveu. Avec l'odeur du poulet que je préparais pour ton grand-père et les enfants, j'ai eu droit à une remarque sur le fait qu'on ne jeûnait pas, grommelle-t-elle. Rien d'agressif, mais quand même. Pour qui se prennent-ils ces étrangers pour nous juger ? J'ai toujours regretté que tu ne veuilles pas jeûner avec moi, parce que ça fait du bien quoi que tu penses de la religion. Mais ce n'est pas une raison pour que les autres se mêlent de nous critiquer.

C'est pour des aphorismes de ce genre, et ses mimiques enfantines, que je suis resté si longtemps amoureux d'Asma. D'ailleurs, je me suis astreint pour lui complaire à jeûner pour le ramadan dans les premières années de notre mariage. Et puis c'est vrai, ça fait du bien. Mais le boulot ne s'y prête pas trop à la longue. Un brin de nostalgie amoureuse me saisit fugitivement, avant d'être balayé par le souvenir libidineux de Yasmine et le rappel humiliant de mon cocufiage.

– Être étranger n'empêche pas d'être hypocrite, proclamé-je d'un air entendu qu'Asma ne peut comprendre, ignorant les mœurs d'al-Orani. J'ai à leur parler et c'était plus discret qu'ils viennent à la maison. On va aller discuter dans ton bureau. Gardez-moi à manger pour tout à l'heure, j'ai une faim d'ogre !

– Qu'est-ce que c'est que ces mystères ? Notre neveu a des problèmes ?

– C'est ton frère qui lui cherche des problèmes, mais il n'en a pas, t'inquiète pas. C'est une histoire de famille, pas une enquête de police. Je te raconterai, promis.

Je n'ai plus qu'à espérer qu'elle oublie cette histoire.

Ma survenue dans le salon interrompt les bavardages. Debout, l'épaule négligemment posée contre l'embrasure du petit cabinet adjacent, Abou Hussein al-Orani est un grand escogriffe, les joues mangées par une barbe clairsemée qui ne masque pas des traits fins au charme androgyne accentué par le khôl cernant ses yeux. En me voyant, il se redresse et m'adresse un « *salam*, mon frère » mécanique. Hakim et Assia, qui sont assis sur le canapé, se lèvent en même temps, ma fille me faisant même l'honneur de venir m'embrasser.

– *Salam*, mon oncle, je suis venu comme tu me l'as demandé et Abou a bien voulu m'accompagner, déclare mon neveu comme si j'avais droit à une faveur.

Je me retiens de répondre sèchement en présence d'Assia, même si je brûle de savoir ce qu'elle connaît exactement de la vie de son cousin. Je me contente d'approuver.

– Tant mieux. Suivez-moi, on va aller dans le bureau.

J'entends les deux jeunes gens traîner la savate jusqu'au bout du couloir, ce qui a le don de m'horripiler. Aussi j'attaque, dès que les deux prévenus sont assis et la porte fermée.

– Vous savez ce que risquent les sodomites devant un tribunal islamique de nos jours ?

Les deux gueules d'amour demeurent bouche bée, alors j'enfonce sadiquement le clou.

– Entre cinquante et deux cents coups de fouet, selon les quartiers. Si on ne meurt pas, les séquelles sont considérables. Et pas seulement pour l'esthétique de la peau du dos.

Abou et Hakim se regardent en chiens de faïence. Ils sont blêmes.

– Ton père te soupçonne d'être homosexuel, Hakim. Il m'a chargé de le découvrir. Que dois-je lui dire ? déclaré-je sans égard pour les larmes qui commencent à mouiller les yeux de mon neveu.

J'en ai autant pour son acolyte.

– Alors ? Il paraît que tu fais des remarques sur le respect du ramadan à ma femme ? Et si j'allais voir ton chef, Hassan Jazra, pour lui raconter tes péchés ? Ça m'étonnerait qu'on apprécie au sein du Front des étrangers, menacé-je, d'un ton glacé.

L'escogriffe efféminé encaisse mieux le coup que mon neveu mais baisse les yeux, la honte rougissant ses joues.

– Mon oncle, tu ne vas pas faire ça, me supplie Hakim d'une voix larmoyante.

– Je me fous que vous couchiez ensemble ! Et puis, ce n'est pas dans l'intérêt de ton père, encore moins dans le tien, que ça se sache, rétorqué-je rudement. En revanche, je n'ai pas aimé que tu te foutes de ma gueule, Hakim. Contrairement à ce que tu m'as baratiné, tu connaissais Kenza Haddad. Et toi aussi, Abou Hussein.

Les deux comparses arborent une figure victimaire qui serait risible si j'étais d'humeur à rire.

– Ne me regardez pas comme deux cons. Je sais tout de vos trafics et de vos relations. Mais c'est surtout toi que je voulais voir, Abou Hussein, et tu as bien fait de te pointer, crois-moi, proféré-je avec mon œil gris virant au noir et mon vert au glauque.

Apostrophé, l'Algérien se redresse un peu sur la chaise sur laquelle il vient de se vautrer et tente d'affronter mon regard avec toute la détresse du sien. Épargné momentanément par mon courroux, Hakim sèche ses yeux rougis et se tasse en silence.

– Tu connais une dénommée Fatiha Mejjati, dite Oum Adam ? Oui, tu connais, constaté-je en lisant à livre ouvert sur la face médusée d'Abou Hussein. Dis-moi ce que tu sais d'elle.

Al-Orani se racle la gorge, au point que je crois qu'il va cracher, mais il ravale sa salive.

– Oum Adam est une femme puissante et riche, qui a plein de relations.

– Ça, je sais, soupiré-je.

– Elle s'occupe de filles.

– Ça, je sais aussi ! fulminé-je. Donne-moi des détails, bon sang ! Par exemple, tu dis qu'elle a des relations. Avec qui ?

Acculé, Abou Hussein secoue la tête et déballe tout :

– Je sais qu'elle a conclu un pacte avec Hassan Aboud, le chef du Mouvement des Hommes libres pour un Levant islamique et un autre avec Ali Abdul Khalifa al-Othman, le général de la Brigade des Petits-Fils du Prophète. Ils la protègent et elle leur verse un pourcentage sur les filles.

Hassan Aboud, fondateur du Mouvement des Hommes libres, principale faction salafiste armée au plan national, que la Dawla esquive à ce stade dans son entreprise de purification islamiste. Inutile de présenter l'Ottoman, ni sa brigade au nom ronflant. Oum Adam s'était bien gardée d'évoquer de si hauts protecteurs. Si ma mémoire de notre entretien est fidèle, elle s'était contentée de me dépeindre un arrangement plus modeste, rétribuant pour leurs services des moudjahidine de la Brigade des Faucons pour le Levant, à l'instar de l'inoubliable belge Abou Madhi al-Vilvordi, ou du Front des étrangers pour le Levant, tel al-Orani qui me fixe avec inquiétude dans l'attente d'une autre question. Or il se trouve que les Faucons sont affiliés à l'ASL et que le Front des étrangers l'est au Mouvement des Hommes libres. Louer les services de ses petits alliés mineurs à Oum Adam garantit la discrétion et place la réputation d'Hassan Aboud et d'al-Othman à l'abri de tout soupçon, et particulièrement celui de contrôler un réseau de prostitution à l'halalité contestable.

– Et quant à ces filles, en quoi consiste exactement le trafic ?

– Oum Adam a été distinguée par le très érudit Mohamed al-Arifi pour qu'elle puisse organiser à Raqqa des mariages temporaires conformes à la sharia. C'est pourquoi de nombreuses étrangères lui sont confiées qu'elle entretient dans ses madâfa de la médina. Quelques très belles filles sont réservées pour des mariages durables. Les autres sont prêtées en certaines occasions, explique-t-il dans un art consommé de la litote.

– Comment ça lui sont confiées ? Qui sont ces filles ?

– Quelques Syriennes, des orphelines ou des filles-mères abandonnées, mais surtout des étrangères. Beaucoup d'Anglaises d'origine pakistanaise. L'appel du cheick al-Arifi a été très entendu au Royaume-Uni et beaucoup de filles viennent, attirées par la perspective de servir le djihâd comme récompenses pour les moudjahidine. Des toutes jeunes. Des filles de quinze-seize ans. D'autres sont offertes par leurs parents qui ne peuvent eux-mêmes participer au djihâd, mais achètent comme ça des gratifications pour accéder au paradis.

Gagner des points pour le paradis en offrant sa fille en sacrifice sexuel à des milliers de kilomètres ?! Pauvre Europe, confrontée au même fanatisme que chez nous.

– Et c'est quoi, ton travail ?

– On est une petite escouade qui protège les deux pensions. J'y suis affecté depuis mon arrivée à Raqqa. Hakim n'a rien à voir là-dedans.

– Tu parles, vous profitez de ces filles en leur vendant des colifichets pour exciter encore plus le micheton !

– C'est pas juste, mon oncle, on n'en profite pas ! conteste Hakim d'une voix apeurée où affleure aussi une sensibilité piquée au vif. On a des vraies copines chez ces filles, du moins chez celles qui parlent arabe. Ce n'est pas facile pour elles, et elles sont bien contentes de pouvoir parler avec des garçons. Et puis, les bijoux et les fringues, on les vend pas cher, raconte-t-il en confirmant le récit empathique de Nour Essid à leur égard.

C'est vrai que ce serait injuste de tenir ces deux macaques pour responsables du paquet de merde dont ils me rapportent les secrets de fabrication. Leur propre situation est déjà bien assez compliquée.

– D'accord, Hakim, je veux bien croire que tu as été un gentil garçon avec Kenza Haddad. Mais pourquoi ne m'as-tu pas tout de suite dit que tu la connaissais ? J'aurais progressé plus vite. Ça ne t'intéresse pas de savoir qui l'a tuée ? C'est qui à votre avis, d'ailleurs ?

Les deux amants se questionnent du regard, et Abou Hussein confesse :

– Kenza avait une vie… agitée. C'était une chouette fille mais elle papillonnait beaucoup et cherchait sa voie. Elle avait plusieurs fers au feu avec des hommes différents et elle prenait trop de risques. Je le lui ai dit d'ailleurs. Et puis, il y a Oum Adam qui la détestait.

Je vois qu'il n'a pas grand-chose à m'apprendre que je ne sache déjà. Nour m'a dressé le tableau de chasse complet de la fille Haddad. Je crois avoir fait le tour de ma curiosité, à un détail près cependant.

– Et ce gars-là, vous le connaissez ?

J'exhibe mon Huawei avec à l'écran la photo de Mohamed Aït-Kacimi. Je vois le doute brouiller un instant l'expression tant d'Hakim que d'Abou Hussein, et tous deux rapprochent la tête pour observer plus attentivement l'écran.

– Oui, enfin la photo est étrange. C'est Abou Bakr al-Maghribi, le reconnaît al-Orani. C'était un chef de katiba du Front des étrangers pour le Levant. Oum Adam l'appelait frère Mohamed.

– Pourquoi « c'était » ? demandé-je, redoutant d'avoir une mauvaise nouvelle à annoncer à Yasmine.

– Parce qu'il a quitté le Front des étrangers pour rallier la Brigade des Petits-Fils du Prophète.

Les transferts sont fréquents dans le milieu djîhadiste mais celui-là ne m'arrange pas. Ma qualité de chef de la police criminelle de la Dawla ne m'ouvre pas spontanément les portes des Petits-Fils du Prophète. Bien au contraire.

– Pourquoi tu dis qu'elle est étrange, cette photo ?

– Parce qu'on dirait qu'il a rajeuni.

*

Je prends un malin plaisir à me rendre tranquillement chez Oum Adam, laissant tout loisir aux emniyim de me suivre. J'adorerais que Nez-Crochu fasse un rapport au Grand Inquisiteur sur ma visite à la mère maquerelle vedette de Raqqa. Ça m'étonnerait que son initiative soit appréciée alors qu'al-Adnani souhaite la plus totale discrétion. Réfléchir à cette bonne blague me permet d'évacuer le doute semé par ce grand con d'Abou Hussein al-Orani. Quoi la photo ? Qu'est-ce qu'elle a la photo ? En tout cas, il a pu reconnaître Mohamed Aït-Kacimi sous sa qounia djîhadiste d'Abou Bakr al-Maghribi, c'est l'essentiel. Moi aussi, elle m'avait fait tiquer un moment, cette photo. C'est tout simplement une mauvaise copie d'un cliché argentique de qualité médiocre, c'est tout. J'appelle Tareq, qui traîne peut-être dans Salhiya aux abords de la madâfa de la Veuve Noire. Il est sur messagerie. J'appelle Sefîn Hasroumi, qui décroche tout de suite.

– Salut Sefîn, comment ça se passe depuis hier ?

– Ça se passe mal ! se plaint-il d'emblée.

– Mais encore ? soupiré-je, vu que je n'ai pas besoin de problèmes supplémentaires.

– Je suis arrivé vers 15 heures dans la zone tenue par la Brigade des Petits-Fils du Prophète, mais al-Othman n'a daigné me recevoir que vers 21 heures.

– Bon, si ce n'est que ça, ce n'est pas trop grave, grogné-je, exaspéré par les caprices de diva de ce dandy universitaire.

– Ce n'est pas tout, Merwan. Ainsi que je m'y attendais avec ces hypocrites de Frères musulmans, al-Othman exige un droit de passage pour fuir Raqqa vers la Rojava. J'ai honte en appelant les amis ou les notables de la communauté de leur avouer ce racket.

L'ASL ne parviendra jamais à fédérer l'opposition démocratique avec ces méthodes de racaille mercenaire. Et c'est déjà miraculeux que les Occidentaux se préoccupent encore de la Syrie alors que la révolution est en train d'accoucher d'un monstre. Je préfère éluder sa plainte.

– Bon, mais au moins, vous pouvez filer par là. Les gens viennent ? Ils répondent à ton appel ?

– Oui, depuis ce matin, ça n'arrête pas. On les parque où on peut en collectant le montant de la rançon ! Heureusement que nous sommes une communauté solidaire et que certains veulent bien payer pour d'autres. C'est terrible. Partir sans rien pouvoir emporter de chez soi et, en plus, se faire délester de ses économies pour pouvoir se sauver. Vous n'avez rien abîmé en venant… m'arrêter hier, j'espère ? s'inquiète Sefîn à brûle-pourpoint.

La mort dans l'âme, je décide de mentir en lui cachant le vandalisme islamique qui a réduit à néant une vie entière d'accumulation de biens culturels orientaux.

– Non, tout va bien. En tout cas, reste sur tes gardes, Sefîn. Je redoute que les emniyim soient à ta recherche.

– Les quoi ?

– Les agents de l'Emniyat, un nouveau service de renseignement, une sorte de Moukhabarat version Daesh. Son chef, un nommé al-Ghali m'a dans le nez, et il est persuadé que c'est moi qui t'ai prévenu de ton arrestation.

– C'est sûr, il a du nez, ironise Sefîn.

– C'est le cas de le dire qu'il a du nez. Ce mec, tu le reconnaîtrais entre mille, justement en raison de son nez en forme de bec d'aigle impressionnant. Je l'appelle Nez-Crochu. En plus, je te signale qu'il a un espion au sein d'Haqquna.

– Qui ça ? panique mon interlocuteur.

– Ça, je ne sais pas encore. Il n'est qu'à moitié efficace, de toute façon, car la Dawla ne semble rien savoir de vos élections communales, un projet auquel vous devriez renoncer, d'ailleurs.

L'espion ne semble pas savoir non plus qu'Asma Milet est la femme de Merwan Milet, sinon Nez-Crochu me l'aurait sorti depuis longtemps. J'arrive à la madâfa d'Oum Adam et me gare bien en évidence pour que mes suiveurs ne me manquent pas.

– Bon, je dois raccrocher, Sefîn. On se parle plus tard.

– D'accord, Merwan, on se tient au courant.

Je suis sur le point de raccrocher quand Sefîn reprend *in extremis*.

– Merwan ?

– Oui ?

– Merci pour tout.

– Pas de quoi, c'est mon devoir, rétorqué-je d'un ton neutre, pas mécontent pourtant que le tribun égocentrique reconnaisse enfin mes modestes vertus de fonctionnaire de police.

L'appel à la prière de l'après-midi retentit à la mosquée ibn Zaïd Hartha, toute proche. Il n'est pas loin de 16 heures 30. Ma journée va être longue. Il faudrait déjà que je rejoigne Yahya qui a dû lancer comme prévu voilà déjà plus de deux heures le déploiement d'environ deux cents agents dans les quartiers ouest pour repérer trafics et magouilles. Et marquer les maisons kurdes. Une prise de contact avec le terrain que j'espère fructueuse : si je mets la main sur une mafia de l'eau minérale, je ferai la nique à Nez-Crochu et pourrai espérer gagner quelques jours avant la rafle des Kurdes. Quelle association d'idées me fait passer de Yahya à Tareq, de Tareq à Kenza, et de Kenza à Ali, le sympathique patron du club Nadi Rachid ?! Toujours est-il que je me remémore soudain que l'imam de la mosquée ibn Zaïd Hartha m'a été présenté par Ali comme un client régulier de Kenza Haddad. Mais a-t-il vraiment fui Raqqa, comme l'a laissé entendre mon informateur, ou est-ce pour son office que le muezzin s'égosille au haut-parleur du minaret ?

– Frère Merwan ! Quel honneur ! Mais quelle drôle d'heure pour nous rendre visite, m'accueille Abou Madhi al-Vilvordi, lequel justement sortait pour prier dans la rue avec ses camarades, même si la courette de l'entrée de la madâfa aurait largement suffi à leurs courbettes.

Le Belge pourrait sûrement me renseigner quant à l'identité de l'imam de la mosquée voisine, mais j'ai plus urgent à faire. Par rapport au nombre d'affreux que j'ai vus chez les moudjahidine, al-Vilvordi demeure un mystère avec son air d'idiot du village incapable de faire du mal à une mouche et dont l'AK-47 accroché à l'épaule semble un insolite accessoire. Ses acolytes n'ont pas l'air plus malins, mais nettement plus dans la norme patibulaire.

– Désolé, frère Abou, fais-je, mais une affaire pressante m'amène à voir la très respectable Oum Adam.

– C'est-à-dire que c'est l'heure de la prière…

– Je sais quelle heure il est. Frère Abou, tu as désormais devant toi le chef de la police criminelle d'al-Dawla al-Islāmiyya, et tu vas dire à Oum Adam que je veux la voir immédiatement.

Al-Vilvordi me fait la grâce d'obéir sans discuter, en me jetant même un regard de chien fidèle. Les autres préposés à la garde de la madâfa me considèrent avec moins de bienveillance. Renonçant à contrecœur à sortir prier dans la rue pour mieux surveiller cet étranger qui s'obstine à rester debout, les djîhadistes s'agenouillent en maugréant. Lorsque le Belge revient, je vois tout de suite à sa mine défaite que la gueuse n'est pas plus impressionnée par mes actuelles fonctions que par mes précédentes.

– La très respectable Oum Adam dit qu'elle n'est pas disponible et que…

Je ne le laisse pas finir sa phrase, le repousse doucement sur le côté et franchis la porte nous séparant de la grande cour à péristyle.

– Frère Merwan, s'il te plaît…, m'implore al-Vilvordi, me saisissant le coude au passage, tandis que les fidèles ne savent plus quoi faire, face à ce ramdam.

Je me dégage et me retourne brusquement vers l'escouade que j'affronte d'une voix autoritaire :

– Frère Abou, et c'est valable pour vous tous, la Dawla dirige maintenant Raqqa. Personne, pas même Oum Adam, ne peut s'opposer aux ordres de la Dawla. Est-ce clair ?

– Mais nous, on est des Faucons du Levant, on n'est pas affiliés à la Dawla, proteste mollement un fidèle.

– Vous voulez que je revienne avec une katiba de la Dawla ?

Je les menace ainsi, espérant que cette simple perspective calmera ces jeunes gens, dont, à coup sûr, certains envisagent déjà de rallier l'État islamique. Enregistrant leur soumission, qui se traduit par le retour à la prière, je leur tourne le dos pour fendre un groupe de femmes en train de glousser dans leurs voiles.

Je me souviens bien du chemin jusqu'aux appartements de la Veuve Noire où je parviens sans qu'on m'oppose aucune résistance. Je la surprends affalée dans son canapé démesuré en train de mater un téléprédicateur sur un écran géant tout en s'empiffrant, non plus de pistaches mais de tranches de pastèque. C'est plus diététique mais pas moins salissant. Quand j'entre dans son antre, Oum Adam s'essuie du jus de son menton goitreux d'un revers de son sitar, me dévoilant en totalité l'affreux visage que je n'avais qu'entraperçu lors de ma première visite. À sa voix, je lui donnais la quarantaine, elle dépasse plutôt la cinquantaine. Stupéfaite par mon irruption, elle cache aussitôt sa mocheté sous son voile, ce qui prouve bien que ce bout de tissu peut se révéler parfois esthétique.

– Comment oses-tu ?! J'avais ordonné qu'on te renvoie, hurle la virago dont les petits yeux porcins me percent rageusement à travers les verres épais de ses lunettes.

– Ta gueule, la grosse ! la sommé-je en lui fourrant mon Glock sous le nez pour la ramener à de meilleures dispositions. Sortez, ordonné-je aux domestiques qui ne se le font pas dire deux fois et ferment le verrou derrière elles, sans quitter Oum Adam des yeux et du pistolet ; une veuve de terroriste, proxénète de surcroît, a sûrement plus d'un tour dans son sitar.

Je l'interpelle froidement par son nom :

– Tu sais qui je suis, Mejjati ? Je dirige la police criminelle de Raqqa, une des branches de la police de l'État islamique qui a la haute main sur toutes les forces de sécurité de la ville. Tu crois qu'on peut refuser de me recevoir ? Surtout que c'est une visite de courtoisie, ponctué-je avec un sourire sardonique. Si je dois revenir, c'est que tu auras mal répondu à mes questions et ce sera pour t'arrêter. Me suis-je fait comprendre ?

Pour mieux la pousser dans ses retranchements, je m'assieds face à elle sur une chaise retournée, les deux jambes de part et d'autre du dossier, les coudes dessus, le Glock toujours à la main droite. Le tout, en prenant soin d'être suffisamment loin de son odeur répugnante. Oum Adam me scrute en silence, penchée en avant. Elle se cale finalement dans son canapé, ses mains grassouillettes posées sur ses cuisses monstrueuses que l'on devine sous le sitar taché de jus de pastèque.

– On dit que tu joues un jeu dangereux, Merwan Milet. Et le fait que tu mènes une opération en pleine salat semble donner raison à ceux qui doutent de ta foi.

– C'est sûr qu'il suffirait de te regarder pour être touché par la grâce.

– J'allais faire mes ablutions et prier, s'offusque la djîhadiste.

– Je n'en doute pas, mais ne perdons pas de temps. Pourquoi as-tu fait tuer Kenza Haddad ?

Oum Adam me considère en silence sans que je puisse interpréter l'expression vide de ses yeux. Elle part d'un rire gras et faux :

– C'est pour la mort d'une petite dévergondée que tu fais toute cette histoire ! Vous n'avez que ça à faire dans la police que d'ennuyer une honnête commerçante ?

– Tu sais, ce que je crois, moi, c'est que cette fille avait son réseau de clients friqués qui faisaient de l'ombre à ton trafic de putes occidentales et que tu l'as descendue, avancé-je sans croire un mot de ma propre histoire.

Cette fois, je perçois une lueur méchante dans son regard.

– C'est n'importe quoi ! J'aurais organisé le meurtre de toute une famille pour éliminer une fille dont j'ai rien à faire.

Feint-elle d'ignorer la vérité concernant la mort des Haddad ?

– Ah oui ? Mais alors pourquoi l'avoir fait enlever et menacée si elle refusait de travailler avec toi ?

Oum Adam encaisse le coup. Ses petits yeux myopes sont stupéfaits, elle a visiblement la chique coupée.

– Je n'ai rien fait à cette fille ! On a dû te dire qu'elle est partie libre, grogne-t-elle après une longue pause.

– Justement, on m'a dit que la petite Kenza s'en était bien tirée avec toi grâce à un protecteur, que tu aurais eu au téléphone, et qui t'aurait dissuadée de l'embêter. C'était qui ?

La Veuve Noire se redresse sur son canapé.

– Quoi, c'était qui ? me crache-t-elle. Ce n'est pas lui qui t'a raconté cette histoire ? Ah non, bien sûr, c'est l'autre petite salope…

J'espère que Nour Essid va se tenir sage après la leçon que je lui ai donnée et évitera les parages avant longtemps.

– C'était qui ? répété-je.

– Je ne sais pas qui c'est.

– Ma sœur, te fous pas de ma gueule. Pourquoi aurais-tu obéi à un mec que tu ne connais pas, te privant ainsi de la raclée que tu voulais foutre, ou pire, à la petite Kenza ?

– Je ne sais pas, réitère-t-elle avec un accent de sincérité troublant. Le gars me prend au téléphone, fait le mystérieux, et commence à me décrire par le menu ma biographie, y compris le rapatriement que je prépare de mon fils depuis le Maroc. Il a laissé supposer que son arrivée pourrait être compromise. Un mec bien informé comme ça, je croyais que c'était un copain à toi.

– Je croyais que ton fils était mort avec ton mari.

– C'est… Adam qui est mort avec Karim, tué par ces bâtards de Saoudiens. J'ai un autre fils, en résidence surveillée au Maroc, et le protecteur de Kenza en savait assez sur la filière que j'ai pressentie afin de le ramener ici pour être très convaincant. De toute manière, je te le répète, je n'avais pas l'intention de faire du mal à cette fille. Je voulais seulement lui faire peur parce qu'elle tapinait chez les Khorasan et que ç'aurait pu être une bonne clientèle.

Oum Adam se disculpe à mes yeux, mais elle confirme la double piste du djîhadiste jaloux ou du protecteur possessif et influent. Je suis pourtant loin d'en avoir fini avec elle.

– Ma sœur, c'est le policier qui te parlait jusqu'à présent. Maintenant c'est l'envoyé spécial d'Abou Mohamed al-Adnani, lieutenant général de l'État islamique et émir de Raqqa.

– De toute manière, j'ai jamais pu m'entendre avec l'autre émir, qu'avait installé al-Nusra, commente-t-elle en dardant son regard binoclard à travers la fente de son sitar.

J'omets de lui apprendre que le Sphinx est toujours théoriquement en fonction et que le pouvoir est pour l'instant fluctuant, malgré l'ascendant pris par Daesh.

– Par contre, tu t'entends pas mal avec Hassan Aboud et Ali Abdul Khalifa al-Othman, à ce que je sais. C'est quoi leur pourcentage ? 20 ? 30 % ?

La mère maquerelle est déstabilisée. Un rôt énorme s'échappe de sa non moins considérable poitrine, et elle se met à tousser.

– Je te l'ai déjà dit, mes affaires sont parfaitement légales et conformes à la sharia, bafouille-t-elle sans conviction.

– Non, Oum Adam, il n'y a rien de conforme à la sharia que n'ait agréé al-Dawla al-Islāmiyya, déclaré-je sans ambages, effrayé par ma propre affirmation. Et moi, ce que je vois, c'est que tu traites avec le chef du mouvement des Hommes libres, avec le chef des Petits-Fils du Prophète mais pas avec celui de l'État islamique. Et ça, ce n'est pas possible, vois-tu ? Je t'annonce donc que l'émir Abou Bakr al-Baghdadi t'ordonne de réserver tes vierges étrangères pour les marier à ses moudjahidine.

– Quoi ?! C'est moi qui m'occupe de ces filles depuis des semaines et il faudrait que je les donne en mariage !

– Oh, mais tu seras invitée aux mariages. Il y aura même la télévision.

Tant qu'à faire, j'en rajoute un peu, mais pas tant que ça, vu ce que m'a annoncé le Grand Inquisiteur à propos d'un reportage prévu par l'Institut de la Pérénnité.

– Il n'en est pas question, assène la veuve. Je ne me laisserai pas faire. J'ai des soutiens.

– Je ne suis pas sûr que tes soutiens voudront se manifester. Et puis, ce ne sont pas les miliciens du Front des étrangers en faction devant tes pensions pour putes de la médina qui vont dissuader les soldats d'Allah.

– Vous êtes des extrémistes ! éructe-t-elle.

– Nous sommes l'État islamique, fais-je, au point où j'en suis, pour clouer le bec à cette obèse idolâtre de ben Laden.

Oum Adam se lève, dégageant ce remugle aigre dont elle m'avait épargné l'affliction jusqu'à présent. Mon Glock, vigilant, se redresse. Mais elle va simplement se servir un verre de jus de fruits, qu'elle boit d'un trait. Je pense qu'elle a atteint l'état nerveux propice à la négociation.

– Ma sœur, si tu veux que ton commerce survive, il te faudra l'autorisation de la police de la Dawla. Et la police, c'est moi.

– Parce que tu veux me racketter, en plus ? s'indigne-t-elle en se resservant un verre.

– Bien au contraire. Je te propose de l'argent pour chacune des filles que tu réserveras au mariage des moudjahidine de la Dawla. Des vierges, naturellement. J'espère qu'il t'en reste.

Ces moments sont ceux, assez dégueulasses, que je vais devoir endurer dans la voie périlleuse que j'ai choisie. Pour me blinder, je me convaincs que je ne suis pas responsable de ces adolescentes européennes assez idiotes ou islamistes pour venir chercher un prince charmant ici, en pleine guerre. D'ailleurs, je leur rends service en les sortant de la prostitution pour les allouer au mariage dont elles avaient fait le but de leur voyage insane. Pendant ce temps-là, la machine à calculer doit fonctionner dans la tête d'Oum Adam qui sirote son jus sous son voile en me considérant d'un regard neuf.

– La plupart des filles sont vierges, affirme-t-elle d'un ton devenu aimable. Je peux te fournir quarante filles à mille cinq cents dollars.

– J'en voudrais quatre-vingts à mille dollars.

Je lui demande le double dans l'idée de retirer un maximum de ces malheureuses des griffes de leur souteneuse, profitant des latitudes financières que m'a données le Grand Inquisiteur.

Oum Adam réfléchit à l'avantage comparé d'accepter les vingt mille dollars de plus que j'offre ou de conserver un volant de putes pour son commerce. Le choix est vite fait, d'autant que je ne doute pas que les arrivages de chair fraîche sont fréquents.

– Tope là ! Même celles qui sont livrées au mariage temporaire réservent leur virginité et offrent leurs autres orifices à la lubricité de l'homme, m'instruit la mère maquerelle pour justifier sa capacité à élargir si facilement sa gamme virginale. À partir de maintenant, je vais élever ces filles dans l'optique du mariage avec un guerrier d'Allah. On fait affaire ?

La voici prête à s'engager.

– On ne fait pas affaire avec la Dawla, on sert la Dawla, rectifié-je d'un ton pompeux afin de doucher son enthousiasme. Tu auras l'argent à une seule condition.

Dans toute bonne négociation, après avoir fait miroiter son gain, il faut savoir faire comprendre à l'autre partie que rien n'est acquis tant que tout n'est pas conclu.

– Quelle condition ? s'enquiert-elle avec agacement.

– Tu dois m'organiser un rendez-vous avec Mohamed Aït-Kacimi.

Oum Adam se laisse choir sur une chaise jouxtant la console où sont disposés les rafraîchissements. Je prends ça pour un signe de faiblesse faute de pouvoir discerner quoi que ce soit d'autre derrière le sitar. Je sors mon Huawei.

– Je te le remontre, parce que la dernière fois que je suis venu tu avais un trou de mémoire… Il se fait aussi appeler par sa qounia d'Abou Bakr al-Maghribi.

– Normal que je ne le reconnaisse pas, vu la photo. De toute façon, il ne travaille plus pour moi, déclare-t-elle d'une voix lasse qui annonce la reddition.

– Non, mais je suis sûr que tu as encore ses coordonnées. Donne-lui mon numéro et dis-lui que je veux le voir, ordonné-je en tendant ma carte. Et insiste, si tu veux tes quatre-vingt mille dollars. Parce que les filles, on les réquisitionnera, que tu le veuilles ou non.

Je quitte son antre sans autre formule de politesse, dispersant les curieuses qui attendent sur le seuil, et me dirige vers la sortie de la madâfa. L'escouade d'al-Vilvordi vient de terminer sa prière et ma réapparition dans la courette leur rappelle le rapport de force que j'ai instauré tout à l'heure.

– Oum Adam a décidé de collaborer avec la Dawla, les informé-je, et, conciliant, j'ajoute : Je tiendrai compte dans mon rapport que vous ne vous êtes pas opposés à mon action. Frère Abou Madhi, viens, j'ai à te parler.

Le Belge, tout fier, à moins que ce ne soit l'embarras d'être distingué par celui qui vient de révolutionner la routine de la pension, en tout cas rouge de confusion, met ses pas dans les miens tandis que je franchis la porte donnant sur la rue.

– Dis voir, tu connais l'imam de la mosquée du quartier, la mosquée ibn Zaïd Hartha ?

– Oui, bien sûr, c'est l'imam que nous recommande notre commandant quand nous ne sommes pas consignés ici pour prier.

– Comment s'appelle-t-il ?

– Hafez al-Momani. Mais je ne pense pas que ce soit un Véridique comme toi et ceux de la Dawla.

Je vérifie mes notes sur mon Huawei. Hafez al-Momani, c'est bien le nom que m'avait donné le patron du club sportif.

– Pourquoi tu penses que ce n'est pas un bon imam ?

– C'est un Frère musulman et le prédicateur favori d'Ali Abdul Khalifa al-Othman, le général de la Brigade des Petits-Fils du Prophète. Et dans ses prêches, il appelle à contrer l'État islamique.

*

L'amour rend flemmard. En d'autres temps, je n'aurais pas hésité à traverser toute la ville pour rejoindre Yahya al-Satouf dans les quartiers ouest et voir où en est l'opération anti-marché noir lancée dans le secteur avant de me préparer à le relayer pour la nuit. Mais il est déjà 18 heures passées et je décide plutôt d'aller superviser tout ça pépère au bureau ; et pour être encore plus pépère, à mon bureau du Bloc B à Tashih, où mes suiveurs m'accompagnent, constaté-je sans surprise en sortant de mon coffre mon achat discret au souk. On me salue respectueusement dans le hall familier du commissariat. Ces marques d'estime ne parviennent pas vraiment à chasser la réelle tristesse que j'éprouve d'avoir licencié Houda dont je regrette le café de bienvenue qu'elle n'aurait pas manqué de m'apporter au bureau. Je donne quelques coups de téléphone, histoire de vérifier que mes ordres sont bien appliqués et charge al-Satouf, qui ronchonne, de coordonner les équipes de surveillance nocturne. En revanche, je ne parviens toujours pas à joindre Tareq. L'amour rend aussi fou. Une fois expédié mon travail, je me déshabille entièrement, à l'exception de mon boxer et de mes chaussures. Je prends dans le sac plastique le sitar taille XL acheté dans la matinée et m'en revêts. Je n'ai rien pour me mirer, sinon une petite glace murale qui m'aide à ajuster ma coiffe. Je range mes vêtements masculins dans un autre sac, plus grand, trouvé dans l'armoire, que je glisse sous mon bras avant d'entrouvrir la porte du bureau. Comme le couloir est désert, j'en profite pour me glisser vers les toilettes pour femmes du Bloc B, devenues inutiles après mon plan de licenciement abusif. Ce sitar me couvre à merveille, me félicité-je en observant mon image dans le grand miroir, même si je dois convenir que je n'ai, hélas, pas vraiment la silhouette d'une femme. J'entreprends d'ôter la longue serviette du dérouleur fixé au mur et de l'emberlificoter autour de ma poitrine en enserrant dessous des grosses boulettes de papier-toilette. Résultat : j'ai de gros seins, certes informes et pendouillants, mais qui crédibilisent davantage mon personnage.

Je retiens mon souffle et sors sur le palier. Un collègue monte l'escalier. Accaparé par son téléphone, il ne fait pas attention à moi. Je descends dans le hall, où il n'y a pas foule, si ce n'est, heureusement, d'autres grosses dondons dans mon genre. Sauf qu'elles sont plus petites que moi. J'espère que ma haute taille n'attire pas trop le regard. Difficile de vérifier à travers l'étroite fente qui dégage tout juste la vision droit devant. Je prends la tangente vers la sortie, que je passe sans encombre. Les emniyim, qui n'ont pas quitté leur pick-up, discutent entre eux, un œil vaguement posé sur le Bloc B devant lequel est garée ma voiture. Je longe le trottoir d'un bon pas pour disparaître au plus vite au prochain croisement. Commençant à sentir la serviette qui m'étreint le torse prendre un peu de mou, je ralentis l'allure. Des mouvements trop vifs pourraient rapidement compromettre mon déguisement. Il y en a pour une bonne demi-heure jusque chez Yasmine et, même au pas, le nœud que j'ai fait pour tenir ma poitrine fictive pourrait se défaire. Tandis que j'avise un bus, je réalise qu'il me faut chercher de l'argent dans mon portefeuille, fourré dans la poche intérieure de ma veste, pliée au fond du sac en plastique. Évidemment, je suscite l'agacement de la file derrière moi et j'ai l'impression que mon accoutrement déchaîne la curiosité. Puis, ce sont les poils sur ma main qui me font soudain paniquer quand je tends un billet de dix livres au chauffeur. Il faudra que je songe aux gants. Toutefois, même poilu et la poitrine brinquebalante, je n'évite pas un frotteur à mon cul, dont je ne parviens à me débarrasser que d'un coup de pied arrière bien senti peu avant que je descende du bus. Il me reste dix minutes de marche, lesquelles se révèlent vite une redoutable épreuve : ma poitrine, qui part en quenouille, m'oblige à marcher de plus en plus vite, les bras croisés sous mes faux seins menaçant de se faire la malle. Je ne mets pas plus de cinq minutes pour parvenir à l'immeuble du parc des Cygnes où je sonne désespérément, contenant difficilement ce qui me reste de féminité.

Sûrement d'abord méfiante en m'examinant par l'œilleton de la porte, j'entends l'instant d'après Yasmine s'esclaffer quand je me découvre à sa vue. Elle m'ouvre en m'accueillant dans un peignoir ouvert sur sa ravissante nudité.

– Morte de rire ! continue-t-elle de rigoler. Qu'est-ce que tu fais dans cette tenue ?

– J'avais envie de te voir et il me semblait que le sitar était le plus invisible des vêtements de Raqqa. Mais franchement, j'ai cru vingt fois qu'on allait me découvrir, fais-je en saisissant Yasmine par les épaules, laissant choir à mes pieds les paquets de papier-toilette, provoquant un nouvel accès de rire que j'éteins d'un baiser en referment du pied la porte derrière nous.

– Prends-moi avec ton sitar, m'ordonne-t-elle en posant à plat ses mains contre le mur du couloir et en cambrant les reins pour dénuder ses fesses de l'étoffe du peignoir.

Mon érection remplit déjà mon boxer et je m'embrouille à soulever en hâte le tissu du sitar pour sortir mon sexe et la pénétrer. Quelle drôle d'idée de vouloir se faire baiser par un homme déguisé en femme. Mais déjà elle a une autre idée et se met à quatre pattes sur le tapis. Et des idées comme ça, elle en aura plein jusqu'à je n'en puisse plus et répande un flot de sperme qu'elle dirige d'une main ferme sur sa poitrine. Je me noie dans son sourire satisfait. Cela fait longtemps que je me suis débarrassé du sitar et je m'affale, nu, sur le tapis de sol de la salle de bains où nos pérégrinations amoureuses nous ont finalement fait échouer. Yasmine se met à califourchon sur moi, sa fente rasée encore humide effleurant ma verge déjà à l'affût. Toutefois, plutôt que m'enfourcher à nouveau, elle vient se lover contre moi et m'écrase au sol tandis que la masse de ses cheveux bouclés vient m'étouffer et me chatouiller les narines.

Même dans cette situation inconfortable, je suis aux anges et calque mon souffle sur sa respiration. Je sens palpiter son petit cœur et ce n'est pas sans un pincement au mien que je dois lui annoncer la bonne nouvelle.

– Ma beauté maghrébine.

– Oui, chou.

– Tu m'aimes ? demandé-je d'une voix timide tout en pensant très fort à ne surtout pas le demander.

– Bien sûr, chou.

Ce n'est guère convaincant. En même temps, ma question est idiote.

– J'ai une bonne nouvelle pour toi.

– Quoi, chou ? ronronne toujours ma gazelle allongée sur moi.

– J'ai retrouvé ton mari et je vais organiser bientôt un rendez-vous. Enfin j'espère.

– Quoi ? Tu as retrouvé Aït-Kacimi ? Quand va-t-on le voir ?

Yasmine s'est redressée d'un coup, avec cette agilité athlétique qui me surprend. Je regrette d'avoir dévoilé les résultats de ma visite chez Oum Adam. Non seulement parce que rien n'est encore réglé pour rencontrer son djîhadiste, mais surtout parce que maintenant que s'ouvre pour elle la perspective de régler son divorce, s'éloigne pour moi celle de conserver cette si singulière maîtresse.

– Je ne sais pas encore…

Je prends le temps de dérouler tous les évènements de la journée et même de lui rappeler ceux de la veille, qu'elle n'avait écoutés hier soir que d'une oreille distraite, tout à son projet de me violer.

J'ai parfois l'impression d'échanger avec un collègue. Yasmine est vraiment à l'écoute de ma vie policière. J'en veux pour preuve la pertinence de ses questions et de ses déductions. Pendant que, tout en parlant, assis contre le lavabo en fumant une cigarette, je dévore son corps des yeux, elle se savonne énergiquement sous la douche, la tête penchée pour mieux entendre. J'ai l'impression que chacun de mes mots est autant de minutes de vie qui s'échappent de mon cœur endolori. J'ai l'impression que chacune de ses répliques est un au revoir dont l'accumulation la transporte déjà loin de moi. Je vois bien qu'elle est heureuse d'avoir enfin une piste concrète pour régler ses comptes avec son mari. Elle me rappelle que je dois l'appâter avec un paquet d'oseille, et je me dis qu'effectivement trente mille euros pour prix d'une rencontre avec son ex devraient aider à nouer la conversation. Cependant, elle finit par percevoir mon trouble car, entre une digression sur la saleté de Raqqa et une autre sur le charme de la vie en France, elle s'enquiert :

– Tu n'as pas l'air d'aller, Merwan. Tu es tout blanc. Ça va ?

– C'est qu'après ton entrevue avec Mohamed, tu vas rentrer, non ? murmuré-je.

– Oh, chou ! Pense pas à ça. Pour l'instant, je suis là. Viens, m'aguiche-t-elle pour m'attirer sous la douche où sa peau bronzée dégouline de fraîcheur.

Sur le moment, j'aurais préféré un mot d'amour. Lui faire me permet d'oublier cette carence.

11

La guerre civile est une catastrophe qui a bouleversé mon existence. Bien plus que la mort de papa, laquelle n'avait que parachevé mon passage définitif à l'âge adulte. J'avais devant moi une carrière linéaire d'officier de police de la République arabe syrienne. Je suis désormais le larbin aux fonctions aléatoires d'un régime totalitaire pire encore. J'avais une famille unie qui ne posait aucun problème et sur laquelle je ne me posais aucune question. Les évènements ont conduit ma femme à trouver un amant et ma fille à côtoyer, voire fréquenter, des milieux interlopes. Oui, la guerre a été une saloperie. Mais sans la guerre, je ne passerais pas ma deuxième nuit consécutive dans le lit d'une créature de rêve de quinze ans ma cadette. Sans la guerre, jamais cette Française fantasque ne serait venue à Raqqa. Sans la guerre, il est probable que je n'aurais jamais ressenti à nouveau cette sensation d'intense contentement de la vie que procure l'amour. J'ai encore passé une soirée et une partie de la nuit à goûter ce corps exquis qui s'offre sans retenue et sollicite sans tabou. L'amour serait-il plus fort que la guerre ? Perclus d'une douce insomnie, je rêvasse à ce sujet philosophique en caressant la crinière de Yasmine endormie quand mon téléphone vibre au fond de ma poche de pantalon toujours rangé dans le sac en plastique, posé sur le plancher qui en répercute le bruit insistant. J'allume la lampe de chevet et me lève pour le chercher tout en consultant ma montre. Trois heures quinze. Ça, c'est Tareq ou Yahya. C'est Yahya. Et je constate que nos galipettes m'ont empêché d'entendre deux précédents appels et d'écouter autant de messages.

– Allô.

– Désolé de te réveiller, chef, c'est Yahya. J'ai une mauvaise nouvelle.

Yasmine grommelle et s'enroule dans les draps. Je vais à la salle de bains adjacente.

– Qu'est-ce qui se passe ? Un problème pour notre opération ?

– Non, patron. Tareq est mort. Assassiné.

Sous le choc, je m'effondre sur la cuvette des toilettes. L'image de Tareq illustrant une décennie de collaboration amicale s'impose douloureusement à mon cerveau mal réveillé. Voilà pourquoi je n'arrive pas à le joindre depuis hier.

– Quand est-ce arrivé ?

– Hier matin ou dans la nuit précédente. On a retrouvé son cadavre dans une ruelle de Salhiya, il a été tué à bout portant d'une rafale de kalach. L'identification a été longue car il n'avait aucun papier sur lui. On a dû lui voler sa carte de police. C'est un collègue qui l'a reconnu à la morgue par hasard. La nouvelle se diffuse et je viens de l'apprendre. Le corps a été remis à la famille. Il est tard, mais comme je sais que vous vous entendiez bien, je me suis dit que…

– Tu as bien fait de m'informer, Yahya. Merci, je vais aller réconforter Dijana, et je viens te relayer dans la foulée. On s'appelle tout à l'heure. Je suis content de pouvoir compter sur toi, le remercié-je, avant de lentement mais pleinement prendre conscience que, décidément, la guerre l'emporte toujours sur l'amour.

Je me lave machinalement, l'eau ruisselant sur ma peau sans chasser les pensées maussades qui m'assaillent.

– Tu pars déjà ? m'interroge d'une petite voix contrariée Yasmine qui apparaît dans le plus simple appareil à la porte de la salle de bains.

– Oui, mon bébé. Un de mes adjoints, Tareq, je t'en ai parlé, a été tué. Il faut que j'aille rendre visite à sa veuve et que je rejoigne mes hommes, lui annoncé-je, le moral un peu requinqué à sa vue, mais pas suffisamment excité pour sacrifier mon devoir.

– Oh, c'est terrible ! Mais ça ne va rien changer concernant ma rencontre avec Mohamed, n'est-ce pas ?

– Non, bien sûr.

Je n'en dis rien, mais je suis tracassé par le fait que Tareq a été tué dans le quartier où je l'avais chargé de retrouver la trace de Mohamed Aït-Kacimi.

Elle vient poser un baiser sur mon épaule et m'effleure le sexe de la main.

– Je vais me recoucher, mon chéri. Tu me raconteras. Tu reviens ce soir ?

– Je ne sais pas, Yasmine, j'espère. Il faut quand même que je dorme chez moi une fois de temps en temps, souligné-je sans conviction.

– Chou, de toute façon ta femme te trompe.

– Oui, mais j'ai aussi des enfants. T'inquiète pas, je ne risque pas de t'oublier.

Je l'enlace brièvement, pour ne pas risquer de compromettre mes bonnes résolutions par un contact trop prolongé.

Mon costume et ma chemise sont totalement froissés, mais c'est quand même autrement plus pratique pour se déplacer dans la nuit raqqaouie privée d'éclairage public qu'avec ce satané sitar, plié à son tour dans le sac plastique. Plus je marche et plus je culpabilise à la pensée de Tareq. L'ai-je envoyé à la mort ? Et si Aït-Kacimi était plus dangereux que Yasmine me l'avait laissé supposer ? Mais il a aussi bien pu changer depuis qu'ils se sont perdus de vue. Elle aime tellement peu parler de leur vie commune. Peut-être d'ailleurs que le meurtre de Tareq n'a rien à voir avec l'ex-restaurateur de Chalon-sur-Saône. De toute manière, maintenant, ou incessamment si Oum Adam ne fait pas la maligne, Mohamed Aït-Kacimi sera officiellement informé que je souhaite lui parler et le rencontrer. Parvenu aux abords du Bloc B, j'avance prudemment, mais aucun emniyim en vue. Un planton de garde m'apostrophe en me voyant mettre mon sac plastique dans le coffre de ma 307.

– Ah, salut chef ! Vous connaissez la triste nouvelle ? dit-il en s'approchant de la voiture.

– Oui, Tareq était un frère pour moi. Je vais de ce pas à la veillée funèbre.

– Dites bien à la famille qu'on est de tout cœur avec elle. On l'aura le salaud qui a fait ça !

Je ne réponds rien, guère surpris par l'état d'esprit que cela traduit chez le collègue. Les Jaloukha habitent Rachid, dans la médina, au cœur du quartier circassien. Malgré l'heure tardive, Dijana Jaloukha et ses enfants reçoivent les condoléances de la petite communauté circassienne demeurant à Raqqa. L'enterrement a, en effet, lieu en fin de matinée au carré dédié de l'ancien cimetière, et un imam et ses aides procèdent à la toilette mortuaire. Le pauvre est salement amoché, mais son visage est heureusement intact et semble en paix.

– Dijana, toute la police de Raqqa te présente à travers moi ses sincères condoléances, dis-je quand mon tour vient, un peu honteux de ma tenue négligée. Mais moi particulièrement, tu sais combien j'aimais travailler avec ton mari et je dois t'avouer avec peine qu'il me manque déjà.... Et je n'ose imaginer combien il vous manque à vous. Qu'Allah le miséricordieux l'accueille en son paradis, pensé-je à préciser, connaissant les convictions des Jaloukha.

Bien que peu inspirées, ces banales paroles provoquent un accès de larmes chez Dijana et ses enfants qui n'ont pourtant pas arrêté de sangloter ces dernières heures.

– Je veillerai à ce qu'on te verse une pension. Et préviens-moi si tu as le moindre problème, dis-je en prenant congé.

– Tu vas retrouver celui qui a fait ça, hein, Merwan ? hoquette la veuve éplorée.

– Bien sûr, Dijana. Un tueur de flic ne fait jamais de vieux os.

Non, décidément l'amour ne fait pas le poids face à la guerre, ruminé-je d'une humeur morose tout au long du trajet vers Yarmouk où Yahya est en planque au garage de l'Euphrate sur le boulevard du pont Neuf, vient-il de m'apprendre au téléphone. Suivant ses instructions, j'aborde le quartier par l'arrière et me gare à bonne distance, près du terrain de foot de ce quartier résidentiel miteux. Je remarque que, conformément à mes scandaleuses instructions, la marque « ك » pour Kurde a été inscrite à la peinture blanche sur quelques façades. L'aube pointe à l'horizon avec l'appel pour la première prière du jour. Je croise quelques fidèles sortant de leurs immeubles à l'allure inachevée avec leurs étages de parpaings bruts hérissés de tiges d'acier rouillé. Parvenu à proximité de la station-service, je suis reconnu par un collègue, qui guettait mon arrivée et me conduit au garage pour me faire gravir une échelle donnant sur les toits plats surmontant l'alignement d'une vingtaine de pompes, peu fréquentées à cette heure. Yahya a le teint blafard de celui qui n'a pas dormi, mais il arrive quand même à m'adresser un sourire amical quand je viens m'allonger à côté de lui.

– Salut Merwan. Alors ? Dijana ?

– Elle est effondrée, bien sûr. Et pas seulement elle, Tareq était tellement populaire…

J'ai failli faire mon autocritique, me reprochant d'avoir envoyé Tareq seul surveiller du gros gibier, mais je me retiens *in extremis*, ne voulant pas mêler Yahya au dossier Aït-Kacimi.

– Oui, tout le monde a été abasourdi d'apprendre la nouvelle. Mais ça a remobilisé les troupes, m'apprend-il. J'ai fait appel à l'équipe de jour dès 6 heures et j'ai plein de volontaires. Parce qu'il faut que je te dise, depuis mon coup de fil de cette nuit, il y a du neuf ici. Je pense qu'on est tombés sur quelque chose hier en fin d'après-midi, dans les entrepôts en face là-bas où on a repéré des mouvements suspects, me renseigne mon adjoint en me montrant, d'un geste des jumelles qu'il tient à la main, des hangars de la zone industrielle de l'autre côté du boulevard du pont Neuf. Et ça se confirme depuis deux bonnes heures. Des trazina se succèdent les unes après les autres pour venir prendre livraison de je ne sais quoi, mais c'est bien empaqueté. J'attends que les équipes de jour arrivent pour qu'on puisse entrer en force.

Je saisis sa paire de jumelles.

– Fais voir un peu.

Un triporteur vient de quitter les lieux mais un autre arrive peu après en pétaradant dans la cour. Je remarque à cette occasion une petite entrée pour cycles et piétons attenante à une large porte en fer fermée et destinée aux véhicules. Son plateau de chargement est déjà rempli de fruits et de légumes mais quand la trazina se gare près du quai, je vois des débardeurs se passer de main en main des petits paquets oblongs que le premier de cordée et le conducteur dissimulent sous la cargaison d'agrumes. Une quinzaine de paquets plus tard, le triporteur repart dans la direction du boulevard de la Corniche, et probablement du centre-ville.

– Qu'est-ce qu'il y a dans ces entrepôts théoriquement ?

– Plus grand-chose au premier abord et rien qui tienne sur des triporteurs. C'est un entreposage pour meubles, équipements et fournitures pour travaux.

La construction est à l'arrêt à Raqqa et l'achat de meubles n'est pas une priorité, ni une possibilité, pour la plupart des ménages raqqaouis aujourd'hui. Je sollicite l'avis de mon adjoint, déçu pour ma part qu'il ne s'agisse apparemment pas de packs d'eau minérale.

– Qu'est-ce que tu en penses ?

– Je dirais du classique, du tabac ou de l'alcool. Plutôt des cartouches de cigarettes, à mon avis. S'il s'agissait de bouteilles d'alcool, ils ne s'enverraient pas les paquets comme ça.

Les minutes qui s'égrènent me permettent d'inhaler ma ration matinale de nicotine, sous l'œil désapprobateur d'al-Satouf qui doit se faire une joie sadique de devoir bientôt priver les fumeurs de Raqqa de leur came. Une grosse voiture allemande aux vitres fumées se présente à l'entrée où des gardes en armes lui ouvrent aussitôt la porte principale. J'observe la scène aux jumelles, ce qui me permet de découvrir, outre cette demi-douzaine d'hommes armés, une autre demi-douzaine à découvert autour du hangar.

– Dis voir, Yahya, je compte quand même treize hommes armés. L'endroit est clos et ceint de murs. Ça va pas être simple…

– Comment ça treize ? J'en ai compté trois.

– Vérifie toi-même, dis-je en lui tendant les jumelles. Il fait bien clair maintenant, tu avais sûrement mal vu. Ou alors ce sont des gardes au repos qui viennent de sortir.

– Merde alors ! s'exclame Yahya.

– Ah, tu vois, je te l'avais dit. Ça va pas être simple…

– Non, c'est pas ça, me coupe mon adjoint. Regarde qui est là et vient de sortir de la bagnole, m'enjoint-il en me rendant les jumelles.

Je fais le point sur la limousine blanche et je reconnais l'objet de sa stupéfaction.

– Kassim le Fou ! Putain, mais il est pas gonflé, celui-là ! m'exclamé-je à mon tour.

Kassim Mansour, un mafieux à l'ancienne qu'on avait pu finir par coffrer en 2010 pour trafic d'alcool. J'avais pu arracher de haute lutte à la justice sa condamnation à dix ans ferme face aux Moukhabarat, dont il était un indicateur patenté et qui voulaient sa libération. Mais il était sorti de prison en mars dernier à la faveur du mouvement d'amnistie générale stupidement décrété par Abou Issa et le Front de libération. Il fallait que Mansour ne manque pas de culot ou d'appuis pour récidiver à moins de deux kilomètres de l'endroit où je l'avais arrêté, à Hittin dans les faubourgs ouest, où je sévissais alors avec Yahya. Au terme d'une bataille rangée meurtrière pour les deux camps qui fut déterminante pour obtenir le verdict d'emprisonnement, aussi clément puisse-t-il paraître.

– Yahya, je n'ai pas envie qu'on recommence le carnage de Hittin. J'ai mon Dragounov dans le coffre de ma voiture. Je vais faire le ménage avant l'intervention. Le temps d'aller le récupérer, fais cerner le secteur au fur et à mesure de l'arrivée des équipes de jour. Demande aussi à ce que des voitures se tiennent prêtes à intervenir. Attention, tout dans la discipline. Il ne faut pas donner l'alerte. Si d'ici mon retour, Mansour devait néanmoins partir, alors fonce et fais bloquer sa voiture. Mais je le veux vivant !

C'est quand on fait dix minutes à bonnes foulées, surtout pour revenir avec un sac de quatre kilos sur le dos, qu'on en vient à se dire qu'à ainsi chasser les contrebandiers de cigarettes, al-Satouf est un bienfaiteur de l'humanité. Ce qui ne m'empêche pas d'en griller une pour me concentrer et monter mon engin et son bipied après avoir rejoint mon adjoint sur le toit de la station-service. Depuis mon départ, m'informe Yahya, le va-et-vient des triporteurs s'est un peu tari et les hommes sont devenus nerveux, maintenant qu'ils connaissent le nom du gros poisson dont on vise la capture. Le carnage de Hittin a laissé des traces. La photo de Kassim Mansour, unanimement détesté, a longtemps servi de cible dans les stands d'entraînement de la police après le procès qui a laissé un goût amer. Pour l'instant, inconscient de la chape de haine qui l'entoure, Mansour est à l'intérieur d'un des hangars. Nous convenons des derniers détails de l'intervention. Mon arme est prête. Je suis à trois cents mètres, pas une once de vent, visibilité parfaite. J'ai déjà été amené à tuer, même si je ne m'en vante pas. Trois fois dans des échanges de coups de feu avec de la racaille dûment sommée de se rendre. Une fois de sang-froid, à longue distance avec mon OTs-03 pour abattre un preneur d'otages qui en avait déjà tué deux et s'apprêtait à en égorger un troisième. C'était mon baptême de la mort. À quatre cents mètres, à travers une fenêtre grillagée, avec un fort vent d'ouest. L'exploit d'un jeune policier tireur d'élite, prêté fièrement par mon père et mon grand-père à la police de Deir ez-Zor où j'avais fait par la même occasion mon premier vol en hélicoptère.

Abattre les sbires de Mansour ne me pose guère de cas de conscience, mais à cette distance j'accorderai la grâce à la plupart d'entre eux de n'en faire que des estropiés. De mon poste d'observation, je distingue les policiers s'agglutinant au pied des murs, à l'abri des regards des trafiquants. La circulation a été bloquée aux carrefours précédents et il n'y a plus de clients au garage de l'Euphrate, ni de passage sur le boulevard entre les deux corps de bâtiments. Est-ce le soudain silence urbain ? Est-ce un chauffeur de trazina, bloqué par la police à un carrefour, qui a donné l'alerte par téléphone ? Toujours est-il que des cris fusent et que Kassim le Fou sort sur le quai de déchargement d'un hangar, encadré de ses deux gardes du corps. Sans rotule droite, ils n'iront pas loin, pas plus que Mansour dont je crève les pneus de la voiture où il se précipite tandis que ses sicaires se tordent de douleur au sol. Entre-temps les autres hommes armés se sont égaillés dans la cour, pointant leur kalachnikov en l'air, à la recherche aveugle de l'origine des tirs. Je les mets hors de combat un par un, jusqu'à ce que trois se planquent derrière la voiture dans laquelle s'est réfugié le chef de la bande. Pour maintenir la tension, je mitraille le coin consciencieusement, criblant coffre, capot et les abords, en évitant l'habitacle pour ne pas abîmer mon colis. C'est alors qu'une escouade amie fait irruption par l'entrée pour piétons et va faire glisser la porte principale sur ses rails pour faire pénétrer la brigade entière et ses véhicules. Bientôt cernés de toutes parts, et malgré les récriminations de Kassim Mansour que j'entends d'ici les exhorter à résister, les malfrats finissent par se rendre.

Je retrouve Yahya et notre captif peu après dans la cour des entrepôts tandis que les collègues arrêtent les complices choqués par la fusillade et houspillent les blessés pour qu'ils se traînent dans les fourgons de police. L'un d'entre eux n'a pas survécu, déduis-je de ce corps inerte frappé de coups de pied inutiles pour qu'il se bouge. Un de mes hommes sort d'un hangar en exhibant un carton frappé du logo rouge et blanc.

– Il y a des milliers de cartouches de Marlboro, se félicite-t-il, bientôt rejoint par d'autres, les bras chargés du même butin.

– *Alḥamdulillah*, s'extasie un dernier qui ressort triomphalement de l'entrepôt en brandissant un sac de toile aux couleurs rouge, blanc et vert du drapeau kurde, frappé d'un soleil de chaque côté.

Le policier, un sourire radieux sur ses chicots, dépose sa prise devant lui en haranguant ses camarades avant d'en extraire avec vantardise une énorme liasse de billets de cinq cents livres qu'il secoue fièrement.

– Il y en a au moins pour vingt millions, clame le policier médusé par sa trouvaille et auquel je fais signe de m'apporter son trésor avant qu'il n'attise les convoitises.

– Alors Kassim, dis-je au balèze en survêtement Nike et baskets assorties qui me fusille du regard, les mains menottées dans le dos. Je te savais fou, mais pas dingue au point de venir me provoquer à nouveau avec tes conneries.

– Je t'emmerde Milet, réplique l'énergumène qui grimace aussitôt, sous le coup de pied que mon adjoint lui porte au tibia.

– Reste poli, Mansour. Tu as devant toi le chef de la police criminelle de l'État islamique.

Kassim le Fou me considère d'un œil torve.

– Ah oui ? Eh bien moi aussi, j'ai des amis à la Dawla.

*

– Alors comme ça, tu as des amis à la Dawla ?

Attaché sur une chaise en fer dans une pièce d'interrogatoire du Bloc B, où j'ai préféré le faire conduire par souci de discrétion, plutôt qu'au palais, Kassim Mansour a le menton dégoulinant du sang de ses lèvres fendues et son œil droit est tellement tuméfié qu'il ne doit pas voir grand-chose. Après son interpellation, je suis passé chez moi me changer, ainsi qu'à l'armurerie centrale renouveler derechef mon stock de munitions et, pendant mon absence, Yahya a un peu joué au *bad cop*, faisant payer à Mansour l'assassinat de Tareq. Je ne suis pas sûr que j'aie envie moi-même d'endosser le rôle du *good one* avec ce tueur de flic. Certes, Mansour n'est probablement pour rien dans le veuvage de Dijana Jaloukha, mais il a quand même la mort de trois collègues sur la conscience lors du fameux carnage de Hittin. C'est le parfait bouc émissaire du jour pour un corps de police très remonté après le meurtre d'un des siens et qui avait mal digéré la faiblesse de sa condamnation voilà trois ans. Des dizaines de collègues affluent ainsi aux nouvelles au commissariat, les plus échauffés étant ceux de retour des obsèques de Tareq. Beaucoup ont passé une nuit blanche qui explique leur état d'excitation malsaine. Reste que Kassim est une prise de choix pour moi, qui me permet d'afficher le démantèlement d'un trafic fomenté contre l'État islamique, et de disposer d'un témoin précieux des diverses mafias qui se partagent la ville. Pas question de le sacrifier à l'esprit de vengeance qui anime la corporation.

– Alors ? T'as entendu la question du patron ? C'est qui, tes amis à la Dawla ? gueule Yahya en tambourinant dans les côtes de Kassim à coups de poing rageurs.

– Ça suffit Yahya, le tempéré-je avec autorité. J'ai besoin qu'il soit conscient pour l'interroger. Va te reposer. Il est bientôt 10 heures et tu es sur le pont depuis hier matin. Tu es sur les nerfs.

Yahya tourne brutalement la tête et brandit les poings dans ma direction, une lueur trouble dans le regard, qui mue cependant bien vite pour traduire davantage la lassitude que la colère.

– Tu as raison, patron. Je suis fatigué. Mais fatigué aussi que des connards de ce genre nous ajoutent des problèmes à ceux qu'on a déjà, s'emporte-t-il en envoyant un ultime coup de poing dans le foie de Mansour.

– Allez ! Allez ! Sors maintenant. Et vous aussi, ajouté-je en m'adressant à deux inspecteurs faisant tapisserie. Laissez-moi seul avec le prisonnier et qu'on m'apporte du thé et des gâteaux. Pour deux. Compris ?

– Oui, bredouille un des jeunes inspecteurs en fermant la porte.

Kassim le Fou, menton sanguinolent effondré sur sa poitrine, cherche son souffle avec difficulté. Un rictus d'intense douleur fige ses traits et serre ses dents. Ses yeux demeurent fermés, mais l'expression de son visage n'est pas celle d'un homme s'avouant vaincu. Mansour est un dur, et ce ne sont pas quelques baffes qui peuvent venir à bout de ce type. Je vais m'asseoir de l'autre côté de la table et sors un paquet de Marlboro. J'en ai subtilisé quelques cartouches pour Yasmine. J'en allume une avec délectation et souffle la fumée dans la direction du prévenu. Sa respiration s'est stabilisée et je vois bien que ses yeux clos n'empêchent pas ses autres sens d'être à l'affût. Il ouvre finalement son œil gauche valide et imite un sourire avec sa bouche en sang.

– Z'en n'auriez pas une pour moi, commissaire ? demande-t-il.

– Mais bien sûr, Kassim, je ne vais pas te priver d'un de tes derniers plaisirs terrestres.

Je me lève pour lui mettre une clope au bec et l'allumer.

Je vais pour me rasseoir quand on frappe à la porte. C'est l'inspecteur qui revient avec un plateau chargé de thé et de pâtisseries que je fais poser sur la table. À son entrée et à sa sortie, on entend la foule des collègues qui patientent toujours dans le hall en spéculant à voix haute sur le sort de ce prévenu maudit. Je finis tranquillement ma cigarette et laisse Kassim tirer sur la sienne avant de me servir du thé. Je porte la tasse à mes lèvres au moment où Kassim crache son mégot des siennes.

– Et moi ? Je peux en avoir aussi ? sollicite-t-il.

– Bien sûr Kassim, fais-je à nouveau en me relevant pour aller détacher les menottes derrière le dossier de la chaise.

Mansour ne me remercie pas, mais la bouffée d'aise qu'il expectore bruyamment en ramenant ses bras devant lui tout en se massant les poignets traduit assez bien la reconnaissance. Comme ses pieds demeurent ligotés, je pousse la chaise pour qu'il puisse s'approcher de la table.

Kassim Mansour se jette sur le plateau de pâtisseries et engloutit coup sur coup deux *balah* lui laissant les doigts poisseux de miel, qu'il essuie sur son jogging Nike avant de se servir une tasse de thé. Je grignote pour ma part un *maamoul* entre deux gorgées, sans le lâcher des yeux. Puis je reviens à la charge :

– Alors Kassim, c'est qui tes amis à la Dawla ?

– Tu crains, hein Milet ? C'est pour ça que tu m'offres du thé et des gâteaux ?

– Alors là, mon cher Kassim, tu n'y es pas du tout. Je t'affranchis d'emblée pour jouer cartes sur table. Ici, tu n'es qu'en transit. Ton crime relève de la police religieuse. Je vais te transférer à mon excellent collègue Abou Sayyaf, à la tête du bureau de la Régulation, qui te traduira en justice avant que son ami Hajji Bakr al-Iraqi ne te livre à ses bourreaux du bureau des Châtiments. Comme je te l'ai dit, je veux simplement te donner un peu de réconfort avant que tu ne goûtes aux flammes de l'enfer. Voire aux flammes tout court. J'ai entendu dire que cette sentence revient en vogue. Tu seras vite fixé. Ces gars-là, ils traînent pas. Dans trois jours, tu seras mort, quelle que soit la méthode.

Kassim Mansour me considère d'un regard mauvais, mais ses joues sont un peu hâves quand même. Et je poursuis d'une voix onctueuse, que j'espère agaçante :

– Tu vois, c'est pour ça que je te demande qui c'est, tes copains de la Dawla. Parce que si tu connais des gens de la Dawla qui font du marché noir avec toi, ou sans toi d'ailleurs, alors là, c'est plus pareil, tu vois ? Ça devient une enquête qui relève de la police criminelle, c'est-à-dire de moi. Et dans ce cas-là, je ne te livre pas à mes potes régulateurs et châtieurs. Je te garde bien sagement ici avec moi pour qu'on cause, peut-être même qu'on trouve un arrangement.

J'accompagne ma proposition d'une nouvelle Marlboro. Kassim Mansour saisit la cigarette, tend les lèvres pour que je la lui allume, et se cale dans la chaise.

– Et si tu me rendais mon téléphone, Milet. J'appelle mon contact, il vient me chercher et on en parle plus.

– Tu te crois dans un film américain, répliqué-je. Tu veux pas un avocat aussi ?

Le mafieux tire sur sa clope en silence, l'air buté. Si je ne veux pas être contraint de mettre mes menaces à exécution, il faut que je trouve vite un moyen de le faire parler, quand bien même je n'aurais aucun scrupule à livrer cette crapule à la police religieuse. La découverte de la corruption au sein de l'État islamique, qu'il m'a dévoilée en se targuant d'un soutien interne, serait pour moi un viatique de poids dans le double jeu dangereux auquel j'expose désormais ma vie. Le bluff est un atout qu'on ne peut jouer qu'une fois, mais c'est le moment ou jamais.

– Mansour, on sait tout du trafic d'eau minérale. C'est un trop gros coup pour toi ou tes pareils. Crois-moi, ceux de la Dawla qui sont derrière ne feront pas long feu et ne te seront d'aucune aide face au bourreau, car ils seront exécutés à tes côtés.

Kassim me mate avec des yeux qui justifient son surnom, la stupéfaction, la haine, la colère, la peur se mêlant dans une même lueur de folie. Je poursuis mon bluff, sûr de tenir le bon bout :

– Me regarde pas comme ça. J'ai déjà mené mon enquête. Tout ce que je veux savoir, c'est où se trouve le stock d'eau.

Je veux aussi savoir qui est à la source, mais c'est la révélation du trafic qui a déclenché sa réaction, et c'est donc la piste à creuser en priorité. Mansour demeure cependant toujours muet.

– Bien, dis-je d'un ton fataliste en me levant et en faisant mine de me diriger vers la sortie. Derrière la porte la rumeur du commissariat ne faiblit pas. Si tu avais parlé, sans doute t'aurais-je fait conduire jusqu'à la sortie de la ville. Mais là, je vais appeler la Régulation pour qu'ils viennent t'embarquer.

À peine ai-je entrouvert la porte de la salle d'interrogatoire que ma vue provoque un grand « Ah ! » d'impatiente curiosité chez les collègues attendant à l'extérieur. Toutefois, je vais les décevoir car au moment où je vais quitter la pièce, Kassim le Fou me lance :

– OK, Milet. OK. On va parler.

Je referme la porte, suscitant une grogne bruyante, et retourne d'un pas tranquille m'asseoir derrière la table. Je pose mon Huawei debout, contre la théière, face à Mansour, et déclenche l'enregistrement vidéo.

– Donc, tu es au courant de ce trafic d'eau minérale ?

– Oui. J'ai été contacté pour l'écouler à partir de la semaine prochaine dans les commerces. Avec un gros bakchich.

– Et qui te promet cette commission ?

– Une relation. Un membre de la tribu des al-Ajeel avec qui je fais des affaires de temps en temps. Il prétend être couvert par un cousin qui a un poste important à la Dawla.

Une tribu locale dont l'apparentement à Daesh me dit vaguement quelque chose, mais sans me souvenir quoi précisément.

– Et où elle se trouve, cette eau ?

– Dans une ferme à Jazrah, des dizaines de palettes y sont entreposées en plein territoire tribal des al-Ajeel.

– Et cette relation chez les al-Ajeel, qui c'est et je peux la trouver où ?

– C'est sûr que je vais sortir d'ici ?

Vu l'ambiance électrique, ce sera un véritable défi d'obtenir sa libération et de le faire reconduire hors de Raqqa sain et sauf par des collègues. Mais il sera toujours temps de voir ça plus tard, après avoir vérifié son histoire. Mon Huawei se met à sonner. J'interromps l'enregistrement et consulte l'écran. Numéro inconnu. À la quatrième sonnerie, j'hésite encore. Ce n'est pas le moment. Pourtant, j'ai comme un pressentiment. Je décroche.

– Commissaire Merwan Milet ? Mohamed Aït-Kacimi à l'appareil.

J'ai été bien inspiré de répondre.

– Oui. Merci de m'appeler. Je voulais vous parler.

– Eh bien parlons, m'invite Aït-Kacimi.

Je ne veux pas lui demander de me rappeler, je risque qu'il ne le fasse pas. En même temps, pas commode de s'épancher devant Kassim le Fou.

– Excusez-moi, il faut que j'aille m'isoler… Je suis au commissariat.

– Faites vite, je n'ai pas que ça à faire.

– Bien sûr, dis-je, avant d'écraser le haut-parleur dans ma paume pour masquer le bruit ambiant.

Devant la salle d'interrogatoire, la tension est palpable. Débordant le rassemblement du hall, des collègues agités sont dans le couloir qui dessert les cellules et la pièce dont je m'extrais en refermant à clef derrière moi. Je regrette d'avoir renvoyé Yahya chez lui. Les interjections et les insultes fusent, « À mort ! », « Pendons-le », « Pas de pitié pour les tueurs de flic », si bien que je dois jouer des coudes pour me dégager et ordonner qu'on évacue le couloir. En vain. Pressé, le téléphone à la main, je quitte enfin le couloir toujours en partie envahi et entreprends de traverser la masse encore plus compacte, et tout aussi vindicative, qui occupe le hall du Bloc B. « Il va quand même pas s'en tirer ! », « On va rafler les Kurdes et une pareille canaille s'en tirerait ! », « Justice pour Tareq ! » m'interpellent des voix, tandis que je vois des visages me faire la gueule. À force de se monter le bourrichon, les policiers sont sur les nerfs. Comme cette atmosphère de lynchage m'inquiète un peu, je crie depuis le coude que forme la cage d'escalier avant de monter à mon bureau : « Du calme tous ! C'est quoi cette manifestation en plein commissariat !? J'ai la situation en main. On en reparle dans cinq minutes. » À peine grimpé à l'étage et la porte du bureau refermée, je demande :

– Vous êtes là ?

Le long silence qui suit me fait craindre le pire.

– Je vous écoute.

Mohamed Aït-Kacimi a une voix étrangement mûre pour la trentaine qu'il est censé avoir. Je ne sais pas par où commencer. Il me précède.

– Pourquoi la police me cherche ? Mon avertissement n'a pas suffi ? Je n'aime pas qu'on me piste.

Aucune explication n'est nécessaire. Il vient de revendiquer d'un ton glacial le meurtre de Tareq Jaloukha. Je sors nerveusement mon paquet de Marlboro et m'en allume une. De chasseur, je deviens proie. J'ai une envie folle de raccrocher. Yasmine me vient à l'esprit. D'un côté, cette pensée m'inciterait égoïstement à couper court, mais d'un autre, comment me justifier auprès d'elle d'avoir fait finalement capoter cette expédition en Syrie pour laquelle elle a pris tant de risques ?

– Alors Merwan Millet, il paraît que tu es une terreur ? Mais là, je vois que tu fais dans ton froc.

J'ignore pourquoi ce gars me provoque aussi rudement. Je veux bien croire qu'Oum Adam n'ait pas dressé de moi un portrait flatteur, mais quand même. Ses attaques m'ont au moins remis les idées en place et fait retrouver mon sang-froid, malgré le brouhaha qui s'amplifie au rez-de-chaussée.

– Tu crois qu'en tuant un petit flic de quartier, tu fais peur au chef de la police criminelle de la Dawla ? entamé-je avec mépris.

– Ah oui ? relève-t-il sur le mode ironique, eh bien, commence par mettre de l'ordre dans ton commissariat. Ça a l'air d'être le bordel à ce que j'ai entendu tout à l'heure au téléphone, ricane-t-il.

Il n'a pas pu capter grand-chose à travers la paume de ma main, étouffant les vociférations confuses.

– Oh, ce n'est pas le bordel, Aït-Kacimi, c'est la mobilisation ! Les flics affluent de toute la ville et crient vengeance. On ne savait pas encore à qui s'en prendre mais je suis ravi de pouvoir leur donner le nom de l'assassin de leur collègue. J'ai là mille hommes chauds bouillants, prêts à en découdre. C'est où ton adresse dans Tawra ?

J'ai décuplé ma réelle capacité de réaction policière, mais je viens de marquer un point au vu du soudain mutisme de mon interlocuteur.

– La Dawla dirige Raqqa, Aït-Kacimi. Tôt ou tard, Ali Abdul Khalifa al-Othman et ses Petits-Fils du Prophète devront déguerpir des quartiers nord. Ça serait dommage qu'un bon élément comme toi soit dans le camp des perdants.

– Faudrait encore le prouver que vous êtes les plus forts ! Et puis, je ne suis pas dans vos moyens, rétorque l'ex-restaurateur.

– Qu'est-ce que tu en sais ? La Dawla paye très bien, assuré-je, alors qu'en réalité je suis toujours cachetonné par Bachar, et qu'al-Adnani s'est bien gardé d'évoquer la question en me recrutant. Ce qui est sûr, c'est que si tu ne prends pas maintenant le train en marche, après il sera trop tard.

– Et comment t'as entendu parler de moi pour croire que je voudrais ou vaudrais d'être embauché par la Dawla ?

L'heure de vérité a sonné. J'ai souvent imaginé cette conversation. Yasmine n'a jamais douté une seconde que son mari accepterait de la revoir pour divorcer et signer des papiers de cession de vente. Moi, à sa place, je n'en serais pas si sûr. Tout compte fait, la somme censée l'appâter est dérisoire au regard des standards de transfert pour les djîhadistes de haut niveau. Et en cela, il a raison : qu'est-ce que j'en sais de sa valeur, sinon que la Brigade des Petits-Fils du Prophète a jugé utile de le racheter au Front des étrangers pour le Levant ? Tout mon baratin sur sa pseudo-embauche potentielle par Daesh ne visait en fait qu'à préparer ce moment. Entre-temps, le chambard dans le hall a encore monté en gamme. Je rallume une Marlboro avec la précédente avant d'entamer cette partie délicate de la discussion.

– J'ai entendu parler de toi par ta femme.

– Laquelle ? rétorque Aït-Kacimi avec circonspection et me cueillant par surprise.

– Euh… la Française, précisé-je en espérant qu'il n'y en ait qu'une.

– Yasmine ? D'où tu connais Yasmine ?

– Elle est à Raqqa à ta recherche.

– Cette salope est à Raqqa ? Il y avait plus assez de queues à sucer à Chalon ?

C'est un volet de leur histoire que Yasmine ne m'avait pas raconté, et même si je n'apprécie guère la remarque, elle est crédible. Mohamed serait parti parce que Yasmine le trompait. Du tact va donc être nécessaire pour l'amadouer. Je dois cependant masquer un instant mon téléphone alors que j'entends des applaudissements ponctuer une harangue indistincte. Je commence à broder une histoire à partir de ce que je sais :

– Elle sait que tu lui en veux. Elle veut s'excuser. Elle a de l'argent pour toi. Mais elle a besoin que tu signes des papiers. Ton beau-père est en grande difficulté financière en raison du restaurant qui ne fonctionne plus et qu'il ne peut pas vendre sans ton accord.

– Il a toujours pas crevé, ce vieux harki !? Mais ça fait plus de dix ans l'histoire de La Rose des Sables, qu'est-ce qu'elle vient m'emmerder ?

Décidément, il y a une anomalie calendaire dans l'affaire Aït-Kacimi. Faudra éclaircir ça avec Yasmine. Mais là je suis trop près du but pour une embrouille de dates et d'âge, peut-être simplement due à la confusion mentale qui demeure l'état naturel d'un djîhadiste. En parlant de confusion, le vacarme ne s'arrange pas au rez-de-chaussée du commissariat. Il faut qu'il lâche le morceau et que j'aille voir ce qui se passe.

– Elle te propose cinq millions de livres pour signer les papiers, fabulé-je, usant de la faiblesse de la devise nationale pour mieux grossir la somme qu'elle envisageait de verser en euros.

– À peine quarante mille dollars ? Et vous croyez que je vais revoir cette pute pour une somme pareille ?

Mais pour qui se prend ce mec pour cracher sur cinq millions de livres ? Qui est-il en fait ? Et il fait chier à traiter Yasmine de pute !

– En tout cas, nous, il faut qu'on se voie. Prends l'argent de ton ex comme une avance sur ton recrutement par la Dawla. On discutera des modalités lors de notre rencontre, lui fais-je miroiter tandis qu'on frappe à ma porte à grands coups. En échange, je t'apporterai ses papiers à signer. Tu lui dois bien ça. C'est grâce à elle que j'ai repéré tes talents

Les coups redoublent sur ma porte.

– J'aimerais bien savoir comment elle le sait, cette beurette mécréante depuis qu'on s'est vus ! s'étonne à juste titre Aït-Kacimi dont Yasmine m'a fait le portrait d'un islamiste assez basique et non d'un djîhadiste de première bourre. Je vais réfléchir à ton affaire. Je te rappelle.

– Euh. D'accord, ne sais-je que bredouiller alors qu'il raccroche.

Je suis terriblement désappointé par la fin de cette conversation et me lève en hâte pour aller ouvrir la porte de mon bureau contre laquelle on tambourine toujours. Je surprends les deux jeunes inspecteurs de tout à l'heure sur lesquels je darde un regard rageur.

– Excusez-nous, patron, mais ça devient très grave, plaide l'un d'eux, la voix couverte par les cris et les hurlements en contrebas dont la clameur résonne sans doute jusque dans les rues voisines.

C'est alors que le sinistre claquement d'un coup de feu retentit par trois fois, suivi de formidables acclamations saluant la fusillade. Je n'ai plus à me battre pour passer au travers des rangs qui s'écartent sur mon passage. Je passe devant des visages graves, gênés, et des yeux le plus souvent baissés. Même calme revenu dans le couloir où s'est dégagée l'entrée de la salle d'interrogatoire, le double des clefs bien visible sur la porte ouverte, derrière laquelle je découvre sans surprise le cadavre de Kassim Mansour, défiguré par les balles. Son assassin est le planton qui m'a accueilli ce matin à l'aube quand je suis revenu de chez Yasmine récupérer ma voiture. Je peux comprendre sa soif de vengeance, mais elle me prive de l'ultime confession de Mansour sur l'identité de son contact dans la tribu al-Ajeel. Je ne peux rendre ce planton seul responsable de cette gabegie, alors que la tension ne cesse de monter au sein de la police depuis l'assassinat de Tareq. La concomitance du meurtre d'un collègue avec l'arrestation de Karim le Fou, tueur de flic honni, a agi comme un accélérateur du mécontentement et un catalyseur de frustrations des uns et des autres, dont la perspective de la rafle des Kurdes n'est pas la moindre. À l'évidence, mes hommes n'accepteraient pas que je sévisse contre celui qui a incarné leur colère. Je m'approche de lui, maintenant apathique, écrasé par son propre geste, et je viens doucement lui ôter le revolver qu'il tient toujours à la main.

*

Je perds encore une heure au bureau en palabres sans queue ni tête et autres paroles de réconfort avec un personnel accablé par ses débordements, souvent perclus de fatigue, nerveusement exténué. Moi-même, je suis au bord du collapsus quand je peux enfin quitter le Bloc B revenu au calme et à ses effectifs de jour, non sans me munir du trésor de Kassim le Fou et de ses effets personnels, notamment son téléphone qu'il faudra que j'épluche. Je n'oublie pas non plus d'emporter le sac aux couleurs improbables du drapeau kurde renfermant les millions de livres. Des collègues papotent encore par petits groupes devant le commissariat, mais je parviens à extraire ma Peugeot 307 sans problème de l'attroupement en train de se disperser. Mes suiveurs, que les évènements m'avaient fait oublier, n'ont pas la même chance. Je les entends qui klaxonnent derrière moi et jette un œil dans mon rétroviseur : leur 4 × 4 est bloqué par des policiers attardés à deviser, agglutinés autour du véhicule. Je devine mes collègues à cran répliquer vertement aux emniyim et je prends la poudre d'escampette sans attendre la suite de l'esclandre. La tentation est forte d'aller rejoindre Yasmine, mais quand je pense aux complications logistiques pour me rendre chez elle sans risquer d'être découvert, je conviens vite fait que c'est de repos dont j'ai besoin. J'ai à peine dormi la nuit dernière entre la fin de nos galipettes et l'appel de Yahya pour m'annoncer la mort de Tareq.

Asma et Assia débarrassent la table quand j'arrive, tandis que le Vieux est avec Naïm au salon, comme de coutume. Ma fille vient m'embrasser.

– Tu aurais pu donner des nouvelles, m'accueille ma femme, laquelle était en courses dans la matinée quand je suis venu me changer. On vient de manger du gigot. Il est dans le four avec du chou. Où tu étais encore ?

– Tareq Jaloukha est mort. Il a été assassiné la nuit dernière, expliqué-je en arrangeant la chronologie de ma soirée de la veille.

– Tareq assassiné ? Quelle horreur ! Mais par qui ?

– On ne sait pas encore, mens-je évidemment, n'ayant jamais évoqué avec Asma Mohamed Aït-Kacimi et encore moins celle qui me l'avait fait connaître. Mais simultanément on a arrêté un ancien tueur de flic dans un trafic, raconté-je. Un nommé Kassim Mansour, dit Kassim le Fou, tu te souviens ?

– Oui, le carnage de Hittin !

– Exactement. Ça fait trois ans, mais le souvenir est encore vif dans la police et malheureusement, Mansour a payé pour Tareq. Il a été lynché en plein commissariat.

– Incroyable ! s'exclame Asma. Enfin, je vais pas pleurer sur lui. C'est un salopard, si je me souviens bien. Tu étais très fâché après le procès. Mais quand même ! Mais qu'est-ce qu'il faisait en liberté à encore trafiquer ?

– Tu veux vraiment qu'on parle des premiers jours de la libération de Raqqa et de l'amnistie générale décrétée par Abou Issa ? Ce jour-là aussi j'étais très fâché. On pouvait faire preuve de discernement dans l'élargissement des prisonniers. La police n'arrête pas que des innocents.

– Oh, ne recommence pas.

Asma balaye mon argument d'un revers de main, accompagné d'une moue typique. Nous avions eu cette discussion à l'époque, son idéalisme révolutionnaire se refusant à imaginer qu'il existe d'authentiques mauvaises personnes, mais seulement des victimes du régime de Bachar. Depuis, l'expérience Daesh et consorts lui a fait prendre conscience des dures réalités du monde, mais pour admettre ses erreurs de jugement initiales, c'est une autre paire de manches.

– Je ne serai pas là ce soir, change-t-elle de sujet. Nous avons réunion d'Haqquna au collège Moussa Ibn Nosaïr. Tu vois, on écoute tes conseils de discrétion. Ça passera pour une réunion de professeurs. L'élection a lieu dans dix jours. Il y a encore tant de choses à préparer et Sefin nous manque. Tu as de ses nouvelles ? Il appelle si rarement. On est très inquiets avec ces histoires de rafles en préparation chez les Kurdes. Plein de familles ont fui. Tu n'y es pour rien, jure-le-moi, Merwan ?

Je peux jurer sans parjure vu les efforts accomplis pour éviter le pire.

– Je te jure, Asma, que je n'y suis pour rien. Tu as donc si peu confiance en moi que tu me crois capable d'arrêter de gaieté de cœur mes coreligionnaires ?

Asma rougit et me regarde de l'œil implorant de celle qui cherche des certitudes. Mais tu es allée les chercher ailleurs tes certitudes, Asma.

– Bien sûr que je te fais confiance, mais tu es tellement renfermé ces derniers temps. Comme si tu me cachais quelque chose.

Elle est bien bonne celle-là ! On se demande bien qui a commencé à cacher des choses à l'autre ?! Certes, le raisonnement est puéril, mais c'est celui qui me permet d'affronter le regard d'Asma sans remords concernant mon aventure avec Yasmine.

– Je vais me coucher, je suis crevé, éludé-je en m'éloignant sans traîner.

Finalement, je suis allé chez Yasmine. Elle est allongée nue sur le lit. À la lumière douce filtrant des rideaux, j'aperçois son sexe rasé entre ses longues cuisses légèrement écartées. Je les frôle doucement de mes lèvres, goûtant le léger parfum fleuri qui émane de sa peau cuivrée. Ma bouche accompagne délicatement mes doigts jusqu'à l'entrejambe, qui frémit à l'issue de ce tendre prémice. Ma langue va se lover contre le bouton rose du plaisir qu'elle titille dans un sens puis dans l'autre, puis qu'elle lèche par à-coups. Quand j'entends sa respiration s'accélérer, j'introduis un doigt dans sa fente humide, puis deux et commence à explorer ses profondeurs. Elle se cambre, offerte à ma caresse. Ma langue descend alors plus bas, à l'orée rebondie de son cul céleste. Elle halète, gémit, se cabre même pour que doigts et langue s'enfoncent plus profondément encore. Mais l'heure de la jouissance n'est pas venue. Mes doigts mouillés de sa cyprine glissent sur son flanc droit, qui frissonne, tandis que ma bouche remonte le flanc gauche jusqu'au sein dont elle saisit languidement le téton, dur comme l'érection qui m'habite tout entier. Ma main droite sur un sein gonflé d'envie, ma bouche tétant l'autre, je m'ajuste pour venir effleurer de ma verge démesurée son intimité suintante de désir. Je vais la pénétrer mais veux contempler son visage au moment où je serai en elle. Quoi ?! Ce n'est pas Yasmine que je m'apprête à embrasser, c'est Asma qui me sourit lubriquement. Et l'homme que je vois se retourner sur le lit, effrayé, et dont l'image se reflète au miroir du plafond n'est pas moi. C'est Maher al-Shibahi. Tout habillé ! Mais où suis-je ? Où ai-je jamais vu un miroir au plafond ?

Je me réveille en sursaut de mon rêve érotique avec une trique d'enfer qui met quelques minutes à dégonfler. Il est 18 heures passées. J'ai dormi plus de quatre heures d'affilée. J'avais vraiment du sommeil à rattraper. Ce voyage imaginaire vient toutefois contrarier mes plans au réveil. La suite de l'affaire Mansour, c'est l'affaire al-Ajeel. Pas question cependant de l'ébruiter à tout vent. Je ne peux compter que sur Yahya dans cette histoire de trafic d'eau minérale, une enquête cruciale pour moi. Mais je ne me sens pas en droit d'imposer à mon adjoint une deuxième nuit consécutive de planque, d'autant que j'ignore encore où dans Jazrah se trouve exactement la ferme où est stockée l'eau. À cette heure de surcroît, Yahya doit toujours dormir et ne sait rien des révélations de Karim Mansour. Ni d'ailleurs de sa mort, sinon il m'aurait déjà téléphoné. En revanche, je vois bien à quoi je pourrai consacrer utilement ma soirée. Ça fait trop longtemps que c'est en plan. Asma vient de partir, m'apprend Assia qui elle-même s'en va passer la soirée et la nuit chez son amie Shahrazad. J'ai une heure à tuer et j'en profite pour jouer à Super Mario avec Naïm, tout en bavardant avec grand-père, très inquiet des nouvelles qu'il a entendues concernant le sort des Kurdes, en se promenant dans le quartier. On le serait à moins. Je le rassure comme je peux et, à court d'arguments, je lui dis qu'il est sous ma protection et celle de Mahmoud al-Khalif. Mais je sens bien qu'il ne goûte guère la protection d'un brassard noir frappé de la shahâda.

Il est bientôt 19 heures 30 quand je me rappelle subitement être l'objet d'une filature permanente. Ce n'est pas une habitude facile à prendre. Je descends les poubelles pour vérifier le danger. Par miracle, lassitude ou incompétence, pas d'emniyim en vue. Je remonte pour prendre congé et file dans la direction du collège d'Asma, dans Amin. Avec le soir tombant, il est plus facile de repérer les phares d'un suiveur. Il n'y en a pas. Je me gare aux abords, avec vue sur l'entrée de Moussa Ibn Nosaïr et vais faire le tour à pied du pâté de maisons. Rien de suspect alentour. Il faut avouer que la réunion est discrète. On aperçoit à peine les lumières dans l'une des classes derrière les murs de l'école. Je retourne à ma 307. J'ai pris avec moi les affaires confisquées à Kassim Mansour avant son interrogatoire. Le portefeuille confirme qu'il était pété de thunes – je fourre du reste les cent mille livres qu'il recèle dans ma poche – et que sa veuve a pondu une tripotée de gosses, à en juger par les photos des orphelins. Il avait aussi un carnet de comptabilité bien tenu, montrant qu'il brassait des millions avec divers complices dont il faudra déchiffrer les noms pour quelques petites visites de courtoisie. C'est toutefois le répertoire de son téléphone qui retient mon attention. Les contacts sont nommés par prénoms, ce qui ne facilite pas la recherche. Finalement, je tombe sur un Abdoul ben Mohamed Shawakh al-Ajeel. J'ignore qui est ce paysan de Jazrah qui traficotait avec Kassim le Fou. Mais son nom me permet de m'en rappeler un autre, qui me trottait dans la tête mais me restait au bout de la langue : Ali ben Mousa Shawakh al-Ajeel, dit Abou Luqman al-Sury, alias la Brute ! Belle prise en perspective, quel que soit l'usage que j'en ferai, je me félicite.

Je n'ai toutefois pas le temps de savourer cette découverte pleine de promesses. Il est presque 22 heures. La réunion doit être terminée car je vois la grille du collège s'ouvrir et des gens en sortir. Bientôt, je distingue Asma et Maher sur le trottoir, rejoints par Abou Qadour, et enfin Nadwa, la directrice qui ferme la porte de l'établissement. Ils s'attardent encore un peu à discuter avec un couple puis tous les quatre montent dans la Suzuki d'Abou. J'attends qu'ils aient tourné au coin de la rue pour démarrer et allumer mes veilleuses. La voiture n'est pas difficile à suivre, qui roule lentement et dont je détecte sans peine la direction, conforme à mes spéculations. Comme la circulation est rare, je préfère garder une bonne distance. Une fois parvenu dans Huriyah, je guette le minaret de la mosquée Hamza et bifurque au carrefour précédent en accélérant l'allure pour venir me garer sur le trottoir d'en face du 43 rue Hunayn ibn Ishaq, où j'éteins le moteur et m'enfonce dans mon siège. Comme prévu, Abou dépose peu après Maher al-Shibahi devant chez lui avant de poursuivre sa course pour ramener Asma et retourner chez eux vers Amin. La Suzuki repart après l'échange d'au revoir et je sors subrepticement de ma Peugeot tandis que l'amant d'Asma introduit ses clefs dans la serrure. J'arrive derrière lui au moment où s'ouvre la porte de l'immeuble. Je le pousse brutalement en avant, sa tête cogne la porte qui valdingue contre le mur du couloir d'entrée puis revient vibrer de toute sa ferraille dans le chambranle quand je la referme d'un coup de pied. L'écho a dû alerter toute la maisonnée mais personne ne se manifeste. Il n'y a pas de minuteur automatique, nous sommes plongés dans le noir absolu. Al-Shibahi, que je tiens fermement par le cou d'une main et par les couilles de l'autre, est terrifié. Tant mieux.

– Qui… qui êtes-vous ? Qu'est-ce que vous me voulez ? geint-il.

– Où est la lumière ? dis-je en relâchant mon étreinte.

– Tout de suite à l'entrée à droite, bégaie-t-il d'un ton affolé.

Je m'y dirige à tâtons mais le temps que j'arrive à l'interrupteur, j'entends mon bonhomme déguerpir dans l'escalier. Il n'est toutefois pas assez rapide pour moi qui le rattrape avant le deuxième palier. Quand il me reconnaît, alors que je l'écrase contre la rambarde de l'escalier, il devient blême mais son regard n'en traduit pas moins du soulagement de ne pas avoir affaire à un inconnu. Il a tort.

– Vous ? Mais qu'est-ce que vous me voulez ? articule-t-il d'une voix tremblante.

– C'est où ton appartement ? me contenté-je de répondre.

– Mais qu'est-ce que vous me voulez ? répète-t-il d'une voix larmoyante.

– C'est où ton appartement ?

Je lui claque une torgnole qui semble lui redonner du courage. En tout cas, c'est d'une voix plus ferme qu'il m'indique avec un soupir fataliste :

– Au troisième.

Aux aguets, j'écoute le silence un instant, mais aucun bruit ne paraît devoir alarmer le voisinage.

– Bien. Ta femme et tes enfants ont le sommeil lourd. Viens avec moi. Je t'emmène faire un tour dans ma voiture. J'ai à te causer.

– Mais il n'y a personne à la maison, couine-t-il alors que je le pousse pour redescendre.

– Et pourquoi ?

– Mais qu'est-ce que vous me voulez, à la fin ? proteste-t-il avant de s'en prendre une autre.

Son appartement, que je visite en sa triste compagnie, est effectivement vide.

– Où est ta famille ?

Maher al-Shibahi me regarde avec des yeux noyés de chagrin. Il lève la main, comme pour demander la permission, et se dirige vers la cuisine où il se verse une rasade de vin qu'il avale debout, d'un trait.

Je me souviens que c'est un alaouite.

– Vous en voulez ? demande-t-il en se resservant un verre.

J'avoue regretter un peu ma brutalité en examinant de plus près cet homme au physique banal, dont la moustache est le seul trait distinctif, l'air totalement perdu dans cet appartement sinistre, où j'ai bien du mal à imaginer Asma venir se faire sauter. Je tire mon paquet de Marlboro de la poche et lui en propose une.

– Oui, je prendrais bien un verre, fais-je tandis qu'il saisit une cigarette.

Nous nous considérons un moment en fumant et en buvant, puis je le questionne tout à trac.

– Depuis combien de temps, tu couches avec ma femme ?

Al-Shibahi me regarde avec des yeux de chien battu, comme si une catastrophe supplémentaire venait s'abattre sur ses épaules. C'est bien l'effet recherché.

– Ne nie pas, j'ai des preuves, dis-je en lui foutant mon Huawei sous le nez avec la série de clichés faite le jour où je suis tombé par hasard sur Asma et lui, alors que j'étais en train de filer le petit copain de mon neveu.

Les photos sont explicites : Asma, les cheveux vaguement enveloppés dans un hijab rose, riant avec lui au pied du toboggan géant, ou encore celle où ils se partagent une glace, le visage si près l'un de l'autre qu'on a l'impression qu'ils vont s'embrasser. Pourtant, cet imbécile persiste à nier en secouant bêtement la tête. Je lève la main mais renonce à le frapper en le voyant se recroqueviller sans même esquisser un geste de défense. Du coup, je me mets à lui hurler dessus :

– Mais bordel, explique-toi ! Dis quelque chose ! Je suis sûr qu'il y a un truc entre toi et ma femme.

Il s'effondre sur un tabouret et s'enquille un troisième verre de pinard. Toute ma colère s'est estompée face à cette loque humaine aux traits tirés et à la mine terreuse.

– Je n’ai jamais couché avec Asma, affirme-t-il d’une voix larmoyante. C’est pas l’envie qui m’en manquait, mais elle n’a jamais voulu… même si elle trouve que vous la délaissez.

C’est elle qui couche plus, mais c’est moi qui la délaisse ! Les filles ont quand même de drôles de façons de raconter les histoires.

– Tu vas t’en reprendre une ! dis-je d’un ton menaçant. Regarde cette photo. Vous êtes si près que si vous ne vous êtes pas embrassés, c’est parce que vous étiez en public !

– Oui, on s’est déjà embrassés mais ça n’a jamais été plus loin. Et depuis quinze jours environ, elle rejette toutes mes avances, de toute manière. Depuis le grand bombardement, en fait. Elle a subitement changé. Disant que ce n’était pas bien de flirter comme ça. Qu’elle est mariée et que même si vous n’étiez plus aussi attentif avec elle, elle sentait que vous aviez des problèmes et ne voulait pas vous laisser seul. Alors que tout le monde se méfie de vous, c’est la seule à vous défendre pendant les réunions d’Haqquna. Non, ne vous inquiétez pas. Votre femme est encore amoureuse, assure-t-il en hochant la tête de dépit.

Depuis le grand bombardement… De fait, c’est plus ou moins à cette date que j’ai noté un changement d’attitude à mon égard chez Asma. Et si je remonte plus loin dans le temps, une flopée de faits et de routines peuvent me revenir en mémoire, qui ont pu lui laisser penser que je la délaissais. Je suis totalement dégrisé et, pour tout dire honteux d’avoir douté d’elle à ce point. Je comprends mieux pourquoi elle est agressive avec moi. Sous la pression quotidienne de ses amis militants la montant contre moi, courtisée ardemment alors qu’elle me sent ou me croit devenu indifférent, confrontée à des conditions de guerre qu’une femme pleine d’empathie comme elle peine à appréhender, je constitue le parfait exutoire de ses frustrations, mais demeure le totem du foyer qu’elle veut conserver. Je m’étais fait un tel film de mon cocufiage supposé, qu'il m'avait été facile de ranger ma femme dans une case, pour mieux jouer au joli cœur avec Yasmine. J'ai subitement l'impression qu'une camisole m'oppresse la poitrine comme pour me forcer à régler sur-le-champ ce conflit entre deux amours dont l'un serait né de l'équivoque de l'autre. Non. Tu te mens, Merwan. Tu as été excité dès la première apparition de Yasmine au Bloc B. Tu ignorais tout alors d'une hypothétique liaison d'Asma. Et quand tu t'es forgé la conviction qu'elle te trompait sur la foi d'une scène intime ambiguë, c'était en fait pour te construire un alibi afin d'aller voir ailleurs. La preuve ! Le jour même de la découverte de l'existence de Maher al-Shibahi, tu es allé baiser ta Française. Certes, ce n'était pas son jour. N'empêche que ce n'est pas Asma que tu as essayé de reconquérir, mais Yasmine que tu as voulu prendre. Et que tu ne quitteras qu'à contrecœur, contraint par son retour en France.

Comme si ma vie professionnelle n'était pas déjà un cauchemar, me voilà dans un beau merdier sentimental. Et ce pauvre type devant moi que je n'arrive pas à détester en est le révélateur. Al-Shibahi m'observe en coin, les yeux baissés sur son verre. Il brise le lourd silence qui s'est installé :

– Asma est une femme bien. Vous avez beaucoup de chance. Même si je n'ai pas pu coucher avec elle, ses conversations et sa gentillesse me font vraiment du bien.

Bon, pépère, j'arrive pas à te détester, mais faut pas non plus pousser le bouchon trop loin. Ça va ! J'ai compris. J'ai une femme super, merci, je sais, c'est pour ça que je l'ai épousée ! Et ça me gave déjà assez comme situation, maintenant que j'ai ajouté une maîtresse au tableau, pour ne pas me le seriner sur tous les tons.

– Et la tienne de femme, elle est où pour que tu coures après la mienne ? lui craché-je au visage à ce con.

Il se tasse sur son tabouret en fermant les yeux, attendant le coup qui ne vient pas. Il rouvre ses yeux pleurnichards et se sert un quatrième verre. Je finis le fond du mien et le lui tends pour un deuxième.

– Ma femme et mes deux filles sont prisonnières de la Dawla, déclare-t-il, avant de pleurer franchement.

Le mot Dawla a ce pouvoir magique d'incarner tant de détestation que toutes mes sombres pensées sont soudain captées par ce simple mot.

– La Dawla ? Comment ça, prisonnières ? Depuis quand ?

– Depuis la fin mai.

– Bon, explique-toi, le pressé-je d'une voix redevenue calme. Qu'est-ce qui s'est passé ? Pourquoi tu es libre, toi ?

Maher al-Shibahi s'apprête à se verser un nouveau verre, mais je saisis la bouteille au passage. Il a assez bu. Je lui offre une cigarette en compensation.

– Je suis ingénieur à la direction des Eaux du bassin de l'Euphrate. Je suis un bon ingénieur mais, comme je suis alaouite, le responsable des Eaux au Conseil de consultation des combattants, un nommé Luqman, a refusé de me réembaucher.

Responsable des Eaux, mais aussi trafiquant d'eau, corrigé-je intérieurement en songeant à mon nouveau dossier, le dossier la Brute.

– Évidemment pour moi, c'était une catastrophe, poursuit al-Shibahi. Je me retrouvais sans revenus, et j'avais engagé l'essentiel de mes économies avant la guerre pour acheter cet appartement. Lors de mon entretien avec Luqman il y avait un autre de ces djîhadistes. Il m'a dit qu'il y avait peut-être un moyen de s'arranger. Il voulait que j'intègre l'état-major d'Haqquna et que j'espionne pour eux. Il savait que les Qadour en faisaient partie. Et comme je suis assez ami avec Abou, qui était un collègue, ça semblait assez facile. Mais très vite, ce djîhadiste ne s'est pas contenté des informations tronquées que je lui donnais. Un soir, des hommes armés sont venus chez moi et ont kidnappé ma femme et mes enfants. Depuis, cet homme ne m'autorise à leur parler qu'une fois par semaine par téléphone, sanglote-t-il.

– Comment s'appelle-t-il, ce djîhadiste agent traitant ?

– Khalid al-Ghabi. Un trentenaire avec un nez comme un bec de faucon.

Bingo. Introduire une taupe au sein d'Haqquna avait dû être le fait d'armes de Nez-Crochu pour mériter quelques semaines plus tard sa promotion à la tête de l'Emniyat, le service de renseignement de la Dawla. Accessoirement, Maher al-Shibahi m'apprend que c'est un proche de la Brute.

– Qu'est-ce que tu as fait pour lui exactement ?

– Mentir ! D'abord mentir pour expliquer la disparition d'Amena et des filles, parties à Damas. J'ai raconté qu'elles s'étaient réfugiées chez des parents en raison de mon incapacité à les entretenir. Ensuite, il m'a fait jouer l'agent provocateur. C'est moi qui ai lancé l'idée des capoeiras démocratiques géantes. Al-Ghabi voulait créer du désordre pour mieux réprimer. Asma s'y est opposée. Elle disait que ce n'était pas raisonnable, qu'il valait mieux organiser une grande manifestation plutôt que de s'exposer ainsi. Hasroumi était d'accord avec elle, c'est pourquoi il n'y a eu que cette grande manifestation le 12 juillet.

Asma et Sefîn dans le camp de la raison ! C'est vraiment pour me contrarier qu'ils montent l'un et l'autre sur leurs grands chevaux quand je les exhorte à la prudence.

– C'est toi qui as dévoilé la date à al-Ghabi ?

– Oui. Oui, c'est moi. J'ai attendu quelques jours avant de le faire. C'est moi aussi qui ai dénoncé presque toute la direction d'Haqquna. Sauf Asma. Je n'ai jamais parlé d'Asma. On a tout de suite sympathisé, tous les deux. Ensuite, j'ai voulu profiter de son désarroi à votre égard pour oublier mes propres malheurs. Mais jamais je ne voudrais qu'elle risque d'être arrêtée par ces monstres. J'ai honte, j'ai tellement honte si vous saviez, se lamente l'ingénieur hydraulique éploré.

Je me félicite de ma prescience. Quelle bonne idée j'ai eue de rendre visite ce soir à Maher al-Shibahi. Outre d'avoir découvert la mouise où je me suis fourré entre Asma et Yasmine, il vient de m'informer que Nez-Crochu en sait beaucoup sur Haqquna, beaucoup plus que j'en ai dit avant-hier lors de la réunion du bureau de Sécurité. J'avais bien senti qu'il en avait sous le capot, mais qu'il se réfrénait. En fait, tel le rapace qu'il est à plus d'un titre, il tournoie au-dessus de moi en prenant son temps. Il est à l'affût de l'atout maître qui va lui permettre de ficeler l'acte d'accusation pour me livrer aux Châtiments sans même passer par la case Régulation. Al-Shibahi, amoureux de ma femme, m'a en fait sauvé la vie en ne la dénonçant pas. Mais avec les emniyim à mes trousses, la fiction que j'entretiens de ma vie aux yeux de la Dawla ne tient qu'à un fil. Évidemment, en guise de conclusion, j'arrange la vérité à mon avantage :

– T'es dans de sales draps, Maher. Mais c'est bien que tu m'aies parlé. Excuse-moi de t'avoir frappé. Ça fait des semaines que je suis persuadé que tu es l'amant de ma femme. Ceci explique cela. Et puis tu n'es pas si salaud que ça. Tu n'as pas parlé des élections municipales non plus. Ils ne sont pas au courant.

– Pas encore, mais je vais être obligé de le faire. Si ça se passe sans qu'al-Ghabi le sache, alors c'est ma femme et mes filles qui paieront, c'est sûr.

– Donne-moi trois jours avant de lui en parler. Je vais chercher où il détient ta famille. D'ici là, tu ne changes rien à tes habitudes. Allez, salut, sans rancune, inutile de me raccompagner à la porte, lancé-je presque amicalement, en lui tendant mon numéro, et lui le sien pour aussitôt après remettre la main sur sa bouteille.

– Trois jours, Merwan. Pas plus de trois jours, me conjure-t-il avant de boire directement au goulot.

En sortant, le chemin était tout tracé et ma résolution ferme. Je monte dans ma Peugeot 307 familiale et direction le lit conjugal à trois pâtés de maisons de là. Mais au cinquième pâté de maisons, seul ou presque à rouler dans la nuit raqqaouie, force est de reconnaître que les deux verres de vin m'ont fait oublier ma résolution et que ma seule fermeté est celle qui gonfle mon boxer.

– Enfin, je croyais que tu ne viendrais jamais ! m'accueille ma maîtresse qui me tire par le col pour m'attirer à l'intérieur. Elle me plaque contre la porte, laquelle glisse derrière moi en se refermant. Yasmine me retient de toute sa force, qui est grande, et vient coller sa bouche à la mienne, étouffant, à mon corps consentant, toute l'affection que mon cœur éprouve pour Asma et toutes les questions que mon esprit devrait avoir envie de poser sur le mystérieux Mohamed Aït-Kacimi.

12

Après l'amour, et une courte réflexion, j'ai décidé de ne pas informer Yasmine de l'appel de son mari dans la matinée, pendant l'interrogatoire de Kassim le Fou. Je crois que c'est la première fois que je lui cache quelque chose. Inutile de lui donner de faux espoirs. Pour l'instant aucun rendez-vous n'est fixé. Et quand bien même accepterait-il de me rencontrer, rien ne laisse présager que Mohamed Aït-Kacimi souhaitera la présence de sa femme. En réalité, bien que je ne veuille pas me l'avouer, mes cachotteries ont surtout l'avantage de la maintenir pour quelques heures encore dépendante de moi et disponible à mon désir. C'est idiot, d'autant que je lui ai moi-même fait miroiter la veille cette possible confrontation avec son ex, dont elle espère obtenir les signatures de papiers nécessaires à son retour en France. Et je la connais assez pour savoir qu'elle ne manquera pas de me relancer. D'ailleurs, elle m'a relancé. Mais mon omission a permis d'escamoter le sujet pour le reste de la soirée et de goûter ce répit avec béatitude jusqu'à ce qu'elle se love dans mes bras et s'endorme. Pour ma part, je n'ai somnolé que par intermittence. Sans doute ma grosse sieste d'hier après-midi a pesé sur mon insomnie, et la conjonction de mes problèmes privés et professionnels ne m'a pas aidé non plus. Du moins, ces spéculations nocturnes m'auront permis de dresser un plan de bataille dont je ne suis pas peu fier en me levant à 4 heures 30. Sous la douche, l'eau et le savon décapent un peu tout ça et, en me séchant, je dois admettre que bien des failles obèrent mon plan. Des failles béantes, et autant d'impondérables, dois-je convenir en m'habillant. Et qui ne règle rien de mes affaires de cœur, soupiré-je en esquissant une bise sur le front assoupi de Yasmine avant de quitter l'appartement.

Crédible ou non, mon plan a pour point de départ de solder l'affaire al-Ajeel. Si je parviens à me targuer d'avoir démantelé ce trafic d'eau minérale, tout en faisant de Luqman al-Sury un obligé, j'aurai déjà gagné ma journée. Elle commence tôt, à peine 5 heures 30 quand j'entre dans mon bureau. Avant d'entamer les recherches dont j'ai impérativement besoin, j'appelle Yahya dont j'estime que son temps de pause réglementaire a assez duré. Lui aussi. Je le surprends au petit-déjeuner. Il s'était couché tout de suite après déjeuner hier midi et avait dormi quinze heures d'affilée. C'est reposant la vie d'homme marié fidèle. Je lui raconte les épisodes qu'il a loupés après son départ du Bloc B, à l'exclusion bien sûr du coup de fil d'Aït-Kacimi et du piège que je vais tendre à la Brute. En revanche, je suis bien obligé de lui parler de la tribu des al-Ajeel qui stockerait l'eau minérale volée dans le village de Jazrah. Je lui demande de réquisitionner une quarantaine d'hommes sûrs et bien équipés, et de me retrouver à 10 heures au Jardin Panoramique. Je vais fouiller aux archives de l'état civil et du cadastre que l'État islamique a fait transférer au palais du gouverneur à la disposition de son appareil sécuritaire. C'est une des grandes pièces du rez-de-chaussée, dans la même galerie qui dessert la salle du Conseil. Le labyrinthe d'armoires monté en si peu de temps est impressionnant, tout comme l'ordonnancement des documents. L'État islamique a de l'avenir dans la bureaucratie. Les carences administratives syriennes sur lesquelles elle se bâtit ne garantissent pas pour autant le succès de mon investigation. Eh ben si, la chance me sourit, car, moins d'une heure plus tard, je trouve une adresse à Jazrah au nom d'Abdoul ben Mohamed Shawakh al-Ajeel, le parent tribal de la Brute dont Kassim Mansour avait les coordonnées dans son téléphone. Je soustrais ces documents compromettants pour les transférer dans mes archives personnelles.

Tout ça m'a donné faim. Je me dirige vers le buffet que l'on prépare chaque matin pour les fonctionnaires dans la grande salle de réception, d'où part l'escalier monumental qui dessert les étages. Une occasion de mieux se connaître entre collègues, a décrété le Grand Inquisiteur, lequel est matinal et ne devrait pas tarder. Pour l'instant, il est à peine 7 heures et on est peu nombreux autour des théières et des cafetières à manger des fruits ou à grignoter des gâteaux. La plupart des quelques présents, le visage encore ensommeillé, prennent une tasse et montent à leur bureau. Je m'apprête à en faire de même quand je vois soudain sortir une vieille connaissance du couloir de service, un broc de lait à la main et une serviette accrochée à l'avant-bras : le bon Belge, Abou Madhi al-Vilvordi !

– Frère Merwan ! Je suis content de te voir, me salue-t-il avec son sourire niais particulièrement épanoui. Je savais que tu travaillais là, mais je n'espérais pas te voir de si bon matin, *Insh'Allah*, loué soit le Créateur !

Il n'y a pas à dire, j'ai tapé dans l'œil de cet Européen un peu neuneu.

– Frère Abou, c'est un plaisir partagé. Mais que fais-tu donc là à servir aux cuisines du palais ?

– C'est un peu de ta faute, frère Merwan, m'explique l'apprenti djîhadiste avec un gentil sourire. La très respectable Oum Adam était furieuse que nous t'ayons laissé passer et elle a licencié toute mon escouade. Moi, j'en ai profité pour quitter l'ASL et m'engager dans la Dawla. Je voulais partir au front, mais il n'y a plus de place dans les camps d'entraînement pour l'instant. Alors, je suis venu chercher du travail ici. Et voilà, je me retrouve à faire le service. Mais ça ne me dérange pas. Je suis à ma place partout où Allah l'aura agréé.

– Je suis désolé d'être à l'origine de ce bouleversement, mon frère, dis-je, mû par une équivoque sympathie pour ce singulier personnage.

– Ne t'excuse pas, mon frère, car je crois qu'Allah t'a placé sur mon chemin pour m'éclairer, me félicite-t-il. En fait, reprend-il plus bas en vérifiant de droite et de gauche que personne ne nous écoute, qu'Allah me pardonne de juger autrui, mais je pense qu'Oum Adam n'est pas si respectable que ça… Il se dit même que c'est une mauvaise femme qui ferait commerce de bonnes filles musulmanes dans d'autres madâfa et que la pension pour jeunes femmes musulmanes que je gardais à Salhiya n'est qu'une vitrine islamique pour mieux cacher d'autres activités illégales aux yeux d'Allah.

– C'est parfaitement exact, frère Abou. C'est d'ailleurs la discussion que je voulais avoir avec elle hier.

– *Alḥamdulillah !* J'en étais sûr et je l'ai dit aux autres ! s'exclame Abou Madhi en me gratifiant d'un sourire de reconnaissance. Alors tu lui as rappelé que ce n'était pas conforme à la sharia que de réduire des musulmanes au statut de sabiyya ? s'indigne-t-il avec conviction. Je suis très déçu par le cheick al-Arifi qui lui sert de caution. Le Coran et les hadiths agréés sont pourtant formels sur ce point, seules des chrétiennes, des juives, ou toutes autres mécréantes peuvent être asservies. Personnellement, je me contenterais d'une bonne épouse musulmane.

Ce brave garçon s'est manifestement beaucoup instruit depuis ses débuts maladroits comme mahram de Yasmine. Il a, à l'évidence, un bon fond. Son fanatisme religieux, qui l'amène à considérer les non-musulmanes comme autant d'esclaves sexuelles potentielles, n'en est que plus consternant. Encore un endoctriné, c'est triste.

– Je suis content que tu aies trouvé un point de chute ici, lui dis-je néanmoins en le saluant. N'hésite pas à passer me voir quand tu veux. Mon bureau t'est ouvert.

Je lui fais un signe en m'éloignant, convaincu que tant de dévouement à ma cause mérite encouragement et que tout fanatique qu'il soit, et peut-être même à cause de cela, le Belge pourra m'être utile.

Je suis dans mon bureau à brasser de la paperasse en attendant d'aller rejoindre Yahya, quand Mahmoud me sonne pour descendre au sien, au premier, l'étage noble. Ce devait être une suite luxueuse. Il en reste le confort d'une salle de bains attenante. Pas comme ma modeste chambre et son cabinet de toilette du deuxième étage, ou pire, les cagibis du troisième. Mahmoud est assis à son bureau à consulter son ordinateur. Ça fait un moment qu'on ne s'est pas vus en tête à tête. Il a encore maigri et dans ses treillis et qamis noirs, il ressemble à un oiseau de mauvais augure.

– As-tu des nouvelles d'Abou Issa ? m'interroge-t-il tout de go, sans lever les yeux de son écran mais en m'invitant de la main à prendre un siège.

– Je n'ai aucune raison d'en avoir. J'ai nommé mon adjoint Yahya al-Satouf à la tête de la police municipale, et c'est lui qui est en contact quotidien avec le Mouvement des Gens Dignes de Confiance.

– Eh bien, demande-lui de se renseigner, répond mon beau-frère en haussant le ton et en me regardant avec agacement.

– Et si tu me disais ce qui se passe, Mahmoud.

Il semble hésiter, mais je discerne une lueur de sollicitude dans son regard froid.

– Je sors de chez frère Taha. Une katiba de la Dawla attendait le renfort ce matin à l'aube d'un détachement de police pour une opération de rafle contre les Kurdes des quartiers ouest et aucun membre de la milice marchande d'Issa ne s'est présenté au tableau de service. Et lui-même est introuvable, m'explique-t-il d'un ton contrarié.

– Qu'est-ce que c'est que cette histoire ? explosé-je. Je croyais que c'était moi qui dirigeais l'opération contre les Kurdes ? Al-Adnani m'en a personnellement chargé.

Je suis outré, et surtout inquiet de cette information. Mahmoud soupire et secoue la tête.

– Je sais, mon frère, mais frère Khalid a fait des pieds et des mains pour qu'on lui confie l'opération, prétextant que ça relève de la sécurité intérieure et non du maintien de l'ordre. Et comme tu étais occupé par ailleurs…

Mon espoir de gagner du temps pour la communauté kurde s'évanouit. J'espère que Sefîn Hasroumi aura pu en convaincre le plus possible de partir à temps. Mauvaise nouvelle. Ce premier impondérable ne peut que compliquer mon plan.

– Oui, j'étais occupé ailleurs, effectivement, répliqué-je. J'ai démantelé hier un trafic de cigarettes et – mais garde ça pour toi, Mahmoud – je vais faire tout à l'heure une descente dans des entrepôts qui recèlent probablement les stocks d'eau volés ces dernières semaines. Je ne peux pas tout faire en même temps, mais je n'aime pas être dessaisi derrière mon dos.

– *Mash'Allah !* Écoute, Merwan, ce serait très bien que tu viennes avec de bonnes nouvelles parce qu'en fait, al-Ghabi monte une cabale contre toi. Il raconte que comme Kurde, tu es suspect, que ton emploi du temps est bizarre. Que tu ne dors pas chez toi et qu'on ne sait jamais où tu es…

– Moi, je suis sur le terrain, contrairement à certains bureaucrates, rétorqué-je un peu trop vivement, espérant que Mahmoud ne le prenne pas pour lui.

– Je n'en doute pas, Merwan. C'est ce que je dis d'ailleurs à al-Adnani, tu es un excellent policier. Heureusement, il t'a à la bonne. Mais al-Ghabi est craint à la tête de l'Emniyat. Il a été pistonné par l'émir al-Baghdadi lui-même et il est soutenu par des membres puissants de l'état-major de la Dawla, comme Abou Luqman al-Sury. Méfie-toi de lui, mon frère.

– Merci de tes conseils, mon frère. Sur ce, si on me cherche, dis que j'ai du travail, dis-je en prenant congé de mon beau-frère.

Sur la route de notre point de ralliement avec Yahya, j'ai beau retourner dans tous les sens la menace de Nez-Crochu, aucune solution ne me vient à l'esprit pour le dégommer avant qu'il ne me dégomme. Or le temps presse, vu comme il resserre autour de moi les mailles de son filet au plus haut niveau. Les deux emniyim à sa solde qui me suivent vont faire les frais de mon humeur vengeresse. Je me gare en pointe du Jardin Panoramique où m'attendent Yahya, quelques dizaines d'hommes, une demi-douzaine de camionnettes et autant de voitures. Nullement impressionnés par ce rassemblement policier inattendu à cet endroit, les deux espions se garent tranquillement un peu plus loin, le long du trottoir. Je sors de ma Peugeot et fonce d'un pas rapide vers eux, tandis que Yahya, inquiet de ma mine furibarde, rapplique avec quelques collègues. Ils sont encore loin cependant quand je menace de mon Glock, cran de sûreté levé devant eux, les deux gosses qui prétendaient m'impressionner. Est-ce leur âge qui leur a sauvé la vie ? Est-ce l'arrivée de Yahya qui m'a fait retrouver mon sang-froid ? Toujours est-il que je me contente de leur confisquer leurs armes et de crever rageusement à coups de revolver les pneus de leur 4 × 4. Terrorisés, ils protestent mollement et s'excusent platement dans un arabe pitoyable. En plus Nez-Crochu me fait suivre, moi, Raqqaoui de troisième génération, par des étrangers !

Mon plan foireux se joue maintenant à deux kilomètres d'ici où notre convoi se dirige après que j'ai réglé mes comptes provisoirement par emniyim interposés avec Nez-Crochu. Je n'ai procédé à aucun repérage. Une armée nous attend peut-être. Ou Kassim le Fou m'a menti et je ne trouverai rien. Les minutes qui défilent dans la voiture brinquebalante de Yahya durent une éternité. Nous traversons Jazrah à toute allure, non sans tuer une poule ou deux, et provoquant un nuage de poussière qui a dû attirer l'œil de tous les paysans vaquant à leur tâche dans les champs alentour. La propriété d'Abdoul ben Mohamed Shawakh al-Ajeel, trois corps de bâtiments donnant sur une cour ouverte, est au nord du village, près des marais. L'effet de surprise est total quand nous débouchons à toute vitesse de la rue en terre battue qui termine en cul-de-sac dans la cour de la ferme. Les hommes sautent des véhicules et se déploient aussitôt comme à l'entraînement, cueillant les quelques personnes présentes sans un échange de coups de feu. Je filme plusieurs séquences de l'opération avec mon Huawei. Nous arrêtons huit hommes et cinq femmes, dont le propriétaire, qui reste muet. Toutefois, deux femmes et un homme consentent à témoigner devant mon téléphone de la visite fréquente de son cousin Ali ben Mousa Shawakh al-Ajeel, alias Abou Luqman al-Sury, la Brute de son petit nom. La perquisition commence. Les palettes d'eau occupent quasiment tous les hangars. Des centaines de milliers de litres. Je recommande à Yahya de bien mettre au frais toute la bande dans un endroit discret, genre le commissariat de quartier au pied du pont neuf. Et de laisser au moins vingt hommes en faction sur place en attendant que je fasse envoyer des camions charger l'eau. J'apprécie que mon collaborateur ne pose aucune question. Tout a été bouclé en deux heures. Un triomphe total qui vient compenser une matinée contrariante. Je n'ai toujours rien contre Nez-Crochu. Mais son ami la Brute pourrait bientôt lui faire défaut. Et voilà qu'un *bip-bip* vient me rappeler à la réalité. Un SMS du secrétariat du Grand Inquisiteur m'ordonnant d'être à 14 heures au palais pour une réunion.

*

Les risques que je prends avec ma vie, je ne peux les faire prendre à ma famille. Nez-Crochu ignore qu'Asma est un cadre dirigeant d'Haqquna, béni soit son faux amant Maher al-Shibahi. Mais il sait où j'habite. Asma, les enfants et le Vieux doivent quitter l'appartement. Provisoirement j'espère, si du moins je ressors vainqueur de ce duel à mort. Mais à ce stade, mes chances me semblent trop aléatoires pour faire prendre des risques aux proies faciles que sont les miens. Al-Ghabi serait bien assez retors de les capturer pour me menacer et me contraindre à me dévoiler. Sans parler de les tuer s'il parvient à avoir ma peau. Reste à convaincre Asma de ma stratégie préventive alors qu'elle ignore absolument tout de mes activités. Je n'ai toujours rien trouvé de plausible à lui baratiner quand j'ouvre la porte. Il est quasiment l'heure de passer à table et, comme chaque jour, ma femme, contre ses convictions, nous prépare à manger en plein ramadan. J'ai aperçu grand-père bavarder avec des gens dans le square en garant ma 307, Naïm est sur sa Nitendo et Assia ne doit pas encore être revenue de chez sa copine. Asma est donc seule quand je pénètre dans la cuisine. Elle m'adresse un petit sourire triste.

– Tu n'es encore pas rentré cette nuit et, évidemment, tu ne m'as pas prévenue. J'étais morte d'inquiétude. Tu pourrais te douter que depuis l'assassinat de Tareq, Merwan, j'ai peur pour toi.

Ses reproches sont dits d'une voix affectueuse et des larmes au bord des yeux. Effectivement, une fois encore, tout à Yasmine, j'ai complètement zappé Asma. Mais qu'est-ce que j'aurais inventé de toute manière pour justifier une troisième nuit consécutive à découcher ? Un autre collègue assassiné ? Ou que je me suis saoulé toute la nuit avec Maher, son ami de cœur ?

Je vais la prendre par les épaules en la contemplant avec toute la tendresse que je peux donner à mon regard, espérant qu'en retour elle quitte ce vilain sourire cafardeux, mais la voilà qui fond en larmes et vient se blottir contre ma poitrine en sanglotant.

– Tu ne m'aimes plus. Tu ne penses plus à moi. Je ne sais rien de ce que tu fais. Oh, comme je suis malheureuse, s'épanche-t-elle.

Je la câline de longues minutes en silence, ne pouvant m'empêcher de savourer cet instant où ma femme s'abandonne à moi. J'embrasse en la caressant sa belle chevelure d'ébène où se mêlent quelques gracieux cheveux blancs. Et je la serre très fort dans mes bras comme je ne l'ai pas fait depuis des mois. C'est ainsi qu'Assia nous surprend en rentrant avec le Vieux qu'elle a chopé au passage au square.

– Oh, comme vous êtes mignons, tous les deux ! s'écrie ma fille, visiblement ravie.

Naïm, alerté par le bruit, indiquant que l'heure du déjeuner a sonné, arrive à son tour et s'esclaffe sur un air de ritournelle :

– Papa et maman, ils se font des bisous ! Papa et maman, ils se font des bisous !

Bref, s'est instaurée pour ce repas une atmosphère familiale magique à mille lieues de la terrible nouvelle que j'ai à annoncer. Au fur et à mesure du repas, il m'apparaît du reste injuste de charger Asma de la responsabilité d'en informer les autres, comme j'en avais l'intention. Alors que nous en sommes au café et pas loin de l'heure à laquelle je dois filer au palais pour ma réunion, je profite d'un temps mort dans la conversation, jusqu'alors joyeuse, pour déclarer d'une voix que je veux la plus solennelle possible :

– Écoutez-moi bien, tous. J'ai une chose grave à vous dire.

Ils me regardent avec un sourire contrarié, l'air circonspect après ce préambule qui vient plomber l'ambiance, mais il le faut. Je me lance :

– Comme vous le savez, je travaille avec l'oncle Mahmoud pour la police de Raqqa. Comme je le dis à mes adjoints, on a des choses sales à faire mais on les fait le plus proprement possible. La police est maintenant dirigée par l'État islamique. C'est un nid de guêpes, cette organisation, et je fais tout pour me tenir loin des intrigues du palais. Néanmoins, je me suis fait un ennemi mortel. Quelqu'un de très dangereux et qui pourrait s'en prendre à vous pour me porter tort.

– Oh, Merwan ! Qu'est-ce que tu as fait ? Pourquoi as-tu suivi mon frère ?

– Asma, fais-moi confiance, dis-je d'une voix douce en voyant son regard affolé et celui de mes enfants.

– Moi, j'ai confiance en toi, fiston, intervient alors le Vieux. Je me doute bien que tu essayes de les rouler dans la farine, toutes ces crapules, et forcément, il y en a qui veulent ta peau. Ça me rappelle en 1967, j'avais ton âge, quand j'ai déjoué tout un complot auquel je m'étais mêlé par ruse. Ha, ha, ils cherchaient la taupe, mais ils ont fini pendus avant de m'avoir démasqué.

J'ignore comment grand-père a deviné si loin dans mon jeu, et je ne suis pas sûr d'être fier de la comparaison avec son passé de garde-chiourme d'Hafez al-Assad. Mais sa remarque me donne l'occasion de rebondir.

– Alors, tu seras le premier à comprendre, grand-père, pourquoi je veux que vous quittiez l'appartement pour un autre, à Battani, où je veux que vous restiez jusqu'à ce que les choses se tassent.

– Quoi ? Tu veux qu'on déménage à Battani ? s'alarme Asma.

– Ma chérie, c'est provisoire et il n'y a pas d'autre solution. Je t'en supplie, crois-moi. Préparez vos affaires tout de suite. L'indispensable. L'autre appartement est tout équipé. Il y a des draps et des serviettes. Prends peut-être un peu de bouffe quand même, en prévision. Je vais vous faire envoyer quelqu'un de sûr tout à l'heure pour vous transporter.

– Mais pourquoi Battani ? se récrie ma fille à l'idée de la séparation d'avec tous ses amis.

– Oui, c'est pourri, Battani, récite Naïm, colportant les clichés sur ce quartier populaire.

– Parce que c'est exactement de l'autre côté de ville, loin d'ici, et là où personne ne vous connaît. C'est dans un coin très correct de Battani, un immeuble près d'un parc où il y a une aire de jeux pour enfants, amadoué-je mon fils, mais pas ma fille qui fait la gueule. L'appartement appartient à un collègue qui s'est exilé en Europe où il a de la famille. Vous direz que vous êtes des cousins de Nizar et Nooda Maalouf, précisé-je à Asma en lui remettant un trousseau de clefs. Tu te souviens d'eux ?

– Et tu veux qu'on y aille dès cet après-midi ? s'émeut-elle sans répondre, la larme de nouveau à l'œil.

– Oui, Asma, le plus vite possible, l'adjuré-je en lui prenant les mains par-dessus la table de la cuisine où nous nous faisons face. Et je veux que tu ne dises à personne, surtout pas à Nadwa, ni à quiconque d'Haqquna, où tu te trouves.

Elle me fixe alors comme si sa vie en dépendait et m'implore :

– Jure-moi que tu viendras dormir avec moi ce soir, Merwan. Jure-le-moi.

– Je te le jure, Asma. Je te rejoindrai ce soir.

*

J'arrive au palais un peu à la bourre, mais je prends le temps de chercher al-Vilvordi, préposé cet après-midi au jardinage. Sans entrer dans des détails, qu'il ne sollicite d'ailleurs pas, trop ravi visiblement de me rendre service, je lui demande d'aller déménager ma petite famille et réquisitionne pour lui un pick-up. Je peux aller en réunion l'esprit plus tranquille. Contrairement à l'autre jour, où l'orage contraignait à fermer les baies vitrées, ces dernières sont grandes ouvertes sur les jardins du palais qui apportent un peu de fraîcheur dans la salle du Conseil écrasée par la chaleur torride du début d'après-midi. Par souci d'économiser le générateur, souvent sollicité en raison des coupures fréquentes d'électricité, la climatisation est, en effet, arrêtée dans tout le bâtiment. Notre forum dépasse le cadre du bureau de Sécurité. Les directeurs des différents services de police sont agenouillés autour du Grand Inquisiteur, al-Adnani, dont moi-même, à gauche, près de Mahmoud, et Nez-Crochu, à sa droite, qui discute avec son voisin en feignant de m'ignorer. Mais son voisin n'est autre que la Brute et, à son instar, une quinzaine de membres du Conseil de consultation des combattants, des ralliés à la Dawla, sont assis en cercle sur l'immense tapis moelleux qui constitue le seul luxe de ce dîwan, en comptant les lustres du plafond. Comme j'avais déjà aperçu la plupart d'entre eux à un moment ou un autre, je tâche de me remémorer leurs biographies apprises de mon beau-frère si érudit en la matière. À l'issue de la prière, al-Adnani prend la parole :

– Qu'Allah le miséricordieux guide les travaux de ce conseil. Mes frères, le Très-Haut nous a mis à l'épreuve. Comme vous l'avez sans doute appris depuis ce matin, le félon Abou Issa a déserté, avec les dernières unités de la Brigade des Révolutionnaires de Raqqa, et sa milice marchande s'est autodissoute. Mais il y a plus grave, mes frères ! La discorde s'est introduite au sein même du camp des serviteurs d'Allah ! L'émir de Raqqa, Abou Saad al-Hadrami, a lui aussi déserté avec les derniers cadres et combattants du Jabhat al-Nusra. Cette organisation pseudo-salafi est de mèche avec les mécréants de l'ASL et ourdit un complot contre les Véridiques ! tonne le Grand Inquisiteur.

La rumeur courait depuis quelques jours qu'al-Qaïda avait finalement homologué le Front al-Nusra, et non l'État islamique, pour incarner le vrai djihâd en Syrie, ce qui avivait sans doute la sainte colère d'al-Adnani.

– Nous ne pouvons pas rester sans réagir, gronde-t-il. J'en ai parlé longuement par téléphone avec frère Ibrahim avant de vous convoquer. Nous en avons conclu que cette hérésie impose définitivement l'État islamique comme seul gouvernement légitime de Raqqa et de toute la province. C'est pourquoi l'émir al-Baghdadi a décidé la dissolution du Conseil de consultation des combattants, qui incarnait le pouvoir moribond du Jabhat al-Nusra. Avec effet immédiat. Cette instance est remplacée par un Conseil exécutif dont le siège est ici, au palais. Sa formation est provisoire. Ses membres attitrés seront nommés par frère Ibrahim lui-même, le moment venu. Les places seront chères et seuls les meilleurs combattants d'Allah pourront y siéger. Priez Allah qu'il pardonne vos péchés et montrez-vous dignes de votre allégeance à al-Dawla al-Islāmiyya.

Comme la plupart des membres de l'assistance appartenaient il y a peu encore à al-Nusra, désormais excommunié, ils baissent la tête en signe de soumission. Je les imite pour ne pas me distinguer.

Une fois faite son annonce du coup d'État opéré par la Dawla, le Grand Inquisiteur en revient aux affaires courantes, non sans déployer sa dialectique islamique au raisonnement abscons.

– La discorde entre croyants à laquelle nous sommes confrontés est une punition divine, ne vous y trompez pas, mes frères ! Allah est mécontent car l'instauration de la sharia ne progresse pas assez vite dans cette ville et Il éprouve les Véridiques pour qu'ils imposent Sa loi ! Nous devons offrir les Kurdes en holocauste pour satisfaire Son courroux. Dans sa grande prescience qui le rapproche des souhaits du Très-Haut, frère Ibrahim avait fait du combat contre les associateurs le cœur de son discours de départ au front. Il vient de me réitérer son ordre que nous fassions savoir dans tout le Levant que les Kurdes sont des ennemis de l'Islam.

– La question kurde n'est pas réglée parce que frère Merwan n'a pas utilisé les effectifs de la police municipale pour effectuer la rafle tant que la milice de ce traître d'Abou Issa était disponible, explique avec une manifeste délectation al-Ghabi, ce Nez-Crochu dont je n'attendais pas moins. À cela s'ajoute l'échec de la capture de leur meneur, Sefîn Hasroumi, se plaît-il à ajouter à mes revers.

Qu'à cela ne tienne, j'ai bien l'intention de résister aux piques d'al-Ghabi pendant cette réunion que j'aborde avec une confiance raisonnée après mon bon coup à Jazrah. Cela dit, je me méfie de ce qu'il pourrait avoir en réserve et le teste d'emblée avant de dévoiler mes atouts.

– Frère Khalid est décidément un habitué des accusations sans fondement à mon égard. J'ai supporté ses insinuations et ses malveillances avec toute la patience que donne Allah aux justes et à ses zélés serviteurs. Je veux bien recevoir des critiques, assumer mes erreurs, mais mon honneur m'oblige à ne pas accepter d'être sali sans cause. Je sais que frère Khalid parle derrière mon dos, mais qu'a-t-il à me dire en face ? le défié-je en tournant la tête par-delà Mahmoud pour fixer Nez-Crochu droit dans les yeux, lequel ne les détourne pas de mes Ray-Ban, mais au contraire m'affronte crânement en silence.

– Parle, frère Khalid, qu'ai-je fait pour mériter tant de méfiance ?

Le voir assortir son mutisme d'un petit sourire narquois me déconcerte un peu, moi qui pensais le déstabiliser. Je poursuis néanmoins, espérant profiter de la tension que j'ai suscitée au sein de l'assemblée. Fort de l'information que m'a révélée ce matin mon beau-frère sur mon dessaisissement du dossier kurde, je m'adresse obséquieusement à al-Adnani :

– Je rends grâce à ta sagacité, frère Taha, de m'avoir déchargé de la tâche d'arrêter les Kurdes de Raqqa. Mais que frère Khalid, qui a tout fait pour en hériter, n'aille pas reporter sur d'autres la responsabilité de ses difficultés à assurer sa mission. Pour ma part, j'étais chargé d'une mission de lutte contre le marché noir que j'ai totalement réussie, dis-je, sans masquer ma satisfaction. J'ai démantelé ces dernières quarante-huit heures deux trafics, l'un de cigarettes, et l'autre qui préoccupait tant le bureau de Sécurité lors de notre dernière réunion : j'ai mis la main sur l'énorme stock d'eau minérale qui avait été volé ces dernières semaines.

Je n'évoque évidemment pas la sacoche aux vingt millions de livres, que j'ai conservée pour services rendus, mais mes exploits suffisent à me rendre populaire. Imitant Mahmoud, des *« Amine »* retentissants jaillissent de plusieurs poitrines enthousiastes. Je sais gré à mon beau-frère d'avoir conservé le secret sur cette saisie dont la révélation en plein conseil donne encore plus d'éclat à mon succès.

– Loué soit Allah de t'avoir guidé dans la traque des méchants et des agioteurs, frère Merwan, me félicite le Grand Inquisiteur, auprès duquel j'espère avoir marqué des points définitifs face à Nez-Crochu, du moins pour aujourd'hui.

D'où je suis agenouillé, sur la même ligne que lui, mais dissimulé derrière Mahmoud, al-Adnani, al-Ghabi et d'autres, je ne vois pas Luqman al-Sury, celui que j'appelle la Brute. Je peux cependant deviner l'état d'esprit fiévreux dans lequel il doit être. Une intervention de Nez-Crochu me permet de l'entrapercevoir, mangeant sa barbe nerveusement. Voyant que je regarde dans sa direction pour écouter son voisin, la Brute essaye de reprendre contenance, mais son ami Nez-Crochu vient alors, sans s'en rendre compte, pousser jusqu'à son paroxysme sa peur d'être publiquement découvert.

– Félicitations, frère Merwan, même si je suppose que farfouiller dans le cloaque de l'illicite t'est une entreprise familière, persifle-t-il. Peux-tu donc nous apprendre qui a eu le front de nous défier en attaquant nos convois ?

Près de lui, la Brute, il est devenu livide, redoute le pire. Je joue un instant avec ses nerfs, en le fixant à travers mes lunettes noires, tout en gardant le silence. Tout le monde est suspendu à mes lèvres.

– Hélas non, réponds-je enfin, en déviant légèrement mon regard sur Nez-Crochu. C'est le trafiquant de cigarettes qui nous a balancé l'information sur le lieu du stockage de l'eau. Mais il a profité d'une minute d'inattention de ses gardiens pour se suicider au commissariat sans avoir eu le temps de me révéler le nom du commanditaire de ce trafic. La ferme où nous avons retrouvé l'eau était vide d'occupants. Et malheureusement nos archives sont muettes sur son propriétaire, déploré-je, alors que j'ai moi-même subtilisé les preuves de bon matin. Quoi qu'il en soit, des tonnes d'eau attendent réception au village de Jazrah dont la distribution aux commerces raqqaouis va propulser la popularité de la Dawla. Quel honneur pour frère Ali dont les services de transport vont ainsi mettre un terme à la pénurie d'eau, m'écrié-je en le prenant à témoin devant tous.

Souriant alentour, al-Sury semble tellement soulagé que je me demande s'il n'a pas fait dans son salwar. Il m'observe toutefois avec insistance, son expression dubitative laissant supposer qu'il ne parvient pas à décider s'il a eu de la chance, si je lui ai sauvé la mise ou si je me fous de sa gueule. Et ce n'est pas à travers mes Ray-Ban qu'il peut lire mon regard de chasseur scrutant sa proie.

– Frère Ali réglera ça au plus vite. Pour le moment, nous devons revenir au problème kurde, intervient alors Mahmoud. Avant de faire défaut, la police municipale, à la demande d'ailleurs de frère Merwan dont certains critiquent ici l'action, me défend mon beau-frère, a inscrit la lettre « ك » sur les murs et portes des domiciles kurdes. Cette réunion doit déterminer dans quelle mesure il est possible de mobiliser nos katiba pour mener une grande rafle demain à l'aube. Sans dégarnir la défense des check-points au sortir de la ville, ni compromettre le planning de nos centres d'entraînement. Un dispositif pour chaque zone de police de la ville…

Je sens le vibreur de mon Huawei dans ma poche et jette un œil sur l'écran. Numéro inconnu. Qui pourrait bien être celui que j'attends en même temps que j'en redoute l'appel. Et qui tombe toujours au mauvais moment.

– Excusez-moi un instant, dis-je en me levant, non sans discerner en sortant du dîwan le regard réprobateur du Grand Inquisiteur, inquiet de la Brute, haineux de Nez-Crochu et contrarié de Mahmoud, lequel s'est interrompu, mais reprend derechef avant même que je referme la porte derrière moi.

La cinquième sonnerie retentit quand je suis enfin dans la galerie, le cœur battant. Je décroche juste avant la sixième, qui déclenche la messagerie, tout en me dirigeant vers les portes grandes ouvertes donnant sur l'arrière du palais.

– Allô ?

– Mohamed Aït-Kacimi à l'appareil.

– Bonjour, frère Mohamed. Merci de ton appel. Dois-je en déduire que tu as réfléchi à ma proposition ? demandé-je poliment en débouchant sur la terrasse pour m'éloigner sans tarder vers les jardins de peur d'être entendu à travers les baies vitrées ouvertes, toutes proches du dîwan.

– Disons que j'y ai réfléchi, avec les conseils de mon actuel commandant, me répond l'énergumène d'une voix enjouée, qui a ainsi, si je comprends bien, rapporté notre entretien à l'Ottoman, le général de la Brigade des Petits-Fils du Prophète, à laquelle Aït-Kacimi vient de se rallier.

Yasmine m'avait décrit un mec cupide, son transfert du Front des étrangers semblait l'attester. Mais me voilà soudain face à un soldat loyal qui met un point d'honneur à tout rapporter à son nouveau maître ! Maintenant isolé au milieu d'un bosquet d'eucalyptus, près de la ménagerie d'où j'entends le feulement d'un lion, je demande le plus calmement possible :

– Que veux-tu dire exactement ?

– Que je suis trop cher pour toi, comme je te l'ai dit. Mais qu'en revanche, mon commandant aimerait bien te recruter, Merwan Milet. Ta réputation est connue dans tout Raqqa ou presque, et il t'a déjà vu à l'œuvre sur le terrain, paraît-il.

Al-Othman a bonne mémoire. On s'est effectivement croisés lors du grand bombardement, le triste jour où j'ai fait également la connaissance de Nez-Crochu avec qui il s'engueulait. Et le seul souvenir que j'en ai, c'est de l'avoir rembarré après avoir convaincu al-Ghabi de dégager. L'offre est évidemment inacceptable, pour toutes sortes de raisons. Et puis, tout ce qui m'intéresse en ce moment, je ne dois pas le perdre de vue, c'est de lui faire rencontrer sa femme. Autrement dit, je n'en ai rien à foutre de ce qu'il me dit, du moment que Yasmine le rencontre.

– Et pourquoi je quitterais le camp des gagnants ?

– Parce que tu es kurde, Milet, et que, tôt ou tard, ça compromettra ta carrière chez Daesh. Et puis le fric, il est pas là, crois-moi. Je ne sais pas combien ils te payent, mais nous on est prêts à te verser cinquante mille dollars comme prime d'entrée et mille dollars par mois.

Si j'étais intéressé, j'avoue qu'il serait convaincant. C'est donc d'autant plus facile de me montrer alléché.

– Ah oui, quand même, sifflé-je, l'air impressionné. Effectivement, ça vaut peut-être la peine qu'on se voie.

– Je te propose demain soir, à 21 heures, à l'ancien cimetière. C'est à la lisière de la ligne de démarcation entre l'ASL et l'État islamique, et à cette heure il n'y aura personne. Tu rentres par la porte sud et moi par la porte nord. On se retrouve au carrefour à mi-chemin.

Ça sent un peu le traquenard. Et si, plutôt que de me recruter, il voulait attirer dans un guet-apens l'étoile montante de la Dawla que je suis apparemment aux yeux de l'ASL ? Mais je n'ai guère le choix. À une condition toutefois.

– Comme je te l'ai dit, expliqué-je, ta femme voudrait aussi te rencontrer pour…

– Ah non, lâche-moi avec Yasmine ! On s'en fout de ce qu'elle veut ! Qu'est-ce que tu viens me…, maugrée-t-il, avant de s'interrompre et de rigoler. Ah mais bien sûr ! Tu la baises ! Ah, la salope, elle a bien trouvé son émissaire ! Je vois qu'à la trentaine bien tassée maintenant, c'est toujours une bonne pute.

Il va sans dire qu'il me désarçonne avec ses propos mensongers sur Yasmine dont je n'apprécie pas du tout les qualificatifs. Du moins, me tend-il une perche :

– Mon frère, c'est vrai qu'elle est bonne, et si je vous rallie, ça sera avec elle. Alors, autant régler ça demain soir. Sinon elle te tannera, et moi avec, dès qu'on sera de ton côté.

– Eh, mais c'est qu'elle va me faire bander quand je la reverrai ! Tu pourras me la prêter ? Je te laisse son fric en échange, s'excite Aït-Kacimi, entraînant mon rire jaune.

– On en reparlera. Alors demain. Vingt et une heures à l'ancien cimetière.

J'abrège cet entretien dont le cours m'irrite. En plus, j'ai intérêt à me grouiller de retourner en réunion.

Lorsque je me glisse dans la salle du dîwan, la Brute est en train de s'exprimer. Subitement anxieux à ma vue, il ne peut, tout en continuant de parler, s'empêcher de me suivre de son troublant regard morbide pailleté de vert, ce qui incite plusieurs autres participants à faire de même, dont, bien évidemment, mon ennemi intime, Nez-Crochu. Je m'assieds rapidement, jambes croisées sur le tapis, et baisse modestement la tête pour me faire oublier.

– … comme je l'ai dit tout à l'heure, j'ai les bus nécessaires pour transporter les prisonniers, quel que soit leur nombre. Mais si frère Samir veut aller dans les zones arides, vers Aïn Issa, pour les exécuter, alors il vaudrait mieux prendre des camions de transport militaire car les routes ne seront pas bitumées. Mais dans ce cas, il faudra regrouper les véhicules nécessaires à l'issue de l'opération. Toutefois, il risque d'en manquer pour le transport de troupes et après ce sera compliqué de ramener les hommes. Évidemment, tout cela serait plus simple si on avait une idée du nombre de prisonniers.

– Si on écoutait mon avis, l'exécution serait publique, dans le stade, pas au fin fond du désert, ronchonne Barbe-Rouge, le chef du bureau des Châtiments.

– Oh, on ne va pas reprendre cette discussion, soupire le Grand Inquisiteur. Notre garnison est d'à peine trois mille hommes, dont aux deux tiers des nouvelles recrues, pour une ville de deux cent mille habitants, dont on a pu voir il y a quelques jours que beaucoup nous sont hostiles. Je ne veux pas risquer une insurrection avec une exécution de masse en public ! Dois-je te rappeler, frère Samir, que nos ennemis se sont enfuis, sans doute pour se regrouper et qu'une brigade entière de l'ASL, les Petits-Fils du Prophète, campe au nord de la ville ? Il n'empêche que cette opération doit effectivement servir notre propagande. Il faut que nos ennemis sachent que la Dawla est là pour rester et faire régner la loi d'Allah. Je vais y revenir tout de suite. Mais d'abord, frère Khalid, répond à la question de frère Ali, combien de prisonniers escomptes-tu rafler ?

– Pff..., on tourne en rond, grommelle Nez-Crochu. On en a discuté tout à l'heure en parlant du dispositif quartier par quartier. Tout dépend encore une fois des hommes que frère Hussein pourra me fournir pour la rafle et de combien le bureau des Châtiments disposera de bourreaux puisque, si j'ai bien compris, frère Samir veut que ce soit son administration qui se charge de l'exécution.

– Ça, je ne comprends pas ! Si je fournis des soldats, c'est pour qu'ils tuent les prisonniers. Comme l'a dit frère Taha, nous avons pléthore de bleus. Quoi de mieux pour leur entraînement que de tuer !

Le parfait humaniste qui vient de parler est Abou al-Hajji al-Masri, en charge des affaires militaires au sein de l'ex-Conseil de consultation des combattants, où il siégeait peu au prétexte d'être accaparé par l'organisation des camps d'entraînement. Issu du Jabhat al-Nusra, il a suivi ses hommes qui passent depuis des semaines avec armes et bagages à la Dawla. Il ne doit pas faire loin de deux mètres et, même agenouillé, il dépasse tous les membres de l'assemblée de la tête et des épaules. Avec son turban vert qui le distingue de ses compères, je lui ai tout de suite trouvé le petit nom facétieux de Géant-Vert. Si le sujet de la conversation n'était si terrible, son déroulement en serait risible, surtout l'air renfrogné de Nez-Crochu qui n'arrive pas à se dépatouiller de ses problèmes logistiques. Al-Adnani s'entretient en aparté avec le seul inconnu du groupe, lui aussi enturbanné, lui aussi plus que barbu, lui aussi entre trente et quarante ans. Une cacophonie commence à s'installer, chacun parlant maintenant sans écouter l'autre, Nez-Crochu en prenant pour son grade, ce qui est vraiment jouissif. Al-Adnani lève alors la main en signe d'apaisement, ramenant aussitôt le calme.

– Mes frères, je vais maintenant vous présenter frère Adil, de sa qounia Abou Mohamed al-Furqan. C'est le fondateur d'al-Furqan, qui a couvert tous les exploits de notre émir Abou Bakr al-Baghdadi lorsqu'il combattait en Irak. Il a été mon modèle pour la création de l'Institut de la Pérennité. Il est là pour réorganiser toute notre propagande médiatique, en déshérence depuis le meurtre de frère Elias, qu'Allah le miséricordieux l'accueille en son paradis. Mes frères, souvenez-vous que le souhait de frère Ibrahim à travers cette opération anti-Kurdes est de démoraliser leurs troupes en préambule à une offensive dans la soi-disante Rojava. À ce stade, comme vient de me le préciser frère Adil, le nombre de prisonniers à exécuter n'est pas important. Je lui laisse la parole, il va vous expliquer.

Le dénommé Abou Mohamed al-Furqan a un signe distinctif que je n'avais pas remarqué en le voyant discuter avec al-Adnani : un regard encore plus halluciné que les autres. Un regard de dingue. Ce sobriquet lui conviendra comme un gant.

– Mes frères, entame-t-il, l'avantage de l'image, c'est qu'on peut lui faire dire beaucoup plus qu'elle ne montre. Une seule razzia dans une rue kurde, prise sous différents angles, caméra à l'épaule, frappera de terreur nos ennemis. Et filmer les prisonniers que l'on conduit à la mort décuplera le message. C'est moi qui suis allé repérer un lieu d'exécution, à la demande de frère Taha. J'ai découvert un endroit splendide à une quarantaine de kilomètres d'ici, au sud d'Aïn Issa. Une oasis avec quelques palmiers surplombée par des monticules rocheux. Je vois bien défiler des prisonniers, une cinquantaine au moins, bien rangés à la lisière de l'ombre des rochers et quand le soleil va les éclairer, *pan !*, on les fusille, ou on les égorge, et ils tombent tous en même temps, au moment où la lumière d'Allah apparaît dans toute sa splendeur. Au montage, un chant de guerre à la gloire de l'État islamique viendra accentuer la charge symbolique du film… Ce sera magnifique et tellement édifiant, s'enthousiasme le cinéaste cinglé.

– Là, je ne comprends pas… On va se contenter de liquider cinquante Kurdes pour faire un film, alors qu'il était question qu'on purifie la ville de cette engeance satanique ? s'indigne Barbe-Rouge, dubitatif sur les performances de la propagande islamique 2.0 au regard d'un massacre collectif à l'ancienne, dans un stade, entre gens civilisés.

– Moi, je comprends très bien, déclare Nez-Crochu d'un petit ton supérieur très agaçant. Comme l'a rappelé frère Taha, nous devons faire connaître notre projet, et les images sont le meilleur vecteur, car pouvant toucher toute l'Oumma à travers le monde. Il faut donc concentrer nos moyens pour une opération coup de poing à l'usage d'un film de propagande. Cela ne nous empêchera pas d'arrêter d'autres Kurdes les jours suivants, mais l'effet sera déjà en boîte et prêt à être diffusé.

– Frère Khalid a très bien compris, le félicite stupidement le Grand Inquisiteur.

Moi aussi, j'ai compris. Et j'ai aussi parfaitement reconnu les lieux décrits par le Dingue. Un hameau du nom d'al-Fatih bâti sur une faille d'un plateau aride surplombant une cuvette argileuse où s'étale un point d'eau boisé, plus ou moins fourni selon la saison. Chouette endroit pour un pique-nique du vendredi, mais qui se prêterait aussi très bien à la mise en scène envisagée, avec son flanc rocheux circulaire aux allures de théâtre antique, dont l'ombre sur son mur sud diminuera jusqu'à l'heure fatidique du zénith.

– Effectivement, reprend al-Adnani, ce qu'il faut en réalité pour demain, c'est deux cents hommes au maximum pour quadriller un quartier et en déloger tous les Kurdes. Une cinquantaine de prisonniers et autant de combattants d'Allah iront sur les lieux de l'exécution. J'espère que ce sera à votre portée, frères Samir et Hussein, de me trouver ça pour demain à l'aube ? Et toi, frère Ali, j'aimerais que tes problèmes de transport soient résolus.

Sans attendre de réponse des uns et des autres, le Grand Inquisiteur interpelle Nez-Crochu.

– Frère Khalid, je te charge de bien coordonner l'opération avec les besoins de frère Adil.

– Je serai digne de ta confiance, frère Taha. Et, *insh'Allah*, demain ne sera que le début de la vengeance que vont subir les Kurdes, affirme tout miel Nez-Crochu, qui me regarde en coin d'un air caustique, pour voir si j'ai saisi sa menace.

Sans doute me croit-il aux abois, en voyant ma mine déconfite. Ce n'est pourtant pas mon sort qui me préoccupe en ce moment, mais celui de tous ces pauvres gens destinés à être tués pour satisfaire la soif de notoriété médiatique de la Dawla. Profitant de la prière de clôture à laquelle nous convie le Grand Inquisiteur, un plan fou germe dans ma tête pour faire rendre gorge à al-Ghabi. Il se méprend sur le visage fermé que j'oppose à son sourire moqueur au seuil de la porte en quittant le dîwan. Avant que l'ironie ne le cède à la consternation quand il voit al-Adnani me retenir pour un huis clos. Eh oui, comme tu le dis toi-même, cher frère Khalid, « farfouiller dans le cloaque de l'illicite m'est une entreprise familière ». Et à cet égard, j'ai une bonne nouvelle à annoncer à notre chef : Oum Adam est prête à fournir des filles vertueuses à marier aux djîhadistes de la Dawla. Et avec ses protecteurs du Jabhat al-Nusra et de la Brigade des Petits-Fils du Prophète désormais hors la loi, la Veuve Noire va devoir en rabattre sur ses prétentions financières et filer doux avec moi.

*

Il est 16 heures 30 quand je débarque à la maison, sans chercher à semer les emniyim que Nez-Crochu a remis dans mes pattes. Je constate avec soulagement que le Belge a fait son office. À cette heure, tout le monde doit être à Battani à l'abri. Après mon essai assez raté de la dernière fois, j'entreprends de couper un large ruban dans un drap pour me constituer une poitrine crédible, que je fourre cette fois de chiffons de bonne tenue, et que j'agrafe pour plus de sûreté avec deux épingles de nourrice. Pour compléter mon déguisement, j'enfile malaisément des gants noirs appartenant à Asma afin de masquer mes doigts velus. Je me trémousse quelques secondes devant le miroir de la salle de bains, sans autre résultat que de faire brimbaler mes faux nibards, qui retrouvent ensuite leur place sans s'affaisser jusqu'au bas du ventre. Ainsi bien ajusté, je prends la tangente discrètement, en retroussant mon sitar pour escalader les box de la cour. Inutile, malgré la qualité de mon grimage, de tester l'éventuelle compétence de mes nouveaux suiveurs. Je sors par l'immeuble voisin donnant sur la rue perpendiculaire à la mienne. L'air de rien, sinon d'une femme imposante portant un sac, où j'ai plié des vêtements de rechange. La marche est longue jusque chez Yasmine et il est temps d'appeler Sefîn Hasroumi. Il est sur répondeur mais me rappelle peu après, la voix couverte par une radio diffusant de la daube égyptienne à plein tube.

– Allô Merwan ? Tu m'as appelé ? chuchote-t-il, malgré le fond sonore qui le rend quasi inaudible.

– Oui, Sefîn. Et c'est très une mauvaise nouvelle qui m'amène. Les rafles… Mais tu ne peux pas arrêter la musique ? On ne s'entend pas.

– Non, je ne peux pas, murmure-t-il.

– Mais pourquoi ? m'étonné-je, tout en ayant peur de comprendre.

– Je ne veux pas être entendu, souffle-t-il sur un riff de *qânoon* électronique.

Merde ! Il ne manquait plus que ça… À quel jeu joue l'Ottoman ?!

– Tu es prisonnier ?

– Non, mais sous surveillance dans un baraquement dont je suis sûr qu'il est truffé de micros. On me laisse encore traiter l'évacuation des Kurdes, mais je ne me déplace pas sans accompagnateurs…

– Oh Sefîn, je suis désolé de t'avoir mis dans cette nasse. En plus, je ne vois pas l'intérêt de l'ASL…

– L'ASL ici, ce sont les Frères musulmans dont toutes les traîtrises sont toujours à attendre, s'emporte-t-il avant de reprendre plus bas : À ce propos, Merwan, je crains d'avoir aperçu ton ennemi en visite chez Khalifa al-Othman…

– Mon ennemi ?

– Celui dont tu m'as parlé avant-hier. Un mec avec une gueule de rapace. Celui que tu appelles Nez-Crochu. Je dois dire que ça le décrit très bien. Quand je l'ai croisé hier matin en sortant de chez Khalifa al-Othman, où il entrait, j'ai tout de suite pensé que ça pouvait être lui.

Khalid al-Ghabi a rencontré Ali Abdul Khalifa al-Othman ! Ces deux coqs que j'ai séparés au moment où ils allaient s'étriper en plein chaos général après le grand bombardement ! Mon cœur s'arrête de battre un instant.

– Sefîn, tu as dit à Khalifa al-Othman que c'est moi qui t'ai envoyé à lui ?

– Non, bien sûr. Mais…

– Mais quoi ?

– Mais un camarade a commis un impair en sa présence, et il sait maintenant que je te connais.

Récapitulons. Sefîn Hasroumi, que j'ai fait échapper à l'arrestation par la Dawla, est retenu par l'Ottoman. Ce dernier sait désormais que Sefîn me connaît. Mon ennemi intime, Nez-Crochu, chef des services secrets de la Dawla, a rencontré l'Ottoman. La question est : ont-ils parlé de moi ? Question subsidiaire : ont-ils évoqué mes liens avec Sefîn que j'étais censé arrêter ? Et dans ce cas : qu'en ont-ils déduit ? Seule certitude concernant la réponse : al-Othman n'a pas remis Sefîn à Nez-Crochu. Est-ce à dire pour autant que ce dernier n'a rien appris de l'Ottoman sur mon double jeu ? Il n'a rien voulu dévoiler tout à l'heure au Conseil, mais ne s'est pas non plus laissé démonter par mes attaques, m'opposant toujours son petit sourire sournois en coin, comme s'il était sûr de lui et mûrissait son coup. Décidément, c'est mauvais pour le stress, la vie d'agent double. Avec mes cogitations, Sefîn finit d'ailleurs par trouver le temps long.

– Ça va, Merwan ? s'inquiète-t-il alors que mon oreille commence à s'habituer au tintamarre destiné à camoufler notre conversation.

– Euh… oui. Je réfléchissais.

– Et pourquoi tu m'appelles ? m'interroge-t-il, m'invitant à passer d'un sujet merdique à un sujet de merde.

– Sefîn, une rafle contre la communauté kurde va avoir lieu demain matin. Et le but est l'extermination.

Avant la guerre, Raqqa devait compter environ vingt mille Kurdes. La plupart sont partis en mai-juin, après la rupture entre l'Union démocratique kurde et le Front de libération de Raqqa. Je savais que beaucoup des logements kurdes que j'ai appelé à marquer d'un « ك » étaient vides. Il est vrai que les Kurdes sont les Raqqaouis pouvant le plus facilement trouver refuge dans de la famille alentour, étant donné la proximité avec la Rojava. Mais tous n'avaient pu ou voulu quitter la ville, et j'espérais bien que ce marquage infâme sur leurs maisons, plus l'alerte que Sefîn diffuse depuis son évasion, en auraient convaincu un maximum de s'enfuir.

– Je ne te remercierai jamais assez pour ce que tu fais, commente Sefîn après un temps de pause, d'une voix fataliste et emportée par l'émotion.

– Écoute, j'ai un plan pour sauver demain une cinquantaine de Kurdes promis à être exécutés, le réconforté-je, pourtant effrayé par ce que j'ambitionne de faire encore. Est-ce que tu serais capable de mobiliser des combattants kurdes pour m'aider à les délivrer ?

– Bien sûr, réagit-il, gagné par mon audace. Enfin, moi je ne peux pas grand-chose mais je vais demander au commandant Abdullah Ohran des Unités de Protection du Peuple de prendre contact avec toi.

– Alors qu'il m'appelle vite. Il doit être opérationnel demain à dix heures au plus tard, à une quarantaine de kilomètres au nord de Raqqa. Et il y a plein de détails à mettre au point.

– Entendu Merwan, prends garde à toi.

– À qui le dis-tu ! m'exclamé-je, ma grosse voix faisant se retourner deux gamines éberluées qui me croisent sur le trottoir, attifé en dondon. Et toi aussi, Sefîn. Tiens-moi au courant de ta situation.

Cette conversation m'occupe suffisamment l'esprit pour arriver chez Yasmine sans parvenir à penser à autre chose qu'au piège qui se referme sur moi. Mais il ne faut pas une minute pour que ma maîtresse française me ramène à l'amour, comme si, ouvrant la porte sur ma mine défaite, elle avait compris que c'est le seul remède dont j'ai maintenant besoin. L'adhan pour la prière du coucher retentit de mosquée en mosquée par la fenêtre ouverte dans la tiédeur de la nuit tombante. Elle s'est assoupie, ou fait semblant, après une heure d'ébats à me retenir pour mieux la faire jouir de ma langue et de mes doigts. Une Marlboro à la bouche, je ne peux m'empêcher de contempler ce corps somptueux que j'ai encore une fois exploré dans tous les sens comme si c'était la première. Je ne me lasse pas de sa lascivité torride, de sa gourmandise érotique, de son insatiable désir. Et pourtant, je dois rejoindre Asma à Battani, comme je le lui ai juré. Mais surtout, je dois d'abord avoir avec Yasmine une conversation qui sera la première étape de son prochain départ de Raqqa. Ces instants partagés sont sans doute les derniers.

– Mon cœur, me crois-je autorisé à déclarer, en rupture avec mes conventions maritales qui réservaient cette appellation à Asma, tu dors ? dis-je en lui caressant les cheveux.

– Humm…, marmonne-t-elle.

– J'ai des nouvelles de Mohamed Aït-Kacimi.

Yasmine sursaute comme si je venais de la brûler avec ma cigarette.

– Quoi ? Tu ne m'as rien dit ?

– Mon cœur, tu m'as sauté dessus à peine je suis rentré, remarqué-je.

Elle se met en lotus sur le lit d'un mouvement rapide et saisit sur la table de chevet une des cartouches de Marlboro ramenées des entrepôts clandestins de Karim le Fou. Elle en profite pour choper le cendrier avant que mes cendres ne tombent sur les draps. J'ai du mal à détacher mon regard de ses seins si délicieusement pleins.

– Alors ? Dis-moi, me presse-t-elle en allumant sa clope avec une allumette.

– On a rendez-vous demain soir à 21 heures à l'ancien cimetière.

– Il est d'accord pour signer les papiers ?

– Yasmine, il croit que je veux rallier la Brigade des Petits-Fils du Prophète. C'est pour ça qu'on a rendez-vous.

Elle me foudroie de son œil vairon.

– C'est quoi, cette histoire ? Et moi ? Tu lui as parlé de moi ? s'énerve-t-elle.

– Oui, Yasmine, je lui ai parlé de toi. Et c'est bien pour ça que j'ai cherché un autre prétexte pour le rencontrer, figure-toi ! répliqué-je sèchement, même si je comprends bien que, si près du but, Yasmine soit un peu à cran.

– Comment ça ? questionne-t-elle, comme sur ses gardes.

– En gros, tu lui laisses le souvenir d'une… épouse un peu volage.

– Ah, ce n'est que ça, balaye-t-elle, même si j'aurais préféré qu'elle se récrie sur sa réputation. Sinon, il n'y a pas de souci ? Je pourrai le voir, lui remettre son fric et lui faire signer les papiers ? insiste-t-elle.

– Il est d'accord, assuré-je, sans m'appesantir sur ma conversation avec son ex. Mais tu me laisseras conduire la discussion, préviens-je en levant l'index pour encore mieux marquer la chaîne de commandement. Je ne veux pas t'entendre. C'est vrai ce que je t'ai dit. Je l'ai convaincu de me rencontrer pour organiser mon transfert. Il m'a proposé cinquante mille dollars. C'est que je suis une vedette chez les djîhadistes maintenant, plaisanté-je.

– Incroyable ! T'es trop fort, mon Merwan, s'enthousiasme-t-elle en me posant une bise sur l'oreille. Et comment tu as fait pour l'embobiner comme ça ?

J'allais me vanter de mon improvisation avec Aït-Kacimi quand mon Huawei se met à sonner. Je ne connais pas le numéro qui s'affiche.

– Allô ?

– Allô, *sayyid* Milet ?

– Oui, c'est moi, confirmé-je en écartant une main baladeuse de Yasmine, avec le froncement de sourcils désapprobateur de celui qui est occupé.

– Commandant Abdullah Ohran de la 8ᵉ brigade des Unités de Protection du Peuple, à l'appareil. C'est notre ami Sefin Hasroumi qui m'a dit que vous aviez besoin d'aide pour secourir des compatriotes.

– Oui. Oui tout à fait, approuvé-je en me redressant pour me caler contre les oreillers. Commandant, demain, avant 12 heures 30 ou 13 heures au maximum, la Dawla procédera à l'exécution d'une cinquantaine de nos frères dans un hameau du sud d'Aïn Issa, appelé al-Fathi.

– Je connais, commente sobrement le militaire.

– Alors vous connaissez la con… figuration des… lieux…, hoqueté-je en sursautant aux chatouilles de Yasmine.

Après m'avoir léché le cou, le torse, voilà qu'elle commence à avaler mon sexe ! Heureusement que le commandant connaît l'endroit, et que j'ai moi-même une idée relativement précise de mon plan, car je le débite mécaniquement sans pouvoir me détacher de la crinière de boucles noires montant et descendant au rythme de la fellation qu'elle dissimule. La voix de mon interlocuteur traduit parfois un peu d'étonnement, voire de confusion, aux râles qui s'échappent de mes lèvres. Toutefois, je crois que les grandes lignes sont bien comprises lorsque nous nous séparons. À mon plus grand soulagement, il me suggère que nous convenions des détails sur zone, demain dès 9 heures 30. Pour l'instant, c'est ma zone érogène qui est en plein combat et prête à exploser. Et j'aurai maintes fois cette nuit encore l'occasion de remonter au front.

13

Dans les revues féminines d'Asma, que je feuillette parfois par curiosité, les femmes se plaignent de la lâcheté des hommes. Elles ont raison. Prenez mon cas. Épuisé par Yasmine et perclus de fatigue accumulée, j'ai dormi d'une traite d'un sommeil longtemps sans rêves jusqu'à ce que, sur le coup de 4 heures, l'image de ma femme en larmes me réveille en sursaut. J'avais juré que je la rejoindrais ce soir dans cet appartement de Battani où j'ai planqué ma famille. La vision de ma charmante compagne de lit aurait pu m'inciter à me rendormir, l'esprit égoïstement apaisé. Et justement, j'y ai songé. La perspective de devoir rentrer chez moi à pied, reprendre ma voiture, tromper la vigilance des emniyim et aller à l'autre bout de la ville en pleine nuit avait de quoi me rebuter. Puis, j'ai commencé à réfléchir sur ma compagne de lit. C'est vrai qu'elle me subjugue. Toutefois, solder ses comptes avec son mari l'obsède depuis son arrivée à Raqqa, et maintenant que son face-à-face avec lui se profile concrètement, notre histoire semble reléguée loin de ses préoccupations. D'ailleurs, peut-on parler d'« histoire » quand notre brève relation n'a été qu'une suite de coucheries. C'est une Française. Je n'ai été qu'une « passade » pour elle, si je me souviens bien du sens de cette expression. La réalité, c'est que bientôt je n'aurais plus de maîtresse et que je n'en ai jamais vraiment eu une. Par contre, j'ai une femme qui m'aime. Soudain, mû par un veule instinct de conservation familial, je suis saisi de compassion pour Asma et les enfants, seuls dans cet appartement inconnu d'un quartier excentré.

– Tu pars déjà ? marmonne Yasmine, à moitié endormie, alors que je finis d'enfiler mon jean de rechange.

J'évite de me rapprocher du lit, de crainte qu'elle ne m'alpague pour une nouvelle partie de galipettes, selon sa technique éprouvée. Et sans y mettre de formes, je dis :

– J'avais promis à ma femme d'aller la voir.

– Ah bon.

Elle ne daigne même pas ouvrir l'œil, même quand elle ajoute :

– Et pour ce soir ?

– Pour ce soir, je t'appelle.

En quittant la chambre, je suis tristement convaincu qu'en fait elle n'avait nulle intention de me retenir. Malgré l'incertitude qui plane sur ma vie sentimentale, il est vraiment temps de prendre des décisions stratégiques. Il est 6 heures 30 du matin quand je sonne à l'appartement des Maalouf. Je dois admettre que ces journalistes féministes n'ont pas tort. Renouer avec Asma pour ne pas insulter l'avenir au moment où Yasmine s'apprête à me larguer, c'est assez lâche. Mais j'aimerais les voir à ma place, ces donneuses de leçons !

Avant de renouer, j'ai beaucoup à me faire pardonner. C'est ce que me fait comprendre Asma qui, morte d'inquiétude et la voix pleine de sanglots, me passe une avoinée de première bourre dès qu'elle répond à l'interphone :

– Merwan, tu exagères ! J'ai même pas envie de t'ouvrir.

J'entends Naïm se plaindre, « Oh si, moi je veux voir papa », et aussitôt j'entends le déclic de l'ouverture de la porte de l'immeuble.

Toute la famille, traits tendus, visages blêmes, m'attend sur le palier, même le Vieux sur son fauteuil roulant que j'entrevois dans l'embrasure de la porte. Ils ont vraiment l'air épuisés, sauf mon fils qui vient se pendre à mon cou d'un bond impressionnant.

– Tu te rends compte qu'on se retrouve ici depuis hier sans nouvelles ! Sans même savoir si tu es mort ou vivant ? entame Asma, les yeux rougis par une journée et une nuit d'angoisse.

– Asma, je suis désolé…

– Tu es toujours désolé ! proteste-t-elle, la voix cassée par l'émotion et la rancœur. Hier, tu nous annonces que ta vie est menacée et qu'il faut quitter notre appartement d'urgence. Et depuis, sans un mot, tu nous abandonnes à la peur et à l'inquiétude, alors que tu avais juré de venir dormir ici ! Merwan, tu es… tu es…

– Tu es méchant, papa, complète Assia, tandis que sa mère fond en larmes. Ça fait quatre nuits que tu découches, et même cette nuit, alors qu'on a besoin que tu sois là et qu'on s'inquiète de ne pas te voir ! Oui, tu es méchant, me jette ma fille, les yeux embués à son tour.

Influencé par ce flot de reproches, Naïm se tortille pour descendre de mes bras avec une moue boudeuse. Même le Vieux a le regard sévère.

– C'est vrai, Merwan. Je sais ce que c'est que le devoir. J'ai toujours fait mon devoir. Tu as une famille, me reproche-t-il en m'appelant par mon prénom, ce qui est suffisamment rare pour que je comprenne que tout ce petit monde attend de moi des explications.

Je les regarde un par un et collectivement, affichant une mine bouleversée de circonstance, mais néanmoins sincère.

– Entrons, inutile d'alerter le voisinage, proposé-je en espérant que les œilletons alentour ne soient pas déjà obstrués par des yeux curieux, et des oreilles collées aux portes pour mieux entendre.

Lorsqu'on est cerné par ses mensonges, la seule fuite est de convenir de quelques vérités. Et je ne manque pas de vérités à révéler à Asma sans avoir à évoquer ni ma vraie maîtresse

Yasmine, ni son faux amant Maher al-Shibahi. Alors que nous avons migré vers la cuisine, où mère et fille préparent le petit-déjeuner, l'affaire Haddad fait office d'amuse-bouche. Cette jeune bourgeoise prostituée assassinée la veille du massacre de ses parents demeure un mystère, mais les différents rebondissements de l'enquête, y compris le rôle de notre neveu Hakim, font pénétrer les miens de plain-pied dans les arcanes d'un métier dont je ne parle guère d'habitude. « Mais pourquoi ne m'as-tu pas dit son nom, à cette fille ? Kenza Haddad ! Nour Essid ! Ce sont des élèves à moi. Pas très travailleuses, je dois dire. En fait, pas motivées par les études, d'après ce que tu nous dis de leur vie. Pauvres filles », commente Asma. J'entre alors dans le vif du sujet en annonçant cash mes fonctions réelles au sein de la Dawla. Asma est naturellement horrifiée, mais je la rassure en lui expliquant toutes les manœuvres entreprises pour qu'un maximum de Kurdes échappent à leur funeste sort, à commencer par Sefîn Hasroumi. Je lis une lueur de reconnaissance dans les yeux de ma femme, mais son regard chavire à nouveau de désarroi quand je lui apprends la dangereuse opération que je m'apprête à mener ce matin. Pour conforter mon statut de héros, j'embraye en contant les affaires Kassim le Fou et al-Ajeel. « C'est grâce à toi que la Sannine est revenue ! Whaouh, quand je vais dire ça à mes copines », s'extasie ma fille. Je vais pour lui dire de n'en rien faire mais bon, en l'occurrence, ça peut servir ma réputation.

– C'est tout à mon avantage, mais je préfère que tu n'en racontes pas trop sur moi. En tout cas, cette affaire d'eau minérale est la seule de mes confidences qui peut sortir de cette pièce, compris ? C'est une question de vie ou de mort !

Tout le monde hoche la tête, la mine grave.

– Et Tareq ? qui a tué Tareq ? s'enquiert Asma, à juste titre mais à mauvais escient.

– Vous devez savoir que moi aussi, j'ai échappé à un attentat et je dois sans cesse faire attention à ne pas être suivi par des espions. Je vous l'ai dit hier, je me suis fait un ennemi mortel, qui peut s'en prendre à tous mes proches. Tareq a payé pour ça, mens-je, mais en produisant mon effet, à observer les têtes effrayées qui m'entourent. C'est pourquoi je vous ai déplacés ici. Il faut que vous le sachiez, mon ennemi s'appelle Khalid al-Ghabi. C'est le chef de l'Emniyat, une sorte de Moukhabarat estampillé Daesh. Mais si l'opération que je mène tout à l'heure réussit, sa crédibilité sera bien entamée. De surcroît, grâce à cette affaire d'eau minérale, j'ai un moyen de pression sur un de ses proches.

– Et mon frère dans tout ça ? m'interroge Asma.

– Mahmoud n'est au courant de rien. Je ne lui ai rien dit pour Hakim. Et toi, tu dois continuer à ne rien lui dire de ton rôle dans Haqquna. Même s'il nous connaît et sait que nous fréquentons des gens comme Sefîn ou Nadwa. Il est de mon côté, bien sûr, face à al-Ghabi, et heureusement. Mais sa soumission à la Dawla est totale et je ne parierai pas sur son soutien s'il venait à apprendre mon double jeu. Je suis désolé de te le dire, Asma.

– Pff… Ça fait longtemps qu'il a choisi son camp. C'était pourtant un si gentil grand frère…

– Et concernant votre élection, vous en êtes où ?

Je fais exprès de changer de sujet pour éviter de m'épancher moi aussi sur l'affligeante dérive de mon ami d'enfance. À ma question, Alma affiche une mine réjouie :

– Des listes et des bureaux de vote sont prêts dans presque tous les quartiers, me répond-elle, le sourire revenant sur ses lèvres. L'ASL protégera le scrutin dans les zones qu'elle contrôle. La mobilisation sur les réseaux sociaux et par le bouche-à-oreille est très forte. Nous espérons au moins doubler en participation le nombre de gens qui se sont déplacés à la manifestation du 12.

Mais soudain, elle se rembrunit et me demande d'une voix perplexe :

– Tu es toujours contre ? Tu crois que c'est dangereux ?

– Évidemment que c'est dangereux. Mais je ne suis plus contre. Contrairement à ce que m'enseigne mon cynisme habituel, qui t'énerve tant, je dois reconnaître que votre action n'est pas vaine. Votre manifestation les a un peu déstabilisés. Et par miracle, ils ignorent tout de vos projets électoraux, l'informé-je en omettant de préciser la prochaine délation de son faux amant Maher. Cette élection va les contrecarrer un moment dans leur projet de domination totale de la ville. Mais ça ne fera que gagner du temps. À mon avis, jamais vous ne pourrez imposer un conseil municipal autonome face à la Dawla. Leur stratégie pour vaincre la résistance n'est pas de prendre les Raqqaouis de front, mais de couper les têtes des leaders d'opinion démocrates et d'éliminer les autres factions militaires. D'ailleurs, après les élections, j'aimerais bien, mon cœur, que tu te retires de la direction d'Haqquna. Mais on en reparlera, ajouté-je aussitôt d'une voix conciliante en la voyant soudainement rouler les yeux noirs de la contestation.

Ce petit-déjeuner est une telle catharsis familiale que je ne vois pas le temps passer. Il est si agréable de rétablir un lien de confiance avec ma femme. À un moment, je me suis demandé pourquoi je ne me suis pas confié à elle plus tôt. Avant de me souvenir que ça fait des jours que je vis dans un univers parallèle avec une maîtresse. Le regard bienveillant qu'elle pose sur moi en cet instant me fait rougir de honte. Heureusement, le colonel Awat Milet me rappelle à mon devoir.

– Moi, fiston, je n'ai jamais douté de toi. Tu es de la trempe des Milet. Mais tu nous as raconté tout à l'heure que tu avais rendez-vous à 9 heures 30 à al-Fathi avec des camarades des Unités de protection du peuple, et il est bientôt 8 heures.

Je me lève d'un bond, consterné à la vue de ma montre.

– Grand-père a raison, il faut que je file.

Naïm vient s'accrocher à ma jambe et Asma se jette dans mes bras.

– Pardonne-moi d'avoir douté de toi, Merwan. Sois prudent. Téléphone-moi pour me rassurer, s'il te plaît. Je t'aime, me murmure-t-elle tendrement à l'oreille.

– Moi aussi, mon cœur, lui soufflé-je, à la fois soulagé et terriblement mal à l'aise.

*

J'ignorais comment se déroulerait mon retour parmi les miens après mon départ précipité de chez ma maîtresse. En revanche, je savais très bien quels seraient mes besoins plus tard dans la matinée. Malgré l'heure tardive, ou trop matinale, j'avais donc appelé Abou Madhi sitôt sorti de chez Yasmine. Sur répondeur. Le Belge m'avait rappelé quelques minutes plus tard et écouté mes instructions sans poser la moindre question, alors que je le tirais du lit. Avant de le rejoindre, j'avais toutefois une tâche indispensable à accomplir : récupérer mon SVD Dragounov dans le coffre de ma voiture, qui stationnait le long du square devant chez moi, avec des emniyim somnolant dans un 4 × 4 garé juste à côté, comme j'ai pu le constater en parvenant à pied à mon domicile d'Huriyah, après une longue marche. Par chance, ils s'étaient mis capot contre capot ce qui m'a permis d'aller fouiller le coffre par l'arrière à quatre pattes, en soulevant le moins possible le hayon afin de ne pas attirer l'attention des dormeurs. De toute manière, en cas de pépin, j'avais ôté le cran de sûreté de mon Glock. Muni de mon sac de sport, j'avais retrouvé al-Vilvordi un peu plus loin, au carrefour convenu, avec un Toyota Hilux qui devait me servir le reste de la journée. J'ai déposé le Belge pour continuer mon chemin vers Battani. Il a profité de ce court trajet pour me déclarer qu'il avait trouvé ma fille très jolie, en déménageant ma petite famille hier après-midi, et il a sollicité l'autorisation de la courtiser. Avec tact, j'ai fait valoir à ce fidèle factotum qu'elle était encore très jeune et que je souhaitais qu'elle fasse des études avant de se marier. Voyant son air désolé en le débarquant sur un trottoir, je lui ai concédé de venir nous rendre visite vendredi. Il faudra quand même que je parle de ma bourde à Assia, me dis-je en sortant de l'immeuble des Maalouf pour reprendre le volant du pick-up à la tôle froissée mais au moteur puissant.

La route la plus directe depuis la planque familiale de Battani aurait été de quitter la ville par le check-point nord de la RN6, mais je ne tiens pas à me faire remarquer des Petits-Fils du Prophète avant mon rendez-vous de ce soir avec Mohamed Aït-Kacimi. Du reste, si je me suis doté de ce type de véhicule, c'est bien pour pouvoir faire des détours. Je sors donc plein est par le discret check-point de Machlab, où on me laisse passer à la seule vue de mes papiers. Je commence par longer l'Euphrate, avant de bifurquer au nord par la première piste à gauche pour rejoindre plus loin la RN6 vers Aïn Issa, puis d'obliquer à l'ouest sur la route caillouteuse d'al-Fathi. Le contraste est vite saisissant. La route nationale suit le cours de la Balikh et les cultures succèdent aux cultures tout au long du parcours vers Aïn Issa. Puis, au fur et à mesure qu'on s'écarte de ce sillon de verdure, la steppe, avec son herbe rase et jaunie, recouvre ses droits. L'ocre des briques sèches se fond si bien dans ce décor, que les premières maisons d'al-Fathi n'apparaissent qu'à l'entrée du hameau, perchée au-dessus d'une faille circulaire du plateau. La route se scinde alors en deux. L'une serpente dans la pente raide qui cahote vers un point d'eau, ombragé à cette heure par les flancs rocheux. L'autre se poursuit vers le nord. C'est celle que je prends, sous l'œil curieux des villageois, avant de m'engager directement sur la steppe quelques centaines de mètres plus loin, empruntant un sentier de mulet menant aux ruines d'un mausolée antique surplombant l'oasis, à l'opposé de la route qui y descend depuis al-Fathi. Le commandant Abdullah Ohran de la 8ᵉ brigade des Unités de Protection du Peuple, un grand moustachu, m'attend comme convenu avec une maigre troupe.

– *Salam aleykoum*, il est 10 heures passées, commissaire Milet. Je croyais qu'on supputait l'arrivée de l'ennemi en fin de matinée, m'accueille-t-il d'un ton contrarié.

– Je suis désolé, commandant, mais Sefîn a dû vous dire que je risque ma vie. J'avais des précautions à prendre pour sortir de Raqqa. Je vous remercie en tout cas d'avoir répondu à mon appel. Effectivement, une rafle de Kurdes s'est déroulée ce matin, et l'intention de Daesh est de venir mettre en scène l'exécution des prisonniers ici même. Combien avez-vous d'hommes ? demandé-je en désignant du menton son unité.

– Trente. Mais d'élite et très bien équipés.

Soit moins que nos adversaires, mais peut-être plus aguerris. L'effet de surprise ne va pas suffire, j'ai intérêt à être bon.

– Commandant, voilà comment je préconise que nous agissions.

*

Même en confectionnant un abri de fortune avec mon blouson de coton marron, retenu avec des pierres sur les deux rochers qui m'encadrent, le soleil qui me tape sur le jean et le bas du dos depuis bientôt deux heures est insupportable. Mais pas le choix, et puis j'ai ce qu'il faut pour supporter l'épreuve : une bouteille d'eau dans mon sac de sport, et le tapis de sol qui m'isole de la terre brûlante sur laquelle je suis allongé. Du moins grâce à ce toit sommaire, mon poste de tir, en aplomb d'une vingtaine de mètres du cirque de pierre, est-il à l'ombre, et mon angle de vision parfait sur le spectacle en contrebas. Alors que je commençais à somnoler, à force de fermer les yeux, fatigué de chasser en permanence des gouttes de sueur de mes paupières, j'entends un bruit de moteur déchirer le silence torride de la steppe avant d'apercevoir un convoi de véhicules entamer la descente de la route étroite qui me fait face, menant du hameau à l'oasis. À travers ma lunette de tir, je distingue quatre camions de transport de troupes, des URAL russes bâchés, précédés et suivis d'un pick-up, dont celui de queue, équipé d'une Douchka. Mauvaise surprise : je n'avais pas prévu des artilleurs susceptibles d'arroser à la mitrailleuse lourde les rochers où je me dissimule. Bonne surprise, en revanche, avec en ligne de mire dans le premier pick-up une belle brochette de salopards : Abou al-Hajji al-Masri, le Géant-Vert, chef troufion de Daesh, venu surveiller la bleusaille s'exerçant à l'assassinat de masse, Abou Mohamed al-Furqan, le Dingue, venu filmer le carnage, et Khalid al-Ghabi, Nez-Crochu, qui est là pour superviser la tuerie dont il espère se faire mousser au firmament du paradis d'Allah, et accessoirement auprès d'Abou Bakr al-Baghdadi. Pendant ce temps, les prisonniers sont débarqués sans ménagement des URAL par leurs bourreaux. Je n'ose imaginer l'état d'esprit des malheureux, des hommes et des adolescents, qui ont fait le voyage avec leurs assassins. Je vais tout faire pour que ce ne soit pas le dernier, comme ils en sont désormais convaincus à voir leurs visages ravagés et les larmes des plus jeunes.

Le Dingue, caméra à l'épaule, en même temps qu'un de ses assistants, prend des plans divers du débarquement puis de l'alignement des condamnés le long du point d'eau, à l'ombre des parois rocheuses, mais sur une position qu'envahira dans quelques minutes la lumière éclatante du soleil, donnant le coup d'envoi de l'exécution, selon le scénario morbide des propagandistes daeshiens. Les tueurs se placent chacun derrière leurs victimes d'une manière théâtrale dont les caméras ne perdent pas une miette. Le cinéaste cinglé se place de côté, et son assistant de face, afin de ne manquer aucune abjection de la scène de crime en préparation. À voir les longs couteaux brandis, l'égorgement a été la méthode choisie, plus spectaculaire et terrifiante à l'écran que la balle dans la nuque. L'ombre arrive au point critique où les prisonniers, tous habillés de blanc, et leurs exécuteurs, tous habillés de noir, vont être illuminés par le jour triomphant. J'envoie le SMS convenu et déjà rédigé au commandant Ohran, dont les soldats sont théoriquement disséminés alentour, camouflés par leurs treillis couleur locale. J'ajuste mon OTs-03, muni de son silencieux, au moment où des *Allah Akbar* retentissants jaillissent des dizaines de poitrines fanatiques dont l'écho sinistre se répercute de roche en roche. Je n'attends pas la fin de cette monstrueuse invocation pour dégommer coup sur coup les trois occupants du pick-up à la Douchka. Leur véhicule est en retrait à l'arrière, en partie masqué au sol par un bosquet de palmiers. D'ailleurs, personne n'y prête attention, tous les regards étant braqués sur la lumière solaire qui vient faire étinceler l'acier des couteaux tandis que les bouchers, de l'autre main, saisissent les cheveux de leurs victimes pour dégager leur cou. Un, deux, trois, quatre, hélas le cinquième a le temps de trancher une gorge avant que je ne le descende, mais la vue des corps de leurs complices, s'effondrant les uns après les autres, provoque la stupeur dans les rangs djîhadistes, qui interrompent leur infâme besogne en se dispersant de droite et de gauche pour voir d'où provient l'attaque.

Je devine, plus que je ne vois, Nez-Crochu et ses acolytes en alerte. Sans doute ont-ils réalisé que les préposés à la Douchka sont hors de combat et cherchent-ils en vain qui leur tire dessus et d'où ça vient. J'aurais tant aimé en finir maintenant avec cette raclure de Nez-Crochu, mais il ne perd rien pour attendre. Pour l'instant, je dois poursuivre le sulfatage des égorgeurs qui ont maintenant saisi leurs kalachnikovs en bandoulière. Ils sont une quarantaine à s'éparpiller, tirant à tout-va sur les parois rocheuses, y compris sur la zone où je me tiens en embuscade. Une rafale brise des pierres à dix mètres de moi. Puis je distingue nettement une fusillade dans la fusillade. Les unités kurdes sont entrées en action. Les djîhadistes font volte-face à cet assaut venu de l'arrière. Je profite de ce répit pour m'en faire un. Il explose comme une bombonne de sang et d'os. Jusqu'à présent, je n'avais visé que la tête et croyais que leurs gilets noirs étaient des pare-balles. Entraînés par le Géant-Vert, qui n'a pas froid aux yeux et les exhorte au martyre, les djîhadistes se mettent en ligne et progressent en vidant leur chargeur droit devant eux. Mes alliés, stoppés dans leur élan, sont contraints de riposter en défense. La contre-attaque djîhadiste a dégagé la route. C'était sans doute la manœuvre souhaitée par al-Masri, car le voilà abandonnant ses hommes pour courir vers le pick-up à la Douchka où embarquent à leur tour Nez-Crochu, le Dingue, son assistant et deux aides de camp. J'ai le temps d'abattre un de ces derniers, l'assistant réalisateur, et de blesser, j'espère gravement, le Géant-Vert avant que Khalid al-Ghabi ne s'empare de la mitrailleuse lourde. Il pulvérise alors pierres, roches et terre partout autour de ma planque, qu'il a fini par repérer. Je recule loin du bord de la faille, furieux de n'avoir pu empêcher leur fuite et, plus que tout, de dégommer Nez-Crochu.

Sur le terrain, les djîhadistes ont été décimés et les Kurdes n'accordent aucune pitié aux survivants, après que l'un d'entre eux s'est fait exploser après avoir prétendu se rendre. Une quinzaine de minutes plus tard, après avoir traversé al-Fathi, déserté entre-temps par ses habitants, je retrouve sur place le commandant Abdullah Ohran, atterré par le désastre, mais reconnaissant de mon action personnelle. Il a cinq hommes morts, une douzaine de blessés, dont un grave. Néanmoins, le plus rageant demeure le fiasco de l'opération de sauvetage. Entre ceux auxquels mon intervention n'a pas épargné l'égorgement et ceux transformés en victimes collatérales des affrontements, seuls une trentaine sont indemnes, huit sont morts, les autres sont blessés, dont certains salement amochés. Seul réconfort pour mes alliés : la prise de guerre d'un pick-up et des quatre transports de troupes URAL, qui vont permettre d'évacuer morts et blessés avec les survivants, les daeshiens étant abandonnés aux charognards. Je n'attends pas que tout le monde soit à bord pour repartir. En prévision de ma soirée, je réclame pour seule récompense deux des gilets pare-balles en Kevlar lestés de céramiques dont sont équipés les miliciens kurdes. Pour moi, la course contre la montre est engagée. En échappant à ma gâchette, al-Ghabi, al-Masri et al-Furqan sont désormais les témoins d'une embuscade dont seul un membre du Conseil exécutif de la Dawla a pu dévoiler le lieu. Et je suis l'indicateur idéal, ce que ne manquera pas de colporter Nez-Crochu.

*

Compte tenu de l'avance de mes adversaires, il était illusoire d'espérer les rattraper pour être avant eux de retour à Raqqa, à les attendre tranquillement dans mon bureau du palais. D'un autre côté, il est déjà presque 15 heures quand je me présente au check-point de Hittin, à l'opposé de celui où j'ai quitté la ville ce matin. Arriver comme une fleur en milieu d'après-midi ne pourrait qu'attirer les soupçons, surtout après la propagande que n'aura pas manqué de diffuser Nez-Crochu à mon encontre. D'ailleurs un SMS de Mahmoud vient s'étonner de mon absence et me recommande de rappliquer. J'en suis là de mes sombres réflexions quand, après avoir garé le Toyota Hilux à deux rues de chez moi, et être entré dans mon immeuble par l'escalade habituelle depuis l'immeuble voisin, je pénètre chez moi. À peine franchi le seuil, un sentiment de sécurité m'envahit en ces lieux familiers où il me semble entendre les voix des miens percer le silence intime du foyer. Une pensée réconfortante me lie alors fugacement à Asma, chassant les visions sanglantes de mon éprouvante matinée. Une longue douche froide évacue le stress et apaise les brûlures qui me piquent la peau du dos et des jambes, dues à ma longue attente au soleil. Dans le miroir, je note aussi ma sale gueule blême de mec bien crevé. Tout en observant mon reflet, me vient une idée. Je vais faire de cette mauvaise mine un atout. Malgré l'heure qui s'égrène, je prends le temps de manger une platée de semoule, ainsi qu'une conserve de thon, avant d'avaler un bon litre d'eau tiède salée. Je laisse passer dix minutes, et j'en profite pour préparer un autre litre du même mélange dans une bouteille de Sannine. Quand les premières suées commencent à me prendre, je quitte l'appartement précipitamment et me retiens avant de sortir rendre tripes et boyaux sur la voiture des emniyim, toujours garée capot contre capot de ma Peugeot 307. Après de vagues excuses que crédibilise mon visage livide en sueur, et un deuxième jet de semoule au thon, je prends le volant. Pour parer au risque d'une perquisition intempestive, j'ai préféré laisser mon sac de sport garni du Dragounov et des gilets pare-balles dans la Toyota. Pour ce soir, si tout va bien.

Je m'oblige à boire une nouvelle dose de mon vomitif tout en conduisant, ce qui me permet de me vider publiquement en débarquant dans le parking du palais, puis, plus ostensiblement encore, au pied du hall d'entrée où je croise Mahmoud qui en sort.

– Ah te voilà enfin ! m'apostrophe-t-il, avant de remarquer ma barbe dégoûtante et mon bas de pantalon taché de dégueulis. Tu n'as pas l'air bien !?

– J'ai eu une intoxication alimentaire. J'ai rendu toute la nuit et toute la journée, expliqué-je avec l'air maussade de circonstance et une voix épuisée que je n'ai pas à feindre. Je suis venu après ton message, mais si j'avais su que tu partais…

– Je dois passer au stade pour une histoire avec les otages occidentaux emprisonnés. Mais je reviens vite. Al-Adnani a convoqué une réunion du Conseil exécutif à 18 heures. Il y a du lourd. C'est mieux que tu sois venu. À tout à l'heure, me lance-t-il en allant rejoindre sa voiture de fonction.

Les gens me regardent avec sollicitude et j'en rajoute sur le mode malade à l'agonie pour aller m'enfermer dans mon bureau. Dix-huit heures. Dans moins de deux heures. Et je dois être à 21 heures à l'ancien cimetière, après être passé chercher Yasmine selon des ruses de Sioux chronophages. Toutefois, avant de me préoccuper des affaires du couple Aït-Kacimi, je ferais mieux de m'occuper des miennes. Car si Nez-Crochu parvient à convaincre le Conseil de ma trahison, je ne sortirai pas vivant d'ici. La première priorité est de récupérer la maîtrise de mon corps. J'appelle Abou Madhi et, tout en lui racontant le même baratin qu'aux autres, je lui demande de passer à la pharmacopée me chercher des pansements gastriques, ainsi que du paracétamol pour calmer les atroces maux de tête provoqués par mon dérangement. J'absorbe le tout avec quantité de thé puis m'allonge directement sur le tapis du bureau pour un repos réparateur jusqu'à ce que ma vessie me réveille. Et heureusement. La réunion est dans trois quarts d'heure et j'ai encore une ultime carte à jouer si je veux sauver ma peau. C'est regonflé à bloc que je frappe à la porte d'Abou Luqman al-Sury, à l'une des suites du premier étage où il a son bureau.

La Brute est naturellement surpris de me voir apparaître alors que nous nous connaissons à peine. Ses troublants yeux marron clair striés de vert rendent son regard suspicieux encore plus inquiétant.

– *Salam aleykoum*, frère Merwan. Je ne m'attendais pas à ta visite, m'accueille-t-il alors qu'il est occupé à lire dans un sofa un énorme recueil de hadiths relié de cuir ouvragé. Tout le monde s'étonnait de ton absence depuis ce matin, mais il paraît que tu es malade…

– *Aleykoum salam*, frère Ali. Ça va beaucoup mieux, *mash'Allah*. Veuille excuser mon intrusion, mais j'ai à te parler avant la réunion.

Ex-sous-officier raqqaoui des Moukhabarat à l'époque où j'étais jeune flic, j'ignore si Luqman al-Sury sait que je suis aussi un ancien du régime. Heureusement, Mahmoud a lissé ma biographie pour ne pas assombrir ma réputation, et la sienne. Si Nez-Crochu a déjà bavé sur moi depuis son retour d'al-Fathi, c'est forcément avec la Brute. Ils sont assez proches pour qu'al-Ghabi ait fomenté en sa présence l'infiltration de Maher al-Shibahi au sein d'Haqquna, m'a rapporté ce dernier. Certes, Luqman al-Sury s'est montré relativement neutre avec moi lors des récents esclandres m'opposant à al-Ghabi. Et je suis là pour que cette neutralité perdure, ou mieux qu'elle bascule franchement en ma faveur. Sans préavis, j'y vais donc franco en sortant mon Huawei pour lui montrer la vidéo de l'opération menée hier à Jazrah, l'arrestation d'Abdoul ben Mohamed Shawakh al-Ajeel, ainsi que les témoignages certifiant qu'il rendait lui-même visite régulièrement au dépôt clandestin recélant l'eau minérale volée.

– Un cousin à toi, cet Abdoul, frère Ali ? l'interpellé-je en observant avec satisfaction la décomposition de son visage.

La Brute se ressaisit toutefois assez vite et aboie :

– Cette vidéo ne prouve rien. Où sont ces chiens qui m'accusent ?

– Au frais. Ne t'inquiète pas, dis-je conciliant, personne ne saura qui a braconné les convois de livraison d'eau ces dernières semaines.

En fait, mon intention est de lui faire peur, mais pas de le dénoncer, et encore moins de m'en faire un ennemi.

– On découvrira d'abord tes manœuvres pour sauver les tiens, sale Kurde ! réplique-t-il sans égard pour mon offre d'ouverture, mais la voix plus paniquée que menaçante.

Il était temps que je passe voir Luqman al-Sury. Nez-Crochu a bien commencé son œuvre de discrédit. Je joue la surprise indignée.

– Cela fait des jours que frère Khalid crache son venin contre moi sans apporter la moindre preuve. Tu as dû remarquer que ça ne semble pas convaincre frère Taha, qui me marque sa pleine confiance. Qu'a-t-il encore inventé pour me nuire ?

La Brute considère mes traits tirés et mes vêtements puant le vomi d'un œil circonspect, se demandant si vraiment j'ai débarqué de chez moi malade en ignorant tout de l'affaire du jour. Et doutant toujours, probablement, que je vais garder pour moi les informations sensibles le concernant. Je reprends, sur le ton de la confidence, en faisant jouer ce que j'espère une corde sensible chez ce rejeton des al-Ajeel :

– Frère Ali, tu es un Raqqaoui, comme moi et comme mon beau-frère Mahmoud. C'est pourquoi je veux t'épargner la honte, et sûrement pire, d'avoir trempé dans ce trafic d'eau. Nous devons être solidaires entre Raqqaouis. *Alḥamdulillah*, seul Allah le miséricordieux peut juger. Alors je te demande le même respect. Je récuse toutes les accusations de Khalid al-Ghabi. Ce natif d'Idlib ne cherche qu'à semer la discorde entre nous. Les étrangers dominent la Dawla et, grâce soit rendu au Très-Haut, ils sont bien guidés par notre émir al-Baghdadi, le bien-aimé d'Allah. Mais nous devons aussi préserver nos intérêts et ceux de nos familles. Je sais que frère Khalid cherche depuis longtemps à te monter contre moi. Mais lui-même, sais-tu ce qu'il fait vraiment ? Quel mauvais coup fomente-t-il pour m'éliminer ? Veux-tu que dans son sillage un Idlibois vienne me remplacer à la tête de la police de Raqqa ? Car c'est ça qu'il veut en colportant tous ces mensonges contre moi. Il veut conforter sa position auprès de frère Taha, originaire d'Idlib lui aussi. Alors, j'ignore ce que ce malfaisant raconte, mais je m'en défendrai et j'espère pouvoir compter sur toi pour m'appuyer.

Je suis assez content de mon laïus, au terme duquel j'ai l'air de lui rendre un service de cousin à cousin sans rien demander de concret en échange, sinon qu'il revienne à de meilleurs sentiments communautaires. D'ailleurs, il semble déstabilisé par mes propos, après avoir senti le vent du boulet des révélations que je pourrais faire. Je remarque même une lueur malicieuse briller dans son œil, m'incitant à penser qu'il a compris où se trouve son intérêt.

– Je ne peux nier que frère Khalid se méfie de toi et cherche à te faire tomber. Attends-toi d'ailleurs à de nouvelles attaques, frère Merwan, me prévient-il d'un ton doucereux. Je ne sais pas ce qui vous oppose et ne veux pas me mêler de votre litige. Le fait est qu'il n'a jamais rien démontré. Pour le reste, tu as raison de dire qu'il est important que les Raqqaouis conservent le contrôle de leur ville. Ma tribu est très attachée à ce que soient respectés ses droits coutumiers.

Dont le droit d'attaquer des convois alimentaires et de racketter les consommateurs d'eau minérale, je suppose. Je me garde bien cependant d'ironiser, mais j'en remets une louche, histoire qu'il soit bien reconnaissant de mon silence sur ses activités coupables :

– J'ai compris toutes les frustrations des tribus quand j'ai eu à gérer les conséquences du grand bombardement. C'est pourquoi il m'a semblé de bonne politique que les al-Ajeel puissent sauver leur réputation. Personne n'aurait intérêt à un affrontement entre la Dawla et les tribus. À quoi j'ajoute perfidement : « Comme personne n'aurait intérêt à ce que la cabale d'al-Ghabi réussisse. »

Le djîhadiste mafieux se rembrunit à cette piqûre de rappel mais me fait néanmoins bonne figure quand nous nous quittons sur des formules de politesse hypocrites, sans que je sache jusqu'à quel point je vais pouvoir compter sur lui dans quelques instants.

Je suis déjà assis en tailleur près de Mahmoud, dans la grande salle de réunion du rez-de-chaussée, quand Nez-Crochu fait son apparition, flanqué de la Baleine. Cette proximité inédite avec le responsable du bureau d'Aides sociales, passé sans état d'âme du Jabhat al-Nusra à la Dawla, ne manque pas de m'alarmer. Mon beau-frère, convaincu que je souffrais d'une gastro-entérite, m'avait déjà affranchi en m'informant d'un ton catastrophé des « évènements » d'al-Fathi et des accusations que mon meilleur ennemi propageait contre moi. Nez-Crochu s'assied face à nous, non sans me narguer d'un sourire goguenard, avec son nouvel ami à ses côtés, bientôt rejoint par le Dingue. Je retiens mon souffle quand la Brute pénètre à son tour dans la pièce. Mais il va prendre place parmi d'autres membres du Conseil, délaissant les rangs de mon procureur dont le regard en dit long sur son mécontentement que l'autre fait mine de ne pas remarquer. Sur ces entrefaites arrive le Grand Inquisiteur et nous pouvons commencer la prière. La formalité accomplie, Abou Mohamed al-Adnani prend la parole :

– Mes frères, j'ai convoqué d'urgence le Conseil consultatif car il y a un traître parmi nous. Du moins est-il courageux puisque personne ne manque à l'appel, entame-t-il en parcourant l'assistance de son regard glacial, dont j'ai la désagréable sensation qu'il me transperce plus qu'un autre. Hier, nous avons décidé ici, entre nous, de l'organisation ce matin à l'aube d'une rafle dans les milieux kurdes, puis du lieu de leur exécution. Or des ennemis d'Allah attendaient nos moudjahidine et ont délivré les prisonniers. L'information ne peut sortir que d'ici. Je laisse frère Khalid, qui a survécu à cette attaque, nous en rapporter les circonstances.

Khalid al-Ghabi affiche un air pénétré, joignant ses mains devant lui pour prendre la pose, et commence son récit d'une voix d'outre-tombe :

– Mes frères, l'armée des Véridiques a été victime d'une diabolique trahison. Alors que nous étions parvenus sans encombre à l'oasis d'al-Fathi et étions sur le point de mener à bien l'exécution, selon le cérémonial convenu que devait filmer frère Adil, nous avons été pris sous le feu croisé d'une dizaine de snipers, dissimulés sur les hauteurs, et d'une milice kurde deux fois plus nombreuse que nous, qui s'était tapie tels les rats du désert pour nous guetter. L'héroïsme dont nous avons fait preuve afin d'être les dignes guerriers d'Allah, loué soit son nom, a terrorisé nos ennemis. Tandis qu'avec une mitrailleuse je mettais hors de combat les snipers qui nous assassinaient dans le dos, frère Hussein, au péril de sa vie, a mené une contre-attaque meurtrière, nous permettant d'échapper aux hordes de mécréants, poursuit-il avec emphase. Nos braves moudjahidine en ont tué des dizaines avant d'avoir l'heur de finir en martyrs, qu'Allah le miséricordieux les accueille en son paradis. J'ai pu sauver *in extremis* frère Hussein, qui est actuellement à l'hôpital. Son état n'inspire plus d'inquiétude, *insh'Allah*.

Nez-Crochu a bien enjolivé l'histoire pour se donner le beau rôle. Il m'apprend au passage que j'ai raté le Géant-Vert.

– Ainsi que frère Taha l'a souligné, seule une source interne à cette assemblée a pu informer l'ennemi de cette opération, reprend-il, d'un ton plus incisif. Et cette source est active depuis plusieurs jours. Depuis la disparition de Sefîn Hasroumi, qui a miraculeusement échappé au coup de filet policier organisé par frère Merwan, pourtant si spectaculaire, rappelle-t-il en m'interpellant, avant d'ajouter, sans me quitter des yeux : à ce propos, je voudrais passer la parole à frère Fadel, qui a des faits intéressants à vous apprendre.

Je sens des regards s'appesantir sur moi. Difficile de garder contenance, avec cette boule au ventre envahissante et les suées qui me reprennent. Près de moi, Mahmoud a tiqué quand il a entendu parler de sniper. Heureusement Nez-Crochu a noyé le poisson en prétendant en avoir massacré une dizaine. Mon beau-frère me sait plus doué que ça. Et surtout, il me croit malade et sortant du lit, comme la plupart des participants après la tragicomédie que j'ai jouée en arrivant au palais. La Baleine se racle la gorge, tâchant de figer la graisse de son visage dans une expression grave :

– Les fonctionnaires du bureau d'Aides sociales, qui sont amenés à sillonner la ville pour distribuer l'aide alimentaire et des médicaments, me rapportent que partout on savait que des rafles étaient en préparation contre les Kurdes. Lorsque nous avons marqué leurs maisons, bien souvent elles étaient déjà vides, et le marquage en a incité d'autres à fuir. Une rumeur dit que c'est Sefîn Hasroumi lui-même qui a organisé cette fuite. Je pense qu'il y a eu sabotage.

– J'ai filmé la rafle menée ce matin, intervient le Dingue. Tout un pâté de maisons et d'immeubles où devaient résider trois cents familles, sans doute pas loin de deux mille personnes. À part quelques vieillards ou infirmes, nous n'avons pourtant trouvé personne. Ceux qui n'étaient pas partis se terraient dans des cachettes préparées depuis plusieurs jours, derrière de fausses cloisons, dans des caves, sur des toits. Nous avons arrêté à peine cent cinquante mécréants, et dans des conditions qui auraient exigé un gros montage pour rendre l'opération spectaculaire à l'écran. Le tournage de l'exécution de la cinquantaine d'hommes sélectionnés s'annonçait bien mieux, mais…

Le Dingue laisse sa phrase en suspens, ce qui ramène Nez-Crochu à son point de départ.

– La trahison est donc établie. Quelqu'un a renseigné les ennemis d'Allah sur nos intentions. Quelqu'un qui a aidé Sefîn Hasroumi à fuir. Quelqu'un qui a intérêt à protéger la communauté kurde. Et je ne connais qu'un membre de ce Conseil qui puisse ainsi trahir la Dawla pour protéger les siens. Et vous le connaissez tous. Comme par hasard, personne ne l'a vu de la journée et il réapparaît ce soir, soi-disant malade. Mais même un malade peut planifier un guet-apens à distance. N'est-ce pas, frère Merwan ?

Al-Ghabi ponctue sa charge, énoncée d'une voix outragée, en désignant théâtralement de la main toute la rangée face à lui, où se trouve la seule cause de son courroux accusatoire, c'est-à-dire moi. Mes voisins font d'ailleurs un mouvement de reptation instinctif des fesses pour s'éloigner de quelques centimètres. Je ne peux pas dire que son propos me met à l'aise. Mais je parviens à conserver un visage impavide, tout en affrontant le regard inquisiteur de Nez-Crochu. Je sais qu'il sait. Du moins, je sais qu'il a rencontré al-Othman et que ce dernier a pu lui confier que j'étais en contact avec Sefîn Hasroumi. Pourtant, il persiste dans l'insinuation, sans user de l'argument massue qui me terrasserait. Peut-être garde-t-il ce coup de Jarnac en magasin. À moins qu'il ne soit piégé par sa propre information… Mais oui ! C'est ça ! Nez-Crochu ne dévoile pas ma proximité avec le leader occulte de l'opposition kurde raqqaouie, tout bonnement parce que cela l'obligerait à confesser qu'il s'est rendu chez l'Ottoman. S'il avait été missionné pour cette rencontre secrète avec l'ennemi, il n'hésiterait pas à étaler les preuves de ma connivence avec Sefîn. J'en déduis que, dans l'état actuel des relations inter-factionnelles, il est contraint de cacher sa source au Grand Inquisiteur, qui risquerait de prendre ombrage de ce huis clos entre le chef de l'Emniyat et celui des principales troupes de l'ASL en ville. Malgré la pression qui pèse sur moi, je laisse encore un instant le silence affoler les spéculations avant d'entamer ma défense d'une voix parfaitement calme :

– Notre Prophète bien-aimé, paix, bénédiction et salut soient avec lui, nous a mis en garde contre le tribalisme, et le fait d'être kurde ne fait de moi ni un apostat ni un hypocrite. Aujourd'hui, comme hier, comme chaque jour finalement, frère Khalid m'accuse et m'accuse encore de collusion avec l'ennemi. Mais jamais, non jamais, il n'étaye ses calomnies. Le Messager d'Allah, paix, bénédiction et salut soient avec lui, a dit : « Quiconque accuse un croyant d'une chose qui n'est pas vraie, alors Allah le fera demeurer dans la coulée de pus des habitants de l'enfer, et il ne quittera plus cet état jusqu'à ce qu'il se rétracte de ce qu'il a dit. » Pourtant, mes frères, si quelqu'un sait tout de moi, c'est bien frère Khalid. J'ignore ce qu'il en est pour vous, mais sachez qu'il me fait suivre vingt-quatre heures sur vingt-quatre par deux agents de l'Emniyat. Si c'est une décision de notre émir, je la respecte, mais alors que frère Khalid soit honnête et fasse un rapport de la surveillance étroite dont je suis l'objet. Il vous dira que ses espions lui ont rapporté que je suis sorti malade de chez moi à 16 heures 10 et je n'ai appris les horribles évènements de la matinée que tout à l'heure par la bouche de mon beau-frère, Mahmoud al-Khalif, qui m'a fait venir pour assister à cette réunion. Ce dont je me serais bien passé dans mon état, croyez-moi. Si encore je me montrais incapable d'accomplir ma tâche de chef de la police criminelle, je comprendrais que mes frères se méfient de moi. Mais quels sont les reproches à cet égard, alors que je viens de démanteler coup sur coup deux réseaux de trafiquants ?

Si Nez-Crochu doit abattre une carte maîtresse, c'est maintenant. Et je lis bien dans son œil noir qu'il brûle de dire ce qu'il sait. Mais il reste coi et sa tour d'assaut s'écroule. Mieux encore, en révélant être la victime d'un espionnage constant, j'ai ouvert une brèche dans le camp adverse, chacun s'interrogeant désormais sur le fait de savoir s'il est lui aussi surveillé par des emniyim. Tous les regards convergent vers al-Adnani, lequel, impassible, semble fixer un point invisible sur le mur. La Brute profite de ce flottement pour intervenir :

– Les faits rapportés par frère Khalid et frère Fadel sont certes troublants et laissent supposer que les Kurdes ont bénéficié de fuites. Mais ces actes de sabotage et de trahison ne concernent pas que la question kurde. Frère Merwan a fort bien rappelé avoir mis un terme au trafic d'eau minérale. Là aussi, les assaillants des convois étaient bien renseignés sur leur itinéraire. Et ça n'avait rien à voir. C'est le travail de l'Emniyat que de débusquer les traîtres, pas de semer la zizanie entre les serviteurs d'Allah.

Je mesure en voyant le visage de Nez-Crochu se décomposer et à la mine contrite de ses affidés que la sortie de Luqman al-Sury m'a sauvé la mise. Certes, il est sacrément gonflé d'user de ses propres turpitudes comme argument. Néanmoins, en élargissant le champ des conspirations qui menaceraient la Dawla, il dilue les soupçons qui pourraient encore peser sur moi concernant le cas spécifique kurde. Mahmoud décide enfin à son tour de se mouiller :

– Frère Ali souligne bien l'étendue des menaces. Avec la fuite d'Abou Issa et d'Abou Saad al-Hadrami, nos ennemis se sont regroupés dans la Djézireh. Selon mes informations, et frère Khalid devrait le savoir puisque les rapports de l'Emniyat m'ont aussi renseigné en ce sens, ils sont en train de fusionner leurs troupes avec les débris des brigades de l'ASL que nous avons chassés du siège de Deir ez-Zor et s'apprêteraient à venir renforcer les Petits-Fils du Prophète au nord de Raqqa. Peut-être que frère Khalid est tombé sur un de leurs bataillons...

– Frère Khalid sait faire la différence entre un accrochage avec l'ennemi et une embuscade, rétorque le Grand Inquisiteur à mon beau-frère, qui baisse les yeux de confusion. Et il a été victime d'une embuscade qui se solde par la mort inutile de dizaines de moudjahidine et la perte de véhicules militaires, rappelle-t-il d'une voix agacée, sans parler du ratage du film de propagande que nous a commandé notre émir, aimé d'Allah, frère Ibrahim. Je partage son avis que la source ne peut venir que d'ici, en tout cas concernant cette affaire. Il a donc raison de mener l'enquête, déclare al-Adnani en remettant d'un geste exaspéré une mèche rebelle sous son turban. En revanche, frère Khalid, ton inimitié pour frère Merwan ne doit pas affecter ton jugement, ajoute-t-il pour mon plus grand soulagement. À t'entendre, la surveillance des membres du Conseil, dont je t'ai chargée et dont je prends l'entière responsabilité, ne semble se concentrer que sur lui. Or aucune piste ne doit être négligée. Le traître, quel qu'il soit, est ici, parmi nous, et il sera démasqué tôt ou tard, assène le lieutenant général de l'État islamique.

L'intervention d'al-Adnani, venant d'instruire tout un chacun qu'il peut être espionné, jette un froid. Du moins, sans m'innocenter, il a écarté ma culpabilité. Mais surtout, il a réitéré sa confiance à cette fouine de Nez-Crochu, et à ce rythme, ce dernier finira par me coincer. Ça me rappelle que je ne vois pas comment je vais faire pour honorer ma parole vis-à-vis de Maher al-Shibahi de délivrer sa famille. Or, faute de garanties sur ce point, c'est demain au plus tard qu'il doit appeler Nez-Crochu pour l'informer de la date des élections municipales programmées par Haqquna. J'ai beau tourner les choses dans tous les sens, la seule hypothèse crédible, sinon la plus souhaitable, c'est que je serai bientôt mort, et ma famille en grand danger de subir le même sort. Les dernières minutes de ce Conseil semblent un supplice préliminaire, pendant lequel je dois supporter l'écoute pathétique de ces vils daeshiens, rendus pitoyables par la folle inquiétude que suscite l'espionnage dont ils font l'objet. Je les observe en train de se confondre en bassesses courtisanes pour louer le courage, l'audace, la maîtrise d'al-Ghabi lors de l'attaque d'al-Fathi. Pour faire bonne mesure, les mêmes, et d'autres, en rajoutent en flagorneries auprès d'al-Adnani pour le féliciter de sa clairvoyance, de son discernement et de sa sagesse. J'ai du mal à retrouver ma respiration, oppressé par les périls qui me menacent ; écœuré aussi par la lâche mesquinerie à laquelle me conduit ce régime totalitaire. Je passe le reste de la réunion à broyer du noir, enfermé dans la solitude de mon cerveau, sans plus participer, ni même finalement écouter ce misérable épisode d'indignité humaine.

*

Il est presque 20 heures quand j'arrive chez moi avec ma 307, dûment suivi par des emniyim. Épuisé physiquement et psychologiquement par ces cinq jours et bientôt cinq nuits hors du commun, tant sur le plan professionnel, physique que sentimental, une envie folle et puérile me saisit de m'affaler sur mon lit pour tout oublier. Idée folle car de ce rythme haletant dépendent ma survie et celle des miens. Idée puérile aussi que de fuir l'heure de vérité entre Yasmine et Mohamed Aït-Kacimi, qui sonnera la fin de notre liaison. De toute façon, c'est décidé, j'ai choisi ma famille. Je ne peux pas, et en fait je ne veux pas l'abandonner. Je ne vais pas nier qu'une part de moi espère encore qu'après avoir réglé ses comptes avec son mari, Yasmine me conviera à fêter ça dignement. Peut-être même que je lui demanderai l'autorisation de prendre quelques photos-souvenirs érotiques. De bons souvenirs, c'est sûr. Des moments de pure sensualité qui m'ont fourni chaque nuit l'énergie pour affronter le lendemain. Et la perspective de demain exige cet apport énergétique, y compris dans l'intérêt des miens. Voilà, hop, l'air de rien, je viens de trouver un arrangement avec ma conscience : une dernière nuit torride avec Yasmine, qui me doit bien ça, puisque je l'exfiltrerai dès demain de Raqqa, avant de reprendre avec Asma une vie de couple tranquille. Enfin, tranquille… Non, mon vieux, tranquille, non, même pas en rêve… Pas tant que Nez-Crochu peut me nuire. Mais peut-être que j'ai un plan à cet égard : accepter tout à l'heure l'offre d'Aït-Kacimi et passer avec femme, enfants, aïeul, armes et bagages chez les Petits-Fils du Prophète, auxquels je trouverai dès que possible le moyen de fausser compagnie pour filer chez une de mes sœurs, à Damas ou Kobané. Après tout, j'ai vingt millions de livres planqués dans une armoire qui peuvent aider à bâtir un futur alternatif, en plus de la prime de bienvenue que l'ASL me versera pour mon embrigadement. Il faudra d'ailleurs que je transfère les fonds dans un sac plus discret que celui aux couleurs kurdes qui les contient pour le moment. Tout à mes réflexions, je délaisse le lit pour une douche froide qui me fouette le sang et l'esprit. Je m'habille de noir pour ressortir par-derrière, à l'abri de mes espions toujours aussi incompétents, et aller récupérer la Toyota Hilux, stationnée un peu plus loin.

Yasmine a déjà revêtu son sitar quand j'arrive chez elle, à l'exception du heaume en tissu, laissant apparaître sa chevelure sauvage, en phase avec le regard survolté qu'elle me lance.

– Putain, Merwan qu'est-ce que tu foutais ? Tu ne m'as pas donné de nouvelles de la journée ! Tu ne réponds même pas à mes appels ! fulmine-t-elle, ses yeux vairons envoyant des éclairs.

Et merde, je me souviens alors d'avoir mis mon Huawei sur silencieux, en m'enfermant cet après-midi dans mon bureau du palais pour me reposer avant mon entrevue avec Luqman al-Sury. À croire que le stress m'a hermétiquement caparaçonné l'esprit et qu'obnubilé par mes problèmes, si j'ai bien inscrit Yasmine à mon agenda imaginaire, j'ai totalement oublié de l'appeler de la journée. Tout comme Asma, avec qui je prétends avoir redécouvert l'amour, alors que je n'ai pas été foutu de l'informer de l'issue de mon opération à al-Fathi. D'un coup, je prends conscience qu'elle doit être follement inquiète, comme le prouve la dizaine de messages s'affichant à l'écran. Pas le choix, je remets à plus tard.

– Je suis désolé, Yasmine, et ce serait trop long et inutile de te raconter ce qui m'est arrivé aujourd'hui. Mais crois-moi, depuis que je t'ai quittée ce matin, j'ai pas chômé. Pour tout dire, je suis toujours dans une merde noire…

– Quand même ! Tu te rends compte que ça fait deux mois que j'attends ce moment. Regarde, me prend-elle à témoin en montrant un sac ouvert sur des liasses de billets enroulées dans un film plastique et des fardes de rangement, j'ai préparé l'argent et les papiers à signer, je me suis habillée et ça fait deux heures que je fume cigarette sur cigarette à poireauter et à me ronger les sangs, dans l'attente que monsieur daigne me donner un signe de vie.

Le ton baisse au fur et à mesure qu'elle énonce ses reproches, et elle n'est qu'à quelques centimètres de moi quand elle ajoute d'une voix câline :

– Mais d'un autre côté, je n'ai jamais cru possible que tu m'abandonnes après tout ce que tu as fait pour moi.

Comme j'essaye de la saisir par la taille, elle s'esquive, tout en repoussant mes mains.

– On n'a pas le temps pour ça, Merwan. Tu m'as dit qu'on a rendez-vous à 9 heures et il est presque moins le quart.

– Et plus tard ?

– Bien sûr, mais pour l'instant on y va, réplique-t-elle sans avoir mis beaucoup de conviction dans son « bien sûr », ce qui me désappointe un brin.

Je lui tends un des gilets pare-balles réquisitionnés à al-Fahti :

– Il faudrait que tu passes ça, on ne sait jamais.

– Super ! C'est une très bonne idée, acquiesce-t-elle avec un enthousiasme inattendu avant d'aller, curieusement, l'enfiler à l'écart dans la salle de bains.

Je profite de sa courte absence pour examiner l'appartement. Cuisine nickel, aucune vaisselle ne traîne dans l'égouttoir, tout est rangé comme avant un grand départ. Il est clair, comme je m'en doutais, qu'elle n'a pas prévu de faire long feu après ses retrouvailles expresses avec son mari. Et vu son accueil, j'ai le frustrant pressentiment que je peux oublier mon album de photos-souvenirs. On verra bien. Sur un malentendu peut-être… tout à la joie d'avoir fait signer ses documents de divorce et de cession d'actif…

« C'est super lourd… Bon, on y va ? » dit-elle en réapparaissant dans son sitar, dont l'amplitude du tissu ne laisse rien deviner de sa protection, contrairement à moi, engoncé dans mon blouson.

Dans la voiture, elle n'est pas très causante quand j'évoque mon projet de fuir Raqqa dans un très bref délai en me servant de son mari. Sa propre évasion, pour laquelle j'envisage plusieurs options, ne semble pas l'intéresser davantage, bien que je lui explique qu'il faudra sans doute agir dès demain, vu les menaces qui pèsent sur moi et m'obligent à prendre rapidement du champ. Le silence finit par s'instaurer pour le reste du trajet, ce qui me dépite un peu plus. Quand enfin nous parvenons aux abords du mur de l'ancien cimetière près duquel je me gare, Yasmine pose sa main gantée sur la mienne et me fait cette surprenante déclaration :

– Merwan, quoi qu'il arrive, soit certain que je me souviendrai toujours de toi comme l'un des meilleurs hommes que j'ai connus.

La rue est déserte, vaguement inquiétante à la lumière crémeuse de la lune à son zénith. La grille du cimetière grince horriblement quand je la pousse, et nous pénétrons sans un mot dans l'enceinte de la gigantesque nécropole.

L'allée centrale est couverte de gravillons qui crissent sous nos pas prudents. Dérangé par notre intrusion, un grand-duc hulule lugubrement quelque part, tandis qu'on entend les miaulements rauques de chats se bagarrant un peu plus loin. Le clair de lune dévoile à perte d'ombre des carrés de tombeaux chrétiens et de pierres tombales musulmanes figés pour l'éternité. L'atmosphère est oppressante au milieu de ce parcours funéraire sinistrement éclairé par la morne lumière gibbeuse. Parvenu au croisement avec l'autre axe, je n'aperçois la silhouette de Mohamed Aït-Kacimi que bien après que lui-même nous a probablement entendus arriver. Une apparition qui serait presque rassurante dans cette obscure solitude cimétériale si je ne distinguais aussi deux mecs l'encadrant à dix mètres en arrière, lesquels ne me font pas regretter le poids du Kevlar et de la céramique. Je remarque que Yasmine se tient humblement juste derrière moi, masquant en partie sa silhouette à la vue de nos visiteurs du soir.

– *Hayyat Allah !* Tu es en retard, me lance Aït-Kacimi d'une voix bourrue.

– C'est que j'avais des choses à régler. Ne devions-nous pas parler de mon prochain ralliement ?

En m'approchant, je constate qu'il s'agit d'un homme de mon âge, en tout cas plus vieux que sur la photo que j'ai de lui. Je n'ai vraiment pas le temps de me questionner sur cette anomalie, dont m'avaient pourtant prévenu Abou Hussein al-Orani et Oum Adam, car il enchaîne :

– À la bonne heure. Je vois que tu es venu avec de bonnes dispositions. Moi aussi, tu vois, assure-t-il en agitant sous mes yeux un sac qui doit contenir du fric. C'est pour voir, hein ? Tu ne l'auras que quand tu seras passé de l'autre côté. On va en discuter. Mais qui je vois derrière toi ? poursuit-il d'une voix graveleuse, en bougeant la tête pour mieux tenter de discerner Yasmine, dissimulée dans mon ombre. Alors, c'est donc vrai ?

Tu t'es fait chier à venir à Raqqa pour me retrouver ? ajoute-t-il sur le ton de la plaisanterie.

Sa dernière. Je perçois le cliquetis caractéristique de la levée de sécurité d'une arme. D'un bond, Yasmine sort de l'ombre pour exploser à bout portant la tête de Mohamed Aït-Kacimi avec un Manurhin 357 Magnum, dont le canon court équipé d'un silencieux et la crosse massive s'exposent sous mon regard médusé dans la main ferme et gantée de la Française. Dans la foulée, elle abat coup sur coup les deux gardes du corps, surpris autant que moi, avant même qu'ils puissent dégainer. Bouche bée, tétanisé par cette scène surréaliste, je la vois marcher à grandes enjambées vers l'une de ses cibles pour l'achever. C'est alors qu'elle se tourne vers moi et me vise avec son revolver.

– Pardonne-moi, Merwan. Mais c'est mieux pour tout le monde.

Avant de rentrer dans ce cimetière, Yasmine m'avait confié qu'elle se souviendrait toujours de moi. Je n'avais pas compris que c'était une épitaphe.

14

La lune me nargue quand je reprends conscience, un élancement atroce à l'épaule gauche, là où m'a frappé la balle tirée à une dizaine de mètres par un fantôme que je veux chasser de mon esprit. La vue des trois corps devant moi, quand je parviens péniblement à me redresser, me rappelle l'épisode que je viens de vivre. « Mais quel con ! » m'injurié-je à haute voix, tout en retombant en arrière pour me frapper la tête sur le sol de colère et de dépit. Toutes les incohérences que je n'avais pas voulu voir ou entendre, ni éclaircir, me remontent au cerveau. Genre cette « sœur » qui lui cherchait des noises à la pension d'Oum Adam de Salhiya, tout ce baratin pour justifier sa demande que je la loge. Cette gêneuse, étrangement volatilisée, ne serait-elle pas le cadavre enroulé dans un tapis, retrouvé quelques jours plus tard dans un local technique de la madâfa dont le regretté Tareq m'avait parlé ? Et tout cet embrouillamini de mensonges visant à maquiller sa biographie me revient brusquement en mémoire ! « Quel triple con ! » La bosse que je me suis administrée au crâne et le choc qui m'enflamme toujours l'épaule ne sont pas assez douloureux pour amoindrir l'immense sentiment de honte, d'échec, de trahison qui me déchire le cœur. Sans compter que je demeure dans l'incompréhension totale des motivations et de la personnalité de cette fille avec laquelle j'ai pourtant partagé tant d'intimité. Mais quelle intimité ? De quoi je parle ? N'ai-je pas en permanence voulu fantasmer une liaison là où il n'y avait, à l'évidence, qu'une histoire de baise avec une inconnue ?

Cette énigme, aussi filandreuse que douloureuse, aurait pu me retenir le reste de la nuit allongé dans ce cimetière. Je ne parvenais pas à admettre qu'une belle gueule, un beau cul et de beaux seins aient réussi à me tromper à ce point. Alors que, justement si, pauvre idiot ! Au bout d'un moment à me torturer les méninges pour reconstituer le fil de mon histoire singulière avec cette tueuse, j'entends des voix, dont je comprends bientôt qu'elles crient : « Frère Mohamed ! Frère Mohamed ! » Frère Mohamed est raide mort devant moi, et j'aurais sans doute beaucoup de mal à expliquer à ces messieurs que je n'y suis pour rien. C'est un cauchemar de me lever avec cette brûlure qui me torture l'épaule, alors que les voix se rapprochent encore. Je vois le sac du « mari » de Yasmine, abandonné et vidé des cinquante mille dollars promis par Aït-Kacimi, et ma rancœur est d'autant plus vive que ce simple examen me fait réaliser que mon bras gauche est inutilisable. Soupirant sur mon mauvais sort, tandis que les inconnus semblent tout proches, je me fonds dans l'ombre des allées latérales, sableuses et silencieuses, en reculant prudemment, à moitié courbé vers le mur sud que je longe avec mille précautions vers la sortie. Une rafale de kalachnikov déchire soudain la nuit. J'entends dans la foulée des hurlements un peu lointains. Ils viennent seulement de découvrir les cadavres et ne vont pas tarder à se lancer à la poursuite du coupable. Je suis à quelques pas de la porte grillagée. Pas intérêt à traîner.

La Toyota m'attend. Je me cale précautionneusement sur le siège en me tâtant l'épaule et l'aisselle. Le gilet pare-balles a bien rempli son office. Pas de saignement, ce doit être une fracture. Je me force à accrocher ma main gauche au volant et m'éloigne au plus vite. Il n'est que 23 heures. Mon premier mouvement est de rentrer dans ma planque de Battani retrouver la chaleur des miens, mais je souffre trop pour laisser cette blessure sans soin. Je ne suis bon à rien dans cet état. Et j'ai beaucoup à faire, même si je ne sais pas encore quoi, pour fuir avec ma famille la hargne de Nez-Crochu, maintenant que s'est refermée la porte du ralliement à l'ASL. J'appelle Youssef Marouane. Trois fois de suite pour qu'il comprenne que je ne me contenterai pas de la messagerie. Il se décide à décrocher.

– Allô ! Merwan ? Ça fait longtemps que je n'ai pas eu de tes nouvelles. Enfin directement… Parce que, indirectement, elles ne sont pas bonnes, m'accueille-t-il froidement.

Je ne lui en veux pas. Son sarcasme ne fait que confirmer ce pour quoi je me maudis : je vis depuis des semaines dans une bulle folle où ma femme a un amant et moi une maîtresse. Un repli égotique qui m'a marginalisé et fait mentir jusqu'à mes plus proches, comme Tareq, tué pour avoir traqué à ma demande Mohamed Aït-Kacimi. Si j'avais été moins aveuglé par les charmes de Yasmine, mon adjoint serait sans doute toujours vivant.

– Youssef, je suis impardonnable de t'avoir laissé sans nouvelles, mais ne tire aucune conclusion de ce que tu as entendu sur moi, s'il te plaît. Et il y a autre chose, j'ai besoin de toi, mon vieux. Il faut que j'aille illico à l'hôpital central.

– Qu'est-ce qu'il t'arrive ?

Cette banale question provoque chez moi un fou rire irrépressible, un rire faux, trahissant une forte tension, un rire pathétique aux sombres ressorts, un rire jaune pour humour noir, un rire si violent de désespoir que je m'arrête le long d'un trottoir pour ne pas avoir d'accident à force de zigzaguer sur la route heureusement déserte, un rire symptomatique qui n'échappe pas à mon ami médecin.

– Merwan, ça va ? Tu as bu ? Calme-toi. On se retrouve à l'hôpital. J'y vais de ce pas, mon frère. Merwan ?

– Oui, parviens-je à hoqueter, alors que la crise de larmes est proche de remplacer la crise de rire. Oui, sauf que j'ai pris une balle.

Youssef arrive peu après moi à al-Watani, m'entraînant aux urgences tout en enfilant sa blouse. Il ne m'a pas interrogé, mais mon bras gauche ballant est assez éloquent. Un attroupement de patients vient le tirer par la manche pour solliciter son aide.

– Je viens de faire soixante-douze heures d'affilée, et je n'étais au repos que depuis ce midi, semble-t-il se justifier. Je n'ai répondu au téléphone que parce que j'ai vu que c'était ton numéro et que tu insistais, poursuit-il en écartant les importuns. C'est vrai que tu as mauvaise mine, observe-t-il en tournant la tête vers moi. C'est un gilet pare-balles que tu as sous ton blouson ? s'enquiert-il en poussant la double porte battante du service grouillant de monde.

– Oui. Qui a bien servi, mais j'ai pris la balle de près.

– On va voir ça à la radio, me dit-il en me poussant dans une cabine.

En ôtant le gilet, je note que le projectile s'est écrasé exactement sur une plaque de céramique renforçant la jointure en Kevlar de l'épaulière. Un des endroits le mieux protégé de cette carapace. Un miracle, si j'en juge par la précision des autres tirs mortels de Yasmine. Sans l'aide de Youssef, impossible de retirer mon tee-shirt. C'est un supplice de soulever le bras gauche. J'ai un énorme hématome, plus noir que rouge, s'étalant de l'épaule jusque sur tout le haut du torse.

– Bonne nouvelle, me rassure Youssef après quelques longues minutes de suspense. Pas de fracture. Seulement une légère fêlure de la clavicule. Par contre, le choc, bien qu'amorti, a été très rude. C'est un endroit hypersensible plein de nerfs, de muscles, de veines, d'artères et de tendons qui s'entrecroisent, et tout est congestionné. Tu vas souffrir le martyre pour bouger le bras pendant un bon moment. Tu vas passer la nuit ici. On va te faire un bandage et tu vas prendre des antidouleurs et des relaxants musculaires. Il faudra ensuite garder une attelle deux semaines, ou plus. Et le mieux serait le repos complet.

– Youssef, n'y songe même pas.

Une fois installé dans une chambre, et après le passage d'une infirmière pour les soins, Youssef, dont la curiosité et la franchise me sont familières, ne manque évidemment pas de me questionner sur l'origine de ma blessure. J'invente une fusillade avec une bande de trafiquants. Aussi sec, il me relance sur l'enquête concernant Kenza Haddad qu'il m'avait permis d'identifier, en me rappelant que je lui avais promis de le tenir informé. Je lui fais un débriefing succinct pour conclure que mon enquête patine. Il dérive alors sur mes fonctions au sein de la Dawla. Malgré toute la confiance que j'ai en lui, je reste évasif, sauf, histoire de donner le change, sur mon succès à faire revenir l'eau minérale sur les tables raqqaouies, ce qui aussitôt restaure mon prestige écorné. De son côté, il m'apprend que la communauté chrétienne est en effervescence car on annonce la prochaine visite à Raqqa du père Paolo Dall'Oglio venu rencontrer al Baghdadi pour négocier la libération de quatre journalistes français détenus en otage. Il m'interroge sur les chances qu'aurait le saint homme d'obtenir gain de cause. Ce missionnaire jésuite italien, prêtre de rite syriaque catholique, est installé en Syrie depuis trente ans. Il veut encore croire au rapprochement entre chrétiens et musulmans. Bachar l'avait expulsé voilà un an en représailles des critiques acerbes que le père Dall'Oglio lui faisait. Je comprends que Youssef désire connaître mon avis, mais je me sens impuissant, d'autant que les calmants commencent à produire leur effet sur mon corps épuisé.

– Youssef, j'ai entendu dire qu'on avait des otages occidentaux, mais j'ignorais qu'ils étaient français et journalistes. Ces informations-là ne filtrent pas à mon niveau. C'est de la politique. Tout ce que je peux te dire, c'est qu'al-Baghdadi n'est pas à

Raqqa en ce moment. Et que son lieutenant, un nommé Abou Mohamed al-Adnani, est de la même trempe de fanatique. L'heure n'est vraiment pas à faire des compromis avec les chrétiens, mais plutôt à l'inquisition contre les associateurs, si tu vois ce que je veux dire. C'est une très mauvaise idée que le père Dall'Oglio vienne à Raqqa, crois-moi. Quant à toi et à ta communauté, fuyez avant qu'il ne soit trop tard. Tu as dû entendre parler de ce qu'il est advenu aux Kurdes ? N'aie aucun doute : c'est aussi votre sort.

– Tu es trop pessimiste, Merwan. Tu me dis ça depuis quatre mois et tu es toujours là, et moi aussi. Tu verras dans quelques jours que cette ville est encore debout.

Youssef, que j'ai vu à la manifestation du 12 juillet, fait une allusion transparente aux prochaines élections communales du 25. Je ne relève pas, d'autant que ça me fait me souvenir, tout en battant des paupières pour lutter contre le sommeil, que c'est demain que Maher al-Shibahi doit annoncer la date du scrutin à Nez-Crochu, si je ne parviens pas à sauver sa famille avant. Une option d'ores et déjà compromise, voire caduque, ce qui va rendre ce scrutin à haut risque et mettre ses participants en grand danger. J'essaye encore de parler pour tenter de calmer l'enthousiasme démocratique de mon ami, mais je ne parviens plus à garder les yeux ouverts. Je m'endors d'un coup au milieu d'une phrase sans queue ni tête, bafouillée d'une voix pâteuse, tout en songeant confusément à Asma que je n'ai toujours pas appelée.

*

Je suis progressivement réveillé par la sonnerie de mon téléphone, qui s'interrompt au moment où j'entrouvre les yeux. Il est 9 heures 30 à l'horloge murale. Bien qu'encore un peu abruti par les médicaments, ce long sommeil d'une traite m'a reposé comme ça ne m'était pas arrivé depuis trop longtemps. Je déchante vite au moment de me redresser, car ce simple mouvement enflamme les contusions sur les deltoïdes et le pectoral gauche, avivant une douleur aiguë dans toute cette partie de mon corps. C'est Sefîn Hasroumi qui vient de m'appeler, constaté-je en consultant mon Huawei posé sur la table de chevet. Je suis affamé, ce qui est bon signe. Hélas, ce service a disparu des hôpitaux raqqaouis, et les familles doivent y pallier elles-mêmes. De toute façon, je n'ai pas l'intention de végéter ici. J'envoie un SMS à Asma. *« Je vais bien. Ne t'inquiète pas. Ne vous éloignez jamais longtemps de l'appartement et ne parlez à personne. Je t'aime. »* J'ignore si ces quelques mots sont rassurants mais je redoute que ça le soit beaucoup moins si je lui parle de vive voix, vu l'embrouillamini que je devrais inventer pour justifier ma blessure. Ce devoir accompli, je rappelle Sefîn mais ne tombe pas sur lui.

– Commissaire Milet, répond une voix vipérine que je connais sans la reconnaître. Ali Abdul Khalifa al-Othman à l'appareil. Votre ami Sefîn Hasroumi a un empêchement.

J'encaisse le coup, merci les drogues qui m'embrument l'esprit, mais un frisson ne m'en irradie pas moins l'échine.

– Je ne comprends pas ce que tu veux dire, répliqué-je avec nervosité, ce qui serait la stricte vérité, si ce n'est ce mauvais pressentiment.

– Je t'ai sous-estimé, Merwan Milet, s'exclame l'Ottoman avec un sincère accent d'admiration. Un agent infiltré de l'Union démocratique kurde jusqu'au cœur de la Dawla, c'est quand même très fort ! Je ne sais pas comment tu as su pour Aït-Kacimi. En tout cas, bravo de nous avoir fait croire que tu nous rallierais. Et bravo pour le traquenard ! Tu nous as bien eus. Mais vois-tu, Milet, moi, je ne suis pas Abou Issa. J'aime pas qu'on me baise, me menace-t-il soudain d'une voix furieuse. T'inquiète pas pour ton ami Sefîn Hasroumi, tu vas bientôt le revoir, poursuit-il avec hargne. Mais en dehors de toi, je connais quelqu'un qui sera ravi de le réceptionner pour le faire parler, ajoute-t-il sans avoir besoin de me préciser qui. Et ne compte pas fuir de Raqqa, Milet. Toute l'ASL va être informée que tu es notre ennemi.

Sur ce, l'Ottoman coupe la communication et me laisse dans la panique. Qui était ce salopard de Mohamed Aït-Kacimi pour que le général de la Brigade des Petits-Fils du Prophète fasse tout un plat de sa mort ? Le « mari » de Yasmine, ou je ne sais qui par rapport à elle, m'avait bien laissé entendre que mon recrutement éventuel se faisait en concertation avec l'Ottoman. Mais quelle importance stratégique pouvait-il avoir pour qu'une des principales brigades de l'ASL se venge de son élimination sur un leader kurde, dont il me soupçonne, en outre, d'être la taupe au sein de l'État islamique ? Pff… à quoi bon se poser ces questions qui ne font, en définitive, que tourner le couteau Yasmine dans la plaie. Les deux heures qui suivent me permettent de changer de préoccupations pour goûter les affres de la vraie vie quotidienne. Les infirmières, qui prennent à cœur les instructions du Dr Marouane, refusent de me laisser partir et vont jusqu'à cacher mes vêtements. Je ne vais quand même pas sortir en boxer ! Il faut que je convainque Youssef, qui a dû rentrer chez lui pour la pause, et qui, dans un premier temps, ne répond pas au téléphone. Il finit par céder quand j'évoque une question de vie ou de mort avec une voix désespérée. Mais à une condition : que je me fasse poser une attelle. Entre le nouveau pansement et l'installation de l'équipement, je perds encore un temps précieux que j'occupe de ma main valide à nettoyer mon téléphone des dizaines de SMS compromettants reçus ou envoyés, ainsi que des photos, notes et numéros de téléphone les plus louches. Sauf un, celui de Maher al-Shibahi à qui j'adresse un message, aussitôt supprimé, à la fois comminatoire et suppliant, l'exhortant à ne pas encore appeler Nez-Crochu et promettant de le recontacter au plus vite avec de bonnes nouvelles de sa famille. Une idée est peut-être en train de germer pour essayer de survivre, mais le bon timing est indispensable à sa moindre chance de succès. Enfin, alors qu'une infirmière revêche termine de m'habiller d'une chemise d'emprunt en bougonnant que je la gêne en triturant mon téléphone, j'appelle le Belge pour qu'il vienne me chercher à l'hôpital.

Je dois bien admettre que ce harnachement soulage épaule et bras, mais cela n'en fait pas moins de moi un handicapé au pire moment. En même temps existe-t-il des bons moments pour être handicapé ? Dans l'attente du Belge, je rumine sur ma vulnérabilité en déambulant devant l'établissement, où des invalides de guerre prennent l'air sur des fauteuils roulants. La vue de ces estropiés répond assez vite à ma question idiote sur les avantages et les inconvénients du handicap. Soudain, j'ai l'œil attiré par une silhouette massive, que j'aperçois de dos avec son catogan enserrant une abondante chevelure rouge sous un turban noir. Je contourne discrètement le groupe auquel il est mêlé pour le regarder de face. Aucun doute, ce géant borgne à la barbe et aux cheveux colorés au henné est le Khorasan qui m'avait interpellé le jour de la découverte du corps de Kenza Haddad au Crown Plaza. Une tête dont on se souvient, même si le propriétaire a perdu ses deux jambes. Je viens d'effacer, avec tant de notes précieuses, le succinct compte rendu de l'interrogatoire de la petite Nour Essid, mais un nom demeure tout frais dans ma mémoire : Akbarjon Okouïev. Je suis sidéré par mes réflexes policiers à cet instant où plus rien que ma survie ne devrait avoir d'importance. Rien n'y fait, pas même l'arrivée d'Abou Madhi al-Vilvordi que je tiens à l'écart d'un geste discret. Même si c'est sa dernière journée sur terre, le commissaire Merwan Milet ne va pas laisser passer l'occasion d'interroger le témoin d'une affaire en cours.

– *Salam aleykoum*, *Ya Hajji*, que la paix d'Allah soit sur toi, abordé-je le djîhadiste en retraite prématurée.

– *Aleykoum salam*, mon frère, toi aussi tu es un vétéran ? me répond-il en montrant mon attelle d'un coup de menton.

– On peut dire ça, mon frère. Je suis le chef de la police criminelle de la Dawla à Raqqa où je combats le vice et la mécréance. Et ce n'est pas une sinécure, qu'Allah m'assiste.

– C'est bien de savoir que pendant que nous combattons au front les ennemis d'Allah, des frères étendent son règne sur les territoires conquis, me félicite l'Afghan avec son fort accent dari.

– Je peux te parler seul à seul, mon frère ? dis-je en allant me placer près de lui pour saisir de ma main valide le guidon du fauteuil roulant.

Le Khorasan me considère de son œil unique, tâchant manifestement de se remémorer où il m'avait déjà vu.

– Si tu veux, mon frère, consent-il en tournant les roues de ses mains puissantes pour faciliter ma poussée.

Je l'entraîne à l'ombre d'un pin, tout en faisant signe à Abou Madhi de continuer à garder ses distances.

– Je m'appelle Merwan Milet, mon frère. On s'est déjà rencontrés il y a un mois et demi environ. Tu casernais au Crown, il y a eu un bombardement…

– Ah oui, je me souviens maintenant, dit l'Afghan. Tu étais avec les secours, et tes hommes laissaient tous ces gens satisfaire leur malsaine curiosité, au lieu de les envoyer prier à la mosquée alors que l'adhan venait de retentir.

– J'étais dans l'erreur, mon frère, mais depuis j'ai beaucoup prié pour trouver le sentier d'Allah et je sers fidèlement al-Dawla al-Islāmiyya, l'assuré-je avec conviction, désarçonné par la précision de son souvenir, peut-être de bon augure. Vois-tu, j'aimerais te parler de ce jour-là, car nous avons trouvé le corps d'une jeune fille assassinée sous les décombres.

– Quel rapport avec moi ? s'offusque aussitôt l'Afghan.

J'avance mes pions avec précaution :

– Aucun, bien sûr, mon frère, aucun. Mais comprends que résoudre un meurtre fait aussi partie des fonctions de la police islamique… Je t'aurais bien posé ces questions à l'époque, mais vous avez quitté les lieux peu après, si bien que je n'ai pas pu compléter mon enquête. Je peux te les poser maintenant ?

– Je suis Abou Othman al-Darzabi, m'informe-t-il en hochant la tête en guise d'assentiment.

– Frère Abou, connais-tu un nommé Akbarjon Okouïev ?

– Frère Akbarjon ? Un fameux guerrier d'Allah ! Tu parles si je le connais. Le Très-Haut, loué soit son nom, l'a appelé en son paradis, m'annonce-t-il avec le sourire radieux de celui qui s'y voit le rejoindre un jour prochain.

– Tu savais qu'il avait une femme ?

– Et toi, comment le sais-tu ? me renvoie l'Afghan, soudainement méfiant.

– Parce que c'est elle la morte, assassinée la veille au soir du bombardement. Une Raqqaouie du nom de Kenza Haddad.

Abou Othman al-Darzabi se referme un instant sur lui-même, et à voir ses lèvres bouger, je comprends qu'il prie.

– Je connais Kenza. Elle était prête à partir avec Akbarjon au combat, commence-t-il d'une voix triste. C'est rare une sœur aussi dévouée à son homme et à Allah ! Il était si heureux. Et puis, il y a eu ce type. Et elle n'est jamais revenue. Je crois que c'est pour ça qu'il a mené les actions les plus folles sur le terrain. Il cherchait la mort, plus que le martyre, tellement il avait le cœur brisé. Qu'Allah le pardonne !

Avec le récit de Nour Essid, j'en étais arrivé au moment où elles avaient rendez-vous au Sada Net pour se dire adieu, alors que Kenza venait de se faire son dernier micheton. C'est là que Kenza a confié à Nour qu'elle allait rejoindre son mari au Crown et ne plus le quitter jusqu'au départ imminent au front.

– Qu'est-ce qui s'est passé pendant cette soirée qui s'est déroulée la veille du bombardement ? C'est qui ce type dont tu parles ?

– Akbarjon ne m'a jamais dit comment il avait connu Kenza, mais il était très amoureux. Personnellement, je ne l'ai toujours vue que couverte chastement de son niqab. Elle était, disait-il, la plus belle de toutes les filles qu'il ait connues. Et croyez-moi, Akbarjon en a beaucoup connu, fait-il avec une émotion qui me déstabilise un peu. C'était une orpheline, qui vivait chez un oncle apostat, ce qui la rendait très malheureuse, car c'était une bonne musulmane, humble, serviable et soumise, poursuit-il, confirmant les mensonges déjà rapportés par Nour Essid. Comme elle vivait dans l'ombre d'un tyran, elle se disait honorée d'Allah de connaître un de ses braves combattants comme Akbarjon, se rengorge l'Afghan, pas peu fier des amours de son pote défunt. Akbarjon n'était pas le seul de la brigade à avoir une femme, Kenza pouvait lui rendre visite car on avait aménagé le Crown pour éviter la mixité. Ils se fréquentaient depuis à peine un mois quand ils ont décidé de se marier, peu de jours avant notre départ au front. Ce soir-là justement, elle emménageait définitivement avec Akbarjon. Elle était même venue avec ses affaires. On était en train de dîner, les femmes dans une pièce et les hommes dans l'autre, quand une patrouille du Jabhat al-Nusra a débarqué à l'improviste, une quinzaine de moudjahidine nous braquant sous le commandement d'un des pontes du Conseil de consultation des combattants. Il réclamait Kenza, prétendant que c'était une criminelle qui essayait de s'échapper. Et comme notre émir ne voulait pas provoquer un affrontement entre moudjahidine pour une histoire de femme, il a été convenu qu'Akbarjon pourrait lui rendre visite le lendemain et la représenter en tant que mari dans le cadre d'un procès islamique équitable. Mais elle n'a plus jamais donné de nouvelles et al-Nusra a refusé de collaborer. Très vite après ça, on est partis au combat, et il est mort. Qu'Allah le miséricordieux les réunisse au paradis, invoque le djîhadiste sentimental.

– Il s'appelait comment ce ponte du Jabhat al-Nusra ?

– Je ne m'en souviens plus.

– Et il ressemblait à quoi ?

*

La route est pourtant courte entre l'hôpital et le palais du gouverneur mais elle n'en finit pas. C'est drôle mais, bien que terrifié, je meurs d'impatience de disputer cet ultime round avec Nez-Crochu. Le Belge n'a fait qu'ajouter à mon excitation en me rapportant qu'au moment où il quittait les lieux pour venir me chercher, c'était l'agitation des grands jours chez les barbus. La nouvelle de la prochaine livraison de Sefîn Hasroumi s'était-elle déjà répandue ? C'est probable, il est midi passé et le commandant des Petits-Fils du Prophète n'a pas dû tarder à mettre sa menace à exécution après m'en avoir averti. Toutefois, j'avais peine à imaginer que l'Ottoman le refile gratuitement à la Dawla et j'escomptais bien qu'une transaction quelconque me donnerait le temps de préparer ma contre-attaque. Une chose est sûre, mon tête-à-tête avec le Khorasan afghan m'a redonné du tonus et de la combativité. C'est une condition nécessaire de survie en milieu hostile. La cour du palais est envahie de véhicules et le Belge doit jouer du klaxon et de ses relations chez les chauffeurs pour se frayer un passage. Je le laisse se débrouiller pour trouver une place de stationnement et entre dans le bâtiment. Une étrange ambiance, bruissante de rumeurs, règne dès le hall où les tréteaux du petit-déjeuner sont toujours en place, des serveurs apportant des plats chauds pour le repas de midi, alors qu'une foule de fonctionnaires de la Dawla discutent par petits groupes du rez-de-chaussée jusque sur les paliers des étages.

J'évite les regards muets mais réponds aux saluts avec un sourire avant de monter au bureau de Mahmoud. Il est vide. Ce qui ne fait pas mes affaires.

– Tu cherches ton beau-frère ? Il est chez l'émir avec frère Khalid et frère Samir, m'informe la Brute qui passe par là en se dirigeant vers son propre bureau. Tu connais la nouvelle ? m'interroge-t-il d'un ton vaguement sarcastique.

– Non, simulé-je en prenant l'air étonné. Décidément, il sera dit que je ne suis jamais au courant de rien, plaisanté-je pour bien montrer à quel point je suis détendu, tandis que je sens la Brute m'observer avec insistance. Regarde mon bras, poursuis-je. Je reviens de l'hôpital. Une fusillade m'a opposé cette nuit à une bande mafieuse. Qu'est-ce qui se passe ?

– La Brigade des Petits-Fils du Prophète serait prête à nous livrer Sefin Hasroumi contre la libération d'une vingtaine de ses hommes, me confie-t-il, le regard apparemment convaincu de ma probité candide. C'est frère Khalid qui a eu l'information par ses réseaux de l'Emniyat. Ils sont en train de répertorier avec frère Samir où sont enfermés les prisonniers, en espérant qu'on n'en ait pas tué certains. J'aurais aussi bien pu participer à cette réunion puisque ce sont mes services qui assurent les transports judiciaires du bureau de la Régulation. Je fais tenir un registre des transferts par tous mes chauffeurs. Mais je crois que frère Khalid n'a pas apprécié que je me montre équitable avec toi, hier, ajoute-t-il pour se faire bien voir. Tu veux venir boire un thé dans mon bureau ?

Boire un thé dans son bureau ? C'est le signe indubitable que je me suis fait un allié, dont je ne doute pas néanmoins qu'il participerait à ma *hagra* finale au moindre retournement de situation.

– Non, je te remercie, frère Ali. À force d'être sur le terrain, j'en néglige trop le travail administratif, m'excusé-je en inclinant le buste en signe de reconnaissance. C'est une très bonne nouvelle que tu m'annonces là, mens-je avec aplomb. J'espère que frère Taha nous réunira tous bientôt pour nous tenir au courant.

J'allais m'enfermer dans mon bureau, mais je trouve finalement plus prudent d'aller chercher un coin tranquille dans le parc, loin de micros éventuels, pour téléphoner sans tarder à Maher al-Shibahi.

– Merwan, toi enfin, j'allais appeler al-Ghabi, souffle le faux amant de ma femme comme si je le surprenais au stade ultime du décompte d'une bombe à retardement.

Ce qui est quelque part le cas pour lui, comme pour moi.

– Oui, Maher, c'est moi. Je te remercie de ta confiance, et j'ai de bonnes nouvelles pour toi. Ta famille est à l'abri ! Tu les verras bientôt, dis-je en m'allumant une tige pour chasser la gêne que j'ai ainsi d'abuser de la crédulité de mon interlocuteur.

Car la sordide réalité, c'est que je n'ai toujours aucune idée de la manière dont je vais honorer ma promesse.

– Oh, c'est formidable, merci ! explose-t-il de joie. Elles vont bien ?

– Je ne les ai pas vues moi-même, mais oui, elles vont bien, m'a-t-on assuré. Mais dis voir Maher, en fait je t'appelle aussi parce que je voudrais que tu appelles Khalid al-Ghabi finalement.

– Tu veux que je lui parle des élections ?

– Non, non. Je voudrais que tu le joignes dans… dix minutes exactement, à 12 heures 42, précisé-je en regardant ma montre, et que tu lui dises qu'une réunion secrète au sommet va se tenir à 16 heures entre l'état-major d'Haqquna, Abou Issa et Abou Saad al-Hadrami, au domicile d'al-Hadrami à Machlab.

– Tu veux que je dénonce une réunion d'Haqquna ? s'étrangle mon piètre espion.

– Non, Maher, c'est une fausse information. Mais je veux qu'il y croie. C'est vital, tu comprends ? Tu dis que tu viens de l'apprendre et que tu as tenu à l'appeler aussitôt. Sois crédible, parle de ta femme et de tes filles. Pleurniche, lui conseillé-je, connaissant son talent en la matière.

– Mais je croyais qu'elles étaient à l'abri.

– Elles le sont, t'inquiète pas, mais al-Ghabi ne le sait pas encore. Tu as compris ce qu'il faut lui dire ?

– Oui, dit-il. Qu'une réunion secrète au sommet va se tenir à 16 heures entre l'état-major d'Haqquna, Abou Issa et Abou Saad al-Hadrami, au domicile d'al-Hadrami à Machlab.

– Très bien, Maher, à 12 heures 42 exactement. Et surtout, surtout, s'il te rappelle dans la journée, ne décroche pas. Compris ?

– Euh, oui, compris, acquiesce Maher, qui ne comprend sûrement pas que je me protège ainsi d'un appel intempestif de Nez-Crochu, furieux d'avoir été roulé dans le boulghour.

– À bientôt avec toute ta petite famille, le salué-je, toute honte bue.

Il me reste neuf minutes pour vérifier si mon contre-feu produit ses effets sur Nez-Crochu. Je prends le temps de finir ma cigarette pour réfléchir et retourne au palais. Il est 12 heures 40 quand je suis devant la porte de la suite-bureau d'al-Adnani, gardée par deux ninjas qui se concertent du regard en hésitant à me refuser le passage. Je crois que l'affaire de la Sannine de Jazrah a définitivement fait de moi une vedette populaire. J'ouvre sans leur laisser le temps de changer d'avis et surprends le petit comité, réuni assis dans des fauteuils et non agenouillés au sol, les genoux du reste encombrés de fiches et de dossiers, s'empilant aussi sur une table basse devant eux. Le Grand Inquisiteur prend mal ma survenue.

– Que fais-tu là, frère Merwan ! Je ne t'ai pas convoqué. Nous traitons d'affaires qui ne sont pas de ton ressort.

– Veuillez m'excuser, frère Taha, qu'Allah me foudroie si je viens vous déranger, mais une affaire urgente m'amène, affirmé-je en fermant vivement la porte avant que les protestations de l'émir ne donnent des idées d'expulsion aux gardes.

– Mais nous aussi, nous sommes sur une affaire urgente. Tu en seras toujours assez vite informé, grince Nez-Crochu, approuvé par Barbe-Rouge d'un hochement de tête à mon endroit.

– Mais qu'as-tu au bras ? Pourquoi cette attelle ? m'interroge Mahmoud, qui au moins donne l'impression de s'intéresser à moi et m'offre un prétexte pour débiter mon baratin.

– C'est la raison de ma venue ! J'ai été pris hier soir pour cible alors que je suivais à la trace un suspect d'un gang de racketteurs de mosquée. Cette affaire a débuté par un cambriolage…

Pendant que je récite le roman policier inventé tout à l'heure en fumant, je remarque Nez-Crochu, attiré par l'écran de son iPhone muet, qui se lève brusquement pour aller dans un coin de la pièce.

– ... Évidemment nous avons croisé aussitôt cette information avec nos fichiers et, bingo ! C'étaient bien les mêmes individus qui recelaient des saints Coran et des recueils précieux de hadiths...

Pendant ce temps-là, j'observe al-Ghabi et son expression triomphale à l'écoute de Maher est celle que j'escomptais : il a mordu à l'hameçon et se voit déjà faire un gros coup de filet. Je le vois raccrocher et revenir s'asseoir en consultant nerveusement sa montre.

– ... et alors que je m'apprêtais à interpeller notre homme, voilà qu'on me tire dessus ! Heureusement... Ah, ça, je ne vous l'avais pas encore raconté...

– Bon, frère Merwan, m'interrompt le Grand Inquisiteur, excédé, mais que je n'aurais pas cru si patient, je ne vois pas ce que ton affaire a d'urgent. Nous, nous devons terminer cette réunion et nos délais sont courts.

Je m'éclipse, l'air penaud, et redescends dans le hall profiter du buffet désormais dressé, où s'agglutine la masse des curieux, venus aux nouvelles. Affamé depuis ma sortie de l'hôpital, je me bâfre en guignant vers l'escalier lorsque Abou Madhi al-Vilvordi, qui a repris son service aux cuisines, me repère parmi les convives.

– Frère Merwan, frère Merwan ! m'aborde-t-il, avant de baisser la voix. J'ai appris une information qui devrait t'intéresser...

Je suppose que la rumeur de la livraison de Sefîn Hasroumi s'est déjà répandue chez les rois du ragot, les chauffeurs de maîtres, par ailleurs excellents informateurs, et que le Belge en a été affranchi en allant garer la voiture. Mais il me surprend avec un tout autre tuyau :

– Un frère de mon ancienne escouade, préposée à la garde de la madâfa d'Oum Adam, mais qui a rallié les Petits-Fils du

Prophète, vient de m'appeler. Il m'a raconté qu'une fusillade a eu lieu cette nuit à l'ancien cimetière, et figure-toi qu'un ancien proche d'Oum Adam a été tué. Il s'appelait Abou Bakr al-Maghribi, mais Oum Adam le nommait frère Mohamed, me confie-t-il sans me faire ciller. Il était du Front des étrangers pour le Levant et c'était le chef des gardes des pensions qu'elle a dans la médina. Ces pensions où on a découvert qu'elle faisait… ce que tu sais, qu'Allah le miséricordieux la pardonne, invoque-t-il chastement. Al-Maghribi venait parfois en catimini à la madâfa de Salhiya. En fait, c'était un hypocrite qui couvrait ces honteux agissements, s'indigne vertueusement Abou Medhi. D'ailleurs, il fréquentait l'imam hypocrite de la mosquée ibn Zaïd Hartha. Ça ne m'étonne pas qu'il ait ensuite rejoint la Brigade des Petits-Fils du Prophète.

Al-Vilvordi ne m'apprend rien des évènements de la nuit à l'ancien cimetière, mais me rafraîchit la mémoire et, sans le savoir, il me livre une des dernières pièces du puzzle de l'affaire Haddad. Survivrai-je assez longtemps pour la résoudre ? J'aperçois justement sur le palier du premier étage ceux dont dépend la réponse sortir de réunion.

– Je te remercie de m'informer, frère Abou, dis-je sans lâcher du coin de l'œil la monumentale cage d'escalier. Sois mes yeux et mes oreilles, mais dans la discrétion, inutile qu'on nous voie trop souvent ensemble, le congédié-je, d'une pression sur le bras accompagnée d'un sourire amical.

Nez-Crochu est à peine parvenu à la dernière marche qu'il salue Mahmoud et Barbe-Rouge avant de filer à l'extérieur, entraînant d'un geste de la main le Dingue, sans doute pour filmer ses exploits lors du faux guet-apens de Machlab, que j'ai si bien orchestré avec l'aide de Maher.

Il est 13 heures 15. J'ai au moins quatre heures devant moi, le temps que Nez-Crochu aille faire chou blanc ; et pas quatre heures à perdre. Je me rapproche de mon beau-frère et du chef du bureau des Châtiments, qui discutent en consultant des feuilles, sous le regard fureteur de ceux poireautant depuis ce matin dans l'attente que la rumeur soit confirmée d'une prochaine capture du leader kurde honni.

– Mahmoud, j'ai à te parler.

– Ah Merwan, excuse-moi, mais là, je suis occupé, répond mon beau-frère sans aménité tandis que Barbe-Rouge me dévisage.

– L'échange de Sefîn Hasroumi contre des prisonniers de l'ASL ?

Ils me regardent d'un œil soupçonneux

– On n'a pas de commentaires à faire, rétorque Mahmoud.

– Oh, Mahmoud, déconne pas. Tout le monde ne parle que de ça ici, clamé-je en prenant à témoin un groupe de trois gus qui tendaient l'oreille et se dispersent aussitôt, gênés aux entournures.

Mon beau-frère soupire :

– Frère Samir, va m'attendre aux voitures, j'arrive. On en reparlera sur la route, dit-il à Hajji Bakr al-Iraqi, qui acquiesce et se dirige vers la sortie.

Mahmoud le regarde s'éloigner, et ses yeux le suivent toujours lorsqu'il me demande sur le ton de quelqu'un qui ne veut pas entendre la réponse :

– Merwan, tu ne m'as rien caché ?

– Et toi Mahmoud, tu ne m'as rien caché ?

Il est toujours de profil, n'en finissant pas de regarder ailleurs. Ses mâchoires contractées raidissent son menton, dessinant une fugitive expression d'anxiété sur son visage anguleux. Mais quand il se retourne, il soutient mon regard sans rien montrer.

– Ce n'est pas moi le sujet, et tu le sais, m'assène-t-il, comme pour me faire comprendre que Nez-Crochu s'est déjà vanté des résultats escomptés contre moi de l'interrogatoire de Sefîn. On doit nous remettre Hasroumi à 14 heures 30. D'ici là, je dois aller ramasser des prisonniers pour un échange. Je n'ai pas le temps de parler maintenant.

– Tu te souviens que ta sœur est ma femme, Mahmoud ? Tu ne voudrais pas qu'il lui arrive quelque chose, ainsi qu'à ton neveu et à ta nièce à cause de moi ? le défié-je alors qu'il s'apprête à me tourner le dos.

– *Insh'Allah*, se contente-t-il de commenter avant de me planter là.

*

En sortant du palais, un peu contrarié par mon entrevue avortée avec Mahmoud, je hèle un taxi jaune pour aller à Salhiya, après avoir flâné quelques minutes boulevard al-Maliki pour donner le change aux emniyim qui me suivaient à pied, et se sont trouvés bien dépourvus quand la voiture m'a embarqué pour la mosquée ibn Zaïd Hartha. C'est un peu le retour sur les lieux du crime : la mosquée se situe à peine à cinq cents mètres de l'ancien cimetière, en pleine zone tampon entre les quelques quartiers contrôlés par la Brigade des Petits-Fils du Prophète et le reste de la ville pour l'essentiel sous l'étendard noir de l'État islamique. Je me fais déposer un peu plus loin au coin de la rue et demande au taxi de m'attendre en l'appâtant avec quelques billets. En croisant quelques rares passants, je me dis qu'avec mon attelle, je ne dois pas passer inaperçu, même si, après tout, ils ne voient qu'un barbu handicapé portant des Ray-Ban. Je longe les murs de plâtre de la mosquée sous le regard torve de deux miliciens d'origine indéterminée, postés sur le trottoir d'en face pour se protéger du soleil. Je pousse la porte en faisant mine de ne pas les voir. On est à une heure de la prière de l'après-midi, et c'est sans surprise que je découvre la cour intérieure quasi déserte, sinon des vieux devisant en dévidant un chapelet, assis sur des bancs à l'ombre du minaret. Les choses se compliquent quand j'approche du portique. Deux moudjahidine en tenue négligée, portant l'écusson frappé du double croissant stylisé des Petits-Fils du Prophète, barrent l'entrée de la salle de prière. Je les cueille cependant en train de somnoler debout contre les colonnes et les braque à deux mètres avec mon Glock, avant qu'ils n'aient le temps de réagir.

– Pas bouger tous les deux. Ma main droite fonctionne très bien, précisé-je en les voyant loucher sur mon attelle. Et maintenant, décrochez doucement vos kalach et jetez-les vers moi, ordonné-je, toujours obéi au doigt et à l'œil.

Sans les lâcher du regard ni du Glock, je pousse du pied les mitraillettes et les cache derrière les colonnes, avant d'ordonner aux deux lascars d'avancer. Nous pénétrons dans la salle de prière où l'un d'eux se fait remarquer dès le seuil d'un retentissant *Allah Akbar*, que je réprime aussitôt en faisant sentir l'acier froid du pistolet sur sa nuque tout en exigeant le silence. Cet intrigant accès de foi sonore m'incite à me tenir sur mes gardes. Je fais bien. Alors que je remonte l'allée centrale, avec toujours en mire les deux moudjahidine, un des rares fidèles agenouillés dans la salle de prière se jette sur moi sitôt que je l'ai dépassé. Toutefois, j'avais repéré son écusson au double croissant en passant près de lui, et il se prend un coup de canon dans la gueule à peine s'est-il levé, croyant me surprendre. Sans attendre qu'il leur vienne une mauvaise idée, je retourne dans la foulée le Glock vers les deux comparses. J'ordonne au troisième sbire de nous rejoindre, tandis qu'il se tient la mâchoire qui pisse le sang.

La scène, après notre entrée bruyante, a évidemment alerté la dizaine de personnes présentes, dont Hafez al-Momani qui a l'amabilité de venir se faire connaître.

– Qui es-tu pour oser venir troubler la maison de Dieu avec une arme ? s'indigne l'imam, un sexagénaire aux yeux ronds cerclés de lunettes rondes et à la barbe si longue et fournie qu'elle masque tout le haut de sa dishdasha.

– Personne ne sort ! fais-je en étouffant un peu ma voix pour qu'elle ne porte pas hors des murs, interrompant net deux fidèles dans leur mouvement vers la sortie. Tout le monde dans la salle de lecture, et vite. Allez, on avance, commandé-je en agitant mon Glock pour convaincre les récalcitrants. Sauf toi, précisé-je à l'intention de l'imam, qui s'apprêtait à suivre les autres et dont les yeux ronds traduisent moins l'indignation que l'inquiétude. Tu dois être Hafez al-Momani, j'ai à te parler, dis-je en fermant à clef derrière les prisonniers.

Je l'entraîne à l'écart et me présente :

– Je suis Merwan Milet, chef de la police criminelle de la Dawla. Mon nom te dit quelque chose ?

Les yeux ronds craintifs passent en mode panique et la barbe tremblote au niveau de la bouche. Mais le binoclard a encore du ressort.

– Tu es un extrémiste !

– Et toi, un hypocrite ! Un point partout, balle au centre. Je ne suis pas venu pour un cours de théologie, pépère. Alors, je répète ma question. Je m'appelle Merwan Milet. Est-ce que mon nom te dit quelque chose ?

Hafez al-Momani affiche une mine vaincue. Client régulier de Kenza Haddad, autant que je me souvienne de la première fois où il a été fait mention de ce personnage par le gérant du club Nadi Rachid, prédicateur de la Brigade des Petits-Fils du Prophète, de ce que j'ai appris du Belge, et confesseur à ses heures d'Abou Bakr al-Maghribi, alias Mohamed Aït-Kacimi, il est à la convergence de bien de mes interrogations. Dans ma situation, ce genre de hasard s'appelle un coup de chance.

– Tu es le terroriste kurde, assassin de frère Mohamed, finit-il par m'accuser, confirmant que toute la galaxie des Petits-Fils du Prophète a été avertie de mon pedigree par l'Ottoman, ce qui me conduit à user de l'intimidation, car mieux vaut ne pas m'éterniser sur zone, une telle réputation valant avis de recherche dans le quartier.

– Et ton meurtrier, enchaîné-je, en le visant avec mon Glock, ce qui le fait reculer en tendant des paumes implorantes. À moins que tu ne me causes. Là, tu as une chance de sauver ta peau.

– Que veux-tu savoir ? bredouille-t-il, pas du tout rassuré à voir ses yeux ronds rouler derrière ses lunettes rondes.

– Qui est Mohamed Aït-Kacimi ?

Bien qu'abondante, la barbe ne peut masquer sa bouche béante s'ouvrant sur l'incompréhension que reflète l'expression circonspecte de ses yeux. Réaction logique. Moi aussi, je suis surpris de ne rien savoir de ma victime supposée, sinon les mensonges de sa tueuse. Je pointe l'imam du Glock pour qu'il cesse de cogiter et se mette à baver.

– Euh, se ressaisit-il, frère Mohamed est un déserteur de l'armée française qui a rejoint le djîhad en Algérie il y a vingt ans et qui depuis consacre sa vie à combattre les ennemis d'Allah, me récite l'imam, non sans triturer ma mémoire : où ai-je entendu parler d'un déserteur de l'armée française ?

– Et tu le connais comment ? Tu es égyptien, non ?

J'ai reconnu son accent.

– En Algérie. J'avais été envoyé prêcher pour soutenir nos frères du FIS et j'ai ensuite accompagné spirituellement une katiba du groupe islamique armée où servait frère Mohamed. Frère Mohamed se distinguait par la fermeté de son action et de sa foi et m'avait beaucoup impressionné. Mais j'ai été expulsé d'Algérie en 1998 et je l'ai perdu de vue. Je l'ai retrouvé par la grâce d'Allah, lors d'une promenade dans le quartier. Il avait pris la qounia d'Abou Bakr al-Maghribi.

– C'est toi qui l'as convaincu de rejoindre la Brigade des Petits-Fils du Prophète ?

– Euh… C'est-à-dire… enfin, oui, enfin non, accélère-t-il, après m'avoir obligé à lui agiter de nouveau mon pétard sous le nez. En fait, je suis proche du commandant Khalifa al-Othman, c'est moi qui fortifie la foi des Petits-Fils du Prophète, tente de s'enorgueillir le missionnaire fririste. Frère Ali cherchait quelqu'un de la qualité de frère Mohamed pour certaines… actions militaires.

Hafez al-Momani me regarde avec l'air piteux d'un djinn n'ayant plus de souhaits à accomplir. Je perçois que le petit monde que j'ai enfermé dans la salle de lecture commence à s'agiter, à en juger par les voix que j'entends fuser et les coups contre la porte. Je parle fort pour faire savoir que je suis encore là.

– Écoute, pépère. Je n'ai pas envie de jouer aux devinettes. Soit tu débites tout ce que tu peux me dire sur Aït-Kacimi, soit je te fume maintenant, et je fous le feu à la mosquée pour que tout le monde grille dedans. Je suis clair ? ponctué-je ma menace en haussant le ton en direction de la cellule improvisée, le Glock sur la tempe dégoulinante de sueur de l'imam.

La perspective d'une flambée a aussitôt calmé les prisonniers. Quant à al-Momani, il est blême de peur. D'abord, il ôte ses lunettes pour les essuyer de la buée que la transpiration y a déposée, puis il se met à déballer mécaniquement tout ce qu'il sait de Mohamed :

– Frère Mohamed était un soldat d'Allah très réputé mais peu discipliné. Son principal objectif politique, c'était de nuire à la France et d'y instaurer la loi d'Allah. Il disait que c'était à cause de la France que la révolution islamique a échoué dans son pays. C'est pourquoi, un an après moi, il a quitté l'Algérie pour la France où il s'est marié et a ouvert un restaurant. Mais c'était une couverture. En fait, il montait une cellule et prévoyait de faire des attentats. Comme il était recherché par la police, il a dû fuir et s'est caché un moment en Belgique. C'est alors qu'il y a eu l'intervention des croisés en Afghanistan et il s'est engagé là-bas, où il s'est spécialisé dans les attaques contre le contingent français. Comme beaucoup de moudjahidine étrangers, il a ensuite fait sa bayah à al-Qaïda en Irak. Mais il s'est fait mal voir de l'un des hommes forts d'al-Qaïda en Irak, le Syrien Abou Mohamed al-Joulani. Après, il est rentré en Algérie rejoindre d'anciens moudjahidine et il a contribué à créer al-Qaïda au Maghreb islamique, qui a d'ailleurs remporté une série de succès, qu'Allah les gratifie. Mais en janvier dernier, sa katiba a été exterminée par une expédition française au Mali et il a décidé de rallier le djîhad en Syrie. Mais le djihâd, quand il est arrivé, c'était le Jabhat al-Nusra, c'est-à-dire Abou Mohamed al-Joulani, celui avec qui il s'était brouillé en Irak. Donc, la porte lui était fermée. Du coup, il s'est enrôlé au Front des étrangers pour le Levant. Mais ce n'était pas une organisation d'avenir pour lui, il avait beaucoup plus d'ambition que ça. C'est à cette époque-là que je l'ai retrouvé à Raqqa. C'était la période où al-Baghdadi attirait tous les frères d'al-Nusra à la Dawla. Mais frère Mohamed hésitait car al-Baghdadi n'est pas très riche. C'était, voyez-vous, un homme précautionneux de ses vieux jours, qu'Allah le miséricordieux l'accueille en son paradis, invoque al-Momani, avant de réaliser, confus, qu'il s'adresse à son assassin. Je lui ai fait valoir que, grâce à l'aide des bienfaiteurs de la cause du Très-Haut, certaines brigades de l'Armée syrienne libre sont mieux dotées, notamment les Petits-Fils du Prophète…, explique l'entremetteur fhériste.

La biographie djîhadiste d'Aït-Kacimi et son obsession antifrançaise m'ouvrent une perspective intéressante. Pour le reste, sa cupidité m'est déjà connue, tout comme la générosité des donateurs fréristes ou wahhabites du Golfe. Mais je laisse poursuivre le barbu, qui étrangement n'a plus besoin de mon Glock pour continuer.

– Un jour donc, j'ai appris que frère Ali cherchait un soldat pour une mission très particulière. Il s'agissait d'éliminer un haut cadre d'Abou Bakr al-Baghdadi en faisant croire qu'il s'agissait d'une action du Jabhat al-Nusra. Et il ne voulait pas compromettre sa brigade, ni l'ASL, en cas d'échec. Il espérait qu'avec ce meurtre, les deux factions allaient s'entre-tuer. C'est alors que je lui ai parlé de frère Mohamed. À qui l'idée d'être payé pour nuire à al-Joulani plaisait beaucoup. Il s'est fait fort de remplir le contrat en laissant des indices qui auraient dû faire soupçonner al-Nusra.

– Et il s'appelait comment le mec qu'Aït-Kacimi devait tuer ? demandé-je tout en commençant à me douter de la réponse.

– Elias Haddad, soupire l'imam en baissant les yeux.

– Et ça ne te dérangeait pas qu'il massacre la famille avec ? Tu connaissais pourtant bien la petite Kenza, à ce que je me suis laissé dire.

Hafez al-Momani relève la tête et me considère, l'air abasourdi derrière ses lunettes cerclées. C'est toujours bon d'en savoir un peu sur son suspect. Ça le trouble et il hésite, du coup, à masquer certains faits, de peur que son interrogateur ne les sache déjà et lui fasse payer ses cachotteries.

– Je ne savais pas qu'il tuerait tout le monde ! se met-il à couiner, le visage rougi par la honte. Je croyais qu'il tuerait Haddad dans un attentat, pas chez lui, renifle pathétiquement le sexagénaire, au souvenir de la gamine qu'il se tapait. D'ailleurs, son opération a mal tourné, poursuit-il en parlant de moi sans le savoir, réveillant un douloureux souvenir à la cuisse. Un garde du corps, ou il ne sait qui, est intervenu sans qu'il ait eu le temps de maquiller la scène de crime et, malgré les soupçons de la Dawla, le lien avec le Jabhat al-Nusra n'a pu être établi. Frère Ali s'est dit néanmoins très satisfait de son travail. C'est là qu'il a appris que frère Mohamed avait une autre spécialité militaire qui allait devenir utile aux Petits-Fils du Prophète…

L'imam fait mine d'arrêter sa confession, mais je lui fais les gros yeux pour l'en dissuader.

– Comme je t'ai dit, frère Mohamed était un déserteur de l'armée française, se dépêche-t-il de reprendre, sans que j'aie besoin d'agiter mon Glock. C'était un ingénieur balisticien. Et nous avions besoin d'un ingénieur balisticien pour manœuvrer un lance-missiles porteur de missiles très particuliers…

Je me souviens maintenant où j'ai entendu parler d'un déserteur français. C'était le soir de la réception au palais du gouverneur, il y a une quinzaine de jours, où j'ai dû faire ma bayah à al-Baghdadi. En fumant une cigarette dans le jardin, j'avais capté une conversation confidentielle entre des convives hostiles à la Dawla, dont le binoclard fériste faisait du reste peut-être partie. Effectivement, les comploteurs évoquaient une arme mystérieuse. Une explication à propos du comportement de Yasmine fait soudain irruption dans mon esprit.

Hafez al-Momani s'est à nouveau interrompu, imaginant peut-être que mon silence et mon expression réfléchie marquaient la fin de ma curiosité. En même temps, je sens qu'il est du genre à ne plus s'arrêter quand il a commencé. Je poursuis gentiment l'interrogatoire :

– C'est quoi, ces missiles très particuliers ?

– Du gaz moutarde, avoue le missionnaire fériste sans barguigner. Depuis la reprise d'al-Qusayr et la contre-offensive de l'armée loyaliste sur Alep, la rébellion doit faire face à la montée en puissance de Daesh. Nous avions comme projet de faire croire à une attaque chimique de l'État islamique sur les localités sunnites tenues par l'armée de Bachar faisant le siège d'Alep. Nous pensions qu'une telle attaque déconsidérerait Daesh aux yeux des Syriens, mais aussi des combattants étrangers, qui sont sa principale ressource. L'opération était prévue pour la semaine prochaine. C'est là où tu es intervenu. On dit que tu es un agent kurde infiltré au sein de Daesh… Quand frère Mohamed nous a appris que tu l'avais contacté pour un transfert chez vous, il en rigolait et disait que c'est toi qui allais être retourné. Frère Ali l'avait pourtant mis en garde. Mais tu as su le manœuvrer, admet al-Momani avec fatalisme.

– On dit beaucoup de choses sur moi, éludé-je. Bon, pépère, je crois qu'on a fait le tour de la question Aït-Kacimi. Mais avant que j'aille t'enfermer avec les autres – je lis le soulagement sur son visage –, j'aimerais qu'on parle un peu de l'affaire Haddad. Connais-tu Mahmoud al-Khalifa ?

*

Je suis donc tombé, comme un chien dans un jeu de quilles, sur une guerre de l'ombre entre factions, sans doute alimentée par des puissances régionales, pour que les instigateurs fréristes disposent d'un obusier à longue portée, et sous le contrôle de puissances internationales, pour que la France dépêche un de ses agents, histoire d'en rajouter dans le bordel ambiant. Car qui peut être Yasmine, sinon un agent secret français chargé d'éliminer un mercenaire spécialisé dans l'anti-France, lequel risquait de disposer rapidement en Syrie de tout un vivier de combattants tricolores à recruter et à former, me mets-je à réfléchir tandis que le taxi me ramène au palais. Si je pars de ce postulat, bien des choses s'éclaircissent, en tout cas. Son intérêt marqué pour mes activités policières et l'organigramme de la Dawla, son entraînement physique, ses réflexes dans les situations dangereuses, son talent à me manipuler… Dès le début, son histoire était un leurre. J'ai effacé la photo de Mohamed Aït-Kacimi de mon Huawei ce matin, mais j'en ai encore tous les détails en tête. J'avais remarqué qu'elle avait été prise au téléobjectif, devant ce restaurant La Rose des Sables, à Chalon-sur-Saône. Et je l'avais scrutée mille fois, à l'affût du détail révélateur. Mais il n'y avait aucun détail à découvrir. Je ne m'étais tout bonnement pas posé la bonne question. Pourquoi a-t-on pris Aït-Kacimi au téléobjectif assis à la terrasse de son propre restaurant ? Pour qu'il ne voie pas qu'on le prend en photo, tiens !

Le cliché pris à son insu devait dater du début des années 2000, période où il est revenu en France ouvrir ce restaurant et monter une cellule terroriste, comme me l'a rapporté Hafez al-Momani. C'est une photo tirée d'une surveillance policière. Il aura suffi aux services français de créer dix ans plus tard une fausse Yasmine Beghal, épouse Aït-Kacimi, photographiée devant et dans le même restaurant, dans les rues de Chalon-sur-Saône et, avec en guise de papa, un quelconque *chibani* du coin, ravi de prendre la pose avec cette jolie fille. De même, bien que je ne lui aie jamais demandé, elle devait disposer d'un dossier notarié tout à fait authentique pour crédibiliser son histoire. Les services français, probablement furieux d'avoir manqué cet ennemi de première catégorie au Mali, ont dû apprendre qu'Aït-Kacimi avait fui pour la Syrie, et plus précisément à Raqqa où il servait chez une ex-djîhadiste, Oum Adam, elle-même à coup sûr également bien connue des services occidentaux. Il ne manquait plus à la pseudo-Yasmine qu'à le trouver et à l'abattre. Je suppose que j'ai été une solution de repli, une de ces initiatives de terrain auxquelles doivent avoir recours les agents débrouillards, quand elle a senti que sa couverture dans la madâfa de la Veuve Noire commençait à se fissurer, après des semaines infructueuses pour dégoter Aït-Kacimi. Pourquoi a-t-elle prétendu être franco-marocaine au départ, ainsi que son mari, en fait franco-algérien ? Sans doute pour brouiller les pistes. Toujours est-il qu'elle a trouvé le dindon de la farce en moi, qui suis tombé dans le panneau à la minute où je l'ai rencontrée, lui ai fourni des planques en or, tout en menant l'enquête sur sa cible. Tout ça est bel et bon, mais ne m'explique pas pourquoi à la fin elle m'a tiré dessus, pour en définitive m'épargner, tout en m'infligeant une blessure qui m'oblige à porter une attelle pendant une période indéterminée.

Indéterminée, ça reste à voir, me rappelé-je au moment où le taxi arrive aux abords du palais. Ma vie pourrait s'achever incessamment si le cours des évènements dans les prochaines heures m'échappe. Une idée me vient alors pour parachever le vague plan que je mûris pour, sinon inverser, du moins amoindrir les charges qui pourraient m'accabler. J'ordonne *in extremis* au chauffeur de passer outre le palais pour aller chez moi, où je lui demande à nouveau de laisser tourner le compteur. Le trésor m'attend toujours dans le placard ou je l'ai dissimulé voilà trois jours, après sa saisine à Yarmouk, lors de l'assaut de l'entrepôt de Kassim le Fou. Une éternité, me semble-t-il, tandis que je mets de côté environ cinq millions de livres sur la vingtaine que constitue ce butin de guerre. Je conserve le reste de l'argent dans le même sac aux couleurs du drapeau kurde, mais le camoufle dans un autre sac de voyage abandonné par Asma lors de son déménagement à Battani. Un sac en piteux état mais qui fera l'affaire. Je suis précis et rapide, à l'unisson de mon cerveau aiguisé comme à l'exercice. Je suis, en effet, habité par un étrange état d'esprit qui balaye les craintes au fur et à mesure qu'elles surgissent. Le fondement de cette sûreté de soi, dopée par une puissante et continue montée d'adrénaline, est irrationnel. Je la tire de cette fierté que j'éprouve d'avoir résolu trois affaires, l'exécution de Mohamed Aït-Kacimi, le massacre de la famille Haddad et le meurtre, ou l'assassinat, de Kenza Haddad. Il me reste à élucider ce dernier point avec le tueur. Cette euphorie un peu déplacée se nourrit aussi de la certitude, tout aussi irrationnelle à ce stade, que quoi qu'il m'arrive, Asma, les enfants et le Vieux seront préservés.

C'est pourquoi, enfin de retour au palais, j'arbore un large sourire en entrant dans le hall, bien moins encombré qu'à mon départ, mais où l'atmosphère est toujours aussi lourde. Des ninjas sont postés devant la porte battante donnant sur les pièces de service. Et donc sur l'accès aux caves. Je n'y suis jamais descendu, mais je sais que l'Emniyat a ménagé une salle d'interrogatoire dans un des celliers, et une cellule dans un autre. Les regards des quelques fonctionnaires traînant par là se braquant dans cette direction constituent un second indice que Sefîn Hasroumi a dû être livré. Je passe un instant à mon bureau pour déposer le sac aux millions, puis redescends aussitôt chez Mahmoud pour avoir confirmation que le leader de Haqquna est bien dans nos murs. Je le dérange, comme à son habitude, il est occupé à tapoter et à consulter son écran d'ordinateur.

– *Hayyak Allah*, Mahmoud, lancé-je avant qu'il n'ait le temps de protester contre mon intrusion. L'échange a eu lieu ? Hasroumi est au palais ?

– *Salam aleykoum*, mon frère. Tu es venu affronter ton destin ? me lance-t-il tout de go avec un regard triste.

Mahmoud al-Khalif, mon ami de trente ans, mon beau-frère depuis vingt ans, mais aussi le chef du bureau de Sécurité de l'État islamique, a-t-il déjà choisi son camp, informé par Nez-Crochu des confidences que pourrait faire Sefîn ? J'allais lui raconter une histoire qui avait toutes les chances de le faire changer de perspectives, quand un coup de feu retentit au rez-de-chaussée, suivi d'un tumulte ponctué de hurlements. Après nous être brièvement concertés du regard, nous nous précipitons à l'extérieur, imités par d'autres types sortant en trombe de leur bureau pour se pencher par-dessus les longues rampes des paliers pour essayer de voir ce qui se passe. On ne voit rien, mais on entend une voix tonnante exprimant sa volonté d'aller interroger sans attendre Sefîn Hasroumi.

– Frère Hussein, calme-toi.

J'aperçois la silhouette d'al-Adnani, le buste penché sur la rampe de l'escalier. C'est donc à frère Hussein qu'il s'adresse, autrement dit au Géant-Vert, invisible de là où je me trouve. J'ai le temps de voir al-Adnani dévaler le reste des marches d'un pas vif, suivi par deux colosses armés. Puis plus rien.

Les curieux massés aux étages descendent à sa suite, Mahmoud le premier, sans un regard pour moi, ce qui m'arrange. Il faut dire que les vociférations du Géant-Vert promettent un beau spectacle. Profitant de la confusion, je saute sur cette occasion inespérée pour remonter à mon bureau, sans attirer l'attention de ceux qui, au contraire, encombrent l'escalier dans le sens inverse. Accaparé par l'écho du scandale provenant du rez-de-chaussée, la Brute me croise sans me voir. Le couloir est désert quand j'entre dans mon bureau et l'est toujours quand j'en ressors avec mon vieux sac de voyage. En trois enjambées, je suis dans l'antre de Nez-Crochu, où j'extrais le sac original aux couleurs kurdes et son magot pour le cacher vaguement dans une armoire métallique pleine de dossiers. Je repasse à mon bureau pour y jeter le sac vide à la volée, avant de dégringoler l'escalier à mon tour. Il ne m'a pas fallu trois minutes pour mener à bien cette manœuvre dont le danger, si aisément vaincu, dope davantage encore mon hasardeuse sensation d'invulnérabilité. Si Sefîn doit parler contre moi, du moins ai-je le moyen de semer le trouble en compromettant Nez-Crochu. J'ai le cœur qui bat la chamade quand je rejoins, dans l'indifférence générale, l'attroupement qui s'est formé devant la porte de service. Le Géant-Vert, une béquille dans une main pour s'appuyer, un Tokarev dans l'autre qu'il agite en l'air, est en train d'agonir d'injures les ninjas qui lui barrent le passage. On devine, malgré leurs masques d'impassibilité, qu'ils n'en mènent pas large. J'imagine que le trou de balle à hauteur d'homme, bien visible dans la porte, a dû les secouer. L'arrivée d'al-Adnani calme tout de suite le jeu, les moudjahidine escortant le chef des Affaires militaires de la Dawla, baissant leurs armes et les yeux à la vue de l'émir et de sa garde rapprochée.

– Frère Hussein, qu'est-ce que c'est que ce désordre ? Comment oses-tu tirer au sein du palais ?

– J'ai tiré sur la porte, réplique le Géant-Vert, qui remet son Tokarev à la ceinture. Je veux aller interroger le chef kurde, assène-t-il.

– Nous devons attendre frère Khalid pour procéder à l'interrogatoire, rétorque al-Adnani. C'est un peu grâce à lui si nous avons récupéré Hasroumi…

– Et il est où ? s'enquiert le Géant-Vert d'une voix pleine de reproches.

Surpris par la question, al-Adnani tourne la tête de droite et de gauche à la recherche de la réponse, laissant une mèche rebelle s'échapper de son turban où il la repousse aussitôt rageusement.

Son regard inquisiteur tombe sur moi, qui fais un geste du menton en avant, accompagné d'une moue dubitative, pour indiquer mon ignorance. Personne d'autre n'est naturellement en mesure de raconter que Nez-Crochu fait vainement le pied de grue à Machlab devant la maison d'Abou Saad al-Hadrami, l'émir déchu de Raqqa, censée abriter un complot ourdi par le gratin des opposants à la Dawla.

– Je ne sais pas où il est, finit par dire le Grand Inquisiteur d'une voix agacée, ce qui ne calme pas le Géant-Vert.

Je ne l'avais malheureusement touché que superficiellement hier, lors de l'accrochage à al-Fathi, mais du moins ai-je le contentement de le voir grimacer à chaque déplacement. Je comprends maintenant ce qui provoque sa fureur.

– Et pourquoi devrait-on l'attendre ? proteste-t-il. Moi, dès que j'ai appris la nouvelle, je n'ai pas attendu pour quitter ma chambre d'hôpital. J'ai failli mourir dans ce guet-apens, je ne veux pas attendre plus longtemps pour l'interroger. Il sait qui est le traître qui a dévoilé notre opération et permis cette embuscade.

Un murmure d'approbation parcourt l'assistance.

– C'est vrai qu'il sait des choses qu'il faudrait savoir vite, intervient la Brute. Cinq véhicules de mes services ont été volés, tout de même. Peut-être qu'Hasroumi connaît le repaire de la bande qui nous a attaqués hier.

Le Grand Inquisiteur a l'air saisi par le doute en considérant ses lieutenants impatients. Moi, je n'ai pas d'avis. L'interrogatoire de Sefîn risque de signer mon arrêt de mort. Alors qu'il ait lieu maintenant ou plus tard n'y changera rien. Ou tout. Si j'ai cherché à gagner du temps en baladant Nez-Crochu, n'est-ce pas pour que des impromptus viennent contrarier le destin ?

– D'accord, admet finalement l'émir. Frère Hussein, je t'autorise à aller interroger le Kurde. Frère Mahmoud, frère Ali, accompagnez-le. S'il parle, appelez-moi. Nous devons être quatre pour valider les aveux.

Et je vois Mahmoud disparaître avec les autres derrière la porte, devant laquelle se place une garde renforcée instruite par al-Adnani de ne laisser passer personne.

L'incident étant clos, chacun retourne à sa tâche. Je saute sur l'occasion pour aller me réfugier dans les luxuriants jardins du palais chercher un endroit tranquille pour fumer. Il est 15 heures 45. Nez-Crochu va réapparaître d'ici à peu près une heure, sûrement de très mauvais poil après le coup pendable que je lui ai fait. Maher al-Shibahi sera la victime collatérale de ma chute. Mais faute d'avoir pu recadrer mon beau-frère, c'est surtout à Asma et aux miens auxquels je songe maintenant. J'allume une cigarette avec le mégot de la précédente et téléphone à ma femme. Elle décroche après deux sonneries.

– Merwan ! Enfin ! Mais pourquoi m'as-tu encore abandonnée, mon chéri, larmoie-t-elle d'une voix plus soulagée que mécontente. Un simple message ce matin… Pourtant hier tu m'avais promis…

– Asma, mon cœur, mon âme, mon adorée, la coupé-je, je te supplie de me pardonner, mais ma situation ne s'est pas encore éclaircie. Je ne t'ai pas appelée parce que je ne sais pas si je pourrai vous revoir, toi et les enfants….

– Oh, Merwan, non, s'alarme-t-elle, en pleurs. Où es-tu ? Que se passe-t-il ? Hier tu nous as dit que tu avais bon espoir de vaincre tes ennemis, m'interrompt-elle, hystérique.

– J'ai toujours bon espoir, mon cœur, tenté-je de la rassurer après cette entrée en matière maladroite, sans pouvoir, à entendre ses reniflements, lui faire partager mon fol optimisme. Rien n'est réglé, mais c'est pour bientôt, mon cœur ; et, dans le pire des cas, avancé-je, faisant redoubler les larmes d'Asma, je veux que tu te places sous la protection de Mahmoud.

– Mais tu m'as dit que tu n'étais pas sûr de pouvoir compter sur lui, s'étonne-t-elle.

– C'est ton frère, Asma, l'oncle d'Assia et de Naïm. Il sait combien sa famille est redevable à grand-père. Et j'ai des arguments qui l'amèneront à se préoccuper de votre sort, souligné-je, bien que je n'aie pas encore eu l'occasion de les exposer à mon beau-frère. Asma, ne me rends pas la tâche plus difficile, ma chérie, s'il te plaît. Au contraire, J'ai besoin de savoir que tout va bien pour vous. J'ai la volonté de vivre et de vaincre. Pour toi, Asma. Je t'aime. Je veux te revoir et te tenir dans mes bras. Sois forte et prie pour moi. Ce sont les seules prières qu'un dieu juste peut entendre.

J'ai dû finalement faire passer un peu du sentiment d'invincibilité qui me fait planer au-dessus des évènements, car j'entends les sanglots d'Asma s'estomper lorsqu'elle me répond :

– Je t'aime tant, Merwan. Reviens-nous. On t'attend tous, m'émeut-elle, tandis que j'entends en fond sonore mes enfants crier des « papa, reviens » pathétiques.

Je devais passer cet appel, mais il me laisse un goût d'inachevé et m'enveloppe d'une chape de nostalgie qui entaille mon illusoire détermination à vaincre le sort. Du coup, la douleur à l'épaule me relance, et j'avale deux cachets rapportés ce matin de l'hôpital. Je déambule dans les jardins et augmente ma dose de nicotine pour compenser cette baisse de tension, avant de me décider à retourner au palais du pas du condamné. Nez-Crochu ne va pas tarder, et si Sefîn Hasroumi n'a pas déjà parlé, j'ai le terrible pressentiment que mon ennemi intime saura le confesser. Le hall est presque vide, mais j'entends des conversations aux étages du palais et des collègues qui discutent sur les paliers ou aux portes en attendant l'heure H, ou l'heure A, comme aveu. Je m'enferme dans mon bureau où je vérifie qu'aucun indice particulier ne pourrait venir m'accabler le cas échéant et achève de nettoyer mon Huawei de toute trace compromettante. À 16 heures 30, n'en pouvant plus de toupiner, je ressors pour aller fumer. Je commence à peine à descendre les marches que je vois se pointer Nez-Crochu, flanqué de ses sbires et du Dingue, tous affichant une mine sinistre dont je suis seul à connaître la cause. Son regard noir se tourne immédiatement vers la porte des communs, toujours gardée, puis vient se fixer sur moi, figé au pied de l'escalier. Une expression féroce lui arrache un rictus de haine et il place son pouce sous sa gorge en faisant un mouvement circulaire.

*

On dit qu'au moment de mourir, toute notre vie remonte par flashs dans notre mémoire, comme pour un ultime tour de piste avant de rejoindre le néant. Ou l'éternité pour les croyants. Pourtant, alors que tous les éléments de cette issue fatale sont désormais en place, c'est une tout autre impression qui m'habite, une combinaison paroxystique entre la force intérieure qui a transcendé mes actes toutes ces dernières heures et la montée en puissance euphorisante des molécules anti-inflammatoires que j'ai avalées tout à l'heure : mon esprit embrumé devient indifférent aux évènements qui vont suivre, dont mon corps n'est plus que le témoin passif. Il faut dire que le retournement de situation fut si rapide que la sidération me saisit immédiatement. À peine arrivé, Nez-Crochu n'a qu'une hâte, se rendre à la cave interroger Sefîn Hasroumi. Ça fait des jours qu'il œuvre à ma perte et la livraison du leader kurde par l'ASL est pour lui gage de succès. Toujours pétrifié au pied de l'escalier de marbre rose, je l'observe parlementer avec les ninjas de faction. Échaudé par l'esclandre avec le Géant-Vert, l'officier de garde daigne descendre à la cave chercher un des chefs occupés avec Sefîn. C'est Mahmoud qui remonte. Contre toute attente, il interdit le passage à al-Ghabi et recommande aux ninjas d'être intraitables. Mon beau-frère passe devant moi, toujours les bras ballants au pied de l'escalier, et me fait un clin d'œil amical. La dernière chose que j'envisageais après trois quarts d'heure d'un interrogatoire probablement plus proche du passage à tabac, voire de la torture. Nez-Crochu passe à son tour devant moi, mais sans même me jeter un coup d'œil, tant son regard est occupé à réclamer à Mahmoud, qu'il talonne, une explication.

J'entends une porte claquer, puis une salve d'injures de mon ennemi intime, manifestement là encore interdit d'entrée. Et voilà qu'après quelques minutes, le Grand Inquisiteur apparaît en personne, flanqué de Mahmoud. Je les vois tous deux descendre les marches, toujours avec Nez-Crochu accroché à leurs basques. En me découvrant au pied de l'escalier, al-Adnani m'adresse un sourire indéfinissable mais dont la seule expression a pour effet de me tétaniser. Je ne peux cependant m'empêcher de me marrer en mon for intérieur en voyant Nez-Crochu faire des pieds et des mains pour les suivre à la cave. Mais il est refoulé une fois encore. Le Grand Inquisiteur lui ordonne même de se taire ! De longues minutes s'écoulent pendant lesquelles al-Ghabi s'agite toujours, tandis que de plus en plus perceptiblement ses partisans semblent sentir le vent tourner. Abou Mohamed al-Furqan, le cinéaste de l'horreur, ou encore le Dingue, est le premier à s'éclipser discrètement, bientôt imité par les emniyim les plus malins. Quand le Grand Inquisiteur remonte enfin, avec Mahmoud, la Brute et le Géant-Vert, ce dernier se rue avec ses béquilles sur al-Ghabi, lequel, totalement pris de court, se fait plaquer au mur.

– Ça suffit, frère Hussein, tonne le Grand Inquisiteur. Ne te salis pas les mains avec ce chien de l'enfer. Gardes, liez les mains et bâillonnez frère Khalid. Plus aucun mensonge ne doit sortir de sa bouche venimeuse. Il est en état d'arrestation. Qu'on aille aussi fouiller son bureau. Il est possible qu'il ait encore des choses à cacher. Conduisez-le à la salle du Conseil. Je convoque une réunion immédiate.

– Mais frère Taha, qu'est-ce…

Nez-Crochu n'a pas le temps d'en dire plus car voilà qu'on le bâillonne effectivement et qu'on le trimballe devant moi en direction de la galerie, tandis que des huissiers montent aux étages prévenir tous les membres présents du Conseil consultatif. Peu à peu, alors que l'agitation gagne le palais, j'ose prendre conscience de la réalité, sans y comprendre goutte. Mahmoud me cueille en ce drôle de rôle de pilier d'escalier depuis lequel j'assiste à la réécriture fortuite de mon destin.

– Merwan, bouge-toi. Le procès de frère Khalid va commencer, dit-il en m'entraînant par le bras.

Le diwân est quasiment plein quand nous arrivons. Nez-Crochu est agenouillé à l'écart, près de la baie vitrée donnant sur les jardins, encadré par deux ninjas, chacun une main fermement posée sur ses épaules. Le cercle des participants bruisse de rumeurs stupéfaites. Et je les comprends, car c'est plutôt moi que beaucoup soupçonnaient et non mon accusateur. Un garde fait son entrée en apportant un sac que je reconnais comme celui que j'ai caché dans le bureau d'al-Ghabi sans jamais vraiment croire que cette preuve dérisoire suffirait à contrebalancer les aveux attendus de Sefîn censés m'accuser irrémédiablement. Mais dans ce contexte, qui me déroute encore, l'apparition d'un sac décoré du drapeau kurde et rempli d'argent semble faire l'effet d'une bombe. Le Grand Inquisiteur, qui s'en est saisi, adresse un dernier mot en aparté au Géant-Vert avant de lever la main pour réclamer le silence et lui donner la parole.

– Mes frères. Depuis hier nous nous interrogions sur l'identité du traître qui avait permis qu'on dresse une embuscade à notre encontre à al-Fathi, entraînant la mort de nombreux guerriers d'Allah et la libération des prisonniers kurdes. Moi-même, j'ai été blessé lors de ce guet-apens, s'insurge-t-il en montrant sa jambe bandée. Ce traître est le plus vil qu'on puisse imaginer puisqu'il aura tenté jusqu'au bout de semer la discorde parmi nous, tout en entretenant des relations illicites avec des ennemis de la Dawla. Ce traître est frère Khalid, déclare al-Masri en désignant Nez-Crochu qui secoue la tête en dénégation et bafouille des protestations inaudibles sous son bâillon. Nous avons tous les quatre, frère Taha, frère Mahmoud, frère Ali et moi-même entendu conformément à la sharia les aveux du chef kurde Hasroumi. Il nous a déclaré clairement que c'est Khalid al-Ghabi qui l'avait prévenu de son arrestation. Il nous a certifié que Khalid al-Ghabi avait rendu visite à Ali Abdul Khalifa al-Othman, général de brigade de l'ASL. Il nous a donné une description précise du physique de frère Khalid. Et pour faire bonne mesure, on vient de découvrir un sac aux couleurs kurdes rempli de millions de livres dans son bureau. Je crois que les preuves sont suffisantes pour condamner frère Khalid à mort. *Allah Akbar !*

Sefîn s'est sacrifié en me sauvant. Il se savait condamné… Il a roulé ses tortionnaires en dénonçant Khalid al-Ghabi à ma place, comme son contact au sein de la Dawla. Je lui avais confié que Nez-Crochu était mon pire ennemi, et l'avais même si bien décrit que Sefîn l'avait tout de suite reconnu quand al-Ghabi est venu rencontrer l'Ottoman pour une raison que nous ne connaîtrons jamais. Une pensée admirative m'étreint au souvenir de cet intellectuel capable d'avoir rusé avec ses ennemis jusqu'aux portes de la mort. Pourquoi de tels hommes ne sont pas plus nombreux ? me morfonds-je en songeant que moi-même je le prenais pour un fat coureur de jupons. La vie est vraiment injuste. C'est d'ailleurs ce que doit se dire Nez-Crochu, qui se révolte en essayant de se lever, tout en hurlant à travers son bâillon. Mais un ninja réprime ses velléités d'un coup de pied dans le haut du dos qui l'envoie cogner le front par terre. Al-Adnani attend la fin de l'incident pour parler à son tour :

– Quand frère Ali nous a présenté frère Khalid, à l'émir al-Baghdadi, que la bénédiction d'Allah le miséricordieux l'accompagne dans le djihâd, et à moi-même, il nous a dit qu'il était le fils repenti d'un renégat sunnite d'Idblid, préférant suivre la guidance de notre prophète bien-aimé, paix, bénédiction et salut soient sur lui, plutôt que son félon de père parti rejoindre le Tâghoût à Damas la prostituée. Et nous l'avons cru, tant ce pervers hypocrite nous a fait croire en ses bonnes intentions, en infiltrant un espion au sein d'Haqquna et en déployant tant de zèle à démasquer les soi-disant traîtres qui menaceraient la Dawla de l'intérieur. Frère Merwan est là qui peut témoigner de cet acharnement, et qu'Allah me pardonne, et toi aussi frère Merwan, d'avoir douté de toi en prêtant l'oreille aux paroles fielleuses que frère Khalid prononçait à ton endroit.

J'accueille modestement cet hommage à ma droiture, conservant sagement les yeux baissés vers mes paumes ouvertes posées sur mes genoux. Je ris sous cape de l'émoi dont la Brute doit sans doute être saisi au rappel par le Grand Inquisiteur que c'est lui qui avait introduit Nez-Crochu dans la louverie djîhadiste. Quant à ce dernier, il continue de s'étouffer de rage et de désespoir sous son bâillon.

– Ainsi était Outbah, le fils d'Abou Lahab, l'oncle infidèle du Prophète, paix, bénédiction et salut soient sur lui, et le pire ennemi de l'Islam, reprend le lieutenant général de l'État islamique. « Que les deux mains d'Abou Lahab périssent et que lui-même périsse », nous enseigne la sourate 111, verset 1 du Saint Coran. Or donc, nous rapportent les hadiths authentiques, Abou Lahab et son fils Outbah se préparaient à voyager pour le Shâm. Mais Outbah, qui avait jusqu'alors dissimulé sa haine de l'Islam, dit à son père qu'il ne partirait pas tant qu'il n'aurait insulté le Très-Haut en provoquant Mohamed lui-même. Alors Outbah vint vers le messager d'Allah, exalté soit-il, et lui tint ce blasphème. Affligé par cette mécréance et jaloux de son Seigneur le Très-Haut, notre Prophète, paix, bénédiction et salut soient sur lui, lança une invocation sur lui. Mais Outbah s'en moqua et insulta encore le Très-Haut. Quand Outbah raconta à son père son entrevue avec le messager d'Allah, et qu'il lui apprit que Mohamed, exalté soit-il, avait lancé une invocation contre lui, Abou Lahab, « il sera brûlé dans un feu plein de flammes », nous réconforte la sourate 111, verset 3, ordonna à sa caravane de fuir immédiatement. Et quand le soleil déclina, Abou Lahab commanda de camper sur un monticule. Et il mit ses hommes en cercle sur le monticule et plaça son fils au centre de ce cercle pour qu'il soit protégé du courroux d'Allah. Pourtant, la nuit venue, Allah, alerté par les invocations de son messager, exalté soit-il, dépêcha un lion dans cette vallée. Et le lion gravit le monticule et il rebondit de roche en roche sans éveiller les dormeurs. Et le lion agréé d'Allah finit par découvrir Outbah, fils d'Abou, au milieu du caravansérail. Et il ouvrit grande sa gueule et détacha la tête du corps d'Outbah. Quand le lendemain Abou Lahab découvrit son fils ainsi puni de ses méfaits contre le Très-Haut, il se lamenta mais il était trop tard. Il avait élevé son fils dans la mécréance et la détestation d'Allah, et Allah avait fait prendre la tête de son fils. Ainsi est le père de frère Khalid et ainsi frère Khalid a suivi la mécréance de son père. Et ainsi périra frère Khalid, comme a péri Outbah, fils d'Abou Lahab. *Allah Akbar !*

– *Allah Akbar !* reprend en chœur l'assistance fanatique et je ne manque pas non plus de saluer d'une voix ferme cette macabre sentence.

Nez-Crochu, fermement maintenu sur le tapis par des ninjas, roule des yeux fous et crie des borborygmes probablement terrifiés, mais il ne parvient pas à me faire pitié. C'est à cause d'individus de ce genre que le monde va mal, et sa chute ne me fait pas oublier qu'il y a une sacrée brochette de spécimens du même acabit dans cette pièce. Le prisonnier se débattant toujours, sa géhenne commence par une longue prière en sa présence accablée, avant qu'on ne le relève et le traîne littéralement hors du dîwan, devant lequel s'est massée une foule de curieux malsains venus aux nouvelles. Indifférent à cette morbide effervescence, le Grand Inquisiteur prend alors la tête d'une procession mortuaire, dont le mort est toujours vivant. Nous le suivons vers la terrasse, puis à travers les jardins du palais jusqu'à la ménagerie, suivis d'un attroupement de voyeurs aux bas instincts. Ces derniers se postent aux meilleures places, en surplomb de la cage aux fauves, assis sur les rochers d'une grotte artificielle s'ouvrant sur une coupole grillagée d'une centaine de mètres carrés. Pour notre part, membres du Conseil, le Grand Inquisiteur nous place en cercle autour des grilles pour assister au spectacle. Toujours bâillonné et mains attachées, Nez-Crochu est poussé à l'intérieur de la cage par l'ouverture réservée aux soigneurs. À peine enfermé, je le vois lancer des regards épouvantés et implorer de ses mains liées à travers les barreaux, mais il ne rencontre que des visages fermés et réprobateurs. Ça me ferait presque de la peine. La nuit est en train de tomber, ce doit être l'heure du repas du soir, à moins que ce ne soit l'agitation inhabituelle qui pousse le couple de lions à sortir nonchalamment de la grotte. Intrigués par ce bipède qui s'agite et tente de grands gestes pour les éloigner, les félins commencent par l'éviter et tournent autour de leur cage paresseusement. Des torches sont allumées pour éclairer la scène plongée dans l'obscurité soudaine de la nuit. Lassés par ce ballet tragique et préoccupés de voir le condamné essayer désespérément de gravir la grotte pour fuir son funeste sort, des spectateurs se mettent à jeter des cailloux et de la terre sur les fauves pour les exciter. Déséquilibré alors qu'il parvient presque au faîte d'un rocher, et incapable de se retenir avec ses mains entravées, Nez-Crochu tombe lourdement au sol, se fracturant la jambe droite dont le tibia ressort en épis à travers la chair déchirée, ce qui provoque un tonnerre d'applaudissements et des salves de quolibets. Éperdu de douleur et de panique, le condamné se tortille comme un ver jusqu'à ce que la lionne, alléchée par le sang s'écoulant de la plaie, vienne le saisir par son membre blessé pour le traîner dans les ombres de la grotte, bientôt rejointe par son mâle qui disparaît à son tour à notre vue. Frustrés de ne pouvoir assister au terme de l'agonie cruelle de Khalid al-Ghabi, les gens se lèvent rapidement en maugréant pour retourner au palais. Pour notre part, nous attendons le signal du Grand Inquisiteur, qui semble vouloir profiter jusqu'au bout des bruits écœurants de dépeçage dont l'écho secret s'échappe lugubrement de la tanière des fauves.

La fin abominable de mon ennemi m'a brusquement fait redescendre sur terre après ces heures à vivre en apesanteur. Une immense fatigue m'étreint d'un coup alors que ma médication produit son plein effet. Pourtant, il n'est pas encore temps d'aller à Battani serrer les miens dans mes bras. Nous osons à peine nous regarder les uns les autres pendant le court chemin de retour du supplice et, une fois au palais, certains filent vite à leur bureau, la plupart prenant cependant furtivement congé pour retourner chez eux. D'ailleurs, les lieux sont déjà presque déserts, hormis les sentinelles et quelques ronds-de-cuir zélés. Veuf, Mahmoud al-Khalif, qui n'a personne d'autre à la maison qu'un fils qu'il délaisse, fait partie de ceux qui montent aux étages.

– Je peux te parler un instant, Mahmoud, lui dis-je alors qu'il attaque les premières marches.

– Évidemment, mon frère ! Volontiers. Suis-moi, nous allons boire un thé pour fêter ta victoire. Car c'est bien de ta victoire qu'il s'agit, poursuit-il tandis que nous gravissons l'escalier. Ce traître d'al-Ghabi a tenté de monter tout le monde contre toi ces dernières semaines, mais Allah le miséricordieux a su reconnaître le juste de l'injuste, bénie soit sa clairvoyance. Bien sûr, je n'ai jamais cru à ta culpabilité, prétend-il alors que nous entrons dans son bureau. Tu penses bien que je t'ai toujours défendu. Tiens, assieds-toi, m'invite-t-il en me désignant un fauteuil, je vais préparer le thé.

Je me cale dans le fauteuil, sors mon paquet d'al-Hamra et m'en grille une.

– Mais tu es fou ! s'exclame mon beau-frère qui vient d'allumer une bouilloire posée sur un guéridon et s'apprêtait à garnir une théière. Tu ne peux pas fumer ! C'est un grave péché, me morigène-t-il comme s'il parlait à Hakim, tout en allant ouvrir grand la fenêtre.

– Oh, il y a des péchés plus graves, tu sais, Mahmoud. En droit criminel, par exemple, l'assassinat est plus grave que le meurtre, car il y a préméditation.

Mahmoud me regarde comme s'il ne m'avait jamais vu et je vois dans ses yeux affluer des dizaines de questions sans réponse.

– Oui, bon, c'est possible, lâche-t-il d'une voix fuyante. En tout cas, je n'ai pas de cendrier, alors va fumer à la fenêtre et fais en sorte qu'on ne te voie pas.

– Tu te souviens de ce bombardement sur le Crown Plaza début juin, Mahmoud ? demandé-je en me levant pour aller prendre l'air.

Tandis que j'exhale lentement une bouffée en contemplant la nuit sur la ville obscure, j'entends derrière moi s'entrechoquer les verres à thé qu'il prépare sur un plateau. Sa main tremble, et sa voix aussi.

– Euh, oui. Enfin vaguement.

– Mais si, souviens-toi. On a retrouvé le cadavre d'une jeune fille sous les décombres. Une prostituée de luxe. Une nommée Kenza Haddad. Une gamine de seize ans.

Je me retourne brusquement vers lui, la clope au bec, mon bras droit croisé sur l'attelle du gauche, et le considère avec suspicion. Et je poursuis, en le regardant bien dans le blanc des yeux :

– Et tu vois, c'est curieux, parce que le lendemain on a massacré le reste de la famille Haddad, et je suis tombé par hasard en plein sur ce massacre. Ce qui m'a valu un séjour à l'hôpital. Tu te souviens ? Oui, je vois que tu te souviens.

Le visage décomposé, Mahmoud demeure silencieux. Il abandonne ses préparatifs pour aller s'affaler sur sa chaise derrière son bureau, où il allume machinalement son ordinateur.

– Sur le moment, je n'ai pas compris pourquoi tu avais tout de suite lié le meurtre de Kenza à celui du reste de sa famille. Mais au même moment, j'ai eu l'honneur et l'avantage d'une visite d'al-Baghdadi dans ma chambre d'hôpital. J'ai préféré reprendre ta version des faits plutôt que d'évoquer devant lui mon histoire de pute. J'étais soi-disant en patrouille dans le quartier, suite à une alerte pour cambriolage allée de la Caresse de la Lune. C'était le début de la carrière que tu sais. Je t'en remercie, ironisé-je en jetant mon mégot par la fenêtre, sans égard pour la réputation islamique de mon beau-frère. Je le boirais bien ce thé, moi. Je suis très fatigué. Tu en veux ? demandé-je en allant m'activer autour du guéridon de service.

Mahmoud est effondré ; physiquement, à voir la pose grotesque de sa maigre silhouette dans son siège, et moralement, à en juger par le teint blafard de son visage anguleux et l'émotion troublant son regard habituellement sec. Je suis content de voir que mon vieil ami conserve un peu d'humanité.

– Évidemment, le meurtre d'une prostituée, avec tout ce que j'avais déjà à faire pour la Dawla, ça n'a pas été ma priorité. Du reste, tout le monde s'en foutait, et tu avais fait avaler aux médias que Kenza avait été tuée en même temps que ses parents. Pourtant, tu devrais me connaître, Mahmoud, je ne lâche jamais rien. C'est une tradition familiale. « Là où un Milet enquête, le crime s'inquiète », telle est la devise du Vieux. Alors, au hasard des jours, j'ai appris des choses. Par exemple, j'ai découvert que Kenza avait un mystérieux protecteur. Assez réputé pour faire peur au petit mac qu'elle avait avant, le fils Fares. Assez informé pour se faire obéir de la plus fameuse mère maquerelle de la ville, une djîhadiste marocaine, Fatiha Mejjati, dite Oum Adam, dite la Veuve Noire, et pour la menacer d'empêcher le rapatriement de son fils du Maroc, dont il connaissait tous les détails de l'exfiltration, balancé-je en matant ostensiblement le PC et ses prolongements hérissés de clefs USB. Assez influent pour faire suivre Kenza, sa maîtresse, en permanence. Assez puissant pour faire irruption au Crown Plaza en plein repas des Khorasan qui ont préféré négocier plutôt que de l'affronter. C'est la dernière fois qu'on a vu Kenza Haddad vivante, la veille au soir de ce bombardement. Il me restait à mettre un nom sur ce protecteur, qui est aussi son assassin, ou son meurtrier. C'est à toi de me le dire Mahmoud, conclus-je en versant l'eau chaude dans la théière sur des brins de thé au jasmin.

– Tu divagues, me rétorque sans aucune conviction mon beau-frère d'une voix brisée, et il se met à pianoter nerveusement son clavier comme si la conversation était close.

– Non, Mahmoud, je ne divague pas. En dehors de ces indices concordants, j'ai recueilli aujourd'hui même deux témoignages qui t'accablent. Celui d'Hafez al-Momani, l'imam de la mosquée ibn Zaïd Hartha, qui a aussi été un client de Kenza. Et qui l'a connu à l'hippodrome. L'hippodrome que tu fréquentais presque tous les jours et où tu as aussi fait sa connaissance. En octobre 2012, m'a raconté l'imam, qui a assisté à la rencontre. T'avais passé huit ans en taule, t'étais veuf, t'avais les couilles pleines. Je te comprends, Mahmoud. Mais pourquoi tuer une gamine de l'âge de ta nièce ? Parce que c'est toi qui l'as tuée, Mahmoud, lui dis-je d'un ton désolé. L'autre témoignage ne laisse aucun doute. C'est celui d'un Khorasan, un nommé Abou Othman al-Darzabi, qui t'a vu au Crown Plaza, ce soir-là, enlever la petite Kenza à son mari avec le soutien d'une escouade armée. Or, je le répète, c'est la dernière fois qu'on a vu Kenza vivante. Qu'as-tu fait, mon frère ? Serais-tu assez lâche pour accuser un des hommes de main qui t'accompagnaient ? le poussé-je dans ses retranchements, d'une voix néanmoins tristement amicale.

Mahmoud a arrêté de pianoter sur son ordinateur. Il a arrêté d'ailleurs de faire quoi que ce soit. Il demeure prostré, le regard absent fixant le vide, les épaules voûtées, le turban semblant peser une tonne sur sa tête, les bras immobiles le long des accoudoirs. Seule la respiration rapide qui gonfle sa poitrine indique la violence de son tourment intérieur. Je le laisse reprendre ses esprits en lui apportant un verre de thé puis vais déguster le mien à la fenêtre où je rallume une clope. Je sais qu'il va finir par avouer. Je connais Mahmoud. Il ne doit plus dormir depuis qu'il a commis l'irréparable, ce qui expliquerait pourquoi il a encore tant maigri et s'est montré si distant avec moi, dont il devinait bien le danger. Au point de devenir assez veule pour espérer que Nez-Crochu le débarrasserait de son beau-frère sans égards pour sa famille ? Curieusement, c'est par cette dernière question, que je n'ai pourtant pas posée, qu'il commence, comme s'il avait lu dans mes pensées et voulait avant tout me réitérer son amitié.

– Merwan, entame-t-il d'une voix d'outre-tombe. Je ne peux pas nier que j'ai aussi été troublé par la propagande de frère Khalid. D'autant que je sais que tu pouvais être le traître, puisque Asma et toi fréquentiez Hasroumi avant la prise de la ville. Mais je n'ai jamais douté de toi et n'ai jamais parlé de ça à quiconque. Je suis heureux qu'al-Ghabi ait été confondu par Hasroumi, m'assure-t-il sans que je le détrompe. Et quand bien même c'eût été toi, je te supplie de croire que j'aurais fait mon possible pour t'épargner une mort aussi atroce et veiller sur ta famille. Je t'en supplie, mon frère, crois-moi, insiste-t-il comme si ce préambule était indispensable pour comprendre la suite. Je veux que tu saches, Merwan, combien j'ai honte de moi. Qu'Allah le miséricordieux t'agrée de venir me rappeler ce grave péché que j'ai commis. Je le porte comme un fardeau sur ma conscience, à l'instar d'Omar qui porta toute sa vie comme un fardeau sa tentative abjecte d'assassiner le messager d'Allah, exalté soit-il. Effectivement, j'ai tué Kenza, et pourtant Allah sait combien je l'aimais, murmure-t-il. Combien je l'ai comblée de cadeaux et d'amour. Je vivais dans le péché, mais elle ne voulait pas m'épouser, disant que j'étais trop vieux, soupire Mahmoud. Et elle me trompait. Me trompait avec d'autres hommes qui la payaient. J'avais tant de désir d'elle que je lui pardonnais, confesse-t-il de cette même voix sourde en quêtant dans mes yeux de la compréhension. Je la faisais suivre, fou de jalousie, mais aussi terriblement inquiet pour cette inconsciente qui se jouait des vertus de l'Islam, poursuit-il, toujours sur le ton de la confidence. Et un jour, j'ai appris qu'elle s'était mariée avec un de ces Khorasan qui casernaient au Crown Plaza. Un Tchétchène dénommé Akbarjon Okouïev. Mon cœur en a été déchiré. Je ne savais plus comment la retenir… Moi qu'elle refusait d'épouser, moi, chef du bureau de Sécurité, elle me préférait un aventurier qu'elle venait de rencontrer, s'exclame-t-il en s'animant soudain. Ce soir-là, un espion que je stipendiais au Crown me rapporta qu'elle était venue avec des bagages rejoindre son mari et qu'elle allait partir avec le contingent sur le front. C'en était trop, raconte mon beau-frère, comme si la scène se déroulait maintenant. J'ai pris une patrouille et j'ai été récupérer Kenza. Mais j'ai bien vu, en parlementant avec l'émir des Khorasan pour l'emmener, que son mari, cet Akbarjon qu'elle semblait chérir, ne la lâcherait jamais, se remémore Mahmoud en hochant la tête de dépit. Quand nous sommes sortis de l'hôtel, j'ai dispersé mes hommes et j'ai demandé à Kenza de venir parler à l'arrière, près de la piscine. Mais j'ai eu beau lui promettre djinns et paradis, elle n'a rien voulu savoir. Elle a même été odieuse, m'affirmant qu'elle ne s'était jamais intéressée qu'à mon argent, que j'étais un tyran et un mauvais amant, se lamente-t-il d'une voix éraillée. Je n'en pouvais plus de l'entendre me traiter comme un chien, mais je ne voulais pas non plus qu'elle fasse le bonheur d'un autre. Alors, j'ai pris mon couteau et je l'ai fait taire à jamais, avoue enfin Mahmoud, avant de se saisir la tête avec accablement.

Je jette mon second mégot par la fenêtre et vais me resservir du thé. Lui n'a pas bu le sien.

– C'est bien d'avoir soulagé ta conscience, Mahmoud, dis-je simplement, rassuré *a posteriori* sur le soutien matériel et affectif qu'il m'aurait apporté, ainsi qu'aux miens, dans le pire des cas. L'amour et la jalousie peuvent faire commettre des folies, ajouté-je en connaissance de cause. Tu as agi sur un coup de folie.

Ce sera un nouveau secret de notre longue amitié, Mahmoud, je te le promets. Nous aurons besoin de nous soutenir l'un l'autre dans les mois qui viennent, car l'État islamique demeure un État, avec ses jeux de pouvoir, ses alliances et ses coups bas. Tu sais, tu ne devrais pas te consacrer autant à ton travail. Ça te fait sûrement oublier… mais oublier aussi d'autres choses importantes dans la vie. Par exemple, là, maintenant, tu devrais rentrer chez toi, Mahmoud. Voir Hakim. Mon neveu est un garçon sensible. Il a simplement besoin d'avoir un père qui lui montre un peu d'amour et de confiance. Qu'Allah fasse que cette épreuve te redonne un peu du grand cœur qu'avait le gros Mahmoud de ma jeunesse. Peut-on dire qu'on aime Dieu si on n'aime pas déjà ses enfants ? Viens, je vais te déposer à la maison.

Je vois tressaillir les épaules de Mahmoud, qui redresse la tête pour me montrer un regard mouillé par les larmes. Il se lève maladroitement et vient me donner l'accolade en me serrant fort dans ses bras.

– Merwan, tu es un vrai frère. J'étais si dur que même la lumière d'Allah ne pouvait plus éclairer mon cœur. Tes paroles, agréées par le Très-Haut, m'ont enfin délivré et ont ouvert mon âme au message d'Allah. Qu'Allah te bénisse, me souffle-t-il, avant d'épancher toutes les larmes de son corps sur mon épaule.

Ouvreur d'âme pour le compte d'Allah ! Un nouveau talent à mon art policier qui me sera sûrement utile. *Insh'Allah !*

Épilogue

C'est une belle journée aujourd'hui, un dimanche de grèves et de manifestations sous un soleil resplendissant, rafraîchi par un vent du Nord. Les Raqqaouis fêtent leur victoire après un week-end à compter les voix, seul enjeu de ce scrutin du 25 juillet dont les listes communales se revendiquaient toutes d'Haqquna et d'associations démocrates et laïques. « 48 374 votants ! Un tiers des électeurs potentiels ! Tu te rends compte, Merwan ! » s'est émerveillée hier soir Asma en rentrant de ce triomphal décompte, compte tenu des circonstances. Pour l'instant, elle est lovée sur mon ventre, tandis que nous sommes allongés sur le canapé du salon. Depuis dix jours que j'ai pris un congé pour convalescence, nous faisons l'amour tous les jours, enfin de retour en sécurité dans notre appartement familial d'Huriyah. Ou plutôt, Asma me fait l'amour parce qu'avec mon attelle, je ne peux pas faire grand-chose sans m'arracher un cri de douleur. Et la seule chose que je puisse faire, elle s'y est prêtée volontiers, quoique ma demande de se raser totalement le sexe l'ait au départ étonnée et fait rougir. Comme elle a été surprise de ma nouvelle expertise en technique de fellation, dont elle s'est néanmoins distinguée en parfaite élève. Asma n'a pas cherché à comprendre ma soudaine science érotique, se contentant d'en profiter et de m'en faire profiter. Chaque après-midi, elle encourage ainsi Assia à aller rendre visite à sa copine Shahrazad et Naïm à aller promener son arrière-grand-père pour nous laisser le champ libre à des galipettes un peu partout dans l'appartement. Et la nuit, on remet ça dans la chambre. Je me plaignais qu'elle me délaissait. Maintenant, il arrive que je n'en puisse plus.

Je n'ai pas oublié tout ce que je devais à son faux amant. Dès le lendemain de l'exécution de Nez-Crochu, j'ai obtenu sans peine de mes deux obligés, Mahmoud et la Brute, la libération de la famille de Maher al-Shibahi, ainsi qu'un laissez-passer pour quitter Raqqa, comme ce dernier le souhaitait. Et moi aussi, du reste. Certes, ma jalousie était mal placée, mais il avait quand même tripoté et embrassé ma femme. Quant à mon sauveur, Sefîn Hasroumi, abattu d'une balle dans la tête le soir même de la mort d'al-Ghabi, j'ai obtenu de le faire enterrer dignement dans le carré kurde. J'ai assisté à ses funérailles, à la grande surprise de ses partisans éplorés et des emniyim dubitatifs. L'amour prend de drôles d'allures à Raqqa. J'ai vu en éclatant de rire le fameux film de propagande dont rêvait le Grand Inquisiteur et qu'a finalement réalisé le Dingue : une gigantesque et ridicule cérémonie de mariages collectifs entre les protégées d'Oum Adam et des djîhadistes triés sur le volet, revenus du front. J'y ai notamment reconnu Abou Othman al-Darzabi, l'Afghan sentimental borgne et cul-de-jatte, assis dans son fauteuil roulant, affublé d'une gamine en abaya noire plus petite que lui, bien qu'étant debout. Drôle aussi la visite qu'est venue faire hier à l'improviste Abou Madhi al-Vilvordi à ma fille, ainsi que je lui avais stupidement suggéré de le faire. J'avais complètement oublié d'en parler à Assia mais, contre toute attente, elle s'est montrée affable et rieuse devant les nombreuses maladresses du Belge, toujours aussi désarmant de naïveté et de gentillesse, malgré la bouillie religieuse qu'il a dans la tête.

Cependant Raqqa demeure Raqqa, et je doute que les élections suffisent à imposer une autorité municipale face à la Dawla. Son bon déroulement doit certes beaucoup à Maher al-Shibahi et à votre serviteur puisque nous sommes parvenus à ne pas éventer la date de sa tenue. Mais à notre combat de l'ombre s'est ajoutée la baraka. C'est ce 25 juillet que Daesh avait, en effet, décidé de déloger des ruines de la raffinerie sucrière les unités d'artillerie de la 17e division qui martyrisait Raqqa depuis des mois. Ne siégeant pas dans les instances militaires du Conseil exécutif, je l'ignorais. Mais je me flatte de penser que si les barbus avaient su que le même jour se tenaient des élections, ils auraient reporté leur offensive pour terroriser les bureaux de vote. Bref, rien n'est réglé, le danger demeure intact, les équilibres fragiles et la survie une option. C'est ce que j'ai essayé d'expliquer ce matin à Youssef Marouane qui m'informait que le père Dall'Oglio était finalement arrivé hier en ville. Pour rien. Les otages français ont été transférés à Alep. Le jésuite devait toutefois dire une messe ce matin à l'église des Martyrs. J'espère que l'Emniyat, privée de chef, n'aura pas fait de zèle. Une célébrité comme Dall'Oglio ferait aussi un très bon otage. Ou un très bon exemple. Mais dans les bras d'Asma, et dans la bouche d'Asma, ces tristes évènements glissent sur moi. J'ai cru être tombé amoureux d'une jeune espionne française délurée, mais en fait, c'est ma femme que j'aime.

Soudain, on sonne à la porte. Asma redresse la tête, tout en conservant mon sexe à la main.

– Tu attends quelqu'un ? demande-t-elle, d'un ton contrarié.

– Non, dis-je en remettant mon boxer.

Je vais jusqu'à la porte, mais il n'y a personne sur le palier. J'entends des pas dégringoler l'escalier à toute vitesse, comme ceux d'un enfant. En refermant, j'aperçois par terre une enveloppe, posée sur le paillasson. Je me penche et la garde à la main pour aller voir, depuis le balcon de la chambre, qui sort de l'immeuble après m'avoir déposé ça. C'est bien un garçonnet qui file à toutes jambes au coin du square. Curieux, cette histoire, m'interrogé-je en ouvrant l'enveloppe, tandis que j'entends Asma m'appeler du salon d'une voix sensuelle et impatiente. C'est une lettre imprimée, légèrement imprégnée d'un parfum fleuri que je reconnaîtrais entre tous.

Salut Merwan,

Comme j'ai dû te faire du mal, mon bel amant. Mais je ne pouvais pas laisser croire à mes supérieurs que je n'avais même pas tenté d'éliminer un ponte de Daesh, en plus de ma cible ! T'es considéré comme une vedette, fallait qu'on te voie blessé au moins. Vous êtes épiés, tu sais, et les nouvelles circulent sur vous autres. Je ne veux pas dévoiler ton double jeu à mes chefs. C'est plus prudent. Des fois, ils ont des idées bizarres. Et puis, c'est grâce à toi que j'ai pu faire mes preuves, même si j'étais hyper motivée. Je t'expliquerai. Car la bonne nouvelle, c'est qu'on va se revoir, chou !

Tu es un chouette mec, Merwan. Je n'en ai pas rencontré beaucoup dans ma putain de vie. Et un malin. Donc je suppose que tu te doutes de ce que je faisais à Raqqa. Désolée, commissaire, de t'avoir sûrement déçu en te cachant mes activités, mais je me rattraperai comme tu l'aimes ;-) La République a encore du travail pour moi en Syrie : elle cherche des amis. Tu auras sûrement l'occasion de m'aider à les reconnaître.

Bisous

Hanane, alias Yasmine.

Et merde !

Petit lexique du Gotha daeshien et autres personnages

La *qounia* est le cauchemar de la police antiterroriste, qui met parfois des mois à trouver l'identité d'un suspect. D'autant que rien ne ressemble plus à une qounia qu'une autre qounia, aussi sûrement qu'un barbu enturbanné ressemble à un autre.

Ce pseudonyme puise son origine dans la *sunna*, la vie supposée de Mohamed, telle que rapportée par le Coran et les recueils de hadiths. Le Prophète se faisait ainsi appeler Abou Qassim, père de Qassim, un de ses enfants mort en bas âge et qu'il chérissait. La qounia féminine commence par Oum, mère. À noter néanmoins qu'Abou et Oum sont également des prénoms, Abou étant particulièrement répandu en Syrie.

S'il s'agit au départ d'une tradition islamique popularisée par les salafistes, la qounia est devenue un nom de guerre pour les djîhadistes en quête de clandestinité. Toutefois, certains djîhadistes ont une qounia dont ils n'usent pas. Le plus célèbre d'entre eux, Oussama ben Laden, avait pour qounia Abou Abdallah, du nom de son fils aîné. Pourtant, il n'a jamais hésité à s'afficher sous sa véritable identité.

Les célibataires ne sont pas obligés d'avoir une qounia, mais les djîhadistes convertis sans enfants s'en dotent toutefois pour échapper aux radars policiers. L'internationalisation du conflit syrien, et d'autres avant lui, a aussi vu une sophistication du concept de qounia, assorti le plus souvent d'une origine géographique ou nationale, à l'instar du **Belge**, ce converti flamand se faisant appeler **Abou Madhi al-Vilvordi**, du nom de Vilvoorde, une commune de la banlieue de Bruxelles, moins célèbre que Molenbeek mais qui a aussi vu beaucoup de départs pour la Syrie.

Dans ce roman, sauf exception et par facilité, je n'ai donné que la qounia des djîhadistes. Néanmoins, le lecteur peut être désorienté, lors des dialogues, d'entendre s'échanger des prénoms non mentionnés. En effet, généralement, les dirigeants daeshiens connaissent leur identité respective et s'appellent entre eux par leur vrai prénom. Car sinon, comment se distinguer au sein d'une assemblée constituée pour l'essentiel d'Abou ? D'où ce petit lexique des principaux acteurs du récit, assorti des surnoms inventés par Merwan Milet – pour qu'il s'y retrouve lui-même parmi les principaux affreux qu'il côtoie. Des affreux qui sont pour la plupart des personnages réels, tous comme les évènements dont je me suis librement inspiré.

Champion toutes catégories, notons la fantaisie d'Ibrahim Awad Ali al-Badri al-Samarraï, **frère Ibrahim**, qui s'est affublé d'une qounia mégalomane : **Abou Bakr al-Baghdadi al-Husseini al-Qurashi**, en référence à la fois au premier calife successeur du prophète, Abou Bakr, à la capitale abbasside, Bagdad, et au petit-fils de Mohamed, Hussein, n'hésitant pas de surcroît à s'affilier au prestigieux lignage prophétique de la tribu arabe des al-Qurashi. L'ironie tragique de cette histoire, c'est que ce pseudonyme pompeux ne reposant sur rien de tangible a pourtant crédibilisé le fondateur de Daesh aux yeux crédules de ses affidés fanatiques lorsqu'il s'est autoproclamé Calife à Mossoul, en juin 2014. Sa mort, maintes fois annoncée, n'était pas confirmée au printemps 2019…

Le Grand Inquisiteur : originaire d'Idlib, Taha Subhi Falaha, alias **Abou Mohamed al-Adnani**, est un des rares Syriens ayant la pleine confiance d'al-Baghdadi. Il jouera les premiers rôles dans l'épopée sanglante de Daesh. Mort en 2016.

Le Sphinx : **Abou Saad al-Hadrami**, l'émir de Raqqa, demeuré fidèle au Front al-Nusra, n'a pas de qounia publique. Enfant du pays, il est connu de tous sous son vrai nom, à l'instar de **la Baleine**, **Haj Fadel al-Agal**, ou de Mahmoud al-Khalif, le beau-frère de Merwan. Mort en 2014.

Nez-Crochu : Personnage fictif, ennemi intime de Merwan, trop occupé à nuire pour enfanter, ne porte pas de qounia et se présente sous son nom, **Khalid al-Ghabi**.

La Brute : **Abou Luqman al-Sury**, né Ali Mousa Shawakh al-Ajeel, est un Syrien de Raqqa, passé des Moukhabarat, les services de sécurité intérieure du régime, à al-Qaïda en Irak, avant de rentrer au pays rejoindre le Front al-Nusra, puis de rallier Daesh où une belle carrière l'attendait. Mort en 2018.

Le Bourreau : **Abou Sayyaf**, un Tunisien à l'identité réelle inconnue, qui s'est fait la main en Irak avec al-Qaïda. Avec sa femme, ils formeront un couple vedette de l'État islamique. Mort en 2015.

Barbe-Rouge : **Hajji Bakr al-Iraqi**, de son vrai nom Samir Abd Muhammad al-Khlifawi. Le colonel Samir, officier du renseignement sous Saddam Hussein, s'enrôle après l'invasion américaine sous la bannière d'al-Qaïda, ce qui lui vaudra de connaître les bagnes irakiens pour djîhadistes où il fera la connaissance d'al-Baghdadi dont il devient très proche. Mort en 2014.

Le Dingue : **Abou Mohamed al-Furqan**, un Irakien né Adil Salman al-Fayad. Proche d'al-Baghdadi dont il était en charge de faire connaître les exploits au sein d'al-Qaïda en Irak. Il va révolutionner la propagande médiatique djîhadiste en exploitant toutes les techniques modernes de communication et les réseaux sociaux au service de Daesh. Mort en 2016.

Géant-Vert : **Abou al-Hajji al-Masri**, un Libanais du nom d'Hussein al-Tayeb, promis à se distinguer au sein de l'État islamique à Raqqa. Mort en 2017.

Toutefois à l'été 2013, l'État islamique doit encore faire face à la concurrence d'autres factions au sein de la rébellion syrienne à Raqqa.

Abou Mohamed al-Joulani, de son vrai nom Ahmed Hussein al-Shara, un Syrien vétéran d'al-Qaïda en Irak, camarade de combat d'al-Baghdadi. En accord avec ce dernier, il rentre au pays en 2012 pour fonder le *Jabhat al-Nusra li-Ahl ash-Sham*, le Front pour le soutien au peuple du Levant. Le succès d'al-Nusra en Syrie conduira al-Joulani, avec l'aval officiel d'al-Qaïda, à refuser de se soumettre à l'État islamique, tout en demeurant un acteur majeur de la guerre civile syrienne. Il était toujours, au printemps 2019, à la tête d'un mouvement djîhadiste rebaptisé *Hayat Tahrir ash-Sham*, Organisation de libération du Levant.

Abou Abdallah al-Hawawi, Syrien né Hassan Aboud, fondateur en 2011 du *Harakat Ahrar ash-sham al-Islamiyya*, le Mouvement des hommes libres du Levant islamique, une formation national-salafiste très puissante au moment de l'action du roman et dans les premières années du conflit. Mort en 2014.

Hassan Hazra, un Syrien fondateur et chef du *Jabhat Ghurabā' ash-Shām*, le Front des étrangers pour le Levant, groupement mercenaire passé de la mouvance djîhadiste à l'ASL. Mort en 2013.

Abou Bakr al-Maghribi : né algérien sous le nom de **Mohamed Aït-Kacimi**, l'homme que cherche Merwan pour les beaux yeux de Yasmine, est un personnage fictif au parcours malheureusement réaliste.

L'Ottoman : **Ali Abdul Khalifa al-Othman**, général de la *Liwa Aḥfād ar-Rasūl*, la Brigade des Petits-Fils du Prophète, financée par les Frères musulmans et affiliée à l'Armée syrienne libre. Mort en 2013.

Abou Issa : fondateur en 2012 de la *Liwa Thuwar ar-Raqqa*, la Brigade des Révolutionnaires de Raqqa, un groupement laïc et multiconfessionnel affilié à l'ASL, et en 2013 du *Harakat*

Oummana ar-Raqqa, traduit, pour tenir compte de l'état d'esprit portant sa création, par Mouvement des Gens Dignes de Confiance de Raqqa. Joindra ses maigres forces aux Kurdes. Probablement toujours vivant.

La Veuve Noire : **Oum Adam**, une Marocaine de son vrai nom Fatiha Mejjati, veuve de Karim Mejjati, fondateur du Groupe islamique combattant marocain, une franchise d'al-Qaïda, tué en Arabie Saoudite en 2005. Sort inconnu.

Sefîn Hasroumi : vice-recteur de l'université al-Itihad de Raqqa, fondateur d'**Haqquna**, Notre Droit, un mouvement démocratique et laïc issu de la société civile raqqaouie. Personnage fictif, même si Haqquna a bien existé et joué un rôle de premier plan à Raqqa au printemps et à l'été 2013.

Remerciements

Je tiens à rendre hommage aux reporters de guerre dont la documentation a été si précieuse pour l'écriture de ce roman.

Composition Nord Compo
Impression CPI Bussière en mai 2019
Éditions Albin Michel
22, rue Huyghens, 75014 Paris
www.albin-michel.fr
ISBN : 978-2-226-44294-9
N° d'édition : 23540/01 – N° d'impression : 2042866
Dépôt légal : juin 2019
Imprimé en France